商聚德
主编：刘荣兴
李振纲

中国传统文化导论

撰稿人(以姓氏笔画为序)：
卢子震 朱晓鹏 刘荣兴 许春华
孙洪涛 李和平 李振纲 段景莲
贺志朴 黄云明 商聚德

河北大学出版社

图书在版编目（CIP）数据

中国传统文化导论 / 商聚德，刘荣兴，李振纲主编.
—保定：河北大学出版社，1996.4（2012.7 重印）
ISBN 978－7－81028－367－0

Ⅰ.①中… Ⅱ.①商… ②刘… ③李… Ⅲ.①中华文化－基本知识 Ⅳ.①K203

中国版本图书馆 CIP 数据核字（2012）第 163694 号

中国传统文化导论

主　　编：商聚德　刘荣兴　李振纲
责任编辑：邹　卫　杨显硕
封面设计：赵　谦
责任印制：蔡进建
出　　版：河北大学出版社（河北省保定市五四东路 180 号）
印　　刷：保定市建龙印刷有限公司
经　　销：全国各地新华书店
开　　本：1/32（850mm×1168mm）
印　　张：16
字　　数：380 千字
版　　次：1996 年 4 月第 1 版
印　　次：2012 年 7 月第 3 次
书　　号：ISBN 978－7－81028－367－0

定　价：28.00 元

弘扬优秀文化传统
振奋中华民族精神

张岱年题

一九九六年三月

著名学者、北京大学教授张岱年先生给本书的题词

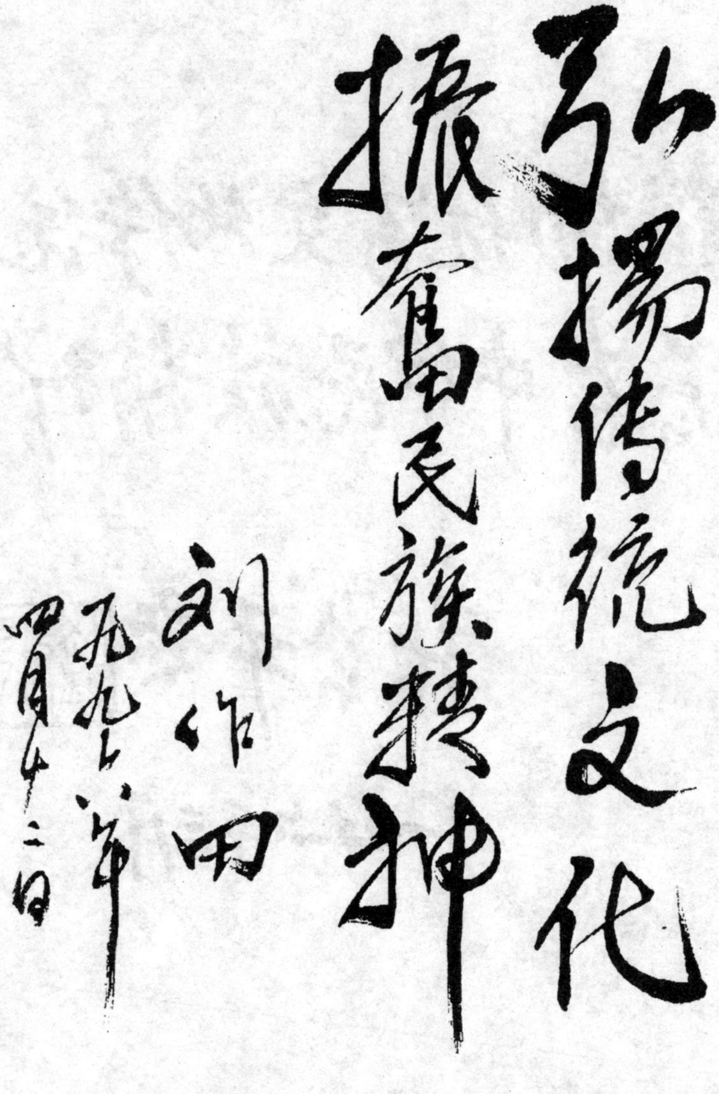

河北省副省长刘作田同志给本书的题词

目　录

第一章　绪　论
——弘扬中国传统文化，振奋中华民族精神

文化的内涵有广狭之分。广义的文化，指人类创造的物质的和精神的成果的总和。其中，包括物态的、制度的、思想的和习俗的等不同层次。狭义的文化指社会意识形态，如哲学、宗教、教育、历史、文学、艺术等。本书讲的文化，基本取狭义。有时为了说明问题，也涉及某些广义文化的内容。

中国传统文化，指中国古代（鸦片战争以前）的文化。中国是世界文明古国之一，有文字可考的历史达 5000 年之久。中国传统文化具有强大的生命力和延续力。世界上曾经有过与中国古代文化相媲美的文化类型，如巴比伦文化、古埃及文化、古印度文化、古希腊、罗马文化，它们对于人类文明也做出了巨大贡献。但是，由于种种原因，它们有的消失了，有的衰败了，有的中断了。惟独中华文化传承不绝。虽然它也曾遇到过种种危机和挑战，但却如同奔腾不息的长江黄河一样，一往无前，至今仍保持着勃勃生机。中国古代文化内容丰富，气势恢宏，蕴涵深刻，形式多样。它的悠久和辉煌，足以使每个中国人感到骄傲和自豪。弘扬中国传统文化是每个中国人义不容辞的责任。

中国传统文化是中华民族勤劳和智慧的结晶。在丰富多彩的中国传统文化中，凝结着中华民族精神。中国传统文化是中华民族精神的载体和表现。为了振兴中华民族精神，有必要具体了解和深入学习中国传统文化。

第一节　中华民族与中华民族精神

一、中华民族的形成过程

中华民族是中国各民族的总称。今天，它是由 56 个兄弟民族组成的。中华民族的形成经历了漫长的过程。

考古学证明，早在 170 万年前，中国境内就有了人类活动。距今 7000 年前，中华先民已进入新石器时代。

远古时代，中华先民的一部分生息于黄河中下游流域，自称“华”、“夏”或“华夏”，其中最著名的有黄帝和炎帝两部，黄帝打败了炎帝，两部融合，成为华夏的代表。所以，至今中国人自称是黄帝子孙或炎黄子孙。

大约在公元前 2100 年，禹建立国家——夏朝。历商至周，历史上称为“三代”。此时期，华夏族有了更大的发展。他们自认为居于天下之中央，自称“中国”，称四方的部族为蛮、夷、戎、狄。华夏与四方有密切交往，并互通婚姻。①

春秋战国时期，中国境内各部族进一步融合。秦汉时期，随着巩固而强大的封建中央集权制国家的建立，一个以华夏族为主体的，融合蛮夷戎狄等部族的统一的民族——汉族正式形成。

东汉以后，历三国、两晋、南北朝，近 400 年间，战乱不断，王朝更迭频繁。中原周围的匈奴、鲜卑、羯、氐、羌等少数

① 周文王的母亲太任，是殷部族挚国之女。周武王的母亲太姒，是夏部族莘国之女。晋献公的夫人有大戎狐姬、骊姬、小戎子，都是戎族的女儿。赤狄、白狄常与晋室通婚。(参见钱穆:《中国文化史导论》第 33~34 页)

民族也频频介入，有的还一度建立过王朝。此时期，中国人民饱受苦难，但从另一角度看，这又是中国又一次民族大融合时期。随着隋、唐王朝的统一，许多原先的少数民族融入汉族之中。

宋至清，是我国历史上第三次民族大融合时期。契丹族、女真族、党项族都建立过长达一二百年的政权。蒙古族和满族还先后建立起全国统一的政权。数百年间，以汉族为主体的中华民族逐渐形成。上述这些曾经统治过中原的非汉族及其他少数民族，绝大部分已融入汉族。这就是说，今天的汉族，实际上是由古代华夏族和许多少数民族融合而成的。汉族和许多少数民族都认为华夏族是自己的祖先，如匈奴出于夏、羌属于姜氏、鲜卑出于黄帝、氐出于有扈氏等。这些说法见于中国的正史，① 是有根据的。未融入汉族的少数民族，今天还有 55 个，他们都是中华民族大家庭的成员。

中华民族在发展过程中，各兄弟民族之间的关系以共同劳动、和平相处为主流，但相互间也有隔阂、压迫、掠夺和纷争，有时甚至以敌国的形式相对抗。但从总体看还是日益接近和亲密。即使是在分裂、割据的状态下，主流仍然是由接近而逐步融

---

① 《史记·匈奴列传》："匈奴，其先，夏后氏之苗裔也。"

《后汉书·西羌传》："西羌之本，出自三苗，姜姓之别也。"

《后汉书·乌桓鲜卑列传》："乌桓者，本东胡也。""鲜卑者，亦东胡之支也。"

《魏书·王禧传》："鲜卑出于黄帝。"

合，最后形成一个紧密联系在一起的民族——中华民族，① 建立起统一的国家——中国。② 在近代，由于帝国主义的侵略，中华各族人民的民族意识大大增强，自觉地联合成一个不可分割的整体。

二、中华民族生息的历史地理环境

地理环境是人类赖以生存和发展的物质基础，对于人类的物质文明和精神文明的产生和走向具有重要意义，特别是在科学技术和生产力不发达的古代，这种影响就更加明显。中华民族生息的地理环境十分独特。正是这独特的中华大地，孕育了灿烂的中国古代文明。

中华先民的活动范围，早在秦、汉时期即已大体确定。

“黄河是中华民族的摇篮”，这话有相当的道理。黄河中下游的确是古代先民华夏族生息之地，夏、商、周三代都在黄河中下

---

① “中华”一词，魏晋时期开始出现，南北朝时已普遍使用。明朝开国皇帝朱元璋提出“恢复中华”的口号，使这一概念用于政治领域。“中华民族”一词首次见于官方文件是1913年西蒙古王公会议《通电声明》：“数百年来，蒙汉久成一家。……我蒙同系中华民族，自宜一体出力，维持民国。”（西盟王公会议招待所编：《西盟会议始末记》第41～45页）

② “中国”一词在先秦时期或指京师，与“四方”（诸夏）相对。（如《诗·大雅·民劳》：“惠此中国，以绥四方。”）或指中原地方，与四夷相对。（如《诗·小雅·六月序》：“四夷交侵，中国微矣。”）

中国古代所有朝代都不以“中国”为国名，但又都以“中国”为通称。明末清初，西方传教士东来，他们都称明、清两朝为“中华帝国”，简称即是“中国”。清康熙二十八年（1689年）订立的中俄《尼布楚条约》，中国首席代表索额图以“中国大圣皇帝钦差”署名，是首次以国际条约的形式将“中国”作为主权国家的专称。辛亥革命后，始以“中华民国”为国名。1949年中华人民共和国建立，则标志中国人民已获得彻底独立和解放。（参见阴法鲁等：《中国古代文化史》第一册，北京大学出版社1989年版）

游建都立国。虽然考古发掘证明，中华民族的发祥地不限于黄河，而在淮河、长江、珠江，乃至辽河、云南等地，都发现有早期人类活动的遗迹，但从中华民族的主体看，从三代到元、明、清，还是以黄河中下游（东晋以后，又包括长江中下游）为活动中心。

秦始皇统一中国，设三十六郡，后又征服百越，增设闽中、南海、桂林、象郡四郡，疆域北起河套、阴山山脉和辽河下游，南至今越南北部和两广，西至陇山、川西和云贵高原，东至于海，奠定了中国版图的基本规模。西汉时期，匈奴呼韩邪单于降汉，标志控制漠北广大领域的匈奴已成为汉朝藩属。张骞通西域，设西域都护，西部疆域扩展到今新疆大部；又争取乌桓（今辽宁一带）归汉，设立乌桓校尉；还开发西南夷，闽、粤、黔、滇都设郡县。此后，中国历代王朝的疆域虽然时有盈缩，但基本趋势是逐渐扩大，逐渐巩固。元代，西藏正式成为中国版图。明代，经郑成功收复，台湾回到祖国怀抱。至清初，除鸦片战争后被帝俄攫取的北部西北部大片领土外，今天中国的960万平方公里领土已经确定。

我国地域辽阔，东起黑龙江与乌苏里江会合处，西至帕米尔高原，宽约5200公里，跨60多个经度；北起漠河，南到雷州半岛南端，大陆长约4000公里，跨34个纬度；如果算到南沙群岛的曾母暗沙，则长约5500公里，跨50多个纬度。就面积而论，仅次于俄罗斯和加拿大，居世界第三位。

我国地势西高东低，高差悬殊。自西而东，形成地势上的三大阶梯。青藏高原为第一阶梯，海拔4000～5000米，被称为“世界屋脊”。青藏高原以东以北，至大兴安岭、太行山、伏牛山、雪峰山一线为第二阶梯，其内部地形复杂，既有阿拉善高原、内蒙古高原、鄂尔多斯高原、黄土高原、云贵高原等，又有塔里木盆地、准噶尔盆地、吐鲁番盆地、四川盆地；其间，还有塔克拉玛干等大沙漠。再往东即第三阶梯，包括东北平原、黄淮海平原、长江中下游平原，海拔在 200 米以下。

我国领土大部分处于北温带，四季分明。但由于地势的影响，东部尤其是东南沿海，温润多雨；西部则寒冷少雨。东部土壤肥沃，河道纵横，适宜耕作；西部尤其是高山、沙漠地区，则只宜放牧。因此，全国人口大部分集中在东半部。大体以云南省腾冲—黑龙江省瑷珲一线为界，东南部为人口稠密区，西北部为人口稀疏区。

上述地理环境，对于我国古代的经济、政治和文化有巨大影响，其表现主要有：

第一，形成了中国古代以农业为主的经济结构，和建立在农业基础上的农业文化。我国国土大部分处于中纬度，尤其是东半部，气候、土壤、水利等都适宜农业生产，因此，自古以来，中国人就把“农”作视为最基本最重要的“本业”。农业生产与大自然息息相关，因此，中国人对于“天”怀有特别亲切而敬畏的感情，与此相关的哲学、宗教观念由此而生；农业生产周期长，必须有稳定的政治环境，河流、灌溉等还需要政府的组织与协调，因此，中国人在政治上希望统一，反对分裂；它如重视伦常、安土重迁、自给自足、勤劳节俭等观念的形成也都与此有关。

第二，形成了中国文化独立发展的格局。中国四周都有天然限隔，东和东南临海洋，西和西南有高山、沙漠，北部荒寒，在很长的历史时间里，由于交通不便，与世界上其化文明缺乏接触，中国文化基本上是独立发展的。中国古代文明发祥既早，水平又高，从三代、秦、汉，到隋、唐、两宋，长期处于周边国家的中心地位和高势位，并给予朝鲜半岛、日本列岛、印度支那半岛和东南亚各地以巨大影响，形成了所谓“东亚文化圈”。北方游牧民族虽然常形成较强的军事实力，但毕竟低于并认同中国文化，即使入主中原，最终也总是被中国文化所征服。此种情况，一方面固然形成了中国文化的博大闳深，雍容大度，另一方面也导致了盲目自大、藐视四邻等某些不健康心理的滋生。

第三，形成了中国文化在统一基础上的多样性。中国文化的主流形态无疑是中原文化——农业文化，但由于地域不同，物质生活条件各异，也存在多样性，如高原区的牧畜文化、林区的狩猎文化、沿海及水乡的渔业文化、城市及交通孔道的商业文化等。它们既相对独立，又与农业文化具有相互交融、相互渗透和相互补益的关系。统一性和多样性并存，更使得中国文化多彩多姿。即使同是中原文化，不同地区也往往各具特色，如齐鲁、荆楚、燕赵、三晋等，他如关中、巴蜀、吴越、岭南、西域等文化，其地方色彩就更加鲜明。

三、中华民族精神的内涵

学习和研究中国传统文化的一个重要目的，在于振奋中华民族精神。

（一）什么是民族精神

每个伟大的民族都有自己独特的精神风貌，有区别于其他民族而为自己所特有的气质，这便是所谓民族精神。中华民族是伟大的民族，当然也有自己的民族精神。民族精神具有如下特性。

第一是激励性。

民族精神既然代表一个民族的精神风貌，它就应该具有正面的激励性，能够把全民族凝聚在一起，并不断赋予民族以生命力，为全民族树起一面旗帜，促进民族发展，团结并激励全民族奋发前进。一个民族在精神气质方面往往具有复杂性，既有正面的，又有负面的。我们说的民族精神应是指前者，而负面的即所谓民族劣根性，不能算民族精神。20世纪二三十年代，中国的一些思想家曾提出过“改造国民性”问题，当时所谓“国民性”，主要指愚昧、守旧、盲从、奴性、散漫、迟钝、阿Q式的精神胜利法等等，这是当时反对封建主义斗争的需要，是有其特定的时代烙印的。我们绝不能把这些所谓“国民性”说成是中华民族精神，因为这些只能算是我们的民族劣根性。中华民族如果只有这些劣根性，那早就该灭亡了，哪里还会有今天！实际上，中华民族精神从主流说，应该是与这些劣根性相对立的“良根性”，那才是我们的民族精神。

第二是全民性。

民族精神应该是得到全民族认同的精神。它往往有人倡导于前，又有人响应于后，并且得到广大人民群众的认同。比如赞美爱国忠良、痛恨卖国奸贼，这种民族感情就是爱国主义的民族精神的反映。一个民族中难免有民族败类，有惟利是图的卖国求荣者，个别阶层、集团中也往往有其特殊表现，如买办阶层的洋奴思想之类，这些，尽管也有一定代表性，但也不能算民族精神。

第三是稳定性。

中华民族经历了漫长的形成和发展过程。其间，必有足以凝聚全民族奋发向上的、贯串古今的精神，它们是民族精神；而那些只流行于一时，随后就归于淡漠或消失的，则不能算民族精神。比如，中国人的宗教情绪自古以来就比较淡薄，虽然南北朝至隋、唐时期，佛教盛行，朝野上下，求神拜佛，一时形成风气，但宋代以后，在官方意识形态中，毕竟将其排斥。这表明，宗教情绪不是中华民族贯串古今的稳定的精神。

第四是时代性。

我们提倡的民族精神，必须体现当今时代的要求，符合当今时代的需要。历史上曾经存在的某些思想，如果今天已经过时，那就丧失了时代意义，就不宜再提倡。比如古代讲“华夷之辩”，在唤起民族主体意识和振奋爱国主义精神方面一度曾有积极意义，但今天则既不利于中华民族内部的团结，也不利于改革开放，走向世界，因此已丧失了时代性，不应再加提倡。

（二）什么是中华民族精神

外国有识之士也提倡自己的民族精神，有法兰西精神、日耳曼精神、美利坚精神、大和精神等说法。中华民族当然也应该高扬自己的民族精神。

对于中华民族精神，学者们已作了许多有益的探讨。我们同意张岱年先生的见解，把“自强不息”和“厚德载物”作为最突出的中华民族精神。因为它们既简明扼要，又包容了丰富的内涵。下面结合我们的体会作一些阐发。

第一，自强不息。

《易·乾卦·象辞》：“天行健，君子以自强不息。”意思是说，天的运行表现为刚健的属性，人应该效法天，自强不息，积极向上，奋发有为。这一思想影响深远，体现在许多先哲的言论和行动中。孔子“发愤忘食，乐以忘忧”，“仁以为己任”；墨子非命、尚力，“摩顶放踵，利天下而为之”；老子讲“无为”，而归宿则是“无不为”，“柔弱胜刚强”，“为无为则无不治”；法家更是积极主张“争于气力”，富国强兵。虽然重点不同，方法各异，但强调自强进取，可以说是除庄子一派之外中国各家思想的共识。

自强不息就是主动精神，自觉精神。“自觉的能动性是人类的特性”①。中国古代哲人对此不但早有体悟，而且十分强调。孔子认为，“为仁由己”，“我欲仁斯仁至矣”，还打比方说：“譬如为山，未成一篑，止，吾止也；譬如平地，虽覆一篑，进，吾

① 毛泽东：《论持久战》，《毛泽东选集》第二卷，第467页。

往也。”① 孔子孟子都反复勉励学生，要经常保持一种积极进取的赶超心态，“学如不及，犹恐失之”②。“引而不发，跃如也”③。严厉批评“饱食终日，无所用心”，“惰其四肢”、“自暴自弃”之类不求上进的现象。荀子更发挥为“五无旷”的理论，说：“敬胜怠则吉，怠胜敬则灭。……敬谋无旷，敬事无旷，敬吏无旷，敬众无旷，敬敌无旷，夫是之谓五无旷。”④ 这就是说，对于任何方面、任何情况都不要荒忽懈怠（旷），而应永远保持高度的严肃认真和慎重（敬）。不仅儒家如此，其他各家的主张也大同小异。如墨子倡导强力从事，认为，“强必治，不强必乱；强必宁，不强必危。”“强必贵，不强必贱；强必荣，不强必辱。”“强必富，不强必贫；强必饱，不强必饥。”“强必暖，不强必寒。”⑤ 虽说简单了些，有点过分乐观，但其积极的态度还是可贵的。就是一向主张谦退守柔的老子也说：“上士闻道，勤而行之。”⑥ 他是以“无为”达到“无不为”。先秦诸子的这些论述，为后世奠定了基调，自强不息，发挥自觉的能动性，逐渐成为全民族崇奉的精神。

在这种精神的氛围下，中国人对于“勤勉”特别加以提倡。《尚书·无逸》告诫：“君子所（居官）其无逸。”《诗·小雅·小明》勉励：“嗟尔君子，无恒安息。”后世学者也无不重复这一主题。有的说，“人生在勤，不索何获？”⑦ 有的说，“业精于勤而荒于

① 《论语·子罕》。
② 《论语·泰伯》。
③ 《孟子·尽心》上。
④ 《荀子·议兵》。
⑤ 《墨子·非命》下。
⑥ 《老子》第四十一章。
⑦ 《后汉书·张衡传》。

嬉，行成于思而毁于随。”① 童蒙读物《三字经》中，举了许多“古圣贤，尚勤学”的例子，然后说，“有为者，亦若是”，“勤有功，戏无益。”俗谚有云：“黄金无种偏生勤俭人家。”至今农民盖房子，还常将“勤俭”二字刻在正面山墙上，这就可见“勤”的思想深入人心的程度之深了。

自强不息还是一种向困难作斗争的精神。中国人敢于面对困难，把艰难困苦看做是对自己的磨炼和考验。孔子说：“岁寒然后知松柏之后凋也。”② 孟子说：“天将降大任于是人也，必先苦其心志，劳其筋骨，饿其体肤，空乏其身，行拂乱其所为，所以动心忍性，增益其所不能。”“生于忧患，死于安乐。”③ 司马迁说：“文王拘而演《周易》，仲尼厄而作《春秋》，屈原放逐，乃赋《离骚》，左丘失明，厥有《国语》，孙子膑脚，《兵法》修列……《诗》三百篇，大抵圣贤发愤之所为作也。”④ 这些掷地有声的语言，成为一代又一代中国人的座右铭。

自强不息的精神表现为为国家为民族的奋斗精神，拼搏精神，即爱国主义精神。这种精神，千百年间鼓舞着无数中华儿女，为了祖国的尊严，民族的正义，临危不惧，不屈不挠，前赴后继，英勇献身。岳飞抗金，“八千里路云和月”；文天祥抗元，“留取丹心照汗青”；郑成功收复台湾，驱逐殖民主义者；林则徐虎门销烟，大长了中国人民的志气。他们的事迹千古传颂。还应提到的是，在爱国主义的旗帜下，各少数民族也做出了应有的贡献。如唐代在平定“安史之乱”时，维吾尔（回纥）等少数民族

---

① 韩愈：《进学解》。

② 《论语·子罕》。

③ 《孟子·告子》下。

④ 司马迁：《报任安书》。

的将士奋勇“勤王”。清代在平定噶尔丹分裂政权和“三藩之乱”时，各民族勇士冲锋陷阵。近代，各族人民在抗击沙俄、英国等列强入侵、捍卫祖国疆士的战斗中，英勇顽强，不屈不挠，这些都显示了中华各民族的爱国热情和为了祖国赴汤蹈火的伟大精神。①

自强不息的精神还表现为一种人格理想。孔子说：“三军可夺帅也，匹夫不可夺志也。”② 孟子提倡“富贵不能淫，贫贱不能移，威武不能屈”的“大丈夫”气概。③ 具有这种人格理想的人，有崇高的使命感和责任感、坚定的自信心、庄严的自尊心和高度的自觉性，无论遇到什么艰难困苦、挫折失败，都不气馁，不灰心，不动摇，不消沉，正道直行，守道不二，顶天立地，浩气长存。文天祥在《正气歌》中写道：“天地有正气，杂然赋流形。下则为河岳，上则为日星。于人曰浩然，沛乎塞苍冥。……时穷节乃见，一垂丹青。……是气所旁薄，凛烈万古存。当其贯日月，生死安足论。”歌中表现出的崇高气节和伟大人格，正是我们中华民族精神的生动反映。

自强不息在人生态度上还表现为一种“日新”精神。孔子曾在川上慨叹：“逝者如斯夫，不舍昼夜。”④ 就是说，人也应抓紧时间，日新不已，永远向前。《礼记·大学》说：“苟日新，日日新，又日新。”《易·系辞上》说：“日新之谓盛德。”二程说：“君子之学必日新，日新者日进也，不日新者必日退，未有不进不退

---

① 参见司马义·艾买提：《多民族国家与爱国主义》，载《光明日报》1995年2月6日。

② 《论语·子罕》。

③ 《孟子·滕文公》。

④ 《论语·子罕》。

者。"① 明、清之际王夫之更对日新作了深刻而全面地阐述，认为："天地之德不易，天地之化日新。"② 要求人们"推故而别致其新"③。日新就是不因循守旧。不故步自封，而锐意进取，与时偕行。讲日新就必然礼赞变革。《易传·杂卦》说："革，去故也；鼎，取新也。"《易·革卦·彖》说："天地革而四时成，汤武革命，顺乎天而应乎人，革之时大矣哉！"中国古代固然也有反对变革的保守思想，但主张日新、变革毕竟是积极的主流。正是在这种精神的鼓舞下，许多改革家不畏艰难，开拓进取。因此，它也是我们民族的可贵的精神。

自强不息的精神是我们中华民族绵延发展的精神动力，在历史上起了重要作用。在改革开放，建设社会主义的今天，也有巨大的现实意义，值得大力发扬。

第二，厚德载物。

《易·坤卦·象辞》说："地势坤，君子以厚德载物。""坤厚载物，德合无疆。"意思是说，大地具有宽厚载物的德性，君子应效法天地，也养成宽厚、兼容的品格。这句话也道出了我们中华民族的精神。它也具有丰富的含义。

厚德载物就是宽容、宽厚的精神。中国人抱定"万物并育而不相害，道并行而不相悖"的信念，认为圣人之德就像天地那样，"无不持载，无不覆帱"④，无所不包，无所不容。中华民族以宽厚为美德，在人际关系上，讲究严于律己，宽以待人，"躬

① 《河南程氏粹言·论学篇》。
② 《思问录·外篇》。
③ 《周易外传》卷二。
④ 《礼记·中庸》。

身厚而薄责于人"①，设身处地地为他人着想，不计较别人小的过失，不求全责备。《尚书·君陈》说："无求备于一人。"孔子一向主张，"君子求诸己，小人求诸人"②。把"宽"作为"仁"的内含之一，并认为，"宽则得众"③。孔子的学生讨论交友之道说："君子尊贤而容众，喜善而矜（同情）不能。我之大贤与，于人何所不容？我之不贤与，人将拒我，如之何其拒人也？"④与孔子的倡导是一致的。老子更认为，"圣人常善救人，故无弃人；常善救物，故无弃物。""善人者不善人之师，不善人者善人之资。"⑤ 甚至认为，"善者吾善之，不善者吾亦善之，德善。"⑥对于宽容精神作了夸张的强调。在一些成语、熟语中，也反映了这一思想，如"永至清则无鱼，人至察则无徒"、"金无足赤，人无完人"、"虚怀若谷"、"善与人同"、"宰相肚里能行船"等等，总之，把宽容大度、宽宏大量视为美德。

厚德载物在方法论上表现为一种兼容并包的精神。西周末年，史伯提出"和实生物"，"以他平他谓之和"，"土与金木水火杂，以成百物"⑦ 的思想，认为包含不同成分的和谐是事物存在和发展的必要条件。孔子也说，"君子和而不同。"⑧ 东汉班固在论及战国诸子九流十家的思想时也说："其言虽殊，辟犹水火，

① 《论语·卫灵公》。
② 《论语·卫灵公》。
③ 《论语·阳货》。
④ 《论语·子张》。
⑤ 《老子》第二十七章。
⑥ 《老子》第四十九章。
⑦ 《国语·郑语》。
⑧ 《论语·子路》。

相灭亦相生也；仁之与义，敬之与和，相反而皆相成也。”① 他们都认为，对立的甚至相反的事物未始没有统一性，因此，不应陷入绝对化，而要善于把握对立的统一。在这一思想的主导下，形成了中国文化追求和谐崇尚中道的特点。（详见下节）

中国人对于外来文化经常以开放的胸襟抱一种兼容并蓄的态度。这一点连某些外国人士也承认。如英人罗素说：“中国文化有一个特点，就是有宽容性。”② 这话有道理，且有无数事实可资证明。赵武灵王胡服骑射，毅然学习外夷，变风易俗。至战国末年，“胡服”已成为中国服装的一部分，骑射也被中原各国普遍采用。西汉张骞通西域，不但带去了丝绸、铁器等中原文化，也使葡萄、苜蓿、琉璃制品等西域文化传入。唐朝国力强盛，对于异域文化更表现出广收博采的恢宏气度，不但对音乐、舞蹈、宗教、习俗等广泛吸收，连蕃兵蕃将都常受重用。大唐文化的繁荣，从某种程度上未尝不可以说是华夷文化大交融的结果。

中国人对佛教的态度也很典型。佛教本是外来宗教，中国人的宗教情绪一向又比较淡漠，但是当这种宗教西来，中国朝野上下并没有觉得受到多大威胁而加以排拒。③ 经过几百年的消化，中国化的佛教终于形成，并成为中国传统文化的一个有机部分，且对于宋明理学的产生起了一定作用。可以说，中国人对于外来文化经常是以宽阔的胸襟，采取“拿来主义”的态度的。只要对自己有益，就乐意移植、引进和吸收。只是到了清代中后期，统

① 《汉书·艺文志·诸子略》。

② 转引自张岱年：《文化与哲学》第93页。

③ 当然也有一些思想家如范缜、韩愈等批判佛教。儒、道与佛教之间也有斗争，甚至有个别皇帝还曾下令灭佛，如所谓“三武法难”。但从总的情况说，中国人对于佛教是宽容的。

治者盲目自大，以天朝自居，实行闭关锁国政策，才造成了中国的落后。但这毕竟不能掩盖中国人乐于且善于吸收外来文化的主流。

近150年来，我国从任人宰割到独立富强的历史，从某种意义上说，也正是中国人民勇于吸收外来文化，丰富和发展自己的历史。尽管今天与发达国家相比，我们还有相当差距，但无论是综合国力还是某些领域，都已达到了足以令人刮目相看的水平。这种成就，应该说也是与我们民族有着厚德载物的精神分不开的。

中国人对于异邦来华的友好人士也一向以热情好客的友好态度对待。在唐代，深深羡慕中国文化的日本曾十八次派遣唐使来华，都受到礼遇，使他们满载而归。其中一位叫做阿部仲麻吕，还被朝廷授予官职，赐名晁衡，许多诗人还与他有唱和之作。元朝时来华的马可·波罗，也受到类似晁衡的待遇。明末清初来华的传教士利玛窦、汤若望、南怀仁等也受到中国士人乃至当朝皇帝的重视。① 日本军国主义侵华期间，罪行累累，罄竹难书，但当其战败归国，其无人照管的幼儿，中国百姓甚至八路军的将军却将其收养。② 这些，都表现了中国人的宽容大度的襟怀。

当然，讲厚德载物，绝不能否定中华民族具有反抗压迫、勇于向恶势力半争的战斗精神。毛泽东说："中华民族不但以刻苦耐劳著称于世，同时又是酷爱自由、富于革命传统的民族。""他

---

① 后来，由于罗马教皇将中国礼教斥为异端，康熙皇帝才禁止传教士的传教活动。鸦片战争后，西方殖民主义者借传教进行文化侵略，引起中国人民的反抗。这又当别论。

② 电影《离开广岛的日子》中的主人公乌云并非完全虚构，也不是惟一的例外。

们赞成平等的联合，而不赞成互相压迫。”“中华民族又是一个有光荣的革命传统和优秀的历史遗产的民族。”① 毛泽东说的“赞成平等的联合”，就属于厚德载物的精神；而“反抗压迫”，则属于自强不息的精神。《中庸》也曾说：“宽裕温柔，足以有容也；发强刚毅，足以有执也。”讲的恰恰也是这两种精神。显然，这二者并不是矛盾不相容的，而正是一个问题的两个方面，都是中华民族的优秀精神。

中华民族精神当然不只自强不息、厚德载物两点，还可以作出许多其他的概括，但这两点应该说是最突出的，也最有代表性，值得大力提倡和发扬。

第二节 中国传统文化的内容和特点

中国传统文化是中华民族精神的载体，中华民族精神比较集中地凝聚和表现在中国传统文化中。为了振兴中华民族精神，有必要了解和学习中国传统文化。

一、中国传统文化的内容

（一）汉字

汉字是记载汉语的符号，是中国文化的瑰宝。

汉字是中国古先民的杰出创造，至今已有6000年的历史。《易·系辞》下说：“上古结绳而治，后世圣人易之以书契。”结绳记事的传说，还见于许多先秦古籍，表明结绳确实曾是先民用来记事的方法，但后来则将之线条化，遂演变为文字。传说黄帝的史官仓颉作书。仓颉虽不必肯定是惟一创造文字的人，但至少从

① 《中国革命和中国共产党》，《毛泽东选集》第二卷，第617页。

中也反映了早在4000年前已经使用汉字的史影。经过不断改进，到商代，汉字已经比较完善和确定。今天出土的卜辞中的甲骨文和青铜器上的铭文（金文）就是绝好的证明。后来，又经过大篆、小篆、隶书、楷书（行书、草书）几个阶段，到汉、晋时期，汉字遂完全成熟和定型。

汉字属表意文字，而且是世界上产生既早、从未中断、至今惟一仅存且仍被广泛使用的表意文字。这又是世界文化史上的一个奇迹。①

汉字在中华民族的发展史上具有十分重要的作用。第一，汉字记载了中华民族的文明成果，在保存和传承中国传统文化方面功绩卓著；第二，汉字对于中国十分复杂的方言具有规范作用，从而对语言的统一具有促进作用；第三，汉字对于增强中华民族的凝聚力，维系中国在政治、经济，文化上的统一，产生了并且继续发挥着巨大的作用。在中国这样一个幅员辽阔，人口众多，多民族聚居，方言方音极其复杂多样，政治、经济、文化发展很不平衡的国家里，如果没有汉字加以维系，中国在几千年间能够如此统一和发展，恐怕是不可想像的。

汉字之所以能够起到如此独特而巨大的作用，是与它基本上属表意文字，又具有形、音、义结合的特点分不开的。

汉字与表音文字不同，在它的字形里包含了非常浓厚的文化蕴涵。它早已超越了单纯象形的阶段，而代表了表意文字所可能达到的最高水平。这从古代所谓“六书”的理论中就可以看得很

① 文字分表形、表意、表音三大类。古老的表意文字，除汉字外，还有古埃及文字、楔形文字等，它们都已失传。学术界过去有一种说法，认为表意文字是文字的原始阶段，不如表音文字先进，中国文字也必须走拼音化的道路。这个说法是不科学的，近年已渐被否定。

清楚。

汉代人研究汉字的构造法则，概括为“六书”①，即象形、指事、会意、形声、转注、假借。实际上，前四种是造字法，后两种是用字法。

象形，是描摹事物的形状而加以线条化，如日、月、水、火、鱼、鸟、车、马，尽管它们已经“楷化”了，但仍然不难发现它们的象形意义。

指事，是用抽象符号或在象形字的基础上加上某种抽象符号表意，如上、下、本、末、刃、甘等。

会意，是利用已有的字，依据事理加以组合，表示一个新的意思，如止戈为武，人言为信，日月为明，二火为炎等。

形声，是一半表形（意），一半表声（音）的造子法。如江、河、汪、洋；机、杖、枫、柏等。这一方法，突破了单纯表意的局限，完成了汉字发展史上一个质的飞跃。从此，无须再造新的符号，只需要用已有的字作为形符、声符，就可以结合为一个新字，以记录我们日益发展的无比优美而富有表现力的语言。有了“形声”造字法，汉字发展得非常迅速，至春秋时期，形声字就已占到汉字总量的80%以上。② 再加上“转注”（同义互训）和“假借”（同音代替），汉字的丰富性和灵活性更加增强。

过去，有汉字难学、难记、难写、难于适应现代化传输等说

① 关于“六书”，班固《汉书·艺文志》、郑众《周礼解诂》（郑玄《周礼注》引）、许慎《说文解字》都提到，用语和次序略有不同。后世多采许慎之说，但次序略有调整。

② 见阴法鲁等：《中国古代文化史》第一册。

法，也需要澄清。汉字有数万之多，① 都记住的确困难，但其中绝大多数是不常用的生僻字，真正常用的不过 3000 多字。所谓汉字难学之说，近年也有了改变。实际上，采用科学方法，汉字学起来并不难。② 汉字形声字富于联想功能，容易将形象思维和逻辑思维巧妙结合，比如认识了“几”字，又知道一些偏旁的含义，那么，“机、饥、肌、讥、玑”等字便不难掌握其读音和含义。因此，有的当代学者认为，“汉字可以成为世界上最容易学习的文字。”③

近年来，汉字在现代化传输方面也取得了长足发展，短短几年间，就发明了五笔字型、五十字元等十几种（一说几十种）微机输入方法，全息编码、手写式、声控式传输方法也正在变成现实。由于汉字比拼音文字简短，其传输速度有可能超过拼音文字。这都预示着，汉字在传输现代化方面的前途是无限光明的。

（二）中国传统文化的门类

中国传统文化包含众多的门类，但划分的方法有所不同。

至少在春秋末期，古人就对文化进行了分类。其中最突出的是孔子，他以“六艺”（诗、书、礼、乐、易、春秋）教授学生，

---

① 《康熙字典》收字 47000 多个；《汉语大字典》收字 56000 多个；1994 年中华书局出版的《中国字海》收字达 86000 多个。但是，其中大多数已不使用。1981 年国家标准局发布的《信息交换用汉字编码字符集·基本集》收字 6763 个（第一级 3755 个，第二级 3008 个）。国家语言文字委员会发布的《现代汉语常用字表》收字 3500 个。供一般文化水平的人使用的《新华字典》收字 8500 左右。

② 有人做过实验：把同一年龄的非以汉语作母语的学龄前儿童分为几组，学习汉语和其他语言，结果汉语组学得最快。

③ （香港）安子介：《难学的汉字的新学习捷径》，载《中国传统文化与 21 世纪国际学术讨论会论文选集》，南京大学出版社 1992 年版。

这“六艺”，既是孔子设教的课程，也是他对前代文化的整理和分类。它们的内容和作用各有不同，“诗以道志，书以道事，礼以道行，乐以道和，易以道阴阳，春秋以道名分”①。如果用今天的学科加以对照，那么，“诗”是文学，“书”是历史文献，“礼”是政治学和社会学，“乐”是艺术，“易”是哲学，“春秋”是当时的现代史。

秦、汉时期，对思想学说加以分类成为风气。秦相吕不韦邀集门客著成《吕氏春秋》160篇，分为十二纪、八览、六论三部分，这是吕氏对自己主编的这部著作内容的分类。

司马谈《论六家要旨》，将先秦学术分为阴阳、儒、墨、名、法、道德六家。这是他对学派的分类。（如果对著作分类，他大概会把各派的著作系于其下。）其子司马迁著《史记》，开创了本纪、表、书、世家、列传的体例。其中，“八书”就是他对于当时学术的分类，包括礼书（典章制度礼仪）、乐书（音乐）、律书（法律）、历书（历法）、天官书（天文）、封禅书（祭祀名山大川）、河渠书（治河）、平准书（经济政策）。

西汉末年，刘向“校中秘书”（整理皇家图书馆所藏的书籍），其子刘歆继之，首创目录之学，将前代及当代所知的书籍分为六类，每类作一说明，然后列出该类书目，称为一略。六略之外，另编提要一篇，名叫“辑略”，总称“七略”。东汉班固修《汉书》，继承并发展了《史记》对学科的分类，将“书”改名为“志”，分为律历、礼乐、刑法、食货、郊祀、天文、五行、地理、沟洫、艺文十志。其《艺文志》以《七略》为蓝本，也将书籍分为六类，且每类都作一篇说明，以考镜学术源流。这六类是：六艺（儒家经典）、诸子（哲学社会科学）、诗赋（文学）、

① 《庄子·天下》。

兵书（军事学）、数术（科技）、方技（医药、神仙）。六类之下，又各分若干子目，子目下列出各家著作名称及篇数。

其后，晋人首创四部分类法。经过几代人的完善，至唐长孙无忌修《隋书·经籍志》，始确定经、史、子、集的名称和次序。这一分类方法被后世广泛采用（每部之下的类目名称和顺序有所不同）。清代乾隆修《四库全书》仍以四部分类，各部类目如下：经部分为易、书、诗、礼、春秋、孝经、五经总义、四书、乐、小学十类；史部分为正史、编年、纪事本末、别史、杂史、诏令奏议、传记、史钞、载记、时令、地理、职官、政事、目录、史评十五类；子部分为儒家、兵家、法家、农家、医家、天文算法、术数、艺术、谱录、杂家、类书、小说家、释家、道家十四类；集部分为楚辞、别集、总集、诗文评、词曲五类。

从上面的粗略介绍可知，我国古代对于文化的分类已很细密，从中也充分显示了我国古代文化的丰富和广博。但是，以今人的眼光看，其大类未免过疏，而小类又嫌过细。

为了叙述方便，本书根据中国古代文化的实际情况。依照当代对学科的分类方法，将中国传统文化分为哲学、宗教、教育、经学、史学、文学、艺术、科技8类。

哲学作为系统的世界观和方法论，在各种学术思想中处于核心和支配地位，并给予其他各种学术思想以重要而深刻的影响。中国古代哲学十分活跃，多彩多姿。其中尤以儒道两家哲学源远流长，影响深广。本书用三章篇幅叙述中国哲学，前一章为总论，后两章分别介绍和评析儒家哲学和道家哲学。

中国古代宗教总体说不算发达，也不像在其他国家和民族中那样有势力，但毕竟也曾一度兴盛，且渗透于民间，在意识形态中有广泛影响。本书设专章对中国化的佛教、中国土生土长的道教和其他宗教作系统介绍。

中国古代教育虽不普及，但思想却很发达。许多思想家、政治家同时就是教育家，朝野上下，有悠久的重教传统，形成了比较完备的教育制度和系统的教育思想。本书将设专章介绍。

经学在中国古代学说中占有首屈一指的地位，具有笼罩一切的“势力”。中国古代哲学、教育、政治、经济等学科，大部分原是包含在经学当中的。不了解经学，很难说能了解中国传统文化。因此，对经学我们也设专章阐述。

中国有悠久而连续不绝的治史经验，史学著作汗牛充栋，并且形成了优良的史学传统。史学作为本书的一章，不可或缺。

文学、艺术是中国古代文化的两朵奇葩，它们形象生动地表现了中国人独有的生活、思想、感情和矛盾冲突。其表现形式和手法更有独具的特色和魅力。本书设两章对它们分别作介绍。

中国古代科技曾长期处于世界领先地位，给人类文明和进步做出了杰出贡献。本书设一章对此进行令人信服的阐述。

中国古代文化的内容还很多，如政治、经济、军事、法律等方面的思想也很精采，它如语言文字学、考据学、目录学、版本学、校勘学等，也成绩斐然，因为比较专门，本书暂从略。

二、中国文化的发展历程

中国文化涵盖面广，门类众多，其发展必然是不平衡的，而不可能是同步的。但从历史行程看，也有其一致性，可以大体划分出阶段。现以文化的核心——哲学思想为主，适当兼顾其他，将中国文化的发展大致分为以下四期。

（二）雏形期（夏、商、周三代）

中国文化在原始社会即开始萌芽，随着生产的发展，原始宗教、原始艺术和原始的哲学思维也不断演进。在早期的神话传说中，反映了此时期的一些史影。盘古开天，女娲补天，夸父逐日，精卫填海，神农尝百草，伏羲画八卦……在这些美丽动人的传说中，反映了中国先民与大自然作斗争的精神和取得的业绩以及他们对周围世界的思考。

夏、商、周三代，中国进入阶级社会，中国文化也伴随着经济、政治的发展而逐渐具备了雏形。

在哲学上，表现为神学迷雾由浓重而逐渐淡薄。“有夏服(受)天命”①，禹“致孝乎鬼神”②，“有娀方将，帝立子生商”③，“天命玄鸟，降而生商”④，以及殷墟出土的大量甲骨上关于占卜的记载，表明夏商统治者对于上帝、天命的迷信程度之深。而周初的统治者为了论证代商而立的合理性，则“以德配天”，在天命中增加了“敬德”、“保民”的内容。所谓“天命靡常”⑤，“皇天无亲，惟德是辅”⑥，“民之所欲，天必从之”⑦，“天视自我民视，天听自我民听”⑧，反映了神的地位的降低和人的地位的提高。

西周时期，哲学思想有了比较明显的发展，出现了阴阳(《国语·周语》上：“伯阳父论地震”)、五行(《尚书·洪范》)观念，《周易》古经大约也于此时期形成，提出了比较系统的八卦学说《详见第三章)。

(二) 形成期(春秋、战国)

春秋战国是中国历史上的大变革时期，也是中国古代文化的

---

① 《尚书·召诰》。

② 《论语·泰伯》。

③ 《诗经·商颂·长发》。

④ 《诗经·商颂·玄鸟》。

⑤ 《诗经·大雅·文王》。

⑥ 《尚书·蔡仲之命》。

⑦ 《左传》引《尚书·泰誓》。

⑧ 《孟子》引《尚书·泰誓》。

形成期。本时期，社会经济有了较快发展，政治上随着王权衰落，政权下移，由大国争霸演变为七雄并立，由分裂渐趋统一；社会制度则由奴隶制迅速向封建制过渡。与政治经济相适应，本期思想界异常活跃。孔子首开私人讲学之风，创立儒家学派。诸子继起，各以其学教授弟子，游说诸侯，出现了百家争鸣的生动局面。百家之学大多是涵容并包的，而以哲学、伦理和社会政治思想最为突出。

本期文学也有辉煌成就，《诗经》、《楚辞》是其杰出代表。诸子散文被后世尊为典范。

本期史学也初露锋芒，其中以孔子整理的古史文献集《尚书》和因鲁史记而作的《春秋》最为著名。《春秋三传》和《国语》也是本时期的史学杰作。

本期是中国文化的发皇期，其成就之辉煌可与古希腊罗马文化相媲美。

（三）发展期（秦、汉—鸦片战争）

秦始皇建立了中央集权制的大帝国，“车同轨，书同文，行同伦”。政治、经济、文化空前统一。汉承秦制，为其后两千年中国历史的发展奠定了基本格局。汉武帝“罢黜百家，独尊儒术”，儒学上升为官学，文化上开始了经学时代，其后，各种学术都笼罩在经学之下或包括在经学之中。

在哲学上，经历了汉代天人之学、魏晋玄学、隋唐中国化的佛学、宋明理学、明清之际儒学内部的自我批判之学等主要阶段，高潮迭起，名家辈出，其间，董仲舒的天人感应之学和朱熹的理气性命之学是两个高峰。

在史学方面，本期的成就也蔚为大观。以司马迁的《史记》为开端，形成了官修史书的传统，两千多年间从未间断，官修的《二十四史》和《资治通鉴》是其代表；此外，还有一大批公私史著问世。

本时期宗教方面的变化也值得注意。中国古人宗教观念比较淡薄，西汉以前，没有统一的宗教。西汉末年，佛教传入中国；东汉中叶，道教创立。其后，佛、道二教各有发展。南北朝时佛教兴盛，唐朝时道教甚受尊崇，形成儒、释、道三教并行的局面。到宋朝，理学形成，佛道被排斥出官方意识形态，仅在民间继续流传，并逐渐融合。

本期文学艺术科技等亦成绩斐然。汉赋、唐诗、宋词、元曲、明清小说，每个领域都有世界级的大师，其名篇佳作，名传遐迩，历久常新；书法、绘画等艺术也登峰造极；许多科学技术在当时居于世界领先地位，为人类文明做出了杰出贡献。

欧洲的中世纪（封建社会）是历史上的黑暗时代。中国的封建社会，固然也有其黑暗方面，但从文化上看，不能不说异常辉煌。

（四）转型期（鸦片战争以来）

以上三期均属于古代文化，本期属于近现代文化。本书主要讲古代文化，但为了认识古今的联系，也简略地说一下近现代文化的轮廓。

本期是中国历史上又一次空前大变革时期。表现在：

社会制度在一百多年间跨越三个阶段：封建社会、半封建半殖民地社会（不完全的资本主义社会）和社会主义社会（初级阶段）。

民族危机空前严重。外国列强频频入侵，清廷连连战败，签订许多丧权辱国的条约；民国时期，日本侵略者入寇，大半个中国沦陷；全民抗战，日寇投降。

阶级矛盾尖锐，革命高潮汹涌澎湃。太平天国革命，戊戌变法和义和团运动，辛亥革命，一浪高过一浪。其后，又经历了三次国内革命战争。

国家政权变化剧烈。清帝逊位，民国成立（38 年间，袁世凯称帝、张勋复辟，北洋军阀割据混战，国民党新军阀上台，新军阀间的混战，充满动荡），直到中华人民共和国成立。

文化上的变化之剧烈亦属空前。

西学涌入，逐渐成为文化的主流。近代中国文化发展的大致历程是：西学东渐→全面引进西学→马克思主义在中国传播→马克思主义成为指导思想。

传统文化遭到空前严厉的批判，儒学失去官方意识形态地位，但在人们的意识中仍有相当大的影响。传统的学问（如义理、考据、辞章等）不再成为主流，与国计民生密切相关的工、农、商、法等科成为热门的显学。人们的思维方式也发生了巨大变化。

中国文化现代化的进程还在继续，不可逆转。但传统文化毕竟是现代文化的根。为了建设社会主义的中国现代文化，对于优秀的传统文化是不能置之不理的，只能批判继承，并应首先立足于弘扬，使现代与传统更好地衔接、结合。这是摆在中国人民面前的一个十分现实的问题和必须加以解决的艰巨任务。

三、中国传统文化的特点

为了全面了解中国传统文化，在分章叙述各门类内容之前，有必要先概括一下中国文化的总体特点。我们主要讲四点。

（一）崇尚统一

中国人有追求思想和法度统一的悠久传统。早在《诗经》中，就有对于“普天之下，莫非王土。率土之滨，莫非王臣”的歌颂。春秋五霸，尊王攘夷。孔子“张公室，杜私门”，认为，

"天下有道，则礼乐征伐自天子出"，反对"陪臣执国命"①。孟子明确主张"定于一"②。荀子亦反复强调"一天下"③。韩非更提出"事在四方，要在中央。圣人执要，四方来效"④的政治设计。儒法思想结合在一起，奠定了大一统的理论基础，并得到后世的广泛认同。

中国历史上，即使撇开带有某些传说色彩的夏、商、周三代，仅从秦朝算起，也是统一的时间长，分裂的时间短。统一是主流，分裂是暂时的。在统一时人民反对分裂，在分裂时人民盼望统一。即使是处在较长时间的分裂时期，人们仍然认为分裂是不正常的。比如三国时期，魏、蜀、吴都自认为代表正统；南宋时期，人民常以恢复中原为念。中国民主革命的先行者孙中山先生说："统一是中国全体国民的希望。能够统一，全国人民便享福；不能统一便要受害。"⑤充分表达了人民盼望统一的心声。

与政治观相适应，中国古代建立了尊卑有别、长幼有序的伦理观，形成了以三纲五常为中心的，具有完备德目的道德规范体系。它要求在下位的人对在上位的人尊敬、忠诚、服从、尽职尽责；同时要求在上位的人对在下位的人爱护、公正、守信，并能做出表率，为管理尽心竭力。从而维系小到一个家庭，大到一个国家的稳定，在下位者犯上作乱固然属大逆不道，在上位者暴虐恣睢也被斥为独夫民贼，因为这二者都有害于国家的统一。

---

① 《论语·季氏》。

② 《孟子·梁惠王》上。

③ 《荀子·非十二子》。

④ 《韩非子·扬权》。

⑤ 转引自江泽民：《为促进祖国统一大业的完成而继续奋斗》——在1995年春节茶话会上的讲话。

崇尚统一的观念在中国古代文学艺术中有广泛而多方面的表现，它对于中国文化长盛不衰的发展具有积极作用，并从而形成了中国人对群体的归属感和对集体的义务感等思想观念，形成了重奉献、讲礼貌、守纪律的优秀传统和较好的社会风气。但同时也有过分依赖、尊经崇圣、惟书惟上、限制主动性发挥等消极作用。

（二）追求和谐

“和”是中国文化普遍追求的一种状态或境界。

“和”作为哲学范畴，指对立面的统一。西周末年的史伯已提出：“和实生物，同则不断，以他平他谓之和，故能丰长而物归之。”① 后世便把“和”奉为普遍的原则或看作事物的最佳状态。

先秦儒家把宇宙看成是个大和谐。荀子说：“列星随旋，日月递照，阴阳大化，风雨博施，万物各得其和以生，各得其养以成。”② 而把日食月食、地震山崩、水旱灾害等看成是“天”（自然）失和的表现。《中庸》说：“万物并育而不相害，道并行而不相悖。”“中也者，天下之大本也；和也者，天下之达道也。致中和，天地位焉，万物育焉。”

在天人关系（人与自然的关系）上，先秦各家无不以“和”为最高理想。孔子“钓而不纲，弋不射宿”③，孟子提出，“数罟不入洿池”，“斧斤以时入山林”④，朦胧地流露了某种生态意识。

---

① 《国语·郑语》。

② 《荀子·天论》。

③ 《论语·述而》。

④ 《孟子·梁惠王》上。

《老子》倡导“守中”①，把婴儿（喻“道”）的状态赞为“和之至也”②。庄子更是讲“和之以天倪”③。名家的惠施也做出“泛爱万物，天地一体也”④ 的结论。中国哲人承认事物的差别和对立，矛盾与斗争，但认为最终的结局或最佳状态是和谐。宋代张载的论述可作为代表。他说：“有象斯有对，对必反其为。有反斯有仇，仇必和而解。”⑤

人际关系的和谐更是为中国人所看重。孔子弟子说：“礼之用，和为贵，先王之道，斯为美，小大由之。”⑥ 但反对无原则的调和，更反对同流合污，主张“和而不流”⑦。中国人强调个人与群体（小到家庭，大到国家、民族、社会）的统一性，一方面充分肯定个人（个体感性生命）存在和发展的价值（如孔子说的“三军可夺帅也，匹夫不可夺志也”）；另一方面又强调个人的存在和发展应该同他人、群体的存在和发展统一起来，使双方处于和谐的关系中，而不应分裂与对抗。

和谐还是中国文化各门类的共同追求。

政治上，重视君民、君臣、国家、民族间的和谐，主张“克明峻德，以亲九族，九族既睦，平章百姓；百姓昭明，协和万邦”⑧。“天时不如地利，地利不如人和”⑨。经济上主张“百姓

---

① 《老子》第五章。
② 《老子》第五十五章。
③ 《庄子·齐物论》。
④ 《庄子·天下》。
⑤ 《正蒙·乾称》。
⑥ 《论语·学而》。
⑦ 《礼记·中庸》。
⑧ 《尚书·尧典》。
⑨ 《孟子·公孙丑》下。

时和，事业得叙"，谨养其和，开源节流。① 思想方法上主张执两用中，无过不及。修养上讲究"从容中道"、"文质彬彬"。艺术上崇尚中和之美，"乐而不淫，哀而不伤"②。养生家以身心和谐为最佳状态，中医把得病看作是"身体违和"的表现，而以平衡阴阳，协调气血作为辩证施治的要诀。

可以说，不懂得"和"，就不了解中国文化。

（三）注重实用

中国古代文化以解决社会人生实际问题为出发点和归宿，执著于对政治、伦理等与国计民生密切相关的问题的探求，而对于纯抽象的思辨则不感兴趣。

在宇宙观方面，中国人重关系而不重实体，对宇宙（"天"）的本原、本质问题较少注意，而集中考虑的是天人之间的关系。对于鬼神等渺茫难知的问题，更是采取"存而不论"或敬而远之的态度，而着眼于"务民之义"，即使说及，也不过是为了神道设教。

早期儒家的两位大师对于何以采取这种重实用的态度作过如下解释："知者无不知，当务之为急。……尧舜之知不遍物，急先务也。"③ "不为而成，不求而得，夫是之谓天职。如是者，虽深，其人不加虑焉；虽大，不加能焉；虽精，不加察焉。夫是之谓不与天争职。……万物之怪，《书》不说。无用之辩，不急之察，弃而不治。"④ 孟、荀所论，对于奠定中国人重实用、轻玄想，务实事、戒空谈，看实效、看实绩的致思倾向起了重要作

① 《荀子·富国》。
② 《论语·八佾》。
③ 《孟子·尽心》上。
④ 《荀子·天论》。

用。

道家的“法自然”似乎有些异趣，但是，《老子》关心的重点依然是“以正治国，以奇用兵，以无事取天下”。骨子里仍然是“君人南面之术”，是以退为进的处世之道。

中国古代有丰富的辩证法思想，它们的精辟深刻，使得许多现代人（包括外国的知名思想家）都惊叹不已。但是，它们主要是人生的辩证法，而不是精确概念的辩证法，甚至难于找到纯粹的思维规律的表述。

中国古代科学技术素称发达，在许多领域长期处于世界领先地位，但是，它们（包括四大发明在内）大多是与政治、人生密切相关的实用技术，纯粹的理论自然科学则发展不够。这些实用技术大多是以具体科学的形式出现，而缺乏对有关原理的精确阐述和公式公理系统。农业、医药、天文、历法、水利、数学等学科成就之高、解决具体问题能力之强，简直令后人惊叹不已，但对于其间的原理和方法，有的直到今天仍然莫知其详。

这种重实用的倾向，形成了中国文化经世致用的传统。任何学问，都要求它有效果，有益于国计民生。修史是为了鉴戒垂训，察古知今；文章是“经国之大业，不朽之盛事”①；诗歌是为了“言志”，兴、观、群、怨，事父事君②；绘画是“助名教而翼群伦”③；音乐的作用就更被重视，因为它“可以善民心，其感人深，其移风易俗”④。

中国文化的这种致思倾向，就是所谓“实用理性”。这一实

---

① 曹丕：《典论·论文》。

② 《论语·阳货》。

③ 宋濂：《宋学士文集·画原》。

④ 《礼记·乐记》。

用理性的传统，淡化了中国人的宗教情绪，使得无神论思想源远流长。“既阻止了思辩理性的发展，也排除了反理性主义的泛滥”①，中华民族在科学、文化、观念形态、行为模式等方面的优点和缺点，都与此密切相关。

（四）强调道德

强调道德，是中国文化的又一突出特点。

中国的远古圣王，都被描述为道德的典范。尧、舜、禹、汤、文、武、周公，乃至更古的三皇五帝，莫不如此。如尧“克明俊德，以亲九族”②。舜在“父顽、母嚚（yín 愚蠢）、象（舜之弟）傲”的恶劣家庭环境下，能“克谐以孝”，又经受了种种考验，尧终于把帝位禅让给他。③ 正因为如此，“尧舜”简直成了有德者的代名词。

崇尚道德还是中国古代各家各派的共同倾向。儒家讲道德，说仁义，“祖述尧舜，宪章文武”，自不必说。就是其他各家，其所谓道德的内涵或有不同，但对德的推重则并无二致。如墨家讲尚贤、尚同、兼爱、非攻。揭出的也是一面道德的旗帜；道家批判儒家的仁义礼乐，但是《老子》也说：“万物莫不尊道而贵德。”④ 庄子笔下的那些形貌怪异的典型，则是“德有所长而形有所忘”⑤。老庄之所谓“德，诚然别有可指，但在“重德”这点上还是有了共同语言。名家讲“泛爱万物，天地一体”⑥；阴

① 李泽厚：《中国古代思想史论》，人民出版社 1985 年版。
② 《尚书·尧典》。
③ 《尚书·尧典》。
④ 《老子》第五十一章。
⑤ 《庄子·德充符》。
⑥ 《庄子·天下》。

阳家讲五德转移，“治各有宜”①；农家讲“君民并耕，饔飧而治”②；就是贬抑仁义的法家，也承认“上古竞于道德”③。这些，可以看作是其他各家对于儒家重德传统的某种认同。而从汉代定儒家为一尊以后，这种重德传统就得到确立并不断被强化，由此形成了中国文化的一个共同的特点。

政治上，推重仁政德治，对于上至君主、下至官吏，首重其德。至于智力高低，政绩如何，倒在其次。心术不正，品德不佳的无道昏君和贪赃枉法、虐政害民的脏官是最受人痛恨的。

人才上，虽以知仁勇为“三达德”④，但还是以德为核心。孔子说：“骥不称其力，称其德也。”⑤ 无仁之勇，只能是匹夫之勇；至于无仁之智，就更糟糕和危险了。因为无德而有才，只能算是歪才，这样的人往往会比无才的人干更多更大的坏事。“士信悫（què，诚实守信）而后求智能焉。士不信悫而有多知能，譬之其豺狼也，不可以身尔（迩，近）也。”⑥ 说的正是这个意思。

对于各行各业的人，固然重其艺，但同时、甚至首先也提出道德要求。一个医生，当然希望他医术精湛，但更要求他医德高尚；一个工匠，当然要求他技艺高超，同时也要求他遵道守德。练武的讲武德，唱戏的讲艺德；即使行商坐贾，也反对惟利是图，宣称“童叟无欺”，“诚招天下客”。至于广大农民的纯朴善

---

① 《史记·孟子荀卿列传》。
② 《孟子·滕文公》上。
③ 《韩非子·五蠹》。
④ 《礼记·中庸》。
⑤ 《论语·宪问》。
⑥ 《荀子·哀公》。

良、坦诚信实，就更不必说了。

对于文艺作品，中国人一般认同孔子提出的“尽善尽美”的美善统一观。但美与善相比，只能算是第二位的。所谓“诗言志”①，“文以明道”②，“文以载道”③，以及“风骨”说、“寄托”说、“比德”说、“格调”说等等，无不贯串着这一思想。

对于真理，中国人一般不独立讨论，而将认知论含融于道德论之中。张岱年先生说得好：“中国哲人认为，真理即是至善，求真乃即求善。真善非二，至真的道理即是至善的准则。即真即善，即善即真，从不离开善而求真。并认为，离开求善而专求真结果只能得妄，不能得真。”④

所有这些，都表明了中国文化强调道德的特点。

第三节 学习中国传统文化的意义和方法

一、学习中国传统文化的意义

学习和研究中国传统文化，具有重要的多方面的意义，主要有：

（一）有助于增强民族自豪感和爱国情怀

从上面的介绍可知，中国传统文化的确源远流长，丰富多彩，博大精深，在相当长的历史时期里，它一直处于世界领先地位，给予东亚、东南亚周边国家以巨大影响，还远播中亚及欧

① 《尚书·尧典》。又见《左传》襄公二十七年赵文子对叔向语。
② 柳宗元：《答韦中立论师道书》。
③ 周敦颐：《通书·文辞》。
④ 《中国哲学大纲》，中国社会科学出版社 1982 年第 1 版。

洲，为人类文明做出了巨大贡献。中国传统文化是祖先留给我们的珍贵精神遗产，从中，可以使我们真切地感受到，中华民族是优秀、高尚的民族，中国是光荣、伟大的国家。从而由衷地增强民族自尊心、自信心和自豪感，化解存在于一些人的民族自卑心理，使爱国主义精神发扬光大。

（二）有助于加深对祖国历史的理解，为解决当前及未来的问题寻求借鉴

中国传统文化犹如波澜壮阔的长江大河，滋润了中国人民的心田，陶铸了中华民族的性格。又如宏大的历史画卷，具体生动地反映了我们民族的荣辱兴衰，蕴含着丰富的历史经验和教训。因此，学习和研究中国传统文化，可以察古以鉴今，彰往而知来。今天的历史是昨天历史的发展，其间，有内在的连续性和一贯性。它的价值还有待于进一步挖掘和发挥。从这个意义上说，中国传统文化是一笔巨大的财富。只要善于寻求，定能给予我们多方面的启发。

（三）有助于增强全国各族人民和全世界华人的团结

中华民族是由 56 个民族组成的大家庭。各兄弟民族都深受中国传统文化的熏陶，以中国传统文化为自己的母文化。“五千年的灿烂文化，始终是维系全体中国人的精神纽带”①。各族儿女无不对它怀有十分深厚的感情。因此，弘扬传统文化，对于加强国内各民族的团结具有重要意义。另外，港、澳行将回归祖国，台湾最终也将会与大陆实现统一。近年来，三个地区与大陆的接触越来越频繁，除经济贸易等内容外，传统文化便是共同的热门话题。再就是散居于海外的数千万华人，他们都认同中国传

① 江泽民：《为促进祖国统一大业的完成而继续奋斗》——在 1995 年春节茶话会上的讲话。

统文化，自认为是炎黄子孙。尽管他们中间有阶层、职业、党派、信仰的不同，但都可以在中国传统文化上找到共同语言。从加强全世界华人的团结以及祖国和平统一大业考虑，弘扬传统文化显然也是十分必要的。

（四）有助于提高个人的文化素养和思想品味

中国传统文化底蕴厚重，格调高雅，哲理深邃，意境高远，具有强烈的感染力。不要说其全部的思想和著作，即使是一家一派，一人一画，乃至一篇文章，一则格言，一首诗歌，一幅绘事，一段乐曲，一帧书法……往往都给人以巨大的艺术享受或深刻启迪，从而产生强烈的共鸣，甚至回味无穷，终生难忘。在不知不觉当中，达到陶冶情操，砥砺道德，摆脱庸俗，提高境界的功效。一个人的传统文化素养，往往与精神气质、言谈举止，仪表风度等密切相关，作为一个中国人，尤其是大学生，如果对于中国传统文化知之甚少（更不要说毫无所知），那不仅是莫大遗憾，还有可能被人看作是浅薄的表现。因此，仅从提高个人的文化素养和思想品味说，也应该注意学习和研究中国传统文化。

二、学习中国传统文化的原则和方法

（一）坚持以马克思主义为指导

我们学习传统文化的目的，是继承祖国的优秀文化遗产，为建设有中国特色的社会主义服务；是“化”传统，而不是被传统所“化”；是使传统与现代接轨，而不是退回到传统中去，开倒车。这就必须坚持以马克思主义为指导，站在时代的高度，用新的视角对传统文化进行分析、整理、选择和评价。要防止两种偏向：既要反对否定或摆脱马克思主义的指导，一味美化传统，食古不化；又要反对把马克思主义简单化、教条化，玩弄经典作家的个别词句，而阉割其精神实质，把马克思主义与中国传统文化绝对对立起来。因为这样一来，实际上都是取消了马克思主义的指导。

(二) 处理好继承中国传统文化与吸收西方文化的关系

早在“五四”新文化运动时期，曾发生过西化派与东方文化派的论争。20世纪80年代，在“文化热”中，全盘西化论又曾一度抬头。这都表明，如何处理好传统文化与西方文化的关系，是既重要又现实的问题。传统文化主要是封建时代的文化，西方文化主要指欧美资本主义时代的文化，从时代性上说，后者高于前者。因此，我们必须对西方文化抱定积极引进、吸收的态度，而不应深闭固拒。但是，却不应把传统文化与封建主义等同而全盘否定我们的传统文化。我们要否定的，只是传统文化中的过时的糟粕，对于其中具有超时代意义的或经过改造和诠释，可以注入新的时代内容的东西，则要加以弘扬。这是因为，文化具有相当强的连续性和继承性，社会主义新文化不可能凭空地建立，而只能建立在传统文化根基之上，中国传统文化便是社会主义新文化的土壤和根基。文化又是无国界的，在现代尤其是如此。只有吸收人类文明的一切有益成果，社会主义新文化的大树才能枝繁叶茂，四季常青。在强调继承传统文化时，要避免陷入国粹主义和复古主义；在强调吸收西方文化时，要防止全盘西化论和民族虚无主义。就当前说，虽然也有某些对传统文化估价过高的观点，但总的看，不同程度地对外国文化盲目崇拜的现象更值得注意。百多年来任人宰割、直到今天还相对落后，这种背景下容易滋生民族自卑心理；70多年来接二连三地对传统文化的批判和挞伐，容易导致民族虚无主义。这种情况所造成的严重后果不应低估。因此，我们必须大力弘扬祖国的优秀传统文化，大力培养和增强对自己民族优秀文化遗产的热爱和敬仰的感情，不能“抛却自家无尽藏，沿门托钵效贫儿”。我们提倡：以开放的心态面向世界，以科学的态度对待传统；在学习和赶超西方的同时，精心培植传统文化的根苗，选好传统与现代的接合点，使灿烂的古代文化发扬光大，使中国文化走向世界。

（三）努力做到逻辑与历史的统一

中国传统文化属于历史范畴。为了给读者比较明晰的印象，我们尽可能地介绍典型的史实和资料，注意具体性，避免骂空立说。但中国传统文化又是极其丰富多彩的，为避免被材料所淹没，又必须适当的抽象化，对材料精择而审取，用逻辑的方法加以整理分析，努力做到逻辑与历史的统一。既分门别类，又努力揭示其间的内在联系，将来龙去脉、前因后果交代清楚；既使读者知道中国传统文化的面貌和风采，又能大致说出个“怎么样”和“所以然”来。

（四）理论和实际相结合

理论联系实际是马克思主义的基本原则，也是做好一切工作、学好一切知识的基本方法。学习中国传统文化当然也必须坚持这一原则和方法。努力做到观点和材料的统一，历史和现实的统一。在学习传统文化的各门类、各方面内容时，注意揭示古今的联系，对传统的理论、观点、命题等作出恰如其分的新的解释和阐发，挖掘其现实的价值和意义。而不能只是古董展览，毫无新意。当然，这种解释又必须是恰当和贴切的，是题中应有之义，而不能断章取义、生拼硬凑，更不能胡编乱造，搞“影射史学”。

认识到的东西，在实践中未必都能贯彻。上述原则和方法，本书也不敢说都已做到。而且，一本书的容量毕竟有限，本书无论在观点上还是在材料上都只能是导论性的，而不可能详尽、充分地展开。要想登堂入室，还须进而阅读有关史料和专著。我们相信：“入门既不难，深造也是完全可以做得到的。”为了弘扬中国传统文化，建设社会主义新文化，我们愿以此与大家共勉。

参 考 书 目

钱穆:《中国文化导论》,三联书店上海分店 1988 年版。

阴法鲁、许树安主编:《中国古代文化史》,北京大学出版社 1989 年版。

冯友兰:《中国哲学史新编》1~6 册,人民出版社 1982~1989 年版。

《中国哲学简史》,北京大学出版社 1985 年版。

张岱年:《文化与哲学》,教育科学出版社 1988 年版。

张岱年、方克立主编:《中国文化概论》,北京师范大学出版社 1994 年版。

李泽厚:《中国古代思想史论》,人民出版社 1985 年版。

李宗桂:《中国文化概论》,中山大学出版社 1988 年版。

第二章　中国古代哲学（上）
——中国古代哲学概况

第一节　中国哲学的对象、特点及其在传统文化中的地位

一、中国哲学的对象

中国古代没有“哲学”这个概念。“哲学”一词是近代从日本引进的。但是，相当于“哲学”的学说在中国古代是很丰富的。先秦时期的所谓“学”，大体即与哲学约略相当。韩非子说：“世之显学，儒墨也。”① 儒家之学，墨家之学，大体就是两家的哲学。汉代将先秦各家的学术称做“诸子之学”，大体就是指的各家的哲学。魏晋时期，玄学盛行；宋、明时期，又有道学、理学、心学等，这些“学”，也是哲学。

古代还有“哲人”之称。据说孔子临终前作歌曰：“哲人其萎乎！”②“哲人”约略相当于今之哲学家。

“哲学”一词，源出希腊文 philosophia，本是“爱智”的意思。后来，各国各民族在借用这个概念时，根据自己的理解和实际情况加以运用，其内涵和外延便都有所变化。大体说来，凡是

---

① 《韩非子·显学》。

② 《史记·孔子世家》。

关于宇宙人生的根本原理以及认识此种原理的方法的学问，都属于哲学。①

中国当代的哲学史家对于哲学还下过一些定义。如冯友兰说："哲学就是对于人生的有系统的反思的思想。"② 又说："哲学是人类精神的反思。"③ 并解释说，"所谓反思，就是人类精神反过来以自己为对象而思之。人类精神生活的主要部分是认识，所以也可以说，哲学是对于认识的认识。对于认识的认识，就是认识反过来以自己为对象而认识之，这就是认识的反思。"又说："人类的精神生活是极其广泛的。……概括地说，有三个方面：自然，社会，个人的人事。人类精神的反思包括三方面以及其间相互关系的问题。"④

冯先生和张先生对哲学所下的定义，文字虽有所不同，基本意思是一致的。（因为所谓"自然"就是关于宇宙的问题，所谓"社会与个人"就是关于人生的问题。研究宇宙人生的根本原理以及认识此种原理的方法，也就是反思这种人类精神生活的认识。）这一定义，比较符合中国哲学的实际，对于认识中国哲学具有重要指导意义。

二、中国哲学的特点

特点是相比较而言的。中国哲学与西方哲学相比，具有自身的明显特点。主要有如下几点：

---

① 参见张岱年：《中国哲学大纲》，中国社会科学出版社 1982 年新 1 版。

② 《中国哲学简史》，北京大学出版社 1985 年版。

③ 《中国哲学史新编》第一册"绪论"，人民出版社 1980 年修订版。

④ 《中国哲学史新编》第一册"绪论"，人民出版社 1980 年修订版。

（一）着重于人生哲理的探讨

西方哲学本义是爱智，其宇宙论、知识论特发达，就主要之点说，它是追求真理的学向。中国哲学当然也追求真理，但主要是追求人生的真谛，对于渺茫难知的宇宙之究竟，不大做正面的讨论。即使讨论，也主要是讲宇宙（天）与人的关系问题。就是说，中国人对于宇宙的探讨，不重实体，而重关系。中国人也讲“致知”，但主要指人生的知，尤其是道德的知（体验）。中国人也讲辩证法，辩证思维十分发达；但是，中国的辩证法却不是概念的辩证法，而是人生的辩证法。所以，中国哲学主要是“闻道”的学问。孔子说：“朝闻道，夕死可矣。”① 这个道，主要是人生之道。中国哲学注重人生问题的探讨，诸如人生理想、人生意义、人生价值、人生目的、人生态度、人性善恶、人格高下等等。因此，有人说中国哲学是人生哲学，或关于人的哲学，这不无道理。

（二）哲学与政治、伦理含融不分

中国古代学科的区分不够细密。虽然也有一定的分科（如孔子的“六艺”，刘歆的“七略”，《隋书·经籍志》以后的“四部”等），但毕竟是比较含混的，尤其是没有“哲学”一科，哲学思想是渗透在政治、伦理乃至历史、文学等著作当中的。中国哲学与其他中国文化涵容互摄，你中有我，我中有你，其区分是相对的。因此，讲中国哲学，不能不连带涉及政治、伦理等内容。前些年，有些哲学史家针对中国哲学史内容“庞杂”的问题，认为，中国哲学的概念应该逐步净化，范围应进一步确定，史料应更加筛选。中国思想史（学术史）中应当由伦理学史、政治学史、教育学史去研究的问题，哲学史不应越俎代庖。这个意见当

① 《论语·里仁》。

然是有道理的。但是，确定某种抽象的原则来范围纷繁复杂、丰富多彩的历史实际，往往是困难的，甚至是有害的。如果认为只有揭示“思维规律”才是哲学，否则就要“筛选”出去，那样，活生生的、有血有肉的中国哲学就将被支解得面目全非，只剩下干巴巴的几条筋，使人无法看到中国哲学的本来面目和领略它的博大精深，从而也就降低了它的感染力。

（三）整体把握、直觉体悟的思维方式

中国哲学注重对事物的整体把握，而较少作细部论证；注重对道理的直觉体悟，而较少作逻辑分析。孔孟讲的仁、知，老庄讲的道、一，描述的话虽不少，但大多是结论式的。《周易》的阴阳，《尚书·洪范》的五行，也是在宏观上设定框架，而并没有作细密推理。汉代董仲舒根据阴阳五行学说，建构起世界图式，把天道自然与政治伦理，乃至人的身体构造、思想感情，都纳入一个庞大的系统，但从理论形式上看，毕竟显得粗糙，不怎么严密，难免有牵强附会之处。宋代邵雍构思出关于宇宙和人类社会“元——会——运——世”的周期演化年表，这一理论诚然细密多了，但是，它同样没有实验实证作为根据，从思维方式上看，仍然没有脱出整体把握和直觉体悟的形态。

中国哲人往往从感性直观一下子上升到理性本体，直接把握，达到对最高范畴（或境界）① 的了悟，实现“瞬间永恒”。孔子讲的“弘道”“弘人”，老子讲的“致虚守静”，孟子讲的“尽心知性知天”，荀子讲的“虚一而静”、“大清明”，庄子讲的“心斋”、“坐忘”、“道枢”、“环中”，直至宋明理学家讲的“显微无间，体用一源”、“动静无端，阴阳无始”、“浑然与物同体”、“众物之表里精粗无不到，吾心之全体大用无不明”、“宇宙便是

① 如“仁”、“天”、“道”、“易”、“诚”、“太极”、“心”、“性”等等。

吾心，吾心便是宇宙”等等，这些命题具有巨大的包容性，既像精金美玉一样精粹，又像夜空的繁星那样深奥，给后人留下了值得思索和玩味的广阔空间。但是，它们的作者是如何把握到这些“致广大而尽精微”的理论的，却语焉不详。后人的解释便难免见仁见智，取便发挥，以致聚讼纷纭，莫衷一是。

（四）独特的表现形式

中国哲学在表现形式上也是比较独特的。

从体裁上说，不少中国哲学著作是语录体或注疏体的。语录体著作以先秦早期孔、墨、孟的书为代表，宋代以后又一度盛行。如《论语》基本上是孔子的言论汇编，《墨子》主要是墨子的言论汇编，《孟子》也主要是记载孟子的言论。（当然并不那么纯粹，也同时记有别人的言论，也有某些行事方面的简要记载。）唐代禅宗六祖慧能的言论集，被尊为《坛经》，后世禅宗大师们的言论，则收集在各种“灯录”中。在佛教的刺激（启发）下，宋代儒家学者的语录体著作十分盛行，在他们的文集中几乎每部都有“语录”。有的理学大师的思想主要反映在他的语录中。有的语录卷帙浩繁，如《朱子语类》达140卷，中华书局的铅印本也有8册之多。

还有一类哲学著作是注疏体的，即借注解前代名著的形式而阐发自己的哲学思想。中国古代讲究“尊经崇圣”，“述而不作”；又由于古今语言的变化，前代的著作经过注解才可以被后代人理解，这种注疏体裁的书遂广为流传。有的只注意音义名物，有的则以阐发义理为主。前者属纯经学著作，后者则属于哲学著作。如魏晋玄学家王弼的两部名著是《周易注》和《老子注》，郭象的代表作是《庄子注》，理学家朱熹的代表作是《四书章句集注》，明清之际王夫之的代表作是《张子正蒙注》、《周易外传》、《尚书引义》等。既然是注，形式上就不得不按照原文的次序，内容上也就不会只限于哲学，而是比较芜杂。作者的某一方面的思想，往往散见于各篇章，经过读者的一番搜寻整理，才能看出头绪来。这种情况，直到朱熹注四书，还是如此。王夫之的书，不再是一句句、一段段地注了，而改为一篇篇地发挥，这虽然进了一步，但与自成体系的专著还是有明显区别。

与此相联系，中国哲学著作大多没有形式上的体系。它往往不是围绕一个中心，层层展开，精密推理，详细论证，而是东说一句，西说一句，显得很散乱。中国当然也有不少哲学专著，如《庄子》、《荀子》、《春秋繁露》、《论衡》等等，但它们多属于论文汇编性质，每篇论文大致有个中心，但篇与篇之间则没有什么逻辑联系。因此，从比较散乱的文字中，理出其固有的思想体系，正是学习和研究中国哲学史要作的主要工作的一部分。

再就是论述简短。中国哲学少有像西方哲学那样动辄数十万言的洋洋大观之作，而是以要言不繁、简短精妙见长。《老子》（《道德经》）只五千言，《论语》也不过13000多字。《庄子》、《荀子》等书虽是厚厚的一大部，但它们都包括30几篇论文，单篇看也不长。就是对某个问题的论述，也往往不长篇大论，而是点到为止，其余的意思则让读者自己去领会。当然，也并不是所有中国哲学论著都不讲前提和推论，有些著作说理还是比较细密的，比如王弼讲“以无为本”、“崇本息末”，朱熹讲“格物致知”、“即物穷理”等等，都很有逻辑性。但是，如果与西方相比，其论述简洁的特点还是很明显的。

中国哲学家还惯于用意味深长的格言警句乃至比喻象征等形式表达自己的思想。如“人能弘道，非道弘人”、“智者乐水，仁者乐山”、“信言不美，美言不信”、“反者道之动，弱者道之用”等，都给人留下十分广阔的思想空间。不仅孔、老之书如此，后世的思想家也讲了许多名言隽语，他们的著作充满诗意，言有尽而意无穷。

中国哲学家还常用寓言来表达哲理，孟、庄、荀、韩都是这方面的大师，其中许多寓言故事已凝定为成语，被人们广泛使用。《庄子》一书更自称“寓言十九”，有时还故意不讲出寓言的含义（如“日凿一窍，七日两浑沌死”）。

这些，都导致了中国哲学的深邃性和多义性。对于同一段话，同一个范畴，同一个问题，人们往往有多种理解。甚至从古到今，争论不休。① 把握这些特点，对于学习中国哲学是十分必要的。它可以使我们端正这样一种态度：不要用某种固定的框子去生搬硬套，而应从丰富生动的中国哲学实际出发，去探寻其哲理，把握其体系，从中获得真切的感受，吸取一定的教益。

三、中国哲学在中国传统文化中的地位

马克思说：“任何真正的哲学都是自己时代精神的精华。”② 中国哲学按东方的标准来说堪称真正的哲学，它也是自己时代精神的精华。中国哲学是全部中国文化的理论基础，在中国传统文化中处于核心地位，对于政治、经济、教育、伦理、史学、文学、艺术、科技等各学科具有指导作用。这种指导作用以儒、道两家最为显著。儒家哲学是中国文化的主流，在中国历史上长期处于官方意识形态的统治地位，因此，对各门学科的影响最大；道家哲学是与儒家相辅而行的暗流，它对于中国文化潜移默化的

---

① 如《周易》说的“一阴一阳之谓道”，阴阳是形上的，还是形下的？《老子》的道，是唯物的，还是唯心的？孔子讲的“天何言哉”，是有神论，还是自然说？董仲舒讲的“天不变道亦不变”，是形而上学，还是辩证法？等等。

② 《第179号〈科伦日报〉社论》，《马克思恩格斯全集》第1卷，第121页。

影响也不可低估，尤其是在知识分子（特别是失意的知识分子）心灵上的印记至为深刻。其自然主义对于文艺和科技的影响则更为深远。佛教传入中国并逐步中国化，与儒、道两家在矛盾斗争中互相渗透吸收，不但在提高中国哲学的思辨性方面起了巨大作用，对中国人的思维方式和民风民俗方面也有重要影响。

因此，要了解中国文化，首先应该了解它的核心——中国哲学。

第二节 中国哲学的主要思潮、流派和代表人物

介绍中国哲学有多种角度，可以按时代（历史顺序）、按流派、按人物、按著作、按问题等等。这些方法各有所长，也各有所短。不过它们并不互相排斥，而是可以交互并用。本节基本上采用历史的方法，按时代为序介绍中国哲学的主要流派，各流派中则讲主要人物的主要思想。

一、先秦诸子学

春秋以前，中国哲学已开始萌芽。成书于殷、周之际的《周易》古经中，已有明显的阴阳观念；① 东周的伯阳父用阴阳二气的矛盾解释地震的形成；《尚书·洪范》已表述了五行的思想，史伯还提出了“以土与金木水火杂以成百物”的命题；春秋末年，无神论思想活跃，出现了怨天骂天的思潮，标志着上帝天命的统

---

① 《易经》古经的基本结构是以“- -”“—”两爻构成六十四卦，“—”代表阳性，男性；“- -”代表阴性，女性。显然，其中已蕴含有阴阳观念。

治秩序开始动摇，人文主义兴起。

不过，春秋以前的哲学思想毕竟是零碎片断的。真正有系统的哲学是春秋末年到战国时期才出现的，那就是所谓“先秦诸子学”。

西汉司马谈将先秦学术分为六家。东汉班固在《汉书·艺文志》中则把先秦诸子分为九流十家，其中六家与司马谈同（名称小有异）。这六家是：儒、墨、道、法、名、阴阳，它们是先秦最主要的学派。下面分别介绍。

（一）儒家

以孔子、孟子、荀子为代表。

孔子（前551～前479年），儒家的创始人，他提出了以仁为核心的系统学说，一生从事教育，教出了一大批有才干的学生，还整理了前代的文化典籍。孔子死后，儒分为八，其中最杰出的是孟、荀两派。

孟子（约前385～前304年），受业于孔子嫡孙子思之门人，他继承并发展了孔子的思想，着重阐发了以性善论为核心的心性学说、仁政学说和修养学说。

荀子（约前340～前245年），发展了孔子将天自然化的倾向，提出了“明于天人之分”的自然观，批判孟子的性善论而提出了性恶论，还着重阐发了礼法并重的政治学说。他维护孔子的权威，对前代各家多有批判，表现出一定的兼综倾向。

先秦儒家思想在《大学》、《中庸》和《易传》中得到完成。它们弥补了孔、孟、荀形上学说相对薄弱的不足，将内圣外王、天人合一等思想作了系统化的阐述，还集中阐发了以刚强进取为特色的辩证法思想。

先秦儒家思想详见第三章。

（二）墨家

代表人物是战国初年的墨翟（约前468～前376年）。墨子最初“学儒者之业，受孔子之术”，后来觉得儒家的礼乐过于烦琐，弊害甚多，于是“背周道而用夏政”，创立墨家学派。战国时期，与儒家并称“显学”。墨学有十大纲领：兼爱、非攻，尚贤、尚同，天志、明鬼，非乐、非命，节葬、节用。

兼爱是墨子哲学的中心。他认为，“爱人者，人必从而爱之；利人者，人必从而利之。”① 主张“兼相爱，交相利”，用无差等的爱维系人与人之间的关系，批判强凌弱、众暴寡、贵傲贱、智欺愚的现实。墨子在价值观上具有明显的功利主义倾向，认为，“仁人之事者，必务求兴天下之利，除天下之害。”② 提出以“三表”作为判断是非的标准，说：“言必有三表。”“有本之者，有原之者，有用之者。于何本之？上本于古者圣王之事。于何原之？下原察百姓耳目之实。于何用之？发以为刑政，观其中国家百姓人民之利。”③ 带有明显的唯物论的经验论倾向。

墨子主张强力从事，认为：“赖其力者生，不赖其力者不生。”“强必治，不强必乱。”“强必富，不强必贫。”④ 否认命定论，认为所谓“天命”乃是“暴王作之，穷人述之”⑤，是天下之大害。

墨子的“天志”“明鬼”之说，承袭了殷、周的神学思想，希图以此作为贯彻其政治主张的工具。它们是墨子学说中的糟

① 《兼爱》中。
② 《兼爱》下。
③ 《非命》上。
④ 《非命》下。
⑤ 《非命》下。

粕。

墨子常代表“农与工肆之人”说话，他本人具有很高的手工技艺，其水平可与被后世尊为木匠祖师的鲁班相媲美。《墨子》书中有几篇记述了自然科学技术以及逻辑学等方面的知识，它们在科技史和逻辑学史上有巨大价值。遗憾的是，汉代以后墨学中绝，《墨子》书中的这些宝贵思想未能发扬光大。

（三）道家

以老子、庄子为代表。

老子的生平不够确切，司马迁给老子作的传记中就已有些扑朔迷离。据说，孔子曾问礼于老子（春秋老聃），那么老子当是孔子的先辈。但是《老子》一书是否为春秋老聃所著，却是学术界长期以来争论不休的问题。①

老子的核心思想是“无为”学说，为此，他设定了“道”作为“无为”的形上根据，对道的属性和作用作了多方面的揭示，并对以“贵柔”为特色的辩证法作了深刻阐述。

庄子（约前 369～前 286 年），是先秦道家的另一位大师。他对“道”的超越性作了进一步发挥，提出了齐物我、齐是非、齐生死的相对主义思想，追求无条件的精神自由，对儒家思想和封建统治秩序进行了辛辣的嘲讽和攻击。

老庄思想详见第四章。

（四）名家

战国中期，学术界出现了一股名辩思潮。一些人以辨析名实

---

① 有的学者指出：《老子》的许多观点是对儒家学说的批判（如批判仁义、忠孝、尚贤、有为等），从思想发展的逻辑说，批判的内容显然不可能出现在被批判的内容之前。因此，《老子》当是战国时期老子后学所著，其中保存并发挥了老子的遗说。

为务，他们常提出一些怪论，别人否定的，他们偏要肯定；别人肯定的，他们偏要否定。这些人被称做辩者、察士，后来被称为名家（名辩之人），以惠施、公孙龙为代表。

惠施（约前370～前310年）的著作已佚。《庄子·天下》中保存有惠施的10个命题。其基本思想可以命题1、5为代表。

命题1："至大无外，谓之大一；至小无内，谓之小一。"意思是，所谓至大，就是没有外部（没有什么能在其外，即无限大），这叫大一。所谓至小，就是没有内部（没有什么能在其内，即无限小），这叫小一。这似乎是说，只有无限大，才是至大；只有无限小，才是至小，而具体事物的大小则是相对的。

命题5："大同而与小同异，此之谓小同异。万物毕同毕异，此之谓大同异。"大同就是一大类（如植物），小同就是一小类（如菊花）。大同则小异（如植物有花草树木之不同），小同则大异（如同是菊花亦品种繁多，千姿百态），这叫做小同异。万物如果从同的角度看都相同（如都是"物"），如果从异的角度看都相异（一棵树上的两片叶子也有不同），这叫做大同异。总之，同异之间的差别是相对的，其特点是夸大事物的相对性。由于这个命题，惠施被称为合同异派。

公孙龙（约前325～前250年）有《公孙龙子》一书传世。其中，以离坚白和白马非马两个命题最著名。

离坚白。他认为，一块坚硬白色的石头，其坚和白两种属性是互相分离的。理由是，用手摸，只能"得其所坚"；用眼看，只能"得其所白"。坚白二者"一一不相盈"。由于这个辩题，公孙龙被称为离坚白派。

白马非马。公孙龙说："马者，所以命形也；白者，所以命色也。命色者非命形也，故曰：白马非马。"这是强调马、白、白马三个概念不相同，"马"是指马的形体，"白"指颜色，"白马”指马形加上白色。“白马”与“马”的内涵不同，所以“白马非马”。

公孙龙还从其他角度反复对这一命题进行了论证（今从略）。在这些论证中，涉及到概念的外延、内涵和概念的离合等问题，包含着合理的意义。但是，他一味夸大概念的不相容性，从而给人以诡辩的印象。

（五）阴阳家

代表人物是邹衍（约前 340～前 260 年）。他的著作已佚，片断言论散见于他人著作中。

邹衍的著名学说是五德终始说。他认为，历史上的王朝都分别代表了五行中的某种德（属性），如虞土，夏木，殷金，周火，从而按土—木—金—火—水“五行相胜”的次序“转移”，预言了将来一定是应水德的王朝继起。这一思想经过汉代董仲舒等的发挥，对后世影响深远。许多王朝都利用此说，作为自己统治的合理性的根据。

（六）法家

以韩非（？～约前 233 年）为代表。他总结了前期法家管仲、李悝、商鞅、吴起、慎到、申不害等的思想，成为法家的集大成者。《韩非子》是他的代表作。

他提出法、术、势相结合的政治理论。法指法律、制度；术指权术，政治手腕；势指君主的地位、权势。韩非认为，法是基础、核心，但要靠“势”的权威来推行，“抱法处势则治，背法去势则乱”。同时还要用“术”来“知奸”，从而“潜御群臣”。三者相辅为用，“此不可一无，皆帝王之具也”①。

韩非批判历史退化论，认为，“世异则事异，事异则备变。”

① 《韩非子·定法》。

"上古竞于道德，中世逐于智谋，当今争于气力。"主张应时而变法，批判儒、墨"欲以先王之政，治当世之民"① 是守株待兔。

韩非继承了荀子的性恶论。但荀子主张通过"化性起伪"而达到善，韩非则认为，人的本性无须改变也无法改变，正因为人性趋利避害，故赏罚可用。君主只要掌握了"二柄"（赏、罚）就能维护统治，道德则根本无用。他还否定文化教育的作用，主张"明主之国，无书简之文，以法为教；无先王之语，以吏为师"②。

韩非的法家理论，代表了地主阶级急功近利的激进派的观点，既有其精辟之处，也有明显的片面性。

二、两汉哲学

秦实行法家路线，富国强兵，并吞六国。取得天下后，更变本加厉，焚书坑儒，激化了阶级矛盾，导致二世而亡。西汉初年，朝野上下惩秦之弊，总结秦亡教训。汉初的几个统治者（高帝、高后、文帝、景帝及窦太后）都以废秦苛法、政尚宽简为国策，于是黄老之学盛行。③

汉武帝执政后，凭借70多年积累起来的雄厚国力，不再满意清静无为的黄老之学，改行"独尊儒术"的积极有为的政治路线，从而奠定了其后两千年间儒学在思想界的统治地位。

汉代最著名的学者是董仲舒和王充。

---

① 《韩非子·五蠹》。

② 《韩非子·五蠹》。

③ "黄"指传说中古帝王黄帝，"老"指老子。黄帝之言可能是附会。所谓黄老之术，主要是与民休息，清静无为。汉初的《黄帝书》久已佚。1973年长沙马王堆汉墓出土的帛书中，有与《老子》乙本合卷的《经法》等4篇古佚书，有的专家认为即《黄帝书》的重要部分。

（一）董仲舒

董仲舒（约前 179～前 104 年）是西汉最著名的思想家。他继承并发展了先秦儒家思想，并吸收融合了其他各家的因素，为取得统治地位的地主阶级提供了比较适用的意识形态。有《春秋繁露》、《天人三策》传世。

董仲舒的思想详见第三章。

（二）王充

王充（约 27～96 年）是东汉时期杰出的思想家。有《论衡》一书传世。

王充思想中最突出的是他的批判精神。他说："'诗三百，一言以蔽之，曰：思无邪。'《论衡》篇以十数，亦一言也，曰：疾虚妄。"①

他深刻地批判了神学目的论，说："天地，含气之自然也。"②"天地合气，万物自生。"③"天地合气，人偶自生。"④人和万物都是天地之气和合而偶然产生，天没有意志，没有目的。

他还批判了谴告说，指出，"夫天道，自然也，无为。如谴告人，是有为，非自然也。"⑤还揭示了谴告说的社会背景："末世衰微，上下相非，灾异时至，则造谴告之言矣。"⑥因此，根本不可信。

① 《论衡·佚文》。
② 《论衡·谈天》。
③ 《论衡·自然》。
④ 《论衡·物势》。
⑤ 《论衡·谴告》。
⑥ 《论衡·谴告》。

他批判了人死为鬼的迷信，说："人死不为鬼，无知，不能害人。""人之所以生者，精气也。……人死血脉竭，竭而精气灭，灭而形体朽，朽而成灰土，何用为鬼?"①

他还批判了圣人先知说。他从《论语》、《孟子》这些经书中举出许多实例，驳斥了圣人"神而先知"的迷信（见《问孔》、《刺孟》），进而认为，"圣贤不能性（生）知，须任耳目以定情实。"② 断言："天地之间，含血之类，无性知者。"③ 人的知识能力都是经过学习和经验才获得的："知物由学，学之乃知，不问不识。"④

王充的这些观点，坚持了唯物论的经验论，闪耀着理性光辉，对于当时盛行的谶纬迷信具有抵制作用，对于后世唯物主义哲学的发展具有启发意义。他的某些说法虽有偏颇之处，但无损于他在中国哲学史上的重要地位。

三、魏晋玄学

玄学是魏晋时期的主要思潮。"玄"，语出《老子》"玄之又玄，众妙之门"。当时的学者，奉《周易》、《老子》、《庄子》为"三玄"，不但常以三书文句为谈资，著述也多发挥三书的义旨。玄学家大多出身世族，少而颖慧，相互间常以门第、容貌、仪表、谈吐不凡相标榜，一时成为风气。

玄学主要是继承道家的思想，同时对儒家思想作出新的解释，从而带有儒道兼综的色彩。有时，玄学家还把孔子说成是最高的圣人。

---

① 《论衡·论死》。
② 《论衡·实知》。
③ 《论衡·实知》。
④ 《论衡·实知》。

玄学有许多流派。这里主要介绍贵无派、自然派和独化派，分别以王弼、嵇康、阮籍、郭象为代表。

（一）王弼

王弼（226～249 年）是西晋著名哲学家，有《周易注》、《老子注》传世。是“贵无派”的代表。

他阐发《老子》“有生于无”的思想说：“天下万物皆以有为生。有之所始，以无为本。将欲全有，必反于无。”① “凡有皆始于无。故未形无名之时，则为万物之始。及其有形有名之时，则长之育之，亭（安定）之毒（治理）之，为其母也。言道以无形无名始成，万物以始以成，而不知其所以，玄之又玄也。”②

王弼把“无”和“有”说成是母子、本末、一多、体用的关系，对“以无为本”的观点，进行了多方面的论证。他说：“母，本也；子，末也。得本以知末，不舍本以逐末也。”③ “万物万形，其归一也。何由致一？由于无也。”④

王弼还把“以无为本”作为方法论原则，概括出“崇本息末”的命题。他认为：“《老子》之书其几乎可一言以蔽之，噫！崇本息末而已矣。……故闲邪在乎存诚，不在善察；息淫在乎去华，不在滋章；绝盗在乎去欲，不在严刑；止讼存乎不尚，不在善听。故不攻其为也，使其无心于为也；不害其欲也，使其无心于欲也。谋之于未兆，为之于未始，如斯而已矣。”⑤

王弼这些观点虽然大多是用注疏的形式表达的，但其内在体

---

① 《老子注》第四十章。

② 《老子注》第一章。

③ 《老子注》第五十二章。

④ 《老子注》第四十二章。

⑤ 《老子指略》。

系还是很清楚的。他较多地采用了辨名析理的方法，使他的理论的思辩性大大加强。

（二）嵇康、阮籍

嵇康（223～262 年）、阮籍（210～263 年）是玄学自然派的代表。他们的道家倾向更突出，可作为魏晋时期道家的代表。详见第四章。

（三）郭象

郭象（约 252～312 年）的主要著作是《庄子注》。独化论是他的核心观点。

王弼的贵无论提出后，影响很大，导致朝野上下，竞谈虚无。裴颀著《崇有论》加以批判，提出“夫至无者，无以能生，故始生者，自生也。”郭象吸收了崇有论“自生”的观点，发展为独化论。他说：“无既无矣，则不能生有；有之未生，又不能为生。然则生生者谁哉？块然而自生耳。”① 郭象不赞成把阴阳或道看成天地万物的本原，认为万物“自尔”，“非有使然”。他说：“谁得先物乎哉？吾以阴阳为先物，而阴阳者即所谓物耳，谁又先阴阳者乎？吾以自然为先之，而自然即物之自尔耳。吾以至道为先之，而至道者乃至无也。既以无矣，又奚为先？然则先物者谁乎哉？而犹有物无已，明物之自然，非有使然也。”② 郭象的这些观点自有其精辟之处，但有时又把“自尔”、“独化”绝对化，似乎物的产生既无外在条件，也无内在根据，这就难免陷入神秘主义。

四、隋唐佛学

隋、唐时期，统治者奉行三教并行政策，儒释道在斗争中互

① 《庄子·齐物论》注。

② 《庄子·知北游》注。

相吸收，都有所发展。比较言之，此时期儒道两家虽也各有一批学者，但总的说，理论建树不够大。而佛学则闪耀出特有的光华，可以作为此时期思想的代表。

隋、唐佛教中，哲学思想比较突出的有天台宗、法相宗、华严宗、禅宗的思想。

佛学思想详见第五章第一节。

五、宋明理学

理学有广狭二义。广义的理学又叫道学，形成于北宋，完成于南宋。元、明、清三朝上升为官方意识形态，是中国封建社会后期（约六七百年）占统治地位的哲学思想。

理学（道学）以承续儒家道统为帜志，攘斥佛老，但又充分吸收了佛老思想的营养，建立起以儒家为主，充分吸收其他各家的积极因素，足以与佛道相抗衡的思想体系。因此，理学又被称为新儒学。由于他们经常讨论性命义理问题，又称做性理学或义理之学。

理学（道学）内部有许多派别。传统的说法有濂学（周敦颐）、洛学（程颢、程颐）、关学（张载）、闽学（朱熹），以及陆学（陆九渊）、王学（王守仁）等等。从哲学基本倾向划分，主要有理学（狭义的）和心学两派。理学（狭义的）以理（或天理）作为最高范畴和思想核心；它创始于周敦颐，奠基于张载、二程，① 集大成于朱熹，所以又称做程朱理学。心学以心作为最高范畴和思想核心，它创始于陆九渊，完成于王守仁，所以又称做陆王心学。限于篇幅，这里分别介绍朱熹和王守仁的思想。

---

① 有的学者认为，程颢、程颐兄弟二人分别开启了心学和理学两大派。但是，程颐说过，他的思想与其兄相同。《程氏遗书》中也有一些语录没分别是兄弟二人谁说的。我们这里取传统说法。

（一）朱熹

朱熹（1130～1200 年）字元晦，号晦庵，别号紫阳。朱熹的思想宏富，体系博大、是继孔、孟、荀、董之后儒学的最主要的代表人物。他的著作主要有《朱文公文集》、《朱子语类》、《四书章句集注》等。

朱熹的思想详见第三章。

（二）王守仁

王守仁（1472～1528 年）字伯安，人称阳明先生，有《王文成公全书》传世。其主要哲学代表作是《传习录》。王守仁是心学的集大成者，他的主要观点有：

1. 心外无物，心外无理

王守仁发展了陆九渊"心即理"的思想，说："心即理也。天下又有心外之事、心外之理乎？""身之主宰便是心，心之所发便是意，意之本体便是知，意之所在便是物。"① 一个友人问他："花树在深山中自开自落，于我心亦何相关？"他用感觉论的手法来论证这个道理，说："你未看此花时，此花与汝心同归于寂；你来看此花时，则此花颜色一时明白起来，使知此花不在你的心外。"②

2. 知行合一

王守仁不同意朱熹的知先行后说。认为，那将导致知行分离，言行不一，于是倡导知行合一之论。他说："未有知而不行者，知而不行，只是未知。……故《大学》指个真知行与人看，说'如好好色，如恶恶臭。'见好色属知，好好色属行；只见那好色时，已自好了，不是见了后又立个心去好。闻恶臭属知，恶

① 《传习录》卷上。

② 《传习录》卷下。

恶臭属行；只闻那恶臭时，已自恶了，不是闻了后又别立个心去恶。”① 又说：“知是行的主意（打算、统帅），行是知的工夫（方法、途经）。知是行之始，行是知之成。”②“外心以求理，此知行之所以二也；求理于吾心，此圣门知行合一之教。”③ 这些法，如果不是从广泛的认识论上推求，而仅从道德认识和道德践履上看，还是有一定深度的。

3．致良知

王守仁晚年宣称：“吾平生讲学，只是致良知三字。”④ 良知原是孟子提出的概念，指不学而知的天赋道德观念。王守仁将良知纳入自己的思想体系中，大加发挥，使之具有多方面的规定性，既有本体论意义，又有认识论和道德观意义。他认为，良知即是“天理”、“道心”⑤，致良知就是将天理道心加以推极、恢复和显露。良知具有知善知恶的本能：“无善无恶是心之体，有善有恶是意之动，知善知恶是良知，为善去恶是格物。”⑥ 这就是著名的“王门四句教”。所谓致良知，就是对良知推致、实行和扩充，这便有了方法论意义。良知还是衡量善恶是非的惟一标准，犹如“试金石，指南针”⑦。他说：“尔那一点良知，是尔自家的准则。尔意念着处，他是便知是，非便知非，更瞒他一些不得。”⑧ 王守仁强调良知这个“内心标准”，有时对“圣人标准”

① 《传习录》卷上。
② 《传习录》卷上。
③ 《传习录》卷中。
④ 《寄正宪男手墨二卷》。
⑤ 《传习录》卷中。
⑥ 《传习录》卷下。
⑦ 《传习录》卷下。
⑧ 《传习录》卷下。

形成一定冲击，客观上具有否定旧权威、旧教条的意味，对于思想解放、确立人的主体性具有一定启发作用。

心学在晚明很盛行，一度曾有取朱学而代之的势头。在近现代也一再产生重要影响。

六、明末清初哲学

明、清之际是我国历史上阶级矛盾和民族矛盾空前激烈的时代。李自成等领导的全国规模的农民大起义颠覆了朱明王朝，满清贵族乘虚而入，夺取了农民起义军的胜利果实，建立起我国历史上第二个少数民族居统治地位的全国政权。一些汉族知识分子把当时称做“天崩地解”的时代，表现了强烈的民族意识，并进而对传统的官方意识形态——理学乃至旧制度的某些方面展开了激烈批判，涌现出顾炎武、黄宗羲、王夫之等一批进步思想家。这一批判潮流持续到清朝初年，颜元、戴震是其代表。下面对他们作重点介绍。

（一）顾炎武

顾炎武（1613～1682年）初名绛，号亭林。清兵南下时曾参加抗清斗争，失败后遍游华北、西北各地，联络同道，以图复明，不果。为学强调经世致用，批判清谈误国。治经重考证，是清代朴学的开山者。顾炎武主要是个学问家，哲学思想不够突出。主要著作有《日知录》、《天下郡国利病书》、《顾亭林诗文集》等。

（二）黄宗羲

黄宗羲（1610～1695年）字太冲，号南雷，学者称梨洲先生。清兵南下时组织“世忠营”，参加武装抗清。失败后屡次拒绝清廷征召，主要从事讲学和著述。学问渊博，著述颇丰，达60余种。学风重根柢，议论又颇具锋芒。他在思想史方面的成就，一是编写了两部具有开创意义的断代哲学史著作：《明儒学案》和《宋元学案》（前一部独力完成，后一部由后人补修完成）；一是写了《明夷待访录》一书，书中提出“天下为主君为客”，“天下之治乱，不在一姓之兴亡，而在万民之忧乐”，以及“工商皆本”等带有启蒙意义的主张，显示出新时代即将到来的曙光。

（三）王夫之

王夫之（1619～1692 年）字而农，号薑斋，人称船山先生。曾参加南明永历政权，后在湘西隐居著述达 40 年。于学无所不窥，尤精于哲学、史学。其著作后人编为《船山遗书》（近年出版《船山全书》，共收王夫之现存著作 72 种）。主要哲学代表作有《张子正蒙注》、《周易外传》、《尚书引义》、《思问录》、《读四书大全说》等。

王夫之的哲学思想丰富而深刻，他对前代哲人（尤其是宋明理学）提出的问题几乎都进行了重新审视，或引申发挥，或批判匡正。因此，有人说他的哲学是中国古代哲学的终结，是中国古代朴素唯物主义发展的最高阶段（任继愈说），有人说他是道学发展的高峰（冯友兰说）。

1．宇宙观

王夫之继承并发展了张载的气一元论，对于理气、道器、形上形下等关系问题都作了明确的回答。

他论证了元气永恒的思想，赞同张载“虚空皆气”的主张，并作出进一步论证说：“阴阳二气充满太虚，此外更无他物，亦无间隙。天之象，地之形，皆其所范围也。”① 并举出“车薪之米”、“一甑之炊”、“汞见火则飞”等例子，指出，物质可以由一

① 《张子正蒙注》卷一。

种形式转化为另一种形式，“器有成毁……器敝而道未尝息也①。反对“散尽无余”之陋说，接近了物质不灭的意思。

他提出理在气中、道在器中的观点。指出：“虚空者，气之量，气弥沦无涯而希微不形，则人见虚空而不见气。凡虚空皆气也，聚则显，显则人谓之有；散则隐，隐则人谓之无。”“若其实，则理在气中，气无非理。气在空中，空无非气，通一而无二者也。”② 他批判程朱的理先气后论，认为：“理即是气之理”，“理不先而气不后”，“气者理之依也”③。他批判道本器末论，坚持道在器中的观点，说：“天下惟器而已矣。道者器之道，器者不可谓道之器也。”并举出大量的例子（从略）加以论证，归结说：“无其器则无其道”，“据器而道存，离器而道毁。”④ 据此，他反对有脱离形的形上世界，说：“形而上者，非无形之谓。既有形矣，有形而后有形而上。无形之上，亘古今，通万变、穷天穷地，穷人穷物，皆所未有者也。”⑤

2. 辩证观

王夫之提出了一系列具有鲜明辩证性的观点。指出：“静者静动，非不动也。”“太极动而生阳，动之动也；静而生阴，动之静也。废然无动而静，阴恶从生哉？一动一静，阖（合）辟（开）之谓也。由阖而辟，由辟而阖，是动也；废然之静，则是息矣。”⑥ 这就是说，运动是绝对的，无条件的，静止是相对的，

① 《张子正蒙注》卷一。
② 《张子正蒙注》卷一。
③ 《思问录》内篇。
④ 《周易外传》卷二。
⑤ 《周易外传》卷五。
⑥ 《思问录》内篇。

有条件的，静止只是运动的一种表现形式。又说："方静即动，方静旋动，静即含动，动不舍静。""阳含静德，故方动而静。阴诸动能，故方静而动。故曰动静无端。"① 这就是说，运动和静止是互相包含的，不应该割裂开来。

他还发展了《易传》"日新之谓盛德"的观点，提出"质日代，道日新"；"天地之德不易，天地之化日新"等观点，对量变与质变相统一的发展观作了论证。

对于对立转化问题，王夫之也举出大量事例作了论证（例从略）。而对于矛盾的结局，他也赞成张载"仇必和而解"的思想，说："太和，和之至也。"虽然"刚柔、寒温、生杀，必相反而相为仇"，但是，"乃其究也，互以相成，无终相敌之理……和而解矣"②。

3．认识论

王夫之提出了独具特色的"能所"观，批判佛教"消所以入能"的观点。能和所原是佛学的一对范畴，"能"指能知，"所"指所知，佛学认为，所知依赖于能知。王夫之加以唯物主义的改造，说："境（客观事物，认识对象）之俟用（有待于认识）者曰所，用（认识能力）之加乎境而有功（产生认识效果）者曰能。能所之分，夫固有之。……体俟用，则因所以发能；用用乎体，则能必副其所。"③

王夫之还对知行关系作了比较深入地讨论，并对朱王两派的知行观作了批判。他认为朱熹的知先行后论，是将知行二者"立

① 《思问录》外篇。

② 《张子正蒙注》卷一。

③ 《尚书引义·召诰无逸》。

一划然之次序，以困学者于知见之中，且将荡然以失据”①。其错误在于“先知以废行”②。他更尖锐地批判了王守仁的知行合一说，“其所谓知者非知，而行者非行也”，实际上是“以知为行，以不行为行”，其错误在于“销行以归知”③。并进而指出，朱王两家，趋向不同，归宿却一致，它们“异尚而同归”，本质上都是“离行以为知”④。这些批判颇中要害，是比较有说服力的。

王夫之的理欲观、历史观、社会观等方面也有许多精辟思想，限于篇幅，就不一一列举了。总之，他的思想堪称中国传统哲学的高峰。

（四）*颜元*

颜元（1635～1704年）号习斋，著作有《四存编》、《习斋记余》等。一生主要在乡间教书，没做过官。为学注重实学实用，有比较锐利的批判锋芒。他批判理学的空疏，认为，“训诂、清淡、禅宗、乡愿，有一足以惑世诬民，宋人兼之。”⑤“率天下入故纸堆中，耗尽身心，做弱人、病人、无用人者，皆晦庵为之。”⑥强调习行，主张“习事见理”，“身实学之，身实行之”⑦。他对“格物”作出新的解释，认为，格物之“格”，“当如手格杀之之格，手格猛兽之格，乃犯手捶打搓弄之义”⑧。格

① 《尚书引义》卷二，《说命中二》。
② 《尚书引义》卷二，《说命中二》。
③ 《尚书引义》卷二，《说命中二》。
④ 《尚书引义》卷二，《说命中二》。
⑤ 《习斋记余》。
⑥ 《朱子语类评》。
⑦ 《四存编·存学》。
⑧ 《习斋记余》卷六。

物就是“犯手实做其事”①。要“致知”，必须“亲下手一番”②。这些说法，比较切实，也比较明快，含有真知必须从实践中来的意思。

（五）戴震

戴震（1724～1777年）字东原，是18世纪（乾隆时期）著名学者。长于考据，晚年曾任四库全书馆纂修官，校订天文地理书籍。著述很多，后人编为《戴氏遗书》。主要哲学著作是《孟子字义疏证》。

戴震在思想史上的突出成就是对于“以理杀人”的批判。他认为，“人生而后有欲，有情，有知，三者，血气心知之自然也。”③ 因此，理在欲中，“理也者，存乎欲者也”④。圣人治天下，应该“体民之情，遂民之欲”⑤。不幸的是，后世却把“理”作为压制人民正当情欲的工具。他沉痛地指出：“尊者以理责卑，长者以理责幼，贵者以理责贱，虽失，谓之顺。卑者、幼者、贱者以理争之，虽得，谓之逆。……人死于法，犹有怜之者；死于理，其谁怜之！”⑥ 又说：“其所谓理者，同于酷吏之所谓法。酷吏以法杀人，后儒以理杀人。”⑦

戴震对“理”的批判，是深刻而沉痛的，是封建社会行将就木前地主阶级自我批判喊出的最强音。

---

① 《习斋言行录》。

② 《四书正误》。

③ 《孟子字义疏证》。

④ 《孟子字义疏证》。

⑤ 《孟子字义疏证》。

⑥ 《孟子字义疏证》。

⑦ 《与某书》。

第三节　中国哲学的精神

中国哲学在数千年的独立发展中，形成了自己独具的特质和风貌，可以称之为中国哲学的精神。主要有如下三方面：

一、天人协调

天与人的关系是中国哲人普遍关心的问题。但中国人说的“天”，含义比较复杂，有主宰之天（人格神）、命运之天（天命）、义理之天（天理）、道德之天（天德）、自然之天（苍苍的天空或大自然或外在的必然性）以及宇宙大全之天等等。不同时代不同流派的思想家乃至同一个人在不同场合，其所谓“天”的意思常有不同；但有一点却又比较一致，就是中国哲人大多不致力于思考天之究竟，而着重探讨人与天、人事与天道的关系，人对天应抱什么态度。这种态度大致可分为四种：

（一）尊天

以孔孟为代表。孔子常称天言命，把“畏天命”看作是君子应该具有的品格，还坚信，天赋予了自己某种庄严的使命，因而满怀自信，勉力而为，遇到危难也处变不惊；同时，孔子又把天自然化。孟子与孔子的观点近似，也把带有必然性的或无可奈何的事归于天，并概括出“莫之为而为者，天也；莫之致而至者，命也”的名言。孔孟对殷周以来的天命论有所因袭，但人格神的色彩已大大消褪，外在的人力无可奈何的必然性的意味则居于主流。天仍然是崇高的，甚至是神秘的，因此人应该对天尊崇、敬畏，遵天而行；但天毕竟不能主宰一切，社会上的事情还需人自己去做，因此须尽其在我，听天命而尽人事。

（二）顺天

以老庄为代表。老子认为，天就是自然，天是人效法的对象，屡屡借天的自然无为作为人生的准则，对违反自然的人为，给予猛烈抨击。庄子进一步把天然与人为尖锐对立起来，认为，人类的许多作为造成了对自然本性的戕害，天然是一切幸福的根源，人为是一切痛苦的根源。只有顺天，才是惟一正确的态度。

（三）胜天

以荀子、刘禹锡为代表。荀子认为，自然界的运行有其常规，不依人的意志为转移。获得什么样的结果，全看人以什么样的政治去适应。人应该“明于天人之分”，不应妄求“知天”，而需着重发挥人的主观努力，“制天命而用之”①。唐代刘禹锡进而提出“天人交相胜”的命题，认为，天与人，各有所能，各有所不能。天之胜人，是客观必然性起作用；人之胜天，是主观能动性起作用。②

（四）参天

以《易传》为代表。它是对以上三说的综合。

尊天之说，把天看成是人的根据，强调要尊天而行，而不应任意妄为，这有其合理性；但强调得过了分，则可能导致“拘而多畏”③。顺天之说，主张人是天的产物，与天同一，是天的一部分，其对于人类的种种违反自然、倒行逆施的批判，是尖锐而深刻的；但是，夸张得过分，则难免“蔽于天而不知人”④。胜天之说，区分了自然界的客观必然性和人的主观能动性，把落脚

---

① 《荀子·天论》。

② 刘禹锡：《天论》。

③ 司马谈：《论六家要旨》，见《史记·太史公自序》。

④ 《荀子·解蔽》。

点坚定地放在人为上，带有人定胜天的意味。这固然更积极，但究其实，荀子所谓胜，并不是主客二分式的把天作为征服的对象，战而胜之，而只是说，以人类的正当的活动去适应和参与自然的过程。因此，荀子的基本观点，与其说是胜天，不如说是参天更准确。“参”这概念，恰恰是荀子最先提出的。①

荀子说：“天有其时，地有其财，人有其治，夫是之谓能参。”②“参”就是参与（天地的变化）。天地的造化功能，要靠人的参与，才能完成。即通过“清其天君（心），正其天官（耳目等感官），备其天养（裁非其类以养其类）”等等，以“全其天功”③。显然，这和征服自然，向自然进军本不是一个意思。

对此，《中庸》也有所论述：“惟天下至诚，为能尽其性；能尽其性，则能尽人之性；能尽人之性，则能尽物之性；能尽物之性，则可以赞天地之化育；可以选天地之化育，则可以与天地参矣。”“参天”是人类赞（辅助）天地的化育，这个说法十分恰当。

《易传》则有更详尽的发挥：“夫大人者，与天地合其德，与日月合其明，与四时合其序，与鬼神合其吉凶，先天而天不违，反天而奉天时。”④ 又说：“裁成天地之道，辅相天地之宜。”⑤

参天说既肯定人是自然的产物（“天生之，地养之”），又突出人不同于其他自然物（人是“动物之尤者”，“为万物之灵”）；

---

① 《中庸》、《易传》都有参天之说。本书不取《中庸》为子思所作的观点，也不取《易传》为孔子所作的观点，认为二书是战国末年至汉初儒家后学所作。

② 《荀子·天论》。

③ 《荀子·天论》。

④ 《易·乾卦·文言》。

⑤ 《易·泰卦·象》。

既承认天的客观必然性，又突出人的主观能动性。而其着眼点，又特别强调天人之间的协调。人对于天，既不是一味听从，毫无作为，又不能一味蛮干，为所欲为。

参天说的基调是天人协调，它是中国哲学天人观的主流形式。后世虽然仍有其他天人说的遗留，但不占主导地位。宋明理学把天义理化，但天人协调这一基调则一脉相承。这一观念，对于各方面都有深远影响。

二、入世济世

入世精神就是对社会的关注，对人生的关切，对人生的执著精神。中国哲人大都抱着“以其道易天下”的宏愿，或著书立说，授徒讲学；或游说诸侯，从政治国。司马谈曾说：先秦诸子的思想都是“务为治者也”①。班固更进一步联系历史背景指出：诸子十家，“皆起于王道既微，诸侯力政，时君世主，好恶殊方，是以九家之术，蜂出并作，各引一端，崇其所善，以此驰说，取合诸侯”②。这都揭示了先秦诸子思想入世的特点。

入世的特点，以儒家最有代表性。《庄子·大宗师》篇借孔子之口说：“彼③ 游方之外者也，而丘游方之内者也。”方指六方（东南西北上下），方之内即现实社会，尘世，人间。游方之内与游方之外，概括的正是儒道两家对待社会人生的两种根本不同的态度，即所谓入世精神和出世（或避世）精神。

儒家栖栖遑遑，上说下教，自任天下之重；墨家“摩顶放

① 《论六家要旨》。

② 《汉书·艺文志·诸子略》。

③ “彼”，这里指孟子反、子琴张，是庄子虚似的道家人物。

踵，利天下而为之”①；法家“信赏必罚，以辅礼制”②。他们的入世济世精神自不必说。阴阳家邹衍名重于时，“适梁，惠王郊迎”，“适赵，平原君侧行襒席。入燕，昭王拥彗先驱”③。诸侯尊礼如此，足见其学说深受欢迎。就连以辨析名实为务的名家（公孙龙）也是“欲推是辩，以正名实，而化天下焉”④。惟有道家似乎有所不同，一直被看作是出世或避世的学派。但是，道家的两位代表人物应该加以区别。《老子》书多次讲“圣人之治”，“治国”、“用兵”，“为无为则无不治”。可见，《老子》本质上也是政治哲学，是“君人南面之术”⑤，除了策略有所不同，其对社会人生的关注与儒家并无二致。庄子确实有点超凡脱俗，他不再讲治道，绝对不与统治者合作，追求无条件的精神自由，赤裸裸地揭露“人为物役”的种种罪恶，向往彻底回到自然，返回人类的原始时代。但是，庄子对人类社会并未忘情，从庄子那些表面上看来超脱、冷酷的话中，“实际里却深深地透露出对人生、生命、感情的眷恋和爱护”，“在根本气质上，庄子哲学与儒家的‘人与天地参’的精神仍然接近”。“所以，以庄子为代表的道家，实际上是对儒家的补充”⑥。

先秦诸子的入世精神得到后世的继承并不断发扬光大。董仲舒的天人三策、王充的“疾虚妄”、王弼郭象的调和名教与自然、韩愈李翱的倡道统，都与先秦一脉相承。至宋明理学，虽说是心

① 《孟子·尽心》上。

② 《汉书·艺文志·诸子略》。

③ 《史记·孟子荀卿列传》。

④ 《公孙龙子·迹府》。

⑤ 《汉书·艺文艺·诸子略》。

⑥ 李泽厚：《庄玄禅宗漫述》，《中国古代思想史论》第190页，人民出版社1985年版。

性之学，但其入世的性格，较之前代有过之而无不及。试看程颐对其兄程颢的评价：“周公没，圣人之道不行；孟轲死，圣人之学不传，道不行，百世无善治；学不传，千载无真儒。……先生生千四百年之后，得不传之学于遗经，志将以斯道觉斯民。”①这话并不是吹嘘，著名的理学家，几乎都有这种“以斯道觉斯民”的觉悟。

张载说：“为天地立心，为生民立道，为往圣继绝学，为万世开太平。”②

朱熹说：“士之所以能立天下事者，以其有志而已。”③

陆九渊说：“宇宙内事乃己分内事，己分内事乃宇宙内事。”④“吾所明之理，乃天下之正理、实理、常理、公理，所谓‘本诸事，徵诸庶民，考诸三王而不谬，建诸天地而不悖，质诸鬼神而无疑，百世以俟圣人而不惑’者也。”⑤

王夫之说：“抱刘越石之孤忠”，“思张横渠之正学。”⑥

中国哲人的这种入世的心态，决定了其理论思想也必然是入世的。即社会政治思想往往是他们围绕的中心，他们也讨论宇宙本原、世界本体、人性善恶，但目的是为了给他的社会政治思想安顿一个哲学根据、理论基础，因此，他们才不深究实体而特重“关系”（人与天、心与物、己与人、人性与天道等关系）。他们非常热烈地讨论伦理问题，因为他们认为伦理与社会政治密不可

---

① 《明道先生墓表》，《河南程氏文集》卷十一。

② 《张载集·语录》（又见《近思录拾遗》，文字小有异）。

③ 《朱子语类》。

④ 《年谱》，《陆九渊集》卷三十六。

⑤ 《与饶寿翁》，《陆九渊集》卷十二。文中引语见《中庸》二十九章。

⑥ 自题《墓铭》。刘越石，即刘琨，西晋爱国将领。张横渠即张载。

分。他们也讨论认识论问题，而其所谓认识，主要是伦理道德的认识（及其践履）。中国哲学中辩证法非常丰富深刻，但它们不是概念的辩证法，而是人生的辩证法。有人说，中国哲学是人生哲学、社会哲学、政治哲学、伦理哲学。如果从主要之点说，这确有道理。

三、理想主义

中国哲学注重人伦世务，各家各派，都直接或间接地讲政治，论人生，谈社会，说道德。“在表面上，中国哲学所注重的是社会，不是宇宙；是人伦日用，不是地狱天堂；是人的今生，不是来世”①。但是，中国哲学同样有其“终极关怀”，有对现实的超越。实际上，中国哲学既是现实主义的，又是理想主义的；既具有普遍的务实品格（不尚玄虚），又具有突出的理想品格（高于现实）。本质地说，中国哲学对于人性、人生、人格、社会、政治乃至人际关系、宇宙秩序的理解，无一不是理想主义的，表现了对完美、完善的理想的追求。下面选几个要点作介绍。

（一）理想人格——内圣外王

在现实生活中，许多人没有人格理想，而是浑浑噩噩，随波逐流。中国哲学认为，这是不足为训的，从而提出高尚的人格理想—内圣外王。

“内圣外王”一语出自《庄子·天下》篇，但它表述的主要是儒家的思想人格。“内圣”指内修（或具有）圣人之德，“外王”指外施王者之政。这一思想，早在春秋时期叔孙豹提出“三不

① 冯友兰：《中国哲学简史》第11页。

朽”之说已见端倪。① 孔子把“修己以敬”、“修己以安人”、“修己以安百姓”看作是尧舜都担心做不到境界，也表达了类似的意思。②《礼记·大学》的“三纲领、八条目”，其实也是讲了修己和治人两个方面。“明明德”即内圣，“亲民”即外王，二者都应达到“止于至善”的境地。修身以下的格、致、诚、正即属内圣，“齐家、治国、平天下”即外王。它们是对于三纲领的展开。

内圣外王不单是儒家的理想人格，也是各家的共同追求，只是侧重点和具体理解有所不同而已。

儒家以圣人作为最高理想，而以士、君子作为达到圣人境界的阶段性目标。孔子对此已有很多论述，奠定了基调；从孟子、荀子到董仲舒、杨雄，隋代的王通，宋代的张、程、朱、陆，直到清初的颜元，无不以圣人自期，以道自任。周敦颐还讲过一个公式：“圣希天，贤希圣，士希贤。”③ 比较典型地表达了由士（君子）到成贤成圣的内圣之学的阶段性。

道家（包括道教）和佛家对内圣之学也多所讲求，某些方面甚至比儒家还要细致、精妙，但有时不免陷于玄虚和神秘。道家的理想人格是真人、至人、神人，其返璞归真、淡泊恬静颇令人神往，但夸张到“堕肢体，黜聪明”、“形如槁木，心如死灰”，则不免矫情。道教的最终目标是成仙——羽化飞升，长生久视；佛教的最终境界是成佛——涅槃，到达极乐世界。这都不免过于神秘，可望而不可即。比较起来，还是儒家的内圣之学更切实，它不像佛道二氏那样“外天下国家”，而是不离人生日用之常；

---

① 叔孙豹说：“太上有立德，其次有立功，其次有立言。虽久不废，此之谓不朽。”（《左传》襄公二十四年）

② 《论语·雍也》。

③ 《通书·志学》。

再者，儒家的内圣与外王是统一的，内圣是外王的基础、出发点和关键所在，外王是内圣的落脚点和完成。内圣须落实在外王上，而不是孤立地进行；不然，就会陷入虚无寂灭，就与佛道没有区别了。

“外王”的意思后世有所扩大，不止限于政治（王者之政）的含义，而泛指外在的事功。孔子没有做过“王”，但被称为“素王”（不是王的王），其根据是，孔子修《春秋》是代王者立法，订《五经》是代王者立道。这其实是把“三不朽”的“立言”（提出或确立某种思想，成为天下的法式）也归入“外王”的范围。现代新儒家提出“返本开新”，“内圣开出新外王”（“新外王”指科学、民主事业），以此作为中国文化复兴的道路。这是对于内圣外王思想的新发展。

依据这样的思路，“内圣”指主观修养（还可以扩大一些，不仅限于道德修养，还包括知识能力的修养），“外王”指客观的事功（不限于政治方面，而泛指一切事业的成功、成果）。二者尽可能的结合，且尽量达到最高的境地。那么，此种理想人格在今天也仍是有吸引力的。

（二）理想政治——仁政、王道

在中国古代，一般说来，现实政治是黑暗的，对于人民大众，压迫是沉重的，剥削是残酷的。以儒家为代表的古代政治哲学（仁政王道思想）正是针对此种现实提出的救治方案。

孔子提出的仁学理想，包含有“博施于民而能济众”、“泛爱众”、“为政以德”、“举贤才”等内容；孟子进而发展为系统的仁政学说（详见第三章）。孟子还提出了“王霸之辨”，“王”指王道，即夏商周三王之道，其特点是以德服人；霸指霸道，即春秋五霸之道，其特点是以力服人。孟子说：“以力假仁者霸。”“以德行仁者王。”“以力服人者，非心服也，力不赡也；以德服人者，中心悦而诚服也。”①

孟子的批判锋芒是直接指向当时的统治者的。他说：“五霸者，三王之罪人也；今之诸侯，五霸之罪人也；今之大夫，今之诸侯之罪人也。”② 控拆“争城以战，杀人盈城；征地以战，杀人盈野”的兼并战争的策划者、指挥者“罪不容于死”③。在此基础上，进而提出制民之产、正经界、薄其税敛、尊贤重教、与民偕乐等正面主张。

荀子继承和发展了孔孟的仁政思想，不但论述更加具体，还在总体上作了更高的理论概括和升华。他常常王霸并提，不再排斥霸道，但认为霸道毕竟不如王道。他高揭“君舟民水”之论：“君者，舟也；庶人者，水也。水则载舟，水则覆舟。”④ 阐扬“诛暴君若诛独夫”之说：“桀纣无天下，而汤武不弑君。”“汤武者，民之父母也；桀纣者，民之怨贼者。”⑤ 希望君主做人民的表率：“君者，仪也；民者，景（影）也，仪正而景正。君者，槃也；民者，水也，槃圆而水圆。”⑥ 荀子所论，增加了现实主义成分，但总体上说仍然是理想主义的。

仁政学说表现了对人民苦难的同情，对人民生活的关心，反映了人民大众对改良政治、发展生产、改善生活的渴望，带有浓厚的理想主义色彩，具有很强的人民性，是古代思想中的民主性精华。

---

① 《公孙丑》上。

② 《告子》下。

③ 《离娄》上。

④ 《荀子·王制》，又见《荀子·哀公》。此语一记为“传曰”，一记为“丘闻之”。究竟谁先提出已不可考。

⑤ 《荀子·正论》。

⑥ 《荀子·君道》。

儒家的这种政治哲学也得到其他各家不同程度的认同。道家讲“圣人不仁”，“不尚贤”，“为无为”，正面主张的确与儒家异趣；但从其对现实政治黑暗面的揭露① 看，在出发点上与儒家并无不同。墨家讲兼爱非攻，反对强凌弱，众暴寡，贵傲贱，富侮贫，② 主张建立爱无差等的社会，从关心天下治乱、关怀人民疾苦的态度说，也与儒家有一致之处。只有急功近利严而少恩的法家过于偏激，是仁政王道的对立面；但它关于应时变法、赏罚严明等合理成分也为后世儒家所吸收。

(三) 理想社会——大同之世

中国古代思想家描绘过各种各样美好社会的蓝图，其中最著名的是托名孔子讲的大同之世：

> 大道之行也，天下为公。选贤与（举）能，讲信修睦。故人不独亲其亲，不独子其子，使老有所终，壮有所用，幼有所长，矜（鳏）寡孤独废疾者皆有所养。男有分，女有归。货，恶其弃于地也，不必藏于己；力，恶其不出于身也，不必为己。是故谋闭而不兴，盗窃乱贼而不作，故外户而不闭。是谓大同。③

这里描述的大致是传说中的尧舜时代的图景，相当于原始共

---

① 如“民之饥，以其上食税之多。”（《老子》第七十五章）“师之所处，荆棘生焉，大军之后，必有凶年。”（第二十章）“朝甚除，田甚芜，仓甚虚，服文采，带利剑，厌饮食，财货有余，是谓盗夸。”（第五十三章）等。

② 《墨子·兼爱》中。

③ 《礼记·礼运》。

产社会晚期，而被充分理想化了。孔子自称“述而不作，信而好古”，“好古敏求”，把远古说成是人类社会最美好的时代，正是此种“好古”的表现。孔子曾谈到自己的志向是“老者安之，朋友信之，少者怀之”①。这正是“老有所终，幼有所长”的意思。可见，不管这段话是不是孔子所说，但与孔子思想一致是无疑的。

文中也有某些墨家思想成分，如“不独亲其亲”有“兼爱”的意思。但孟子说“老吾老以及人之老，幼吾幼以及人之幼”，不就是“不独亲其亲，不独子其子”吗？儒墨两家本来就是可以相通的。

道家也虚构了许多理想社会，诸如“至德之世”、“赫胥氏之国”、“容成氏、大庭氏、伯皇氏、中央氏……之时”等，这种社会里的人，“结绳而用之，邻国相望，老死不相往来”②。“居不知所为，行不知所之。含哺而熙，鼓腹而游”③。“其卧徐徐（安闲自得），其觉于于（愚朴无知）。一以己为马，一以己为牛”④。一派自由安闲的图景，与欺诈机巧，卑鄙龌龊的现实社会恰成鲜明对照。因之，确实有一定的吸引力。但是，它们毕竟是“无何有之乡”，幻想的成分太重；再者，“人猿相揖别”是人类进步的伟大起点，庄子把人兽不分的“自然”境界说成是人类最美好的时代，实在难于获得人们的认同。

大同之世则不然，作为一种社会理想，它在历史上产生了持久而巨大的影响，成为许多思想家、政治家乃至农民起义的共同

① 《论语·公冶长》。

② 《庄子·胠箧》。这里显然抄自《老子》的“小国寡民”。

③ 《庄子·马蹄》。

④ 《庄子·应帝王》。

旗帜。只从近代说，洪秀全的太平天国理想，康有为的《大同书》，孙中山的资产阶级共和理论，都不同程度地引述了这一思想，毛泽东著《论人民民主专政》，也曾借用“大同”的概念，提出：“经过人民共和国（无产阶级领导的人民民主专政）到达社会主义和共产主义，到达阶级的消灭和世界的大同。”这都表明，大同理想是多么深入人心。马克思主义的“世界大同”，使社会主义由空想变成了科学，它与传统的“大同”说在内容和本质上的差别是不能混淆的，但是，它们毕竟有某种联系，应给予充分评价。

四、辩证思维

（一）中国古代辩证法的发展

中国哲学有悠久的辩证思维传统，内容丰富多彩。

早在春秋以前，中国辩证法思想就已萌芽。如《周易》古经中的阴阳观念① 和八卦结构，《尚书·洪范》中的五行论述，史伯论和同，伯阳父用阴阳二气的矛盾解释地震等等，都很精辟。但尚属片断，或仅具雏形。

春秋战国时期，诸子蜂起，辩证法思想也蓬勃发展。各家思想中都程度不同地有着辩证法因素，而其中最突出的是《老子》和《易传》。

《老子》一书充满辩证智慧。它揭示了矛盾对立的普遍性，五千言中，有无、大小、祸福、荣辱等成对的概念就达70余对。它揭示矛盾双方互为条件互相依存（“有无相生，难易相成，长短相形，高下相倾，音声相和，前后相随”），互相包含（“天下

① 《易经》中的确没有出现“阴阳”二字，但其以“—”“- -”两爻构成六十卦及对卦象的解释中，明显具有阴阳观念。而且，“易以道阴阳”（《庄子·天下》）是战国时期人们对《易》的代表性看法。

皆知美之为美，斯恶已；皆知善之为善，斯不善已”)，互相渗透（“善人者不善人之师，不善人者善人之资”)，又相互对立（“信言不美，美言不信。善者不辩，辩者不善。知者不博，博者不知”)，或从反面表现自己（“明道若昧，进道若退，夷（平）道若颣（不平)，上德若谷，大白若辱”)。《老子》讲得最多的是矛盾双方的转化（“祸兮福所倚……”“天下之至柔，驰骋天下之至坚”)。

《老子》坚信：“反者，道之动；弱者，道之用。”其辩证法以柔、雌、静为特征。其目的在于以柔克刚，以雌胜雄，以静制动。总之，无为而无不为。

《老子》的辩证法也有弱点：侈谈转化，但较忽视转化的条件；强调柔弱，不免以偏概全，且限制进取精神的发挥。荀子说，“老子有见于屈，无见于伸”，确中要害。

《易传》是与《老子》相并立的另一大辩证法体系。《易传》以阴阳对立统一为基本原则，在对卦象的解释中，广泛涉及到自然界的天地、雷风、水火、山泽，人类社会的男女、夫妇、父子、君臣，客观事物中的离合、损益、治乱、存亡，数量关系中的奇偶、多寡等的矛盾性。

《易传》在揭示事物矛盾性时，比较注意转化的条件。如“刚柔相推而生变化”①。“善不积不足以成名，恶不积不足以灭身”②。对于矛盾转化取积极态度，如说“尺蠖之屈，以求信（伸）也；龙蛇之蛰，以存身也；精义入神，以致用也；利用安身，以崇德也”③。特别强调人的主观能动性，如“危者，安其

① 《系辞》上。
② 《系辞》下。
③ 《系辞》下。

位者也；亡者，保其存者也；乱者，有其治者也。是故君子安而不忘危，存而不忘亡，治而不忘乱，是以身安而国家可保也”①。肯定变革的正义性，表现了对发展前途的乐观态度，“天地革而四时成，汤武革命，顺乎天而应乎人”②。“月新之谓盛德，生生之谓易”③。“易，穷则变，变则通，通则久”④。

《易传》的核心思想是“一阴一阳之谓道”⑤。其辩证法以刚、雄、动为特征。其目在于积极进取，刚健有为，获取成功。

《易传》的辩证法也有弱点。受《易经》的限制，其整个体系仍是封闭的，形而上学的；它虽然有一定的发展观，但总体上还是个循环往复的封闭的圆圈。

《老子》和《易传》是中国辩证法思想的两大源头，在中国哲学史上都占有重要地位。它们分别代表了儒道两家的方法论，互相对峙又互相补充，相反而相成。汉代以后，两源逐渐合流，融为一体，汇成浩瀚的辩证思维长河，滋润着中国文化的发展。

魏晋时期，王弼注《老》又注《易》，两大思想体系融铸于一（虽然形式上还分散在两书之中）。此后，中国哲学讲矛盾对立，变化发展，大多都取阴阳互补、刚柔相济的态度。

宋明理学作为中国哲学的第二大高峰，其辩证法也达到新的高度，提出了许多精粹思想，仅择其要：

邵雍根据《易传》“太极—两仪—四象—八卦—万物”的序列，绘制《先天图》，提出“一分为二”的观点，推出“合之斯

---

① 《系辞》下。
② 《革卦·彖》。
③ 《系辞》上。
④ 《系辞》下。
⑤ 《系辞》上。

为一，衍之斯为万”的宇宙图式。①

二程提出“对待”说：“天地万物之理，无独必有对。皆自然而然，非有安排也。”② 并进行了详密论证。

张载提出“一物两体”的著名命题：“一物两体，气也。一故神（两在故不测），两故化（推行于一）。此天之所以参也。”③对事物运动变化的根源和动力作了比较深刻的揭示。

朱熹阐发了程颐提出的“动静无端，阴阳无始”的命题，认为动静“相为对待”，互相包含（静中有动，动中有静）；还把“一分为二”上升为规律的高度，说：“一分为二，节节如此，以至于无穷，皆是一生两尔。”④

中国古代辩证法思想至王夫之达到高峰。他提出“质日代，道日新”的命题，论述事物变化发展的普遍性；批判“截然分析而必相对待”的观点，多侧面、多角度地论述了一切对立面无不相互渗透、相互转化的道理；还提出“方动即静，方静旋动”的思想，对中国古代的动静观作了辩证的总结。

（二）中国古代辩证法的特点

中国古代辩证法有如下共同特点：

第一，中国古代辩证法注重实际应用，而不重概念分析。这在先秦以前最为突出。宋代以后，思辨抽象性虽大为提高，但仍更多地应用于解决现实的政治、伦理问题。

第二，普遍具有变化观，且对变化的原因有深刻揭示；有的还论述了由量到质的转化（如王夫之）。但对于发展（上升运动）

---

① 《皇极经世·观物外篇》。

② 《河南程氏遗书》卷十一。

③ 《正蒙·参两》。

④ 《朱子语类》卷六十七。

的认识不足，大多陷入循环论。

第三，对于矛盾（对立又统一）有普遍而深入的认识，对于对立面的统一，论述尤其充分而精彩。中国哲人大多重视和追求事物的和谐、稳定和均衡，把“和”视为最佳状态和最终结局。

对中国哲学的总体介绍略如上述。为使读者有更深入的了解，下面分两章介绍儒家哲学和道家哲学。

参考书目

冯友兰：《中国哲学史新编》1～6册，人民出版社1982～1989年版。

《中国哲学简史》，北京大学出版社1985年版。

张岱年：《中国哲学大纲》，中国社会科学出版社1982年新1版。

任继愈主编：《中国哲学史》1～4册，人民出版社1979年版。

肖萐父、李锦全主编：《中国哲学史》1～2册，人民出版社1982～1983年版。

杨宪邦主编：《中国哲学史》1～3卷，中国人民大学出版社1979～1990年版。

方克：《中国辩证法思想史》，人民出版社1985年版。

北京大学哲学系中国哲学史教研室选注：《中国哲学史教学资料选辑》1～2册，中华书局1982年版。

第三章　中国古代哲学（中）
——儒家哲学

第一节　儒家哲学的内容

华夏民族的文明发祥于远离大海的内陆地区。这种独特的地理环境不仅形成了不同于西方的社会结构，同时，也形成了自己的文化和自己的哲学。儒家学派继承了这一传统，并在中国哲学史中处于主流地位，在中国漫长的封建社会中具有极其巨大的影响。

一、儒、儒家及儒家哲学

“儒”字最早见于《周礼·天官》：“儒以道得民。”东汉郑玄注云：“儒，诸侯保氏有六艺以教民者。”唐贾公彦疏云：“儒，掌养国子以道德，故云以道得民。民，亦谓学了也。”胡适早年曾提出“儒是殷民族的教士”之说。冯友兰先生也认为诸子出于士，而儒则出于文士。他说：“儒本是有知识、技艺者之通称。”今人徐中舒先生在其《甲骨文行见的儒》一文中指出：“儒在殷商时代已经存在了，甲骨文中作需字，即原始的儒字。……整个字像以水冲洗沐浴濡身之状。”① 徐先生的推断是有道理的。一方面甲骨文是从象形文字发展而来，所以，文仍带有浓烈的象形

---

① 载《四川大学学报》1975 年第 4 期。

色彩；另一方面，古代的儒者在祭祖事神之时，都必须沐浴斋戒，以示对上帝鬼神的诚敬。由此可知，甲骨文中的“儒”字像沐浴濡身之形也就不足为怪了。因此，《辞源》的编纂者们便对“儒”字作了如下的解释：“古代从巫、史、祝、卜中分化出来的人，也称术士。后泛指学者。”当然，关于“儒”字的起源和含义，在学术界历来争论颇多。如东汉班固认为诸子出于王官，而儒则出于司徒之官。今人郭沫若先生认为：“儒应当是‘邹鲁之士，缙绅先生’的专号。”至于何谓之“儒”，我们倾向于前者：儒是学者，是教师。儒家学派的创始人孔老夫子便是中国教育史上的第一人。

所谓“儒家”乃是指先秦至秦汉之际形成的以孔子为宗师的学派。《汉书·艺文志》有云：“儒家者流……游文于六经之中，留意于仁义之际，祖述尧舜，宪章文武，宗师仲尼，以重其言，于道最为高。”司马迁在《史记·孔子世家》中也讲到孔子的人格和学说受尊崇的情况：

> 《诗》有云：“高山仰止，景行行止。”虽不能至，然心向往之。余读孔氏书，想见其为人。适鲁，观仲尼庙堂车服礼器，诸生以时习礼其家，余祗回留之不能去云。天下君王至于贤人众矣，当时则荣，没则已焉。孔子布衣，传十余世，学者宗之。自天子王侯，中国言《六艺》者折中于夫子，可谓至圣矣。

孔子的言行、人格及其学识成了自天子、王侯乃至庶民的榜样；它既有时代的价值，又有历史的价值。孔子的伟大之处还在于他创立了一个影响中国整个封建社会的儒家学派，培养了一大批“崇仁厉义”的弟子，从而使他的思想和人格不仅影响了当世，而且也得以流播于后世。

司马迁说："孔子以诗、书、礼、乐教，弟子盖三千焉，身通六艺者七十有二人。"① 又说：

> 自孔子卒后，七十子之徒散游诸侯，大者为师傅卿相，小者友教士大夫，或隐而不见。故子路居卫，子张居陈，澹台子羽居楚，子夏居西河，子贡终于齐。如田子方、段干木、吴起、禽滑厘之属，皆受业于子夏之伦，为王者师。②

司马迁的记述一方面说明了孔子弟子之众，思想影响之广，另一方面也隐含了孔子弟子分化的可能性。事实也确实如此。《韩非子·显学》篇有云："自孔子之死也，有子张之儒，有子思之儒，有颜氏之儒，有孟氏之儒，有漆雕氏之儒，有仲良氏之儒，有孙氏之儒，有乐正氏之儒。"这是传统观点。今人青年学者高专诚在其《孔子·孔子弟子》一书中提出不同看法，认为："从孔子殁后直至韩非子活动的年代这段时期内的实际分化情况来看，孔子弟子及其再传弟子可能出现过许多派别，很可能还不止八派。但是，韩子的八派之中，径以孔子弟子为名的只占半数，而其中较确定的，有思想和活动可以肯定的也只有子张之儒和漆雕氏之儒两派。"又说：从对待孔学和孔学中某些方面的态度来讲，"孔子弟子又可以分为激进派和发展派，而每派又可分为温和的和激烈的两派。这样，就可以说大致有四种不同的态度"。高专诚认为，温和的激进派有子路、子贡、樊须等，而激

① 《史记·孔子世家》。

② 《史记·儒林列传》。

烈的激进派则有子张、宰予、冉求和公西华。冉求是他们政治上的代表，而在学问之道上的代表则是子张。冉求以其杰出的政治才能向孔子的政治思想发出了有力的挑战；子张则以其宏大的气象在孔子殁后形成自己的一派力量。颜回、子思等属于温和的发展派，而激烈的发展派人物则是子游、曾参和有若等人，他们创发性很强，而在实际创建方面也确实大有收获。儒家到了战国后期，已经与墨家并列而为当时的“显学”。

至于儒家哲学，尽管有明显的不同于西方哲学之处，但它仍然是哲学，而且有很丰富的哲学思想。它不仅探讨“天人之际”的问题，而且也探讨在人类社会中，人与人关系的问题，并以此达到和维持人与天、人与人的协调同步、和谐平衡。

二、儒家的主要大师

在两千多年的封建社会中，儒家大师成千上万，在此，我们仅介绍五个较重要的哲学家。

（一）孔子

孔子名丘，字仲尼，生于鲁襄公二十二年，即周灵王二十一年（公元前 551 年），卒于鲁哀公十六年，即周敬王四十一年（公元前 479 年），享年 73 岁。孔子先人是宋国贵族。孔子的曾祖父孔防叔因避宋乱逃到鲁国，父叔梁纥为鲁陬邑宰。孔子出生于鲁昌平乡陬邑（今山东曲阜）。

孔子 15 岁就确立了学的志向。20 岁时（即公元前 532 年，周景王十三年，鲁昭公十年）孔子在鲁任委吏之职，第二年改做乘田吏。周景王二十三年，鲁昭公二十年（前 522 年），齐景公与晏婴来楚，景公问孔子秦穆公何以能称霸，孔子回答说他善于用人。① 孔子自称三十而立，大概其收徒设教，或开始于此时。

① 《史记·孔子世家》。

周敬王二年，鲁昭公二十四年（公元前518年）孟僖子卒，其子孟懿子和鲁人南宫敬叔师事孔子，时孔子年34岁。此后直到逝世，孔子身边总有弟子追随。

孔子36岁时（公元前516年），齐景公问政于孔子，孔子对曰："君君，臣臣，父父，子子。"公曰："善哉！信如君不君，臣不臣，父不父，子不子，虽有粟，吾得而食诸！"由此可以看出，孔子不只是想做一个教师，他试图指导国家政治，并想使其抱负在他有生之年得以实现。到了周敬王十九年（鲁定公九年，公元前501年），孔子任中都（今山东汶上县西）宰，卓有政绩；第二年（公元前500年），由中都宰升司空，再由司空升大司寇，摄相事。同年夏天，齐与鲁媾和。鲁定公与齐景公会于夹谷（今山东省莱芜市南）。孔子以大司寇身份为定公相礼。由于事先做了必要的武事准备，齐欲劫持定公，孔子以礼斥，齐不得已而订盟约，并将以往侵占的鲁地郓、灌、龟阴等归还鲁国（见《谷梁传·定公十年》）。于是，齐国改变了向鲁国斗争的策略：给鲁国送来文马女乐，执政者季桓子果然沉溺于声色之中，怠于政事，孔子劝谏无效，便于周敬王二十三年，鲁定公十三年（公元前497年）毅然离开鲁国，开始了14年的访问诸侯列国的活动。晚年又回到鲁国，以聚徒讲学终其生。

孔子的思想以"仁"为核心。

孔子生活在"礼崩乐坏"的时代，他目睹了强权争霸给百姓造成的灾难，于是促使他去探讨造成这种时弊的原因。他发现，产生这种时弊的直接原因就是人与人之间的同情心少了，人情淡漠了，剩下的只有名与利。于是他提出了"仁"的原则，并以此来调节人与人之间的关系。

何谓之"仁"？

孔子说："仁者，爱人。""夫仁者，己欲立而立人，己欲达而达人。”① 又说：“克己复礼为仁，一日克己复礼，天下归仁焉。”② 所谓“爱人”，就是“博施于民而能济众”，是“泛爱众而亲仁”。这是“仁”的第一义。这种“爱人”不仅仅是指爱自己的父母、兄弟、宗亲，而是爱所有一切人。“仁”的第二义便是自己想达到、自己想完成的，也要帮助别人达到、完成；由此引申出：不要把自己不喜欢的强加在别人身上，即“己所不欲，勿施于人”。“老者安之，朋友信之，少者怀之”③，这便是孔子终生的志向。孔子“仁”的第三义便是“复礼”。但是此“礼”已非西周之“礼”，而是春秋时代的“礼”。他曾讲过，殷“礼”“损益”了夏“礼”，周“礼”“损益”了殷“礼”，而后世“损益”周“礼”也是必然。西周大一统已不复存在，“礼”何以能“复”？“礼”只是孔子化民为“仁”的一种方法、手段。

“仁”属于主观道德情操，而这种道德情操是要通过人的行为表现出来。人的行为的表现要遵循一定的原则，这种原则体现在人与人的关系中就是一定的秩序和形式，这种秩序和形式也就是“礼”。所以我们说，孔子所复之“礼”不是周礼，而是达到“仁”的一种手段。

孔子由个人的道德情操而推及人类社会，于是提出了“德治”主张。所谓“德治”就是把人主的“仁爱”之心体现在治国方略之中。首先，孔子所重是“民、食、丧、祭”④。对人民

① 《论语·雍也》。
② 《论语·颜渊》。
③ 《论语·公冶长》。
④ 《论语·尧曰》。

“富之”、“教之”①；其次，“道之以德，齐之以礼”②；再次，“政宽则民慢，慢则纠之以猛；猛则民残，残则施之以宽。宽以济猛，猛以济宽，政是以和”③。总之，孔子的“德治”就是“敬事而信，节用而爱人，使民以时”④，就是“老安”、“少怀”，宽猛相济。孔子这种政治主张是当时各国治国、治民经验的总结。

由于孔子强调教化，所以他十分重视学思并重。他说：“吾尝终日不食，终夜不寝，以思，无益，不如学也。”⑤ 孔子尽管承认人有“生而知之”者，但是他却认为自己是“学而知之”的，所以他很重视学，并把学与不学作为区别“君子”、“小人”的标准之一。孔子的“学”不是背死书、死背书，而是“学思并重”。他说：“学而不思则罔，思而不学则殆。”⑥ 孔子在政治上是失意的，但在教育方面却取得了巨大的成功，他把由官府把持的学校转移至民间，开了民间办学风气的先河，孔子成了天下民间学子的第一师；他提倡“有教无类”，在中国教育史上起了里程碑的作用。

当然，孔子的功绩不只此。他的“仁”的提出，是“人”的发现。他第一次把“人”从“天”的束缚下解放出来，放在人类社会中来对待，这是从蒙昧走向文明的表现。他的另一功绩就是整理前人的历史文化遗产传之于后人。孔子的这些功绩都是永世

---

① 《论语·子路》。

② 《论语·为政》。

③ 《左传》昭公二十二年。

④ 《论语·学而》。

⑤ 《论语·卫灵公》。

⑥ 《论语·为政》。

不没的。

（二）孟子

先秦时期继孔子之后的儒家另一大师便是孟子。

孟子名轲。战国邹人。邹国是鲁国附近的一个小国（即今山东省邹县）。孟子大约生于周烈王四年（公元前372年），死于周赧王二十六年（公元前289年），终年84岁。

孟子的学术渊源，《史记·孟荀列传》有云：孟子“受业子思之门人”。孟子在《离娄》下云：“予未得为孔子徒也，予私淑诸人也。”他常说：“自生民以来，未有盛于孔子也。”“乃所愿，则学孔子也。”① 事实也确是如此，孟子经过子思上承孔子之道。

孟子的“仁政”思想便是对孔子“仁”的发展。

《礼记·大学》篇中把孔子的“仁”发展为“上老老而民兴孝，上长长而民兴弟，上恤孤而民不倍”。孟子则指出，“老吾老以及人之老，幼吾幼以及人之幼。”② 并在此基础上提出他的“仁政”主张。

何谓“仁政”？孟子在《梁惠王》上有云：

> 五亩之宅，树之以桑，五十者可以衣帛矣。鸡豚狗彘之畜，无失其时，七十者可以食肉矣。百亩之田，勿夺其时，数口之家可以无饥矣。谨庠序之教，申之以孝悌之义，颁白者不负戴于道路矣。七十者衣帛食肉，黎民不饥不寒，然而不王者未之有也。

又说：“不违农时，谷不能胜食也；数罟不入洿池，鱼鳖不

① 《孟子·公孙丑》上。
② 《孟子·梁惠王》上。

可胜食也；斧斤以时入山林，林木不可胜用也。谷与鱼鳖不可胜食，林木不可胜用，是使民养生丧死无憾也。养生丧死无憾，王道之始也。”

孟子的“仁政”思想是典型的农业社会主义，无疑，在当时只能是一种空想。但是，正是这种空想的农业社会主义，才使他提出了另一个更深刻的思想，即“民贵君轻”的思想。

孟子面对“争地以战，杀人盈野；争城以战，杀人盈城”，“率土地而食人肉”① 的混战局面，指出“民之憔悴于虐政，未有甚于此时”②，呼吁统治者重视百姓，关心百姓的生死。他提出“民为贵，社稷次之，君为轻”③ 的口号，在孔子“君君、臣臣”的基础上重新申述君臣的关系。他说：

> 君之视臣如手足，则臣之视君如腹心；君之视臣如犬马，则臣之视君如国人；君之视臣如土芥，则臣之视君如寇仇。④

所以他认为武王伐纣，“闻诛一夫纣矣，未闻弑君也”⑤。这一思想是孔子“民本”思想的继承和发展。

孟子之所以提出“仁政”的政治主张和“民贵君轻”的口号，是以他的人性论作为理论基础的。在他看来，人人都有仁爱

---

① 《孟子·离娄》上。
② 《孟子·公孙丑》上。
③ 《孟子·尽心》下。
④ 《孟子·离娄》下。
⑤ 《孟子·梁惠王》下。

之心。他说："仁义礼智，非由外铄我也，我固有之也。"① 这就是孟子所讲的人性本善。

在孟子生活的时代，人性论已存在四种观点：一是孟子的性善论；二是告子的性无善无不善；三是有性善有性不善；四是性可以为善可以为不善。一和三两种观点可称为先天人性论，即认为人性之善恶是与生俱来的；二和四两种观点可称为后天人性论，即认为人性之善恶是后天习染的结果。

孟子还提出"四端"说。他说："恻隐之心，仁之端也；羞恶之心，义之端也；辞让之心，礼之端也；是非之心，智之端也。"② 孟子发现人们都具有同情心，而这种同情心不是名、利所引发的。他说，当一个小孩将要掉到井里时，人们会不顾一切的去救护他。人们的这种行为既不是为了沽名钓誉，也不是为了讨好、结交孩子的父母，而是出于人所固有的同情心，这种同情心便是仁。由此，孟子认为人的仁义礼智四德是生来就有的，所以他认为人性本善。这种善端，只要保存勿失，心勿忘，勿助长，就必然定会发展为善性。所以，孟子如同孔子一样，既主张修身，又主张教化。一旦这种内存的"善端"充分发挥出来，体现在日常生活中，人性的善性才是完满的。

孟子的性善论是他政治观点"仁政"的基础。人主性善才能实施仁政，才能治国安民。这是性善论的一个方面。性善论的另一方面认为，由于人人都具有善的"萌芽"，所以教化成善才成为可能，由此可知，性善是仁政的理论基础。

（三）荀子

荀子名况，字卿，又称孙卿。战国末期赵国人。生卒年代不

① 《孟子·告子》上。

② 《孟子·公孙丑》上。

详。他的政治、学术活动约在周赧王十七年（公元前298年）至秦王政九年（公元前238年）之间。据《史记》和《荀子》书记载，荀子曾多次出入于齐，游于秦、赵，最后到了楚国，被楚宰相春申君任命为兰陵（今山东莒南县）令。公元前238年春申君被杀，荀子亦被免职。自此，定居兰陵，直至老死。

荀子曾两次到齐稷下游学，三次任稷下学宫祭酒。他在当时诸子百家思想的影响下，批判地继承了孔子以来儒家的思想，同时也吸收了道、墨、名、法诸家的长处，构建了自己的思想体系，提出了无神论的自然观、“平政爱民”的政治主张和“其善者伪”的性恶论等不凡的观点，为当时的思想界、理论界开了一扇流通新鲜学术空气之窗。

在天人关系问题上，荀子一方面吸收了道家自然之天的思想，另一方面也继承了儒家人本思想，展开了自己的天人观。“天”在荀子那里有两层含义，一指宇宙间存在的天体和天体运行之规律。他说：“天行有常，不为尧存，不为桀亡，应之以治则吉，应之以乱则凶。”① 一是指“列星随旋，日月递炤，四时代御，阴阳大化，风雨博施”、“星坠木鸣”、“日月之有蚀，风雨之不时，怪星之倘见”②等自然现象。正是荀子还自然之天的本来面目，才使他区别了天和人，并在“明于天人之分”的前提下提出了一个伟大的命题：“制天命而用之”。意思是人要顺应天道利用地道为人类造福。他明确提出了“参天”的思想，说：“天有其时，地有其材，人有其治，夫是之谓能参。舍其所以参，而愿其所参，则惑矣。”③所谓“参”，意思是主动地参与，荀子认为，人类只要有良好的政治，就可以参与（裁成、辅相）自然的化育。荀子在天人关系问题上的功绩是明显的，他不仅“明于天

①②③　《荀子·天论》。

人之分”，也主张在可能的情况下充分发挥人的主观能动性。

面对诸侯争霸的现实，荀子指出：“处胜人之势，行胜人之道，天下莫忿，汤武是也。处胜人之势，不以胜人之道，厚于有天下之势，索为匹夫不可得也，桀纣是也。”① 荀子所讲的“行胜人之道”是儒家的“仁义”王道，而非法家的霸道。他在总结齐湣王死而亡国的教训时指出，“惟其不由礼义而由权谋也。”②他主张“平政爱民”。这种“平政爱民”就是“礼治”。他认为“礼治”古已有之。人生而有欲，欲而不得则争，争则乱，乱则穷。于是“先王恶其乱也，故制礼义以分之，以养人之欲，给人之求”③。可见，荀子的“礼治”一方面满足人们的欲求，一方面又节制人们的欲求，以维持社会的稳定。既然“礼义”具有稳定社会的作用，那么礼义便应该是任免官吏的准则。他说：“贤能不待次而举，罢不能不待须而废。”④“能”与“不能”的标准便是“礼义”。所以，荀子这种在“礼义”面前人人平等的思想是从一个侧面对西周以来血缘宗法制度提出了挑战。

人性问题的提出是先秦重视人自身的标志这一。孔子对此只作了试探性的说明，“性相近，习相远”，孟子则公开提出人性本善，到了荀子却提出“人之性恶，其善者伪”的观点。他说：“今人之性，生而有好利焉，顺是，故争夺生而辞让亡焉；生而有疾恶焉，顺是，故残贼生而忠信亡焉；生而有耳目之欲，有好声色焉；顺是，故淫乱生而礼义文理亡焉。然则从人之性，顺人

① 《荀子·强国》。
② 《荀子·王制》。
③ 《荀子·礼论》。
④ 《荀子·王制》。

之情，必出于争夺，合于犯分乱理而归于暴。”① 荀子性恶论提出的根据，则是人的欲望。人之性善，在荀子看来是环境和教化的结果，是人为的。

如果把孟、荀人性论进行一下分析，不难看出：从善恶角度上讲，孟荀都主张人性是先天的。孟子说：“仁义礼智，非由外铄我也，我固有之也。”② 荀子说：“凡性者，天之就也……不可学，不可事。……不可学，不可事而在天者谓之性。”③ 所以，孟子认为性恶是环境习染的结果，而荀子认为性善则是环境和教化的结果。从对欲望的态度看，他们都认为人的合理欲望是正当的，不属恶的范围。所以孟子主张“寡欲”而反对“多欲”；荀子则主张“节欲”反对“纵欲”和“去欲”。在“寡欲”和“节欲”问题上二人都主张修身和教化并行。这是孟、荀人性论基本相同之处。相异之处则在于，孟子的性善论是根于人的社会属性，而荀子的性恶论则根于人的自然属性。至于相异的原因不外乎社会历史根源和认识论根源。

（四）董仲舒

董仲舒广川（今河北景县）人。约生于汉文帝刘恒元年（公元前 179 年），卒于汉武帝刘彻太初元年（公元前 104 年），是西汉中期一个著名的思想家。《汉书》本传说他“少治《春秋》，孝景时为博士”，又说他治学专精，弟子众多：“下帷讲诵，弟子传以久次相授业，或莫见其面。盖三年不窥园，其精如此。进退容止，非礼不行，学者皆师尊之。”

西汉初年，汉王朝推行黄老的“清静无为”之术，这对战乱

① 《荀子·性恶》。
② 《孟子·告子》上。
③ 《荀子·性恶》。

之后封建秩序的恢复和重建起了积极的作用。但是，由于朝廷的“无为”，诸侯王却有为地发展各自的势力。汉景帝时出现了吴王刘濞等七个同姓王的联军叛乱。叛乱平息之后，景帝颁布新法。自此，诸侯王才成为只有爵位而无实权的贵族。汉武帝即位后，为完成由无为到有为的转变，连续三次下诏，策问古今治乱之道和天人之际等问题。董仲舒三次应对，即所谓“天人三策”，受到汉武帝称许。在“天人三策”中董仲舒第一次提出“罢黜百家，独尊儒术”的主张。当然，董仲舒“独尊”的儒术，非先秦孔孟之儒术，而是以儒家思想为主，融通法、墨、阴阳等诸家思想的结果。

在天人关系问题上，董仲舒提倡“人副天数”的天人观。他说：

> 天以终岁之数成人之身，故小节三百六十六，副日数也；大节十二分，副月数也；内有五脏，副五行也；外有四肢，副四时也；乍视乍瞑，副昼夜也；乍刚乍柔，副冬夏也；乍哀乍乐，副阴阳也；心有计虑，副度数也；行有伦理，副天地也。①

人之所以“副天”，他认为因为“天”是人的“曾祖父”。人主的行为可以招致上天的“奖赏”或“惩罚”，这就是“天人感应”。他说天地万物的“不常之变”谓之“异”，“小者谓之灾”。灾异是“天”谴告、警惧人主的，目的在于提醒人君仁爱百姓，统领群生，“勉强行道”。所以，董仲舒的天人关系还是强调人要效法天。

---

① 《春秋繁露·人副天数》。

董仲舒的政治观受了儒家和法家观点的影响。他认为社会难治的原因有三：首先是由于贫富不均。“富者欲贪利而不肯为义，贫者日犯禁而不可得止，是世之所以难治也”①。要改变这种“难治”的状况，就要“使富者足以示贵而不至于骄，贫者足以养生而不至于忧”②。如何做到？董仲舒讲了先秦一个故事：公仪休在鲁国当宰相，回家看到他妻子在织帛，一怒之下休了妻；吃饭时发现桌上的菜全是自家菜园里种的，一气之下拔了园，说：我已经食了鲁国的俸禄，你们为什么还要去夺“园夫红女”之利呢？他认为这种现象助长了“身宠而载高位，家温而食厚禄”的官吏利用手中的权力与民争利。于是，他提出，“受禄之家，食禄而已，不与民争业，然后利可均布，而民可家足。”③基于此，他又提出君主和臣子要“正其谊不谋其利，明其道不计其功”④。诚然，这种“均天下”的思想确实有其历史的局限，但是在贫富悬殊、社会动荡的状况下，也不失为一种缓和阶级矛盾、稳定社会秩序的有效方法。其次是君主权威不够强，要强化君主的权威。强化的方法是“承天意以从事，故任德教而不任刑”⑤。做到“任德教而不任刑”，就要“量材而授官，禄德而定位”⑥。“任非其人，而国家不倾者，自古至今未尝闻也”⑦。再次，法制、议论不统一，要统一“度制”，统一思想。度制可以节制人欲，使民有法可依；教化可以统一民心，使之弃恶向善。他说：“教，政之本也；狱，政之末也。其事异域，其用一也。……故君子重之。”⑧礼、法并用乃是自先秦儒家以后的整个封建社会的主要统治方法。所以，董仲舒的“天不变，道亦不变”应

---

①②　《春秋繁露·度制》。
③④⑤⑥　《汉书·董仲舒传》。
⑦⑧　《春秋繁露·精华》。

作此意解。

其实董仲舒还是很强调“更化”的。他在评论汉武帝“天地未应而美祥莫至”的政治原因时说：其一“教化不立，万民不正”；其二“失之于当更化而不更化”①。政治措施固应随时、随势而化，伦理原则则有“不变”之可能。如己所不欲，而施于人；与人交言而无信，行而无义；见利忘义，惟利是图等等，是任何一种社会制度都不能容许的。

（五）朱熹

朱熹字元晦，号晦庵。祖籍婺源（古属安徽徽州，今属江西婺源县）。出生在福建南剑（今福建南平）尤溪。生于南宋高宗赵构建炎四年（1130 年），卒于南宋宁宗赵扩庆元六年（1200年）。他少年时代曾出入于佛、老，后终返于儒。绍兴三十年(1160 年)，朱熹正式受学于李侗。李侗是罗从彦的学生，而罗从彦则是“程门立雪”杨时的大弟子，杨时是北宋程颐的得意高足。所以，朱熹也就是程颐的四传弟子了。朱熹之学的主要渊源应是程颐之学，是理学的集大成者。

朱熹一生虽历南宋四帝，但前后居官才约 10 年，绝大多数时间从事讲学和著述。在位时建社仓、免税钱、修堤济困，“莅职勤敏，纤悉必亲”；居家时授徒讲学，教化乡里。

朱熹的哲学思想反映在他的“理一分殊”的宇宙观中。他认为“理”是天地万物之本原。他说：“合天地万物而言，只是一个理。”“未有天地之先，毕竟也只是理。”“万一山河大地都陷了，毕竟理却只在这里。”② 可见朱熹的“理”是超时空的，是宇宙的根源，是朱熹哲学的最高范畴。但是，“理”无形无象，

① 《汉书·董仲舒传》。

② 《朱子语类》卷一。

却是客观存在，且为万物之源。他说：“有此理，便有此天地；若无此理，便亦无天地，无人无物，都无该载了。”① 无形无象之理如何成为物之源呢？他说：“有是理，后生是气。”②“理也者，形而上之道也，生物之本也；气也者，形而下之器也，生物之具也。是以人物之生，必禀此理，然后有性。必禀此气，然后有形。”③ 既然人物由气成形，理成性，为何又人人不同，物物有异呢？他说：“人物之生，天赋之此理，未尝不同，但人物之禀受自有异耳。”④ 同者是“理”，故“人人有一太极，物物有一太极”⑤；不同者是气，人物所禀受的气“偏”、“正”、“精”、“精”不同，故“理”显现各异，于是才出现了人物的差异。这便是“理一分殊”。

此“理一分殊”不是我们所理解的一般和个别的关系，因为我们理解的“一般”是观念性的，而“理”却是客观存在的“实体”；也不是我们所讲的整体与部分的关系，因为“分殊”所含是完整的“理”，不是“理”的一部分。所谓“理一分殊”就是“一”即“一切”，“一切”即“一”。这种观点的产生源于自古以来的“天人合一”和华严宗的思想。

朱熹的人性论直接继承了张载、二程的人性二元论的观点。他非常赞赏张、程关于天命之性、气质之性的观点，认为此论“极有功于圣门，有补于后学”，并作了进一步发挥。朱熹认为，“理”具于人为“天命之性”，是善之源；气构成人之形，人有形才有生，有生而有欲，生之所欲则为气质之性，是恶之根。凡人

①② 《朱子语类》卷一。

③ 《朱文公文集》卷五十八。

④ 《朱子语类》卷四。

⑤ 《朱子语类》卷九十四。

皆具此二性。二程、朱熹在此人性二元论基础上提出了“天理”、“人欲”之辨。所谓“天理”即皆是善，而“人欲”则是恶。于是朱熹提出了“存天理、去人欲”的口号，得到理学家的普遍赞同和发挥。(参见本章第二节)

三、儒家的主要经典

孔子以六艺教。这六艺（诗、书、礼、乐、易、春秋）便被后儒尊为经。战国时期，儒家为显学，因而有了“六经”的说法。① 其中，关于《乐经》，有的学者认为，因秦始皇焚书而亡佚；有的认为，本来就没有《乐经》，《乐》即包括在《诗》、《礼》之中。故汉代以后，只有五经流传。至宋代，发展为十三经。所谓“十三经”，除原来的《诗》、《书》、《易》以外，《礼》衍为三：《仪礼》、《周礼》和《礼记》；《春秋》有三传：《左氏传》、《公羊传》和《谷梁传》；再加上《论语》、《孟子》、《孝经》和《尔雅》，共13部著作。其中，《诗经》是中国最早的诗歌选集，属于文学；《书经》和《春秋》三传属于历史；“三礼”基本上属于典章制度、仪节规范；《孝经》是伦理学著作；《尔雅》是近似字典的工具书。可见，“十三经”中，哲学著作主要是《易》、《论语》、《孟子》三部。此外，宋代程颐、朱熹将《礼记》中哲学意义较浓的《大学》、《中庸》两篇抽出，与《论语》《孟子》合称为“四书”，朱熹更撰有《四书章句集注》，元代以后“四书”被奉为学子必读之书，广为流传，其地位大有凌驾于五经之上之势。因此，《周易》和“四书”遂被认为是儒家的哲学元典。

下面对它们分别作扼要介绍。

---

① 《庄子·天运》：“丘治诗、书、礼、乐、易、春秋六经。”

(一)《易》

《易》又称《周易》,《易经》。分为经和传两部分。《易经》原是卜筮之书，包括六十四卦的卦形、卦名、卦辞和三百八十四爻的爻辞。《易传》是对经义的解释和发挥，其中包含丰富深刻的哲学思想。《易传》共10篇，因为是辅翼经的，故称为“十翼”，包括《彖传》上下、《象传》上下、《文言》、《系辞传》上下、《说卦传》、《序卦传》和《杂卦传》。《彖传》论断六十四卦卦名卦辞的意义。《象传》是对六十四卦和三百八十六爻的象征意义（卦象和爻象）的解释。《文言》是《乾》、《坤》两卦的解释。《系辞传》是《易经》的通论，总论《易》的基本观点和义蕴、功用等。《说卦传》说明八经卦所象征的事物及所体现的原理。《序卦传》解说六十四卦的排列次序的意义。《杂卦传》根据卦象或卦名解说六十四卦的意义。

关于《周易》的作者，过去有“时历三古，人更四圣”之说，即伏羲画卦、文王重卦、周公系辞、孔子作传。虽不可靠，但突出了《周易》的神圣性。今天学术界一般认为,《易经》产生于殷周之际,①《易传》完成于战国末期，都不是一人一时所作。

十翼中《系辞传》最为重要，它不仅反映了《周易》之书是历史的产物，也道出了我们祖先创立易卦的过程，并充分体现了我们祖先的聪明才智。《系辞传》下有云：

> 古者包牺氏之王天下也，仰则观象于天，俯则观法于地，观鸟兽之文与地之宜，近取诸身，远取诸物，于

① 《易·系辞》下：“易之兴也，其于中古乎？作易者，其有忧患乎？”“易之兴也，其当殷之末世，周之盛德邪？当文王与纣之事邪？”

是始作八卦，以通神明之德，以类万物之情。……《易》穷则变，变则通，通则久。是以自天祐之，吉无不利。

此段文字反映了三个客观事实：其一，《周易》一书不是个人所为，它是历史的产物；其二，《周易》是我们祖先在相当漫长的历史过程中对生产实践、社会实践经验的概括和总结；其三，反映了我们祖先顺天而行、变动不居、趋利避害的行为和思维方式。《易传》还提出了许多精辟的思想，如太极两仪的宇宙观、穷变通久的发展观、日新自强的人生观等等。《周易》是中华民族文明之源，是值得深入研究、发掘的一部重要典籍。

（二）《论语》

古来对《论语》书名释义颇多。《汉志》云："论语者，孔子应答弟子时人及弟子相与言而接闻于夫子之语也。当时弟子各有所记，夫子既卒，门人相与辑而论纂，故谓之《论语》。"刘熙《释名·释典艺》云："论语，记孔子与弟子所语之言也。论，伦也，有伦理也；语，叙也，叙己所欲说也。"何异孙《十一经问对》曰："《论语》有弟子记夫子之言者，有夫子答弟子问者，有弟子自相答者，又有时人相言者，有臣对君问者，有师弟子对大夫之问者，皆所以讨论文义，故谓之《论语》。"这些说法都有根据。

从主要内容说，《论语》就是孔子言论的汇编，是研究孔子思想最直接、最重要、最可靠的材料。孔子的重要思想，如"仁"、"礼"学说，天命观点、正名思想、中庸之道以及学思并重、"有教无类"的教育思想，"发愤忘食，乐以忘忧"、"知其不可而为之"的人生态度等等，在《论语》中都有详细记载。

(三)《孟子》

是孟子的言行录。《史记·孟荀列传》说：孟子“退而与万章之徒，序《诗》、《书》，述仲尼之意，作《孟子》七篇”。据此，该书当是孟子与弟子万章等所著。东汉赵岐始为《孟子》作注，并将七篇各分为上下，遂为14篇。书中载有孟子及其弟子的各项活动以及政治、经济、哲学、伦理、教育等方面的言论和学说，如心性论、性善论、仁政论、民贵君轻论，以及仁义礼智孝悌忠信的伦理学说、养浩然之气的修养学说等等，是研究孟子思想的最主要的资料。书中还记载了孟子对墨翟、杨朱、许行、告子等的批判，详略不等地反映了杨、墨、许、告等人及其学派的观点，有较高的参考价值。

(四)《大学》、《中庸》

原是《礼记》中的两篇。

《大学》的作者，说法不一，北宋程颐认为，“《大学》，孔氏之遗书，而初学入德之门也。”① 南宋朱熹认为，《大学》分为经、传两部分，“经一章，盖孔子之言而曾子述之；其传十章，则曾子之意而门人记之也”②。这都是推测之词，并没有确凿的根据。今人或以为是战国末期儒家的作品，或推断为秦汉之际儒家的作品。

《大学》的主要内容集中表现在第一段，讲了所谓“三纲领”：“大学之道，在明明德，在亲民，在止于至善”；“八条目”：格物、致知、诚意、正心、修身、齐家、治国、平天下。而把“修身”看作是“本”：“自天子以至于庶人，壹是皆以修身为本”。而“齐家、治国、平天下”是末，“其本乱而末治者，否

① 朱熹：《大学章句》。
② 朱熹：《大学章句》。

矣”。并提出“慎独”、“絜矩之道”等修身方法以及“德本财末”等政治哲学。

《中庸》旧说是孔子之孙子思（伋）所作。一些学者根据书中有“今天下车同轨，书同文，行同伦”等语，反映的似乎是秦、汉以后的情况，因而推断为西汉初年儒家后学所作。一说《中庸》有些章节或为后人所增，但大部分还是子思的著作。《中庸》的哲学思想比较系统精致。它比较深刻地阐述了天人合一的宇宙和方法论，对“中和”、“中庸”、“三达德”、“五达道”，尤其是对“诚”等范畴作了详尽阐发。它弥补了早期儒学形上学相对薄弱的不足，对于完善儒学的形上学建构具有重要意义。朱熹对《中庸》非常推崇，认为，“历选前圣之书，所以提挈纲维，开示蕴奥，未有若是之明且尽者也。”① “此篇乃孔门传授心法。……其书始言一理，中散为万事，末复合为一理，放之则弥六合，卷之则退藏于密，其味无穷，皆实学也。善读者玩索而有得焉，则终身用之有不能尽者矣。”②

参见第七章（中国古代经学）第一节（经学典籍）。

第二节　儒家思想的总体特征

一、天人合一

中华文明的发祥地在黄河流域的中下游。我们的祖先世世代代在这块黄土地上辛勤劳作，繁衍生息，发明创造，无一不受到自然环境的影响。所以，我们的祖先一开始就十分强调人与周围

① 朱熹：《中庸章句》序。
② 朱熹：《中庸章句》序。

环境的协调同步，古人称之为“天人合一”。“天人合一”不仅仅是一种观念，而且也是远古中国人认识周围环境、保存自身的一种方法。这种方法不仅流行于古代的中国，而且在古巴比伦、古埃及也曾一度流行过。文明古国的先哲们就是靠这种方法，创造了永世不灭的文明。

中国古人的“天人合一”观念经历了两个阶段。第一个阶段是西周及其以前的“天命”观念。这种观念的特点是在天与人的关系上，人处于被动地位，天是人的主宰，人受着天的支配。这种观念的形成是必然的。那时的人类完全受制于自然力，没有能力与自然力抗衡。于是“天命”的观念也便随之产生了。“天命”观念的产生，对于中华民族的生存、繁衍、发展起了极大的积极作用，同时也塑造了中华民族宽厚、博爱的胸怀。但是，这一观念也在一定程度上束缚了人们的思想，束缚了人们的创造力。随着社会的进步，西周的“普天之下，莫非王土；率土之滨，莫非王臣”的大一统天下也随之“礼崩乐坏”了，人类自身也逐渐由蒙昧转入了自觉。于是，古代的“天人合一”观念也便进入了第二个阶段。这个阶段的特点是，人已经逐渐从“天命”的束缚下解放了出来，人在“天”面前不再是绝对的“俯首听命”的“下民”，而是在一定范围内，在一定程度上可以发挥主观创造性的主体了。由蒙昧到自觉是一个渐变过程。这个过程在西周时已初露端倪。《尚书·周书·蔡仲之命》有云：“皇天无亲，惟德是辅。”此语透露“天”已从绝对的地位下降到因人的行为而有所改变的地位。孔子“仁”的提出标志着古人的“天人合一”已经进入了第二个阶段。

其实，儒家思想便是“天人合一”第二个阶段的产物。所以，儒家思想的总体特征，一方面在承认“天”的力量存在的同时，提倡发挥人的主观能动性和创造性；在天人关系中不断地扩大着“人”的地盘，而缩小着“天”的地盘。另一方面，儒家学者第一次将远古哲人保持、协调人与周围环境和谐、平衡的方法，运用于人类社会中，以维持人类社会中各个阶层之间的协调、平衡，并为此提出了一系列的原则。儒家的这些原则，在整个封建社会中起了极大的影响，时至今日，仍不可低估儒家的某些原则在社会政治、人际关系中的作用。

《大学》一书中提出三纲领、八条目。其中“八条目”即是指：“古之欲明明德于天下者，先治其国；欲治其国者，先齐其家；欲齐其家者，先修其身；欲修其身者，先正其心；欲正其心者，先诚其意；欲诚其意者，先致其知。致知在格物。”又说：“自天子以至于庶人，一是皆以修身为本。其本乱而末治者，否矣。其所厚者薄，而其所薄者厚，未之有也。”古人尽管认为“格物而后知致，知致而后意诚，意诚而后心正，心正而后身修”(同上)，但是仍把“修身”看成是一切之本。因为，古人所讲的“致知”、“诚意”、“正心”也并非虚言，而是“修身”的不同层次。尽管后人对此作了不同的解释，但是《大学》的本意是指，懂得了人与人之间的关系，就知道了应该如何去做，这便是“致知”；知道了该如何去做，且有意照此去做，这便是“诚意”；有意照此去做，且非为沽名钓誉，这便是“正心”。只有做到“正心”，才有可能谈得上“修身”。身修而后才能做到家齐、国治、天下平。

这不仅是儒家修身的层次，同样也是治国、平天下不可缺少的方略。儒家深受远古以来“天人合一”思想的影响，在人类社会中十分强调个人与国家、与社会的关系。每个个体的人修正了自己，那么国治、天下平就不再是虚话。

孔子首先提出了“仁”的思想。孔子“仁”的提出，不仅在中国历史上第一次把“人”放在人类社会中来对待，而且也是第一次为人与人之间的关系提出了一个全新的原则。它标志着自西周以来的旧有的宗法制的人际关系已被一种新型的人际关系取而代之了。

孔子的“仁”含有两方面的意义：一指同情他人，关心他人，事事处处能做到设身处地为他人着想。二指“克己复礼”。孔子此处之“礼”已非“周礼”。孔子生活的时代已是“礼崩乐坏”，并且他在这“礼崩乐坏”的面前已经提出一个新的原则——“仁”，他又怎能再去恢复周礼呢？所以，所谓的“克己复礼”，只是把“复礼”看成是达到“仁”的一种手段，而并非最终目的。在孔子那里，“仁”要比“礼”、“乐”高。因为“仁”是孔子人生价值的最高理想。当孔子和他的弟子们谈论个人的志向时，孔子说：“老者安之，朋友信之，少者怀之。”① “博施于民，而能济众。”② 孔子这种老安少怀、博施济众的人生理想，已经超出了宗族乃至民族的范围，体现了对人普遍的关注，普遍的爱。这样，孔子的“爱人”就不再是一种肤浅的爱，不再是一种仅仅达之于言表的同情、怜悯，而是一种超越家庭、宗族、民族的博爱，是一种对自己之外的所有人真切的关怀和帮助，是真诚、是平等、是无私、是忘我。社会上的每一个个人，不再是孤立的个体，而是社会之网上的不可缺少的环节。所以，孔子把“仁”看成人生的最高理想，看成是人之所以为人的最高标志。倘若人而不仁，那么，此人也便离禽兽不远了。事实也确是如此。如果人与人之间不再互爱，那么人类的和谐也便随之消失，对立加剧，矛盾激化，百姓丧命，朝廷覆国，这是人类历史上一再重复的事实。所以，儒家始终把“仁”作为最完善的人格来看

① 《论语·公冶长》。
② 《论语·雍也》。

待，而达到“仁人”，则是儒家矢志不渝追求的最高理想境界。因此，孔子才主张“志士仁人，无求生以害仁，有杀身以成仁”①。正是儒家这种舍己为人、公而忘私的崇高精神，才培养和发扬了中华民族以天下为己任的无私忘我的优良传统，才塑造了自古以来无数个中华民族的“脊梁”。不仅如此，这种民族传统、忘我精神，仍在继续启迪、激励着后来者。这是中华民族的希望，是中华民族自立于世界民族之林的重要精神保障。

“仁”是建立在自觉基础之上的。儒家也深知自觉固然重要，但是毕竟人还有贪惰的一面。为了督促人的自觉性，儒家又提出了礼、义、智、信作为实现“仁”的辅助手段。“仁”既是人区别于动物的标志，是人之所以为人的根据，那么，礼、义、智、信则成了约束、规范人之为“仁”的外部形式，是达到“仁”的表现。一个人如果能做到礼、义、智、信，那么也便达到了“仁”的标准。当然，礼、义、智、信的内容是随着社会的变化而改变的，它们都不过是调节、平衡各个时代人与人之间关系的一种手段。儒家的仁、义、礼、智、信有一个明显的特点，就是这些原则不仅是建立在自觉的基础之上，而且它不是“手电筒”，只照别人，不照自己。所以，这里所说的“人们”，当然也包括封建皇帝和各级统治者。在仁、义、礼、智、信面前是人人平等的。即便是理学家的主张也是如此。

理学家有一个命题叫“存天理，灭人欲”，后被人误解甚烈。清代思想家戴震曾指斥理学家“以理杀人”，便是因了这一命题所造成的社会恶果而发的。戴震的指斥是对的，但理学家“以理杀人”并非其本意，这里有两点应该说明：

其一，程朱的“天理”、“人欲”不是绝对对立的东西。何谓

① 《论语·卫灵公》。

天理？朱熹说：“所谓天理，复是何物？仁、义、礼、智岂不是天理？君臣父子，兄弟夫妇朋友岂不是天理？”① 又说：“天理只是仁、义、礼、智之总名，仁、义、礼、智便是天理的件数。”②朱熹认为仁、义、礼、智、君臣父子、兄弟夫妇是人类社会中人所应遵循的“公理”，故称之为“天理”。何谓之人欲？二程曾经区别过人心、道心、天理、人欲。他们认为，“人心”即“人欲”，“道心”即“天理”。朱熹不同意这种说法。他说：“‘人心，人欲也’，此语有病。”③ 朱熹认为人心固然很危险，极易流于人欲，但人心并不等于人欲。“饮食者，天理也；要求美味，人欲也”。“饮食男女，固出于性”。人正当的生理要求不是人欲，而是天理。只有那些为“穷口腹之欲”，而违背仁、义、礼、智的行为才是人欲。所以他说：“修德之实，在乎去人欲，存天理。”④ 可见，合乎仁、义、礼、智的欲望和满足这些欲望的要求和行为就是天理，反之则是人欲。“朱门酒肉臭，路有冻死骨”，既不仁不义，也无礼无智。“朱门”的花天酒地，不恤贫、不怜孤，便是人欲。理学家认为只有“存天理，去人欲”，才能“均无贫”、“和无寡”，才能维持人际关系的和谐，保证社会的安定。

其二，程朱的“存天理，去人欲”不仅仅是针对下民百姓讲的，其中也包含对皇帝、对各级统治者的限制。朱熹的治国纲领中首要的就是“正君心是大本”⑤。因为君主和常人一样都有人

① 《朱文公文集》卷五十五。
② 《朱文公文集》卷十三。
③ 《朱子语类》卷七十八。
④ 《朱子语类》卷十三。
⑤ 《朱子语类》卷一〇八。

心和道心，因此作为人主的皇帝更应注意道德的修养。“必使道心常为一身之主，而人心每听命焉”①。他在为皇帝讲解《大学》时，对皇帝提出道德修养的要求：

> 臣愿陛下清闲之燕，从容讽味，常存心不使忘失，每出一言则必反而思之曰：此于修身得无有所害乎？每行一事则必反而思之曰：此于修身得无有所害乎？小而嚬笑念虑之间，大而号出黜陟之际，无一不反而思之，必无害也然后从之，有害则不敢也。②

所以，当他在淳熙十五年奉诏入都奏事时，朋友劝他“正心诚意之论，上所厌闻，慎勿复言”。他却回答说：“吾平生所学，惟此四字，岂可隐默而欺吾君乎？”③ 他认为，臣子的任务就是“格君心之非”。只有君心正了，政才能正；君有仁心，才能施仁政。所以，理学家的“存天理，去人欲”不仅针对百姓、臣子，也是用来格正君心的。也正是由于这一点，才深刻地体现了儒家“以天下为己任”的责任感。而又是这种责任感才引导世世代代的志士仁人，不畏权势、不畏强暴，为民族、为国家、为社会赴汤蹈火、前仆后继，在中华民族的历史上演出了一幕幕惊神泣鬼的悲喜剧。诚然，儒家有些观点、提法，在人类历史的进程中，也确实起了很坏的作用，这是封建朝廷、御用文人以此作为挟制劳苦大众为其专制服务的工具的结果。所以，应区别对待之。

至于儒家的“礼”，确实指的是长幼尊卑的规范。但是，其

---

① 《中庸章句》序。

② 《朱文公文集》卷十五。

③ 《宋史·朱熹传》。

中的“尊卑”非单指人在社会中的地位，其中也包括年龄、辈分等。《说文解字》释“尊”曰：“尊，酒器也，从酋，廾（两手捧物）以奉之。”《周礼》六尊：“牺尊、象尊、著尊、壶尊、太尊、山尊，以待祭祀宾客之礼。”徐铉校《说文解字》云：“今俗以‘尊’作‘尊卑’之‘尊’……非是。”可见，“尊”之原意是酒器，并不指社会地位，而只是尊敬之意。至于后世作“尊卑”之“尊”，有一个演变的过程，主要是由于统治者为了神化自己的统治，以社会地位来区别人的等级造成的。

二、内圣外王

“内圣外王”是儒家修身治国的原则。“内圣”是指以仁、义、礼、智修养自己的身心，规范自己的行为；人主只有修养好自身，才能施仁政，才能推行王道政治，才能救民于水火，才能国治、天下平。儒家始终认为榜样的力量是无穷的。这个榜样首先应该是领导者。《论语》有几则记载就很说明问题。一次季康子问政于孔子，孔子说：“政者，正也。子帅以正，孰敢不正!”又有一次，季康子说：“如杀无道，以就有道，何如?”孔子回答说：“子为政，焉用杀？子欲善而民善矣。君子之德风，小人之德草，草上之风必偃。”这里的君子、小人，是指统治者和被统治者。其实统治者确实是社会风气的倡导者。还有一次，季康子患盗，向孔子请教防盗的方法，孔子说：“苟子之不欲，虽赏之不窃。”① 可见儒家主张修身，特别强调人主修身，因为人主的言行将对整个社会带来极大的影响。荀子也说：

> 君者仪也，民者景也，仪正则景正。君者槃也，民者水也，槃园而水园。……君者，民之原也；原清则流

① 均见《颜渊》。

> 清，原浊则流浊。故有社稷者而不能爱民，不能利民，而求民之亲爱己，不可得也。①

榜样的力量，特别是君主榜样的力量是无穷的。有国有家的君主，首先要做到正心诚意并以此修身，只有这样才是一个合格的君主，才可能推行仁政，才能达到国治、天下平。

“内圣”之学的另一特点则是强调人的独立的人格精神。孟子说：“说大人，则藐之，勿视其巍巍然。……在彼者，皆我所不为也；在我者，皆古之制也，吾何畏彼哉！”② 又说：“居天下之广居，立天下之正位，行天下之大道，得志与民由之，不得志独行其道。富贵不能淫，贫贱不能移，威武不能屈，此之谓大丈夫。”③ 由此，孟子才提出民贵君轻，君臣对等的观念，他主张，“君有大过，则谏；反复之，而不听，则易位。”④ 儒家这种由“内圣”塑造的人格，仍然具有现时代的活力。

何谓“王道”？儒家的“王道”相对于“霸道”而言。霸道是法家的主张。主张以实力和强权夺天下，治国家。孟子认为“养生丧死无憾”才是“王道之始”。这是王道的起码标准，达到这个标准的途径就是“五亩之宅，树之以桑”，“不违农时”，“数罟不入洿池”，“斧斤以时入山林”，说到底，孟子认为王道政治就是以仁政治国、养民。荀子的王道观发展了孟子的仁政思想。他认为王者要做到“无德不贵，无能不官，无功不赏，无罪不罚。……尚贤使能，而等位不遗；析愿禁悍，而刑罚不过。百姓

① 《荀子·君道》。
② 《孟子·尽心》下。
③ 《孟子·滕文公》下。
④ 《孟子·万章》下。

晓然皆知夫为善于家而取赏于朝也，为不善于幽而蒙刑于显也”①。儒家的王道除“养生丧死”、选贤任能、赏功罚过外，还十分重视“谨庠序之教，申之以孝悌之义”。自孔子以降的儒家学者，无论仕于朝还是隐于野，都把兴办学校看成是施行王道不可缺少的辅助手段。明末思想家黄宗羲在他的《明夷待访录》中不仅非常重视学校教育，而且还赋予学校议论朝政的新职责。他指出，学校除培养合格人才之外，还应该是议论朝政的机构。每月初一，皇帝和大臣就“弟子列”，听取“祭酒”指陈朝政的缺失和对朝廷提出的建议，以便做到下情上达。黄宗羲这一思想无疑是对自古以来朝廷内部设立谏官这一官制和“正君心”这一思想的发展，是中国古代民本思想在新历史条件下的继承和发展。

如果说儒家的“内圣”是针对“人人”所讲，那么，“外王”则是专指封建统治者，特别是封建皇帝。儒家的王道不仅包括发展经济和发展教育，也就是在提高百姓物质生活水平的基础上，不断地提高人民的文化素养和道德情操；也包括封建朝廷要接受监督，选用贤能和听取臣民的批评。尽管儒家学者已经意识到没有监督的政权是危险的，但由于封建政治的大一统，他们的“王道”主张并没有受到封建帝王的重视。所以，儒家的“内圣外王”从一开始就是个“跛脚儿”，“它长于‘内圣’，而短于‘外王’”②。尽管如此，儒家在两千年前所提倡的“内圣外王”的思想毕竟对中国的整个封建社会起了极大的影响。换句话说，时至今日，儒家的这一思想仍未失去其社会效用。封建社会的“跛脚儿”，在新社会可以成长为一个顶天立地的男子汉。所以，“内圣

① 《荀子·王制》。

② 引自辛冠洁：《内圣外王之道与儒学的复兴》，《海峡两岸学者首次儒学对话》，齐鲁书社 1993 年版。

外王之道”不能不说是维护国家、社会长治久安的有效方法之一。

三、纲常名教

为了达到、保持社会的和谐和统一，儒家的思想家们在社会实践中不断地增益着儒家创始人孔子及其传人孟子的思想。到了汉代，儒家的后继者把孔子的“君君、臣臣、父父、子子”发展为“三纲”，即君为臣纲，父为子纲，夫为妻纲；把孟子的“四德”仁、义、礼、智，发展为“五常”，即仁、义、礼、智、信。“三纲”、“五常”便是我们所讲的“纲常”。

西汉大儒董仲舒说：

> 凡物必有合。合，必有上，必有下，必有左，必有右，必有前，必有后，必有表，必有里……此皆其合也。阴者阳之合，妻者夫之合，子者父之合，臣者君之合。物莫无合，而合各有阴阳。……君臣父子夫妇之义，皆取诸阴阳之道。……是故仁义制度之数尽取之天。……是故圣人多其爱而少其严，厚其德而简其刑，以此配天。……故曰：君子以仁治人，懂而愿，此之谓也。圣人之道，同诸天地，荡诸四海，变习易俗。①

董仲舒认为人类社会的君臣、父子、夫妇之关系“尽取之天”，一方面绝对化、神圣化了人与人之间的关系，为后来的“三纲”奠定了理论的基础，并使之成为数千年来束缚人们头脑和手脚的桎梏；另一方面，董仲舒把自《尚书·泰誓》以来的“惟天惠民，惟辟奉天”、“天视自我民视，天听自我民听”的民本思想制度

---

① 《春秋繁露·基义》。

化、神圣化，指出封建帝王对百姓要“多其爱而少其严，厚其德而简其刑”，“以逊顺往，使人心说而安”是合乎天意而不可违背的。到了东汉，神学家将董仲舒这一思想加以发展，公开提出了“三纲五常”：

> 三纲者何谓也？谓君臣、父子、夫妇也。……故《含文嘉》曰：“君为臣纲，父为子纲，夫为妻纲。”①

又说：

> 五性者何？谓仁义礼智信也。仁者不忍也，施生爱人也；义者宜也，断决得中也；礼者履也，履道成文也；智者知也，独见前闻，不惑于事，见微知著也。信者诚也，专一不移也。②

这便是儒家的“三纲五常”。

纲常已经确立，但未必人人皆按纲常去做。于是需要行教化。教化固非汉时始，但汉时的教化已非孔、孟的自觉修身，而是将纲常作为必须普遍遵循的原则推广到大众中去，于是名教生。

所谓“名教”，即是以正名分为本的封建礼教。晋袁宏关于名教说：

> 夫君臣父子，名教之本也。然则名教之作，何为者

① 《白虎通·三纲六纪》。
② 《白虎通·性情》。

也？盖准天地之性，求自然之理，拟议以制其名，因循而弘其教，辨物成器，以通天下之务者也。是以高下莫尚于天地，故贵贱拟斯以辨物；尊卑莫大于父子，故君臣象兹以成器。天地，无穷之道；父子，不易之体。夫以无穷之天地，不易之父子，故尊卑永固而不渝，名教大定而不乱。置之六合，充塞宇宙，自今及古，其名不去者也。①

名教所宣传的无非是用封建纲常原则教化百姓，以达到整个社会的和谐和统一。但是，这种僵化的、绝对的教条仍未挽救封建社会崩溃的命运。这是儒家的失误。任何原则，一旦被绝对化，势必违背它的初衷。

四、无神论与神道设教

中国古代虽远在商周时期就有了至上神（帝、天）的观念，但是，即使在最古老的卜辞中，也只是把“帝”看成一个决疑的“智者”。如《卜辞纂》三六七有云：“王封邑，帝若。”“我其已穷（古文“旁”字），乍帝降若；我勿已穷，乍帝降不若。”在分封、置官犹豫不决时求帝决疑。又如：“帝令雨足年？帝令雨不足年？”在中国古人眼里，收成的好坏、雨水足年不足年不仅仅是天或帝决定的，也与人本身的行为有关。这便是后来的“天人合一”和“天人感应”思想的先声。

“帝”是不可见的，古人对“帝”又是无限信仰，于是，古人由此又发展为对死后的氏族领袖、祖先的崇拜。在古人眼里，天或帝无形迹，不言语，却能劳显而功成；死后的祖先和领袖也应如同天、帝一样在冥冥之中护佑着活着的人们。在《尚书·商

① 《后汉书》卷二十六，初平二年条。

书·盘庚》中有一段记载：盘庚久居不利之地，受到祖宗神灵的指责。于是盘庚便以此作为动员令，动员百姓随他迁移。西周信天命。但西周的“天命”却是“天视自我民视，天听自我民听”的“天命”。中国古代的天、帝有时是指当时人们不可克服、不可战胜的自然力，有时则指民心；鬼神则是指被尊重的人以及祖先死后的神灵。这与基督教的上帝、伊斯兰教的真主有着很大的区别。耶和华和穆罕默德不仅创造了基督教和伊斯兰教的世界，而且还是惟一的至上神，世间的人以及天上的神没有一个可以超越它。它是可望不可即的，它是永恒，是绝对，是真理，是一切。中国的天帝鬼神远没有这种属性。佛教虽是舶来品，但是，由于佛教与中国传统文化有着某些契合，才在中华民族的黄土地上扎下了根。佛教一个明显的特点，就是任何人如果肯于自修，都可以达到佛的境界，这与儒家的“人皆可以为尧舜”的思想是一致的。在中国土生土长的道教也是如此，他们所追求的神仙境界，无非就是在世而出世。西方的神活在天上，活在人世之外，而中国古代的天、帝、鬼神、佛、神仙却活在人世间。他们都是神化了的人。如果从这个意义上讲，中国的有神论都是不彻底的。

由于是无神论，所以才需要神道设教。

“神道设教”初见于《周易·观卦》的《彖辞》：“观天之神道，而四时不忒，圣人以神道设教，而天下服矣。”《后汉书》卷十三《隗嚣传》揭示了“神道设教”的真实含意。王莽新朝末年，淮阳王刘玄立。隗嚣季父隗崔与杨广、周宗谋起兵应汉，推隗嚣为上将军。嚣遂请方望为军师。方望对其曰：“足下欲承天顺民，辅汉而起，今立者乃在南阳，王莽尚居长安，虽欲以汉为名，其实无行受命，将以见信于众乎？宜急立高庙，称臣奉祠，所谓‘神道设教’，求助人神者也。”所谓“神道”是指顺自然之势，则不见其为而见其功。故“神道设教”无非是治民、聚众，求助于神的一种方法。

总之，儒家从自然的“天人合一”到人类社会的和谐，在中国历史上第一次尝试把人从“天”的束缚下解放出来，把人放在人类社会中来对待。《论语·乡党》有云：“厩焚。子退朝，曰：‘伤人乎？’不问马。”在当时孔子已不再把奴隶看成会说话的工具。儒家把“爱人”看成一种美德。在封建社会中，无血缘关系的主仆近于亲情是不乏其例的。正是这种“爱人”的高尚情操，才使得大多数儒家学者虽身处“一箪食，一瓢饮，在陋巷，人不堪其忧”的恶劣条件下，却能“饭疏食，饮水，曲肱而枕之，乐亦在其中”①。正是这种高尚情操，才使得儒家大多数学者在“天下无道”之时，仍能“磨而不磷”，“涅而不缁”，不随波逐流，不趋炎附势，凛然于天地间。正是如此，才有岳飞的“精忠报国”，才有范仲淹的“先天下之忧而忧，后天下之乐而乐”、“以天下为己任”的献身精神，才有文天祥的“人生自古谁无死，留取丹心照汗青”的热血豪言，才有成千上万名不留青史，但却为中华民族的繁荣、富强、和平、安定付出毕生心血的志士仁人。儒家这种关心他人、关心国家、关心社会的超时空的博大胸怀，已经成为中华民族的灵魂，并仍将继续大放异彩。

第三节　儒家思想精华及其现实意义

在人类文明发展史中，每一种曾经存在过的思想都对以后的历史、以后的社会留下或多或少、或好或坏的影响。这便是人们

① 《论语·雍也》、《论语·述而》。

尊重历史、研究历史、借鉴历史的根本所在。

儒家思想也不例外。在此，我们分而论之。

一、对秩序和教养的重视

“秩序”，自宇宙创生以来就是客观存在着的。它不仅存在于宇宙间、自然界中，更突出地体现在人类社会中。秩序是有序化的一种表现。在人类社会中，遵守秩序是使社会和谐、安定的必要条件。

儒家历来重视秩序，他们以此修身并以此教化他人。

孔子在回答齐景公问政时说：“君君、臣臣、父父、子子。”齐景公听后十分感慨地说：“善哉！信如君不君，臣不臣，父不父、子不子，虽有粟，吾得而食诸?”① 但是孔子之意不仅是从君、父角度来谈君臣父子关系，他还说：“君使臣以礼，臣事君以忠。”也就是说君父也要尊重臣子的人格。所以，儒家的君臣父子关系不是绝对服从与被服从的关系。诚然，唐代韩愈曾在他的《原道》中明确地规定了君、臣、民的职责，他说：“君者，出令者也；臣者，行君之令而致之民者也；民者，出粟米丝麻、作器皿、通财货以事其上者也。”这种君、臣、民职责的划分是社会分工的必然结果。由此亦可看出，秩序是建立在等差基础之上的，等差并不可怕，可怕的是不正确地对待等差。儒家的秩序观后来被统治者强化为绝对服从与被服从的原则，这是政治利益所致，而不是儒家之本意。无论是古代，还是现代，无论是西方，还是东方，只要有人类社会存在，秩序就必然存在。人类社会的秩序无非是人与人关系的有序化。个人只有在有序化的社会关系中，在与他人的相互依存、合作中去求取生存、发展、创造，并取得自己作为“人”的终极意义和价值。

---

① 《论语·颜渊》。

孔子的教化也不是一句空话，而是建立在人民生活富裕的基础之上的。有一次孔子到卫国去，感叹地说："庶矣哉。"冉有问：人口繁盛了，又该如何呢？孔子说："富之。"冉有又问：人民富裕了，又该如何？孔子又说："教之！"① 孔子"庶"而后"富"，"富"而后"教"的思想，是前人"仓廪实，知荣辱"思想的发展。可见自古以来我们的祖先一方面把"养"与"教"放在一起来看待，认为只有人民富裕了教育才有可能；另一方面，主张以财富养人身体，以教育净化灵魂。他们把"富"放在首位，因为物质财富是教育的基础；而富后一定要办教育，因为教育是维护社会秩序，保持人与人关系和谐惟一有效的措施。同时，教育还是发展生产力的必要条件。因此儒家这一思想至今仍有着不可否认的积极意义。当然，儒家并非抱残守缺者，他们所希望的无非是在发展的同时，通过教化保持社会秩序的稳定。

二、对自觉性的高扬

随着西周政治大一统的崩溃，由夏、商、周三代经过"损益"而建立起来的经济、文化、思想等各个领域的制度，已被残酷的现实冲击得七零八落。所以，到了春秋时代，孔子深切地感觉到"古之学者为己，今之学者为人"② 的现象便是社会不安定的因素之一。这种现象的普遍存在，使得人们都宽以待己而严以责人；各诸侯国都在千方百计地窥伺他国的失误，以便制造口实，寻机征服、吞并对方，最终成其霸业。孔子在这种现实面前，第一次提出了自觉性的问题。孔子说："仁远乎哉！我欲仁，斯仁至矣。"③ "仁"离人并不远，只要想为仁，每个人都能达到。人之为善为恶，均由己而不由人，这是内动力决定的。既然

① 《论语·子路》。

②③ 《论语·宪问》。

由己不由人，那么，时时、处处、事事为仁、为善，就要依靠高度的自觉性。但是，真正做到时时、处处、事事自觉为仁、为善是很不容易的，需要有一种忘我的牺牲精神。所以，孔子十分强调“慎独”。孔子的一生便是这种精神的体现。孔子这种“慎其独”的忘我精神又哺育了中国历代的知识分子。孟子继子思之后发扬了孔子的这种精神，并把这种自觉性规定为人之为人的必由之道。他说：“诚者天之道也，思诚者人之道也。”① 以至诚明大德，这是人之标志。不明德则不能为人，而不至诚则不能明德。所以，至诚明德，才是人的必由之路。孟子把自觉性看成是必然，更加强调了人至诚明德的义务和使命。孟子又说：

> 士穷不失义，达不离道。穷不失义，故士得己焉；达不离道，故民不失望焉。古之人，得志，泽加于民；不得志，修身见于世。穷则独善其身，达则兼善天下。②

正是由于这种自觉性，所以“儒者在本朝则美政，在下位则美俗”③。这已经成了儒家的训喻。这种训喻即使是在秦始皇以法家统一天下之后，仍然是深入人心的。

1975年湖北睡虎地11号汉墓出土的秦简中有《为吏之道》一文，作者为谁已无可考证，但作者同意儒家观点却是很明显的。此文的开章首句就是：“反赦其身，止欲去恶。”这是说治人者必须先修己，其间不仅仅是自觉，也是为吏者所必须遵循的原

---

① 《孟子·离娄》上。
② 《孟子·尽心》上。
③ 《荀子·儒效》。

则。儒家学者无论在朝还是在野，历来是以自觉为上的。《后汉书》卷二十五《刘宽传》记载了刘宽对待下属的事例："吏人有过，但用蒲鞭罚之，示辱而已，终不加苦。事有功善，推之自下；灾异或见，引躬克责。"下属有过，责在自己；事成有功，功在下属。这便是孔子所提倡的"躬自厚而薄责于人"所达到的真正效果。刚正廉直，"竖起脊梁"的朱熹，"于亲故，虽疏远必致其爱；于乡闾，虽微贱必致其恭。吉凶吊庆，礼无所遗，赒恤问遗，恩无所阙。其自奉，则衣取蔽体，食取充腹，居止取足以障风雨；人不能堪而处之裕如也"①。朱熹的亲戚求他举荐，他说："亲戚固是亲戚，然荐人于人，亦须荐贤始得。"② 只有高度的自觉，才有如此的宽仁；只有高度的自觉，才有无私的原则性。当有人求他为先人撰写墓志铭时，他感慨地说："吁嗟！身后名于我如浮烟，人既死了，又要这些子作甚？……若有大功大业，则天下之人都知得了，又何必此为？且人为善亦自是本分事，又何必要凭地写出！"③ 时代思想家王阳明的"知行合一"，就是为强调自觉性而发的。他认为知便是行，所以在知时绝不能有任何不善的念头出现。因为此时人稍有疏忽，这种不善的念头就有变成不善行为的可能。所以王阳明强调指出，"一念发动处，即便是行了。"④

儒家这种"自觉"精神至今有着不可磨灭的现实意义。作为一个社会的人，如果不能自觉地遵纪守法，那么，就要给社会、国家造成危害，自己也会受到法律的制裁。如果一个人不是尽忠

① 黄幹：《朱子行状》。
② 《朱子语类》卷二〇七。
③ 《朱子语类》卷一〇七。
④ 《传习录》卷中。

守职地做到自己应做的本职工作，那么他（她）便是失职。如果一个人不是主动地、自觉地去爱护他人、关心他人，那么，他也不会得到别人的关心与爱护。在人类社会上，孤家寡人是行不通的。所以，作为社会的人，“自觉”是十分重要的。这不仅表现出一个人的修养，也同样反映出一个人的能力，特别是战胜自己的能力。因为只有能够战胜自己的人，才能无敌于天下。诚然，人毕竟是有着七情六欲活生生的人，所以，也就决定了人不可能时时、处处、事事都做得很好。正是由于此，才更体现出自觉的可贵，也充分说明了立法的必要。但是，立法仍须以每个公民的自觉作为实施法制的基础。

三、义务感和使命感

“义务”和“使命”都隐含着一种献身精神。儒家的“自觉”便是产生这种义务感和使命感之源。正是儒家的义务感和使命感才培育了我国世世代代的仁人志士，他们肩负着“国家兴亡，匹夫有责”的重任，前仆后继，奋斗不止。

生活在“礼崩乐坏”时代的孔子正是为了这一重任才奉献了自己的一生。在春秋时代，知识界已经出现了两种截然相反的态度：一大批智者面对战乱的现实，放弃了自己对社会、对子孙后代、对历史的责任，成为“欲洁其身而乱大伦”的隐士；孔子却勇敢地直面现实，在“今之从政者殆矣”的时刻，积极地奔走呼号，为推行自己的政治主张——德治，周游列国十四载，惶惶然历尽人世的艰辛，把变“天下无道”为“天下有道”视为己任，且终生无悔。正是孔子的这种忧国忧民、“知其不可为而为之”的忘我精神和奋斗毅力，影响和激发了中国历代知识分子关心国家、关心社会的热忱。诚然，孔子的主张在当时无疑只是一种幻想，历史也证明了这一点；但是，历史也同样证明了另一点，孔子治国治民的主张中不乏真知灼见，它们具有超时空的积极意义。因为孔子主张的立脚点是人，是所有的人。所以，尽管孔子的悲剧在历史上早已结束，但是，孔子的某些主张和他那热切的忧患精神却与世长存。

孔子如此，孟子亦如此。

孟子认为在人类社会上实现他的“五亩之宅，树之以桑”的农业社会主义，不是“挟太山以超北海”之类不可能的事情，而如同“为长者折枝”一类的举手之劳。关键在于“王者”是否想以“仁政”、“王道”治国。在孟子眼里，“王者”的义务和使命就是“老吾老以及人之老，幼吾幼以及人之幼”。因为百姓、国家和君主相比，“民为贵，社稷次之，君为轻”。儒家认为治好国家、安定百姓就是君主的本分，就是君主的义务和使命。正是由于此，儒家才十分注重严己宽人。董仲舒说：

> 《春秋》之所治，人与我也。所以治人与我者，仁与义也。以仁安人，以义正我。①

这便是儒家所主张的人（包括君主）在人世间义不容辞的义务和使命。《后汉书·循吏仇览传》云：“览初到亭，人有陈元者，独与母居，而母诣览告元不孝。览惊曰：‘吾近日过舍，庐落整顿，耕耘以时，此非恶人，当是教化未及至耳。母守寡养孤，苦身投志，奈何肆忿于一朝，欲致子以不孝乎？’母闻感悔，涕泣而去。览乃亲到元家，与其母子饮……元卒为孝子。”仇览这种深入细致的工作作风和与人为善的宽厚胸怀，仍是一千多年后的我们应效法的。仇览以劝导向善，朱熹则以刑罚恶。他说：

---

① 《春秋繁露·仁义法》。

> 某在长沙时，治一姓张人……此人凶恶不可言，人只先平白地打杀不问。门前有一木桥，商贩者自桥上过，若以柱杖柱其桥，必捉来吊缚。此等类甚众。若不痛治，何以惩戒！①

朱熹常在弟子们面前批评“乡愿”是“同流合污，以媚于世”的“无骨肋之人”，教导弟子在任何情况下，特别是在“世衰道微之时”，更要“硬着脊梁，无所屈挠”。宋孝宗淳熙八年（1181 年）十一月。朱熹上书宰相王淮，指责他们“爱国之念不如爱身之切，是以但务为阿谀顺旨之计”②。次年七月至九月十二日多次为民请命，弹劾贪官唐仲友，迫使朝廷不得不罢免唐仲友江西提刑之职。淳熙七年（1180 年）四月，朱熹知南康军时，曾上疏孝宗，批评朝廷的腐败，要求孝宗正君心，立纲纪，亲贤臣，远小人。孝宗读后，勃然大怒，骂曰：“是以我为亡也！”③ 次年改任提举浙东常平茶盐公事，十一月途经杭州，又上奏札，批评孝宗用人失误，大讲“正心诚意”和“存天理，灭人欲”的道理。孝宗十分反感。淳熙十五年（1188 年），周必大推荐朱熹为江西提刑。朱熹上朝奏事，仍直言不讳，再度激起朝内佞臣的不满，称朱熹为“乱人之首”。反朱情绪迁延至庆元元年（1195 年），朝内奸党终于发动了一场“庆元党禁”，斥理学为“伪学”，朱熹等 59 人被定为“伪学逆党”，对朱熹本人更是欲置之死地而后快。朱熹也便在“党禁”之后辞世。朱熹这种为国为民、不避权奸、不谋私利、不瞻前顾后、勇往直前的大无畏精神，至今仍是

---

① 《朱子语类》卷一〇六。
② 《朱文公文集》卷二十七。
③ 《宋史·朱熹传》。

我们应该学习和继承的。

纵观儒家思想，以仁爱为纲，以义、礼、智、信为目，均体现了儒家的人本主义思想。但是，儒家的人本主义与西方的人本主义是不一样的。西方的人本主义所强调的是个人价值的实现，而儒家的人本主义则首先强调实现人的社会价值，而后才能充分体现每个人的价值。人之为“人”，不是孤立的个人，而是以“社会的人”存在着。由于人是社会的人，所以需要相互爱护、相互谅解，这便是儒家严于律己、宽以待人的理论根据。由此也就逐渐地塑造了儒家的品格：在个人（名利、穷达）问题上的超脱精神和在他人、国家、社会问题上的执著精神。儒家的这种品格即使是在大力发展商品经济的今天，仍有着其特殊的积极意义。

参考书目

蒋伯潜：《十三经概论》，上海古籍出版社 1983 年版。

赵吉惠：《中国儒学史》，中州古籍出版社 1991 年版。

冯天瑜等：《中华文化史》，上海人民出版社 1990 年版。

高专诚：《孔子·孔子弟子》，山西人民出版社 1991 年版。

辛冠洁等主编：《中国古代著名哲学家评传》，齐鲁书社 1982 年版。

第四章　中国古代哲学（下）
——道家哲学

如果说中国哲学在中国文化系统中起着主导的作用，那么，要深入了解和把握中国哲学的精髓，就不能不了解道家哲学。道家哲学为中国哲学做出了许多独特的贡献，与儒家哲学一起在很大程度上奠定了中国传统哲学的基本理论框架。

道家是中国思想史上一个极其重要的学派，它源远流长，内容丰富，对中国传统文化的形成和发展产生过重大的影响，凝聚着中华民族独特的民族性格和民族精神。郭沫若说："道家思想直可以说垄断了二千年来的中国学术界。"① 鲁迅说："前曾言中国根柢全在道教，此说近颇广行，以此读史，有多种问题可以迎刃而解。"② 英国著名的中国科技史专家李约瑟博士也说："中国如果没有道家，就像大树没有深根一样。"③ 当然，这些说法未必都非常恰当，但道家思想在中国传统文化中的重要性却由此可见一斑。不过，长期以来，国内外却流行着一种模糊观念，似乎儒家文化即可以代替或代表整个中国传统文化，把传统思想文化

---

① 郭沫若：《十批判书·稷下黄老学派的批判》第 162 页，人民出版社 1954 年版。

② 鲁迅：《致许寿裳》，《鲁迅书信集》上卷，第 18 页，人民文学出版社 1976 年版。

③（英）李约瑟：《中国科学技术史》第二卷《科学思想史》，第 178 页，科学出版社、上海古籍出版社 1990 年版。

单一化为儒家文化，造成了“儒热道冷”的局面。这种无视或轻视道家思想在中国传统文化中的重要地位和作用的看法是错误的。实际上，道家思想和儒家思想一起，共同构成了中国传统文化的两大主流，但两者各有侧重、互有长短，如儒家思想在历史上是长期占统治地位的意识形态，在社会政治思想、伦理道德观念、教育理论等方面往往占居着主导的地位，而道家思想则在文学艺术、自然科学特别是哲学方面往往占居主导地位。正是由于儒道思想各有所重、互有短长，所以它们才在历史上相互补充、相互渗透，长期绵延不绝，各自成为中国传统文化和民族精神中的一个重要组成部分。

第一节　道家哲学的形成和发展

所谓“道家”，是指以老子和庄子的思想为宗脉的学术派别的总称。“道家”之名，最初见于汉代司马谈的《论六家要旨》[①]，也称“道德家”，简称“道家”。道家起源于先秦时代，是春秋战国时期兴起的诸子百家中最重要的学派之一。老子和庄子是其主要创始人和主要代表人物，另外，据说关尹、列子、杨朱、宋钘、尹文、慎到、田骈等也是道家学派早期的一些思想大师，而何晏、王弼、阮籍、嵇康、郭象、陶渊明等则是魏晋时期援道入儒或调和儒道的一些著名人物。道家学派的主要经典是《老子》和《庄子》，除此之外，《管子》、《文子》、《吕氏春秋》、《黄老帛书》、《列子》、《淮南子》等古代典籍，它们或也是道家的代表作，或保留了丰富的道家思想资料。

① 见司马迁：《史记·太史公自序》。

道家无论是作为一个繁盛的学派，还是作为一种重要的思想文化现象，都不是在周、秦之际突然产生的，而是有其深厚的思想渊源和社会历史文化背景，有其产生、发展和演变的历史过程。也正因为如此，虽然道家学派在一些基本思想上有其承接延续的关系，但在漫长的发展演变过程中，其内部也并非完全一致。在不同的代表人物那里和不同的历史时期，道家思想往往具有不同的品格和侧重点，表现了道家思想不断的自我发展和多姿多彩的风貌。

一、道家学说的创始阶段：老学

老子是道家学说的最早创始人，因此，道家创始阶段的学说可称为老学。

老子，又称老聃，约生于公元前571年，曾长期担任春秋末期周王室掌管典籍的史官，精通典章礼制，因此，才有孔子曾向他请教之说。后来，老子因不满于周王室的衰败，弃官隐遁，不知所终。老子总结了历代王朝兴衰成败及百姓安危祸福的经验教训，反对德教礼治，倡言自然无为，并把自己的这些思想、体验概述为五千言，即后世所称的《老子》一书。① 《老子》一书分上、下篇，一篇论“道”，一篇论“德”，因此又被称为《道德经》。全书虽然仅五千言，却文约义丰，哲理深邃，千百年来，注说无数，见仁见智，也出现了各种不同的版本。其中，汉代河上公的《老子章句》和魏晋时王弼的《老子注》是历史上最流行的两种“通行本”：“河上本近民间系统，文句简古……王本属文人系统，文笔晓畅……此为《老子》旧本之两大系统”②，历代

① 《老子》书是否春秋老聃所著，是学术界长期以来争论不休的问题。这里取老聃自著说。

② 朱谦之：《老子校释》第1页，中华书局1984年版。

《经籍志》或《艺文志》著录的二百多种《老子》注本，大都依傍这两书，与它们大同小异。不过，自1973年长沙马王堆汉墓出土了两种《老子》的帛书抄写本以后，情况有所变化。帛书《老子》的抄写年代在汉初，是目前所发现的最古老的《老子》文本，在篇章结构等方面都与通行本有很多不同之处，它的面世为老学研究提供了新的重要材料，也许能成为《老子》的第三大版本系统，具有珍贵的价值和意义。不过，由于它的文字多有脱误，且多楚语方言①，虽然它是目前所可见到的最古老本子，却毕竟还不能认定为是最接近《老子》原本的、最权威的本子，因而过分地抬高帛书本《老子》的价值和意义是不妥当的。

从《老子》一书看，老子的思想学说已经很成系统，具有博大精深、玄妙幽远的特点，体现了很高的理论思维水平。老学之所以能达到这样的思想成就，大概首先是由于它继承了前代的思想文化成果，特别是吸取了原始巫史文化中具有批判精神和隐逸倾向的思想因素的结果。但是，老子思想又不是对前代文化的简单吸取拼凑，而是在融摄内化之后的空前创造，是古代理论思维的一次巨大飞跃。老学几乎全面奠定了道家哲学的基础，蕴含了尔后道家各派的思想因子。不过，与后来的道家各派相比，老学亦有自己鲜明的时代性和独特的个性。老学的基本特征，就在于它是以道本体的自然主义哲学为基本构架，以“道法自然”为根本宗旨，主张取法于道的自然性和自发性，使人性返璞归真，使社会无为而治，实现和谐、纯朴、安宁的美好社会和人生的哲学。因此，老子的思想并不如一般人所谓的消极厌世，而是对社会人生取积极的辩证的态度。他主张贵柔守雌、谦下居后、无为

① 参见李水海：《老子〈道德经〉楚语考论》，陕西教育出版社1990年版。

不争，只是为了教人更好地遵循事物的本性和发展规律，做到顺应自然而不妄为，从容自得以养生，绝圣弃智以治国。老学在玄思宇宙之本源、探讨生命之真谛时，表现了冷静的理性态度和犀利的批判锋芒，以诗化的简练语言表达了深刻的宇宙哲思，给后学以无限广阔的发挥余地，成为先秦道家思想的总源头。

总之，老子是中国古代最早的哲学大师和智慧大师，《老子》一书的思想深沉博大，它上承远古文化，下启百代后学，集古代哲思之精华，开中国学术思想之先源，是一座取之不尽用之不竭的智慧宝库，难怪世世代代都有许多才学之士去那里探玄寻道，求得心灵的开悟和智慧的启迪。近世，《老子》又远播欧美，反响日炽，与《论语》、《周易》一起，成为在世界上影响最大的三部中国古代文化典籍，对于中国文化走向世界、促进世界文化的发展和人类的和平进步都具有重要的、多方面的意义。

二、道家学说的发展与定型阶段：庄学

老子之后，道家学说开始传播、发展与分化，但是，由于老子一派的道家素以"自隐无名"为务，所以不像孔墨那样公开收徒讲学、很快成为"世之显学"，有关道家弟子及传播演变的记述，史料也极为有限。据《庄子》及其他一些古籍记载，老子弟子中有成就者，大约有庚桑楚、关尹、列御寇、杨朱等人。庚桑楚"遍得老聃之道"，但其具体思想已无从可考。关尹就是那位在老子西去将隐时，力劝其著书留世的著名守关之令①，列御寇即庄子所称的能"御风而行"的列子②，大概他精通气功，而气功也正是道家派的一种重要修炼方式。《吕氏春秋·不二》等书称"关尹贵清"，"列子贵虚"，可见他们的基本思想倾向都是道家的

① 《史记·老子韩非列传》。

② 《庄子·逍遥游》。

“清虚自守、卑弱自持”，合于老子的清静无为之道。杨朱是历史上著名的所谓利己主义者，孟子指责他“杨子取为我，拔一毛而利天下不为也”①，其实这包含了很大的误解成分。《淮南子·氾论训》所说的“全性保真，不以物累形，杨子之所言也，而孟子非之”，恐较符合实际，《韩非子·显学》以“轻物重生”来概括杨朱的思想，是抓住了问题的实质的。从各种史料上看，杨朱不但通达老子的“全性保真”之说，而且有“去盈守虚”、顺应自然的正统道家思想。总之，关尹、列子、杨朱等人都是择取老学体系中的某一方面而演为己说，但其共同点是他们都特别注重继承和发挥老子学说中的人生哲学思想，对人的生命价值、个人与社会的关系、全性养生之道等各自进行了不无偏颇的阐发，日益扩大了道家思想的影响。这是老子思想传播的一条重要途径。后来的庄子，正是经由这条渠道，达到了道家思想的新高度。关尹、列子、杨朱等人实是道家学说从老学发展到庄学阶段的过渡性人物。

出现于战国中期的庄子及其后学是道家第二发展阶段上的真正代表。庄子是继老子之后的道家巨擘，由老子所开创的道家学说，经过庄子的承续，才得到空前的弘扬和光大，获得了关键性的发展，使道家思想在中国文化史上真正独树一帜，蔚为大观，并产生了历久不衰的深远影响。因此，庄子实和老子一样，是道家的主要创始人和主要代表，世人常以老庄并称，正表明了这一点。

庄子，名周，战国中期宋国蒙（今安徽蒙城县，也有认为是今河南商丘一带）人。关于庄周的生平事迹，史籍记载甚少。庄子的生卒年已不可详考，《史记》称其与梁惠王、齐宣王同时，

---

① 《孟子·尽心》上。

据马叙伦《庄子年表》及其他史料考证，约生于梁惠王二年（公元前369年），卒于魏昭王十年（公元前286年）。他曾在家乡做过管理漆园的小吏，后隐居不出，终身不仕。庄子才华横溢，不贪求名位厚禄，拒绝楚王的重金高位之聘，对当时的统治者表示了坚决的不合作态度和对社会现实的强烈批判精神。他宣称，宁肯在贫寒之中享受精神上的自由，也不愿出仕求禄，为“有国者所羁”，最终在贫困中度过了一生。然而，庄子在精神上却非常自由和富有，《史记》称“其学无所不窥，然其要本归于老子之言。故其著书十余万言”。庄子留下的著作就保存在《庄子》书中。《庄子》一书表明了庄子既具有浩瀚恣肆、意蕴深广的惊人思辨力，又具有奔放飘逸、恢恑谲怪的艺术风格，可谓“吐峥嵘之高论，开浩荡之奇言”①。庄子籍此所表达的那傲视诸子，衣被万世的独特思想和情感，在哲学和文学领域都发生了深久的影响。庄子无疑是在中国文化史上及至世界文化史上都可算作最有创造性的古代思想家之一。

《庄子》书是庄子本人及其学派的论文集，现存33篇，分内篇、外篇、杂篇三大部分。由于缺乏先秦时代对庄子其人其书的系统的原始记载，而历史上留存下来的相关记载迟至距庄子已有几百年的《史记》和《汉书·艺文志》中才有概略的涉及，所以，学术史上对庄子其人其书的真伪、篇目等一直有种种不同的见解。现在大多数学者都肯定内七篇的内容自成体系，是庄子自著；外、杂篇的内容驳杂一些，与内篇的思想也有出入，可能主要是庄子后学所著，但也不排除有些仍然是庄子自著，而有些却是道家系统之外的人所杂入的。从总体上看，《庄子》全书的旨意是基本一致的，是反映了道家思想的基本精神的，可以当做研

① 李白：《大鹏赋》。

究庄子及庄子学派的主要思想资料。

历代《庄子》注本及多，今本《庄子》共33篇，为晋人郭象注本所定。各种注本中，以清代郭庆藩的《庄子集释》为最佳，它收录了晋代郭象注、唐代成玄英疏、清代卢文弨校勘及王念孙、俞樾等人的训诂考证成果，民国年间收入《诸子集成》。今人陈鼓应的《庄子今注今译》也较好，其注释引证丰富全面，观点新颖，而且还是全文译《庄》的第一部，尤为适合当代广大读者阅读。

在道家思想史上，庄学实现了对老学的创造性发展和整体上的超越，它一方面使道家学说在内容上系统博大，在思想上深邃超迈，走向了成熟和定型，另一方面也使道家真正发展成为一个与儒墨鼎足而立、并驾齐驱的大学派。与老学相比，庄学的基本特色是十分注重个体人生，是一种充满了东方智慧的人生哲学。它所要解决的主要问题就是作为主体的个人如何消除种种祸害和束缚，获得完全的精神自由和开放独立的人格。庄子所追求的理想人生，主要是一种主体精神感受，是人在去常知、忘情欲、内心虚静、凝敛明觉的状态下的一种逍遥自得，是与生机盎然的大自然溶为一体后的忘我境界。这实际上也就是一种艺术化人生境界。庄子实在也是一位杰出的艺术大师，《庄子》对中国文学和艺术产生的重大影响，是其他学派难与比配的。

三、道家学说的分化与流变：黄老之学

从战国中期开始，在经由关尹、列子、杨朱等到庄子、庄子后学的以人生哲学为主的道家思想的演进脉络之外，道家思想还开出了另一条以道家的政治哲学为主的重要的演进系脉，即黄老之学。黄老之学这一系脉由战国中后期的稷下道家率先开出，直至汉初黄老之学的兴盛及衰落。

战国中后期，道家学派已在诸子蜂起，百家争鸣中卓然挺立，与儒、法、墨诸家共同成为当时人数众多、最有影响的几个重要学派。由于各个学派的思想观念经过交锋交流，各显出了自己的长处和短处，因而相互之间出现了广泛的相互吸收和融合。在这种形势下，道家也不例外，它在吸收和改造了其他学派的一些思想观点的基础上，溶铸了新的理论形态，稷下道家的黄老之学就是这样产生的。所谓稷下道家，指的是在齐国稷下学宫里从事学术活动而主黄老思想的那部分学者所组成的道家派别。而所谓黄老之学，是指由老学与黄帝崇拜结合而形成的学说，其思想如司马谈所说“因阴阳之大顺，采儒墨之善，撮名法之要”①。可见黄老之学是借黄帝之名，宗老子之学，兼取儒、法、阴阳各家而建立起来的。黄老之学实质上是道家的一种政治哲学，其宗旨是以“因性任物”、“虚静自持”，达到政治上的“无为而治”。稷下道家的著名代表有宋钘、尹文、田骈、慎到等，他们或有“因法重势”的道法家特点，或以黄老道家为主，兼具名、墨之特色。这些表现了道家已在各种思潮的影响下开始分化和变异。到了汉初，由于客观现实的需要和统治者的倡导，黄老之学受到了特别的重视，其主张的政尚简易、与民休息的“无为而治”政策，在汉初的政治实践中获得了成功，黄老之学隆盛一时，同时，在理论上也出现了空前的繁荣，并产生了集黄老学说之大成的《淮南子》，把汉代道家的发展推向了高峰。

汉武帝之后，由于统治者推行“罢黜百家，独尊儒术”的文化专制政策，道家黄老之学从此在政治上失势，变成一支时隐时显的学术流派，儒家学说成了占统治地位的意识形态。在此背景下，谶纬经学兴起，神学信仰主义弥漫全国，道家黄老之学乃向黄老养生术乃至黄老道信仰转化，并由此在东汉末年，进而演化

① 司马谈：《论六家要旨》。

为神仙道教。因此道教实际上“是由黄老之学宗教化为黄老崇拜祭祀活动，并与神仙长生、民间巫术相结合，最后孕育出的民间宗教”①。道家为道教提供了形上学的哲学基础，而道教在一定意义上可以说是道家发展中的旁支，它继承和膨胀了道家的人生哲学和黄老之学中的某些思想成分，却失去了道家主张天道自然和生死气化的本色，演为宗教神学，并依托于一定的宗教实体和活动，成为具有浓郁世俗化色彩的、对中国传统文化和社会生活发生了重大影响的最大的本土宗教。

四、道家思想的复兴：魏晋玄学

自汉末至魏、晋、南北朝，是中国历史上大分裂、大动荡，充满了战乱、恐怖和黑暗的时期，战乱和割据打破了集权帝国的一统化政治秩序，瓦解了定型于西汉中期的以经学为主干，以儒学独尊为内核的文化模式，出现了儒、道、佛多元化发展的新局面。魏晋玄学就是在这一时期崛起并极盛一时的一股新的哲学思潮。魏晋玄学致力于建立一套思辩性很强的形上学哲学体系，它的代表人物有何晏、王弼、阮籍、嵇康、郭象、张湛等，大致经历了“正始”、“竹林”、“元康”三个发展时期。到东晋末年，玄学进入其尾声并让位于佛学。

魏晋玄学的创始人是何晏和王弼，他们侧重注解《老子》，发挥老学，通过有无之辩，以道释儒，致力于名教与自然的结合。至后来的阮籍、嵇康等，则着重发挥了《庄子》思想，要超越名教而纯任自然。此为玄学的两大流派。从思想来源上看，魏晋玄学上接汉代道家的自然无为和“以无为本”的基本思想，以《周易》、《老子》、《庄子》所谓的“三玄”为主要的经典依据，企图用道家学说来调整失衡的社会关系和知识分子的内心世界，

---

① 牟钟鉴等主编：《道教通论》第85页，齐鲁书社1991年版。

其玄学之名亦来自《老子》的“玄”，故玄学基本上属于道家思潮，是道家思想在新的历史时代下的复兴。正因此，玄学作为一种致力于超脱经验世界而玄思无限本体的形上学，其宗旨虽然是“贵无”，但其最高主题乃是对个体人生意义和价值的探寻，其现实意蕴是对魏晋人所亟亟追求的理想人格作理论上的建构，表现了道家的本体论哲学与人生哲学在魏晋玄学中的融合统一。在魏晋玄风的熏染之下，老庄之学轻人事、任自然的价值观以前所未有的规模进一步推入中国知识分子的心灵世界，进而铸造了中国士人玄、远、清、虚的生活情趣。

五、绵延不绝的道家思想

隋、唐以后，道家学说的发展呈现出以下两种显著的现象：一方面道家作为一个学术派别，从此再没有出现过独立的强大的社会思潮，也没有产生纯属本学派的大思想家大学者。另一方面，即使如此，也并不意味着道家学说从此就湮灭了。实际上，道家思想只是以曲折的形式存在和发展而已。由于道家和道教日益交融难分，在一般人的观念中两者几乎混为一谈；道家学说借助于道教的兴盛和发展，在上至君王士大夫下至一般民众那里都获得了更普遍的尊崇，不少文人学士更是与道家道教结下了不解之缘，大批的道家、道教学者热心于诠注《老》、《庄》，形成道家的章句之学，不断深化和改造了道家学说。因此可以说，隋、唐以来及至近现代，道家学说始终在中国传统文化和民族精神中发挥着重大的影响。据当代学者陈鼓应搜列统计，仅初唐以来注解《老子》的较重要者就有 250 多家；① 注《庄》者也大致如此，② 我们于此可见老庄之学在中国学术史、文化史上的地位之

① 参见陈鼓应：《老子注译及评介·附录三》，中华书局 1984 年版。
② 参见谢祥皓：《庄子导读·庄学史简介》，巴蜀书社 1987 年版。

一斑。更重要的是，道家虽未再形成独立的思潮与学派，但它往往融入别家学术思想中，构成其有机组成部分，如道家及道教思想和中国化了的佛教哲学的渗透，实为宋明理学的哲理化思辨得以形成和发展的基本学术条件；道家独特的人生观、审美观、思维方式，社会批判意识等也不断地内化为文人学士们的基本精神，渗透到民族心理之中，无声地涌动在民族历史文化的长河里。

第二节　道家哲学的基本思想

一、道论：道家的形上学建构

在哲学史上，试图对世界的统一原理和发展原理作出哲学的解释、探求多样性世界的共同基础，这就是大多数哲学都共有的形上学追求。道家哲学也不例外，其提出的“道论”就是一种重要的形上学建构模式。

（一）老子的道论开创了中国古代哲学本体论的先河

形上学的核心问题是对作为一切存在的根本凭借和依据的本体的探求。从哲学史上看，中国古代哲学中并没有西方哲学中的那种“本体”（Substance）概念，本体论思想也不够发达。但是，如果由此否认中国古代哲学有本体论的观点则是不合乎历史实际的。事实上，中国古代哲学早在先秦时代就产生了丰富的具有自己特色的本体论思想，道家哲学的创始人老子就提出并建构了中国哲学史上第一个本体论模式。

作为先秦道论的滥觞，老子哲学的整个理论系统是围绕“道”这个观念展开的。当然，我们知道，“道”这个观念并非老子首创和独有。“道”的最初含义是具体的道路、途径，即如《说文解字》说的：“道，所行道也。”或《尔雅·释宫》说的：

“一达谓之道。”以后道的含义逐渐上升而有了方法、原则、规律的意思，如《诗经》、《左传》、《国语》里所谓的“道”。它们属于经验范围里的、可以言说的“道”。到了老子那里，他首先区分了两种“道”：“道可道，非常道。名可名，非常名。”① 即他区分了一般可以用语言来表达的“道”和那种无法用一般的语言来描述和指称的“常道”。那么，什么是“常道”呢？老子说：“道者，万物之奥也”，“渊兮似万物之宗。”② 韩非对此曾有进一步的解释，他说：“道者，万物之所然也，万理之所稽也。”③ 这也就是说，“道”的概念经过老子的改造和提升，除了有时也还保有原有的直朴含义外，又被赋予了一种更重要的新意，即它第一次成为一个哲学的最高范畴，一个统摄宇宙和人生的本体概念。老子认为道是万物之本、天地之根，他说：“大道氾兮，其可左右，万物恃之以生。”④ 它为其他事物所依据而其自身却不需依托，它可以生成万物而自身却不可被生成，它是自因自性的最高本体，是超越一切具体事物的终极存在。而作为一切有限存在物的无限本体，道是不能有任何实际规定性的，也是无法用言语去界说的。因此，老子强调道不可道、道无名，反对用任何正面的、肯定性的方式去说明“道”，而常用反面的、否定的方式去勉强描述（“强为之容”），如“无”、“玄”、“朴”、“奥”、“浑”、“无名”、“无象”等等。实际上，老子有时已干脆明确地把这个道本体称之为“无”。他说：“天下万物生于有，有生于

① 《老子》第一章。
② 《老子》第六十二章，第四章。
③ 《韩非子·解老》。
④ 《老子》第三十章。

无。”①“无，名万物之始。”② 说这个道的本体是“无”，是因为道作为本体不能是某种具本实存的“有”，但它又不能是绝对的“虚无”，因为本体又是确实存在的。所以老子一方面说道是“视之不见”、“听之不闻”、“搏之不得”的“无状之状”、“无物之象”③，另一方面又说：“道之为物，惟恍惟惚。惚兮恍兮，其中有象；恍兮惚兮，其中有物。”④ 这种似乎有些矛盾的说法正是为了说明道既是无形的、超感觉、超具象的，又是客观存在的，是包含了“有”的“无”，是“有”和“无”的统一体。对此，《老子》第一章开头就说得明白：“无，名天地之始，有，名万物之母。故常‘无’，欲以观其妙；常‘有’，欲以观其徼。此两者同出而异名，同谓之玄。玄之又玄，众妙之门。”

在老子看来，这种作为本体的“无”，既是万事万物的存在根据和本真状态，因而也就是一切存在的原初状态，最初的出发点，即所谓“道生一，一生二，二生三，三生万物”⑤。又是它们必将复归的终极状态，即所谓“夫物芸芸，各复归其根”⑥ 的本根，可见“无”已被老子作为最高的存在依据和终极存在。虽然老子还没有进一步以这个“无”的概念为中心建立系统的形上学体系，但老子通过揭示本体与具体事物的区别，肯定了“无”的本体地位，这样，老子就把“道”从常识的经验世界里提升了出来，使之成了一个具有形上学的高度抽象性意义的本体概念。

① 《老子》第四十章。

② 《老子》第一章。

③ 《老子》第十四章。

④ 《老子》第二十一章。

⑤ 《老子》第四十二章。

⑥ 《老子》第十六章。

这一事实表明了老子的道论已超越了各种单纯的宇宙本源论和生成论，而在中国哲学史上第一次深刻地探讨了形而上的存在本体问题，开创了中国古代本体论思想的先河，[①] 也为道家哲学进行系统的形上学建构打下了深厚的基础。

（二）以“无”为本的道家形上学体系

在老子之后，庄子对道家哲学的形上学建构做出了巨大的贡献，这主要表现在两个方面：第一，庄子自觉地剔除了老子本体论中的宇宙生成论成分。老子的道论虽然已经是一种本体论，超越了各种单纯的宇宙生成论，但它作为中国哲学史上最早的一种本体论，毕竟还难于完全挣脱那些宇宙生成论的影响。老子有时把道又比喻为“天地之母”、“玄牝之门”等等，就含有一种生成的意味。庄子的道论在基本上继承了老子的本体论观点的同时，又想努力使之彻底化。庄子认为：“夫道……自本自根，未有天地，自古以固存。”[②]“道无终始，物有死生。”[③]“未始有始”的道作为最高的存在本体是没有任何确定的规定性的，它自本自根、无始无终、无边无际、无时不有、无处不在，实际上就是消解了一切“上下”、“四方”、“古今”、“长短”等等时间性空间性规定的大宇宙：“有实而无乎处者，宇也；有长而无本剽者，宙也。”[④] 庄子所说的这种绝对的存在本体，也就是老子所说的“无”。但庄子本人由于不满意于老子道论中含有的“始”的观念杂质，为示区别，干脆连“无”都不肯承认：“有始也者，有无

① 参见张岱年：《中国古代本体论的发展规律》，载《社会科学战线》1985年第3期。

② 《庄子·大宗师》。

③ 《庄子·秋水》。

④ 《庄子·庚桑楚》。

也者，有未始有无也者，有未始有夫未始有无也者。”① 所以庄子以“无有”、“无无”，“无无有”等来规定道，从而把道提升为最抽象化的一般存在，这样也就比老子更明确地拒绝了追溯万物起源演进的宇宙生成论，净化了道家的本体论思想。第二，庄子从“道”与“物”、“无”与“有”、“有用”与“无用”、“本”与“末”、“大”与“小”等对立关系的思辨中丰富了“道”的本体内涵。例如，在道与具体物质形态的关系上，庄子一方面提出了“物物者非物”的重要命题，强调万事万物的终极性存在根据不能是具体的“物”，而只能是超越于具体物质形态的“非物”，但庄子又认为，“物物者与物无际”②，即这个超越性的道并非真的如天马行空、独立自存，而是就遍存于一切对象之中，即使低微污秽之物，亦与道无间隔，因此，才有庄子“天地一指也，万物一马也”③、“道通为一”的说法。庄子的这种本体观，对于建构起道家的形上学体系具有重大的意义。而且，它也为庄子走向其著名的相对主义和平等观提供了方法论依据。

道家形上学建构的最终完成者是魏晋玄学。魏晋玄学特别是其中以何晏、王弼为代表的玄学贵无派把先秦道家的道论推到了形上学思辨的最高水平。贵无派玄学家发挥了《老子》“有生于无”的命题，接受并扩展了庄子侧重本体的观念，以“无”释“道”，明确提出了以“无”为“本”的本体论。他们认为，“道者，无之称也”（王弼语），道是“无”的别名，道就是无。“无”是世界上一切多种多样的万物（有）的根本性存在，是形形色色

① 《庄子·齐物论》。
② 《庄子·知北游》。
③ 《庄子·齐物论》。

的现象（末）的本体，“天地万物皆以无为本”①，“天下之物，皆以有为生。有之所始，以无为本；将欲全有，必反于无也”②。“有皆始于无”③。“无”（或道）是统摄万有、囊总一切、无物不经的“宗主”，它通过万物，存在于现象世界之中，却又不局限于具体万物，它“寂然无体，不可为象”④，却又不是绝对的虚无，而是其中有物，其中有精，其中有信，其精甚真的“大有”之“无”。可见，“无”是包融万有、超越实在之上的绝对。

为了进一步论证“无”在世界万物中的本体地位，魏晋玄学深入讨论了“一”与“多”的关系问题。他们认为，多种多样的“万有”必须由一个“至寡”的“一”来统摄，而这个“一”就是“无”：“万物万形，其归一也。何由致一？由于无也。由无乃一，一可谓无。”⑤ 这就是说，“多”统于“一”，“万有”统于“无”。此外，他们还进一步通过“无—有”、“本—末”、“体—用”、“一—多”，“静—动”等对立关系的思辨推理，把本体之道同天地万物的关系深化为一般与个别、本质与现象、共性与个性等矛盾关系，极大地丰富和提高了道论的思辨性，深化了道家的本体论哲学，使之成为一个完整的形上学体系。

（三）道家形上学的特质

道家形上学是中国古代哲学中形上学建构得最早、最发达的一派，从先秦老庄、稷下道家到两汉的《淮南子》、魏晋玄学等，都从不同层次、不同方面丰富和发展了道家的形上学体系，成为

① 《晋书·王衍传》。
② 王弼：《老子注》第四十章。
③ 王弼：《老子注》第一章。
④ 王弼：《老子注》第二十五章。
⑤ 王弼：《老子注》第四十二章。

至少在宋明理学以前中国传统形上学发展的高峰，为中国传统哲学的形上学做出了重要的、独特的贡献。

道家形上学是很富有自己的理论特质的。从哲学史上看，第一，西方传统的形上学认为形而上的本体是真实的，而形而下的现象是虚幻的，但“中国哲人讲本根与事物的区别，不在于实幻之不同，而在于本末、原流、根支之不同”①，中国传统形上学只讲本根先于和优于枝末，不讲本体与现象之真假虚实。就此而论，道家形上学实典型地体现了中国传统形上学的这一特质。道家形上学的这一特质，使它消除了西方哲学中本体与现象，客体与主体等二元世界的分隔问题，以整体统合的眼光来把握存在本体，并由本体与现象的整合观进一步引发出关于自然与人生和谐统一的“天人合一”等思想。第二，由于道家形上学没有分隔本体与现象、客体与主体、天与人，反而确认天与人、自然与社会之间有内在的关联性和统一性，如老子讲“法自然”、庄子讲“天地与我并生，万物与我为一”，所以道家形上学的本体，不仅是作为外在的自然世界的“本体”，同时也是一切社会人生的意义和价值的最原始最终极的根据，即作为价值和意义的本体，这种本体观体现了道家哲学对人的生命价值的开发和以人与自然的整体和谐为最终的形上学追求。当然，儒家形上学中的本体也是被赋予了价值和意义的内涵的，但这种价值和意义，其内容主要是伦理道德原则，因此儒家的形上学是一种“道德的形上学”。而道家形上学中的本体，是“自然之道”，它不具有伦理道德含义，老庄甚至公开反对伦理道德。就人与道的关系而论，道家的基本倾向是认为人仅仅是万物之一物，是道所引导出来的一个现

---

① 张岱年：《中国哲学大纲》第 9 页，中国社会科学出版社 1982 年新 1 版。

象环节，人作为主体必须自觉地服从自然、保持与道的和谐。所以，个体生命只有当它呈现为一个完满的自然过程时，才是最为合理的，一切存在（包括生命）的价值和意义就存在于道的自然性之中。道家的这种形上学，实可称为一种“自然的形上学”。与儒家的道德形上学相比，道家的自然形上学在对本体的思辨和对生命价值的开发、主体自由的追求等方面，都表现得更为深沉、丰满和开放，蕴含了更为广阔的宇宙意识与生命情调。

二、否定的辩证法

道家哲学对中国哲学的另一个重大贡献是其独特的辩证思维方式。道家哲学的这种独特的辩证思维方式，最突出他体现在“否定的辩证法”之中。

所谓“否定的辩证法”，主要是运用逆向思维的手段，注重从否定的、负的方面去认识和描述对象，通过“否定之否定”揭示对象的辩证本质。古代“否定的辩证法”思想在道家哲学特别是老子哲学中得到了最早、最系统和最富有成效的体现。以老子辩证法为代表的道家辩证法以其深刻的否定性思想极大地推进了中国古代辩证思维的发展。

（一）道的否定性原理

在老子的形上学中，作为本体的“道”本身就蕴含着否定性。道作为本体，是一种终极存在，在这个意义上说，它是绝对的肯定性存在，即“有”。但是，绝对肯定性的“有”不是一般的“有”，而是等于绝对否定性的“无”，因为绝对的肯定也就是绝对的否定①，所以老子说道又是“无”，就出于这个道理。“无”就是最大的否定性。说道本体是无，意味着道是没有任何具体规定性的、超验的、不可言说的。老子始终不愿从正面的角

① 参见黑格尔：《逻辑学》上卷，第36页，商务印书馆1977年版。

度出发对道作肯定性的界说，而只从负面对道作否定性的描述，如他说道“无形”、“无状”、“无象”、“无名”、“无为”、“不言”、“不争”、“不仁”、“不德”等等，目的都是为了通过一步步的不断否定，来否定掉道的具体性、有限性，以最终肯定道的整体性、无限性和超越性。

老子的上述思想，明显地反映出他已经具有了“通过否定达到肯定”的辩证思维方法。我们看到，能够用否定性的方法来描述存在本体，是人类认识发展史上的重要里程碑，它标志着人类已能够从无限性、普遍性的高度来把握存在本体。冯友兰曾把这种否定性的辩证思维方法称为“负的方法”，并指出，形上学有两种基本的方法，即正的方法和负的方法。正的方法的实质，是说形上学的对象是什么；负的方法的实质，则是主要说它不是什么。“一个完全的形上学系统，应当始于正的方法，而终于负的方法。如果它不终于负的方法，它就不能达到哲学的最后顶点”①。道家的形上学，正是在哲学史上率先发现并运用了这种“负的方法”的一个典型。

（二）“反者道之动”

“反者道之动”② 是老子哲学的一个极为重要的命题。老子的道，就其本体的意义而言，是绝对的，因而是静止的，但就其与万物的关系而言，万物得道而为万物，道外化落实而为万物的这个过程，就是道的运作过程，老子谓之为“德”。“反者道之动”就是老子用来描述这种由道入德的运动的，它具体体现了老子的“否定的辩证法”思想。

“反者道之动”，其义有二层。其一，“反”为“相反”，道的

① 冯友兰：《中国哲学简史》第 394 页，北京大学出版社 1985 年版。
② 《老子》第四十章。

运动是向相反方向的运动。老子认识到，“万物负阴而抱阳”①，矛盾是普遍存在的，矛盾总是相反相成，既对立又统一，矛盾着的对立面，总要互相否定，向相对立的方向转化，因此，世间一切事物都要向自己的对立面转化，这是“道的运动”的普遍法则，体现了否定与肯定相统一的“否定的辩证法”原理。按照这一原理，世上没有永恒不变的、绝对的东西，“飘风不终朝，暴雨不终日”，“物壮则老”，“物极必反”，“有无相生”，“天地尚不能久，而况于人乎”？可见，通过否定达到肯定，通过否定之否定而推进事物的变化发展是客观世界的普遍规律。其二，“反”为“返”、为“复”，道的运动归根结底是一种返回到最初的原始状态，即向作为本体的“无”的复归过程，老子称之为“归根”“复命”。老子虽然承认矛盾，但他认为矛盾只存在于世间万物，而作为其原初状态的“道”是没有矛盾的，是混沌纯朴的“无”、因而是最理想的状态，道的运动、万物的归宿都应是复归于这种“无”的原初状态。老子反复说的“复归于无物”等就是这个意思。然而，如何实现这种道的运动呢？老子在这里强调了“反”，即“否定方法”（王弼称这个方法为“将欲全有，必返于无”的辩证否定方法）的作用，他提倡贵柔、守雌、勿强、勿壮、无为，反对刚强和进取，防止对立面的转化，总之，通过不断的否定，层层剥离、剔除掉道的各种外化之物，最后回归到一片空灵、无所挂碍的本真状态“道”或“无”。这是一种“道”的否定性运动。道通过这种否定性运动，走着一个始终合一的“周行而不殆”、循环往复的圆圈，圆圈的起点和终点都是“无”。

老子的上述辩证法思想，就其否认本体矛盾的存在并主张道通过否定性的运动复归于这个无矛盾的本体等观点来说，具有明

① 《老子》第四十二章。

显的不彻底性，这是老子哲学的一个重要缺陷。但是，老子的“否定的辩证法”在中国思想史上第一次超越了经验和直观的范围，不但内容丰富深刻，而且在理论思维水平上，实现了一个巨大的飞跃，达到了理性思辨形态，成为先秦和中国辩证法史上的一座高峰，蕴藏了丰富的思想资源。总之，老子认为，真正的哲学智慧，必须从否定入手，一层层剥除表面的现象、偏见、错误，然后穿透到玄奥的深层本质里去。自然的奥秘和人生的真相，都是在层层的庸见和外形剥落之后，才会最终豁然展现出来。实际上，老子的“否定的辩证法”，并不单单是为了证明道的否定性本质以及展示道的否定性运动，其最终目的是为了否定世俗的道德观、价值观的绝对性与永恒性，否定时俗与常人认识上的肤浅性、局限性和机械性，否定独断论的思维方式及一切外在形式的束缚，为其无为而治的社会理想和顺应自然的人生追求提供理论依据。

三、无为主义的政治哲学

先秦各派哲学在很大程度上都是一种社会论的政治哲学，道家哲学亦然。道家政治哲学的基本思想就是其著名的“无为主义”或“无为论”。道家无为主义的政治哲学对中国传统政治思想和政治实践乃至人们的一般观念及行为均有着深刻的影响。

（一）“无为”三义

道家的政治哲学立足于“无为”，是有其理论上的逻辑依据和客观的现实原因的。

第一，从天道自然到“无违”自然。

道家的无为主义植根于其形上学的原理，体理了无为主义与自然主义的统一。如前所述，道家的形上学认为，道作为本体，其实质就是“无”，本体的“无”的性质表现在道的功能和运作上，就是“无为”，所以“无为”是道之“德”的体现，“无为”

是道的一种“上德”。老子说：“道常无为”，“天之道，不争而善胜，不言而善应，不召而自来。”① 庄子说：“天无为以之清，地无为以之宁，故两无为相合，万物皆比。”②“无为”也就是“无违”，即无违自然、因任自然而无所作为或不强作为之义。王弼以“顺自然”一语来诠释老子的“无为”，是深得其旨的。在道家看来，不仅道“无为”，而且天地万物在其本性上也都是“无为”的，人当然也不应例外。因此，根据“天人合一”的本体观和“天人同构”的方法论，既然天道自然无为，人道也应效法天道，做到常无为而任自然，这就是“人法地、地法天、天法道，道法自然”③ 的逻辑推演。

第二，“无为”是一种“君道”。

道家无为主义在实质上首先是一种安邦治国的政治策略，即是针对统治者提供的一种进行政权建设和社会管理的统治术，一种为君之道。历史上屡有人称道家学说为“君人南面之术”，这若在上述层面上说，是不错的。但是，“无为”作为一种“君道”，其本旨决不是给统治者提供一种权诈之术，它实际上是对统治者的不善作为和现实政治中的强制干预政策的一种反动，从而主张放任无为。老子说：“圣人不行而知，不见而名（“名”借为“明”），不为而成。”④ “天下神器，不可为也。”⑤ 庄子说：“故君子不得已而临莅天下，莫若无为。无为也，而后安其性命

① 《老子》第三十七章、第七十三章。

② 《庄子·至乐》。

③ 《老子》第二十五章。

④ 《老子》第四十七章。

⑤ 《老子》第二十九章。

之情。"① "玄古之君天下，无为也……无为而万物化。"② 魏晋玄学家们更明确提出了"率性而动"、"纯任自然"的"无为论"。君王要治理国家，其"上德"就是应当效法和顺应自然，达到"无为而治"。只要"君无为"，人民就可以"自化"、"自正"、"自朴"。老子强调"天地不仁，以万物为刍狗；圣人不仁，以百姓为刍狗"③，就是要"天地"和"圣人"无为而任自然，甚至连各种所谓的"仁恩"，都不要施予，因为谁能保证那不是借仁义之名行胡作妄为之实呢？所以，"圣人无常心，以百姓心为心"④，圣人没有自己的一己私心私利，而是以天下老百姓的心愿、利益为自己的心愿、利益，若能做到这样，难道不就是真正伟大的政治家了吗？道家要求统治者无心无为，目的是要限制他们的私心妄为，要他们放开百姓，给他们自由和自主，让他们走自己的路。

第三，"无为而无不为"。

道家的无为主义，常常被简单地误认为是一种鼓吹消极出世的虚无主义，其实道家思想的基本格调也是积极入世的，无为主义的政治哲学尤其如此，只是它所采取的方式太特别罢了。老子的辩证法，强调"柔弱胜刚强"，认为"弱也者，道之用也"⑤，"无为"正是这种"弱之道"的具体体现和运用。由于以"天下之至柔，弛骋于天下之至坚"，"守柔曰强"，所以"道常无为而

① 《庄子·在宥》。
② 《庄子·天地》。
③ 《老子》第五章。
④ 《老子》第四十九章。
⑤ 《老子》第三十六章，第四十章。

无不为”①。表面上守弱处静，无所作为，实际上遵循万物的本性而不违逆，顺应自然之道而知足知止，就已经是有所作为，也能无所不为。可见，“尚无为而仍欲治天下。其无为者，以欲‘无不为’也”②。老子说的“治大国若烹小鲜”③最生动形象地说明了“无为”与“无不为”的关系：治理国家犹如煎小鱼，煎小鱼乱搅就会搅烂，不乱搅，就是无为。因此，煎小鱼也好，治理国家也好，最好的办法恰恰是不采取任何办法，无为而治，自然而然，放任自流。用这种“无为”的办法煎好了鱼，治好了国家，就叫水到渠成，瓜熟蒂落，这样也就达到了“无不为”的目的。可见，道家并不是要取消一切的作为，因为他们还是要讲“治”，讲“无不为”，提倡“君无为而臣有为”。所以，道家的无为主义讲的“无为”，其实是讲应“善为”，“无为”只是真正善于作为的人用以达成“无不为”这个最终目的的最佳手段。

（二）无为主义：在理想与现实之间

如前所述，道家的无为主义并非是简单的消极无为。面对黑暗的现实、“礼崩乐坏”的时代，道家也是想救世的，只是它反对儒家的道德理想主义和墨家的行动主义，即反对任何具体的社会改革理论和方案，而主张走另一条道路，这就是以超越的态度追求向自然状态复归的“无为主义”。

由于道家无为主义崇尚自然、追求超越，这使它包含了一种强烈的社会批判精神。其批判指向一是直接针对当时黑暗的社会现实和胡作妄为的统治者，二是针对儒家等鼓吹的仁义道德，谴责它们对人性的戕害和对不合理社会的粉饰。道家无为主义所包

① 《老子》第三十章。

② 鲁迅：《汉文学史纲要》第15页，人民文学出版社1976年版。

③ 《老子》第六十章。

含的这种社会批判精神，是十分可贵的，也是其鲜明的思想特色之一。

当然，道家的无为主义政治哲学并没有为社会的政治运行特别是统治者的权力制约提供可操作的规范。而且，它还包含了一些消极因素，如它容易被人利用而演变为一种权诈之术。又如其反文化倾向是不足取的，它在中国传统知识分子的性格和行为中所产生的一些消极影响也是毋庸讳言的。但是，应该认识到，真正的“无为而治”是一种难以企及的极高的理想境界，它饱含了东方古老文明中深沉的政治智慧。如果能合理地利用这种智慧，无疑是会取得良好的政治效果的。汉初统治者利用黄老之学，推行为政简朴、与民休息、无为而治的政治实践所取得成功，便是最好的证明。现代社会所倡导和实行的政治民主、经济自由以及“小政府、大社会”、与民自治的社会管理模式，也无不与道家的“无为主义”理想有着内在的相通之处。因此，开掘这古老的智慧之源，为当代社会的政治民主化和现代化服务，当是非常具有现实意义的。

四、逍遥自适的人生观

人生问题是道家哲学的一个内在主题。只是与儒家等学派不同，道家的人生哲学有着自己的鲜明特色，这就是它主要不从社会、伦理的角度，而是着重从更加广阔的宇宙的、自然的角度来观察人生。如前所述，道家虽然建构了系统的形上学本体论，但其本体论是与人生论紧密地结合在一起的，形而上的本体不仅是外在的自然世界的“本体”，同时也是一切社会和人生的意义与价值的最原始最终极的根据，这种本体观体现了中国传统哲学中的一个典型的致思模式，即“天人合一论”。它表明了道家哲学并不是以自然的本体论和纯粹的科学知识，而是以对人的生命价值的开发和人与自然的整体和谐为最终的形上学追求的。老子所说的“为学日益，为道日损”① 正是道家哲学重“为道”轻“为学”的思想特质的明示。

在道家学派中，庄子比任何人都更集中、更突出地关注了人生问题。就老子和庄子而论，“老子的‘道’，重客观的意义，庄子的‘道’，却从主体透升上去成为一种宇宙精神。庄子把‘道’和人的关系，扣得紧紧的……在庄子，‘道’成为人生所达到的最高境界”②。因此，人生哲学是庄子思想的核心内容，庄子的人生哲学也较典型地代表了道家的人生观，对后世的影响至为巨大。

（一）批判现实人生的异化

道家的人生哲学是建立在对现实社会的真相与人的异化的揭露和批判基础上的。老子、庄子可以说是在人类思想史上最早认识到异化现象并发出了反异化呼声的杰出思想家。

道家思想的一个突出特点是对社会现实采取激烈的批判和否定态度，把现实社会看做是违反自然、桎梏人生的污浊世界。老子指出，人类社会充满了不平等：“天之道损有余而补不足，人之道则不然，损不足以奉有余。”③ 而且，频繁的战乱和暴虐的统治使民生如草芥：“今世殊死者相枕也，桁杨者相推也，刑戮者相望也。”④ 战争和权力不仅残害了生命，而且扭曲了人性。面对着社会的文明进步和财富的积累，人性中的罪恶如自私、贪婪、狡诈等也日益膨胀了，人们终身忙忙碌碌疲于追名逐利，不自觉地陷入“人为物役”的状态，迷失了人生的真正归宿。

---

① 《老子》第四十八章。
② 陈鼓应：《老庄新论》第199页，上海古籍出版社1992年版。
③ 《老子》第七十七章。
④ 《庄子·在宥》。

道家认为，除了荆棘丛生的险恶社会环境违逆人的自然本性、桎梏人的自由之外，还有维护社会的等级秩序和宗法制度的仁义道德，也是钳制人性的枷锁。仁义之道在远古的时候，是自然而然的东西，人与人相处，虽不知仁义之名，却无时不行仁义之实。随着社会的发展，人们不断破坏了原有的纯真的德性。而正是在失却了浑然未分的自然道德、背离了人的自然生存状态之后，人们才又为自己制造出种种人为的礼法制度和仁义道德，这就是老子说的“大道废，有仁义；智慧出，有大伪；六亲不和，有孝慈；国家昏乱，有忠臣”① 的异化现实。这些人为的礼法制度和仁义道德不仅违背了人的自然本性，而且戕害了人的心灵和自由。对此，许许多多的道家代表人物都曾予沉痛的揭露和坚决的否弃。

（二）高扬个体生命的价值

道家对社会黑暗的揭露和现实人生的批判，其主要的目标指向是为了高扬个体生命的价值。特别是庄子的人生哲学格外地突出了个体的存在及其价值，他对社会的批判基本上是从人的个体角度出发的，目的就是要保护人的个性，寻求个人的价值，使个人在种种现实的人生困境中解脱出来，获得人格独立和精神自由。

道家的人生观与儒、墨两家的一个显著区别，就体现在如何看待个体生命的价值问题上。儒墨两家都十分强调个体对群体、个人对社会的责任，以社会的伦理道德规范或群体利益作为衡量个体价值的尺度，如儒家主张“杀身成仁”、“舍生取义”，墨家推崇“兼爱天下”的人生追求。这无疑是积极的有意义的。但是，强调得过分，也可能有负作用。而道家则要求无条件地肯定

---

① 《老子》第三十八章。

个体生命的意义，反对用群体来淹没个体，反对用仁义道德、纲常名教来扼杀个体生命，主张把个体的自然存在和精神自由置于一切外在的附加物之上，走出人生的困境，挣脱“物役”的束缚，追求蓬勃超迈的个性解放和自由人生。庄子主张人应该有“独志”①，应成为“独有之人”②，就是主张人应有不同凡俗的独特之志，成为“独与天地精神往来”、超越世俗的价值取向的“真人”、“至人”。老子的毅然归隐，庄子的“终身不仕”，嵇康的“越名教而任自然”，陶渊明的“不为五斗米折腰”等等，这些道家思想家们所体现的风骨凛然、清介淡泊的隐士作风和人生态度，正是对他们所孜孜以求的个体的生命价值的最高肯定。

（三）追求自然超越的人生境界

道家批判现实人生的异化、高扬个体生命的价值，最终是为了展示和实现一种理想的人生境界。所谓人生境界，是中国古代哲学家追求的理想人格之极至的一种精神状态、精神天地。它不仅指人的创造所包含的可能世界，更侧重指理想化的精神意境。关注人生境界问题是中国传统人生哲学的一大特色，然而各家各派所追求的精神意境又各不相同。儒家追求道德“至圣”的境界，佛家追求宗教“涅槃”的意境，道家则追求自然超越的境界。

道家的自然超越的境界，就是一种“道”的境界。在老子看来，实现理想的人生也就是回归于自然之“道”，它意味着人生回复到自然无为、无知无欲、浑沌如婴儿的本然状态中去。老子的理想人生是“小国寡民”社会中的原始质朴之人，理想的人生境界是绝圣弃知、贵柔处弱、顺应自然的自然境界。相比而言，

① 《庄子·天地》。

② 《庄子·在宥》。

庄子的理想人生更富于超越的意蕴。庄子的理想人格是“至人无己，神人无功，圣人无名”①。所胃理想的“至人”“真人”不仅是纯自然的、抛弃了任何私欲俗识、虚假道德的，而且是自由的、浪漫的、逍遥飘逸的。可见，庄子更注重以是否实现无任何负累的自由（“逍遥”）来划分人生的境界。只有“乘天地之正，而御六气之辩，以游无穷”②的“恶乎待”（无待）者是真正自由的，因而也是最高的人生境界。庄子所追求的“死生无变乎己”、“哀乐荣辱不入于胸次”、“游乎尘垢之外”的那种超迈洒脱、逍遥自适的人生态度和精神意境，千百年来一直成为道家独特的风骨神韵，滋养着中国人形成平和宽广的精神境界和抗拒逆境的精神力量。同时，道家所追求的自然、自由的人生境界也未尝不是富有浪漫气息的艺术境界，它实际上要求人们不计功利、忘乎物我，对整体人生采取审美观照的态度，使自我在与整个宇宙合为一体、与万物融洽无间的过程中获得无限的提升和欢悦。

五、独树一帜的审美观

在中国传统哲学中，道家哲学与中国古典美学有着最为深厚的关系，这不仅表现为道家的思想家们往往是最善于以诗一样的语言、浪漫主义的手法和审美的人生态度来写作他们的作品，表达他们的独特思想，如《老子》被许多人认为是最早的哲理诗，而庄子更是一位艺术大师，“最真实的诗人”③；而且还由于道家思想本身是最富于美学意味的，中国美学史是从老子开始的，中国古典美学的一系列独特的理论和范畴，很大一部分就发源于老

① 《庄子·逍遥游》。

② 《庄子·逍遥游》。

③ 闻一多：《古典新义·庄子》，《闻一多全集》第二册，第281页，三联书店1982年版。

子和庄子的美学，道家哲学和美学对中国古典美学形成自己的体系和特点，影响极为巨大。①

（一）“道法自然”：自然主义的审美理想

道家以“道”为本体，坚持从自然存在的本体直接开出一切意义和价值的终极根据，因此，“道”也是一切艺术和审美的本体，是异于各种雕虫小技和一切世俗之美的真正“大美”、“至美”之所在。由于道的本性是“无”，自然之道应是自然无为，朴素淡然，所以自然无为、素朴淡然也应是艺术的最高生命，审美的最高标准。老子说：“大音希声，大象无形。”② 庄子说：“夫虚静恬淡寂寞无为者，万物之本也。”③ “朴素而天下莫能与之争美”，“淡然无极而众美从之。”④ 表达的都是以自然朴素为“大美”、“至美”的自然主义的审美观。老庄主张“莫之为而常自然”⑤，反对各种人为的雕饰，特别憎恶那些破坏了自然朴素本性的一切声色礼乐，提出了“道法自然”⑥ 的美学基本命题。这一命题传达了道家美学的一个最基本思想，即关于真与美的统一观。在道家看来，最美的即是最自然的，最高的审美标准和审美境界就是合乎自然之道，体现素朴自然、恬淡无为。老子说的“朴”、“拙”、“自然”，庄子说的“法天贵真”⑦、《淮南子》说的

---

① 参见叶朗：《中国美学史大纲》第 23 页，第 106 页，上海人民出版社 1985 年版。

② 《老子》第四十一章。

③ 《庄子·天道》。

④ 《庄子·天道》。又见《庄子·刻意》。

⑤ 《庄子·缮性》。

⑥ 《老子》第二十五章。

⑦ 《庄子·渔父》。

“白玉不琢、美珠不文”①、王弼说的“以恬淡为味”② 等等，使道家美学在中国美学史和艺术史上形成了一种特殊的审美趣味和审美风格——“平淡”，自然平淡成为后代许许多多艺术家所竭力追求的一种审美理想。

（二）审美与自由

道家美学的一个突出特点是把审美和自由统一了起来，把审美看做是一条超越社会苦难和自我局限的自由之路。可以说，道家美学特别是庄子美学的一项基本内容，就是对自由问题的探讨，以及对自由和审美的关系的讨论。

在庄子等道家那里，审美与自由的关系首先就表现为人的自由特别是主体的心灵自由是美和美的创造的理想境界。从这个意义上说，他们在美学史上最先明确地认识到了美的实质就是自由。老子在认识论上提出了“涤除玄鉴”的理论，要求人们排除各种主观的欲念、成见以及外在的规范、束缚，保持内心的自然虚静，实现对“道”的观照。把这个原理应用到审美活动中，就意味着为了实现审美观照，观照者必须有一个虚静空明的心境。这种虚静空明的心境也就是心灵自由的状态。庄子进一步把老子的“涤除玄鉴”理论发展成为“心斋”、“坐忘”的理论，认为一个人只要达到了“心斋”、“坐忘”的精神状态，也就达到了“无己”、“丧我”、“外生”、“外物”、“外天下”的境界。这种境界，不但能实现对“道”的观照，而且是超越了各种欲念和束缚之后的高度自由的境界，因而也是“至美至乐”的境界。可见，自由不仅是审美观照和审美创造的基本条件，也是美本身。《庄子》中“庖丁解牛”、“宋元君的画师”等众多故事，以及文学史、艺

---

① 《淮南子·说林训》。

② 《老子注》第六十三章。

术史上众多大师的创作实践，都表明了高度自由的境界正是审美的境界。

审美与自由关系的另一方面，是人力图借助最富于自由创造性的审美活动，实现对人自身的有限性、分裂性，以及对外在的功利价值、社会压力、等级秩序等等的消解和超越，成为通达人的高度自由境界的重要桥梁。道家思想家们对社会现实持最为清醒、理性的批判态度，坚决反对人的异化，执著追寻个体存在的意义和根本归宿，肯定感性生命的自由与快乐的绝对价值。这种世界观使他们在现实生活中能蔑视传统、笑傲王侯、重自然、轻人事，以不计功利、忘乎物我的审美态度去对待生活中的进退荣辱，以冲淡典雅、浪漫洒脱的审美情趣去发现自然之美。总之，他们以审美的超越开拓着人生的自由之路，通过创造美和欣赏美，使人的生命得到全面解放和高度充实，使人的创造力得到充分的迸发，人的价值得到最高的肯定。正是在审美活动中，人仿佛真的融入了那种与自然万物浑然一体的和谐境界，感到忘乎物我、超凡脱俗、无所负累的真正自由，进入无限和永恒。著名的庄周梦蝶的寓言和陶渊明的“采菊东篱下，悠然见南山”的意趣，正是道家这种审美的人生境界和自由的人生境界相统一的生动写照。

（三）辩证的审美意蕴

道家哲学中丰富的辩证法思想，对中国古典美学和艺术创作有着重要的影响。例如，老庄的美丑相对的思想，特别是有无、虚实的辩证思想。

老子认为：“有无相生。”① 天地万物都是“无”和“有”的统一、“虚”和“实”的统一。有了这种统一，天地万物才能化

① 《老子》第二章。

育、流动，才能生生不息。庄子进一步以“象罔”之论来发挥老子的这个思想。“象罔”象征着有形与无形、虚与实的结合，“‘象’是境相，‘罔’是虚幻，艺术家创造虚幻的境相以象征宇宙人生的真际”①。魏晋玄学的有无之辩、言意之辩，既继承了老庄的上述思想，又在形上学层次上更推进了一步。

道家的这种思想，对中国古典艺术中的意境的创造，影响十分巨大。“虚实结合”是中国古典美学中一条重要的原则，其思想源头就来自老庄。魏晋南北朝美学家提出的“气韵生动”的重要命题，就是对这一思想的进一步概括。唐代美学家在“象”的范畴外又提出了“境”的范畴，认为“境生于象外”，这些思想实际上都强调了艺术品的生命和意蕴，不仅表现于具体的言辞和物象中，而且表现于言辞和物象之外的虚空，审美观照的实质并不是把握具体物象的形式之类，而且要“澄怀观道味象”，在“言外之意”、“象外之境”中把握事物的本体和精神生命。中国古代诗画的意境结构中，无言无形的虚空、空白恰恰能传达丰沛的“言外之意”、“象外之境”，表现出中国人心灵里葱茏絪缊、蓬勃生发的生命情调和艺术意境。如果不了解道家关于有无、虚实、言意等等的辩证思想，就不可能真正懂得中国古代这种意境说的秘密。

① 宗白华：《中国艺术竟境之诞生》，《美学散步》第68页，上海人民出版社1981年版。

第三节　道家思想的基本精神及其现代意义

如前所述，道家思想特别是其哲学思想以其博大精深、隽永多义的思辨内涵，超迈豁达、反对独断的开放胸怀以及古朴恢宏、神奇玄妙的独特魅力，通过几千年的传承繁衍而辐射到中国传统文化的各个领域，对传统文化的形成和发展产生了重大的影响。同时，它又以老庄哲学思想为基本内核，以文学、艺术、政治思想、人生观、养生术、处世术及道教、中医、气功、武术等为表现形式和社会化、泛化形态，内化于中华民族的思维方式、行为方式、价值观念、心理结构和人格类型之中，凝聚而为中华民族独特的民族性格和民族精神的一个重要组成部分。

当然，也毋庸讳言，和任何传统思想文化一样，道家思想也既有精华亦有其糟粕。我们在总结道家思想的历史贡献时，也不应忽视其固有的历史局限性，而是应以现代意识和科学态度对道家思想所固有的历史局限性和消极面予以深刻的揭露和批判。例如，道家因崇尚自然高远、鄙弃狭隘功利而常常走向极端，主张绝对虚无，反对一切作为，甚至进而反对一切人类文化、知识和技术的进步，否弃文明的价值；因反对权威和社会的等级秩序、批判社会弊端而放弃社会责任，淡漠参与意识，不信任甚至完全拒绝任何具体实际的社会改革措施；片面强调树立独立意志而忽视正确处理人际关系、群己关系的必要性；道家所追求的绝对自由主要是个体性的和精神上的，对确立外在的基本自由权利，制约权力扩张并没有提供可操作的规范原则或基本设想，因而其追求的个体自由并没有真正的保障而极易滑入放浪形骸、玩世不恭、不谴是非的玩世混世态度，等等。应该看到，道家思想中的这些历史局限性和消极面，的确对中国传统文化产生了许多不良影响，也对中华民族精神具有一定的腐蚀性。

不过，虽然道家思想有一定的局限性和消极面，但这并不意味着它已可以作为僵死了的思想化石陈列在历史博物馆中。实际上，道家思想迄今仍具有“活的精神”，包含了许多具有持久生命力的真理颗粒，包含了可以走向现代化、走向未来的古老智慧。特别是由于道家所提出和关注的基本问题，往往都是一些贯通古今中外、属于全人类都必须面临的共同问题，具有最大的广泛性、普遍性和永久性的价值和意义，而道家思想家们对这些问题的探讨更是充满了深厚博大的东方智慧，因此，道家思想的许多基本精神具有多方面、多层次的现代价值和现代意义，值得我们进行深入的开掘和阐发。下面就道家思想的基本精神及其现代意义的几个主要方面略作探讨。

一、崇尚自然、返璞归真

道家的思想体系虽然是以“道”为核心，但其最基本的精神却在“自然”两字。道家哲学是一种以自然哲学为构架的，以“自然之道”一以贯之的思想体系，它的本体论、人生观、政治哲学等都无不主张“道法自然”，体现了鲜明的自然主义色彩。可以说，道家都是一些热爱自然之美的自然主义者，道家哲学是一种歌颂自然之性的自然主义哲学。道家思想的种种基本特性和基本精神皆由此生发而来。

道家崇尚自然的真正旨意，首先就在于要求人类顺应“自然之道”，返璞归真，以“自然”、“无为”作为社会、人生的理想状态。老子说：“人法地、地法天、天法道、道法自然。”① “道”

① 《老子》第二十五章。

是最高的本体，人、地、天都要效法道，但所谓“道”，其根本特性又是“自然”，所以人、地、天效法“道”最终又等于效法“自然”，“自然”是“道”及一切万物的根本精神之所在，因此老子又说：“道之尊，德之贵，夫莫之命而常自然。”① 魏晋玄学也明确地提出要“越名教而任自然”。道家所尊崇的自然，既指大自然的天然状态，又指由此引申出的顺其自然、自然而然的境界。道家人物都十分喜爱大自然，整部《老子》、《庄子》及陶渊明的诗等等，都充满了对大自然的赞颂，对和谐、纯朴、壮阔的自然之美和自然万物生机勃勃的生命力的由衷向往。

在道家看来，与这种大自然相比，人类社会已经越来越失去了纯朴天真美好的自然品性，造成了种种丑恶和祸害，特别是看到人间的巧伪权诈、浮华奢侈、贪欲暴虐、厚颜无耻，真让人无限厌恶。而造成这一切的根本原因就是由于人类一步步远离了自然之道。老子说：“失道而后德，失德而后仁，失仁而后义，失义而后礼。”② 所以他们要求人们学习大自然的纯朴和谐，让一切事物都回复到其原始的自然状态，让事物显示其本来的面目，让人们保持质朴的天性，这就是返璞归真。他们认为，矫饰仁义、滥用礼乐、卖弄智巧，如同骈拇枝指，附赘悬疣，不合于自然之道。更有甚者，以钩绳规矩削性、以纆索胶漆侵德，这些皆有害于人性的正常发育，于社会人生无补，不如各顺其性命之情，让其自然而然的成长发展。③ 所以，道家的最大理想就是主张顺应自然、返璞归真、见素抱朴的自然主义理想。这种自然主义理想，在天就是自生自成的自然；在人类就是小国寡民淳朴社

① 《老子》第五十一章。
② 《老子》第三十八章。
③ 参见《庄子·骈拇》等篇。

会，在这种社会中人民得朴素之性而和睦合作，少私寡欲；在个人就是纯朴自由的真人赤子，人人保持真性情，追求自然之乐；在政治就是不施强权也不行仁政的无为而治；表现于美学，则追求平淡天真之美，反对雕凿和矫饰，形成以纯朴自然、平淡空灵为“至美”的审美风格；表现于人与自然的关系上，则一方面人类应承认并尊重所有物种的平等的、等价的生存权利，反对破坏自然秩序，另一方面人应“回归自然”，回到“同与禽兽居、族与万物并”① 的人与自然万物共生共荣的和谐状态。

道家崇尚自然、返璞归真的自然主义思想，是以将自然状态理想化为其逻辑前提的，这显然是其理论的一个内在缺陷。从自然状态的理想化这一基本前提出发，道家对一切人文创造往往都持批评和否定的态度，表现了一种消极的倾向，它表明了道家未能辩证地看待人类历史的文明和进步进程中的矛盾性，而只寄希望于以干脆否弃文明和进步的方式简单地取消这种矛盾。但从价值观上看，道家的自然主义思想还是蕴含了多方面、多层次的现代价值和现代意义。它首先提醒我们人类不应只知一味地往前走，无限度地追求人文创造乃至财富、成就、功名、利欲，而无视它们所同时带来的消极性和负面意义，看不到人类文明进程中的深刻矛盾性。因此，道家自然主义思想的一个内在意蕴，就是要批判和反省由文明进步所造成的人与自然分离的现象，寻找一种人与自然重新契合的生存方式。譬如，就人与自然的关系而言，依据道家的观点，人与自然不应呈现为一种紧张的关系，人的文化创造不应无视自然之理，而是应当尊重自然，遵循客观规律；人类特别是现代人应该通过热爱自然，尊重自然秩序，保护生态环境，消除人类的自我中心主义，回归到人与自然融合无间

① 《庄子·马蹄》。

的和谐状态。就人自身来说，自然主义的生活态度和价值取向无疑对消除现代社会生活所造成的紧张感、人与人、人与社会之间的异化性、人与自然之间的疏离状态以及道德观念等方面的精神危机等，无不具有巨大的启迪意义。此外，道家对自然的关注和热爱，一直诱导着人们去探索自然和生命的奥秘，为中国古代科学技术的发展做出了重大的贡献。正如李约瑟所说，道家作为一种自然主义哲学，它“发展了科学态度的许多最重要的特点，因而对中国科学史是有着头等重要性的”①。道家的自然主义思想和态度对于我们今天探索自然、发展科学仍是一座蕴藏了丰富的思想资源的宝库。

二、辩证的睿智

道家思想是非常富有辩证精神的，道家辩证法是中国古代重要的辩证法系统之一。但是，道家辩证法的一个基本特点就是它并非纯思辨的概念辩证法和客观辩证法，而是一种以社会斗争和人事经验为真正立足点的“实践的辩证法”，即是一种“保持生存避免转化的政治辩证法和生活艺术”②。正因为如此，道家思想在社会政治生活和个人生活、处世艺术等方面都表现了胜人一筹的辩证睿智，成为一种典型的“中国的智慧”。

由于道家具有深邃的辩证睿智，因此他们对所有事物往往有深入一层的看法，能透过事物的表象而直探其底蕴，提出和一般常识完全不同的主张。譬如人们通常容易看到事物的正面，即其主动与显露的部分、前进的轨迹和刚强的威力，道家却要我们着重事物的负面，即其被动与深藏的部分、曲折的过程和柔弱的作用，并且认为，后者在事物的发展中往往比前者更重要，所以道

① 李约瑟：《中国科学技术史》第二卷《科学思想史》第175页。
② 李泽厚：《中国古代思想史论》第90页，人民出版社1986年版。

家主张因循自然，“无为”、“无智”、“无欲”、“无私”、“不争”，主张处弱居下，贵柔尚静，返璞归真。老子说，“弱者道之用。”① 这一句话实概括出了老子人生哲学的一个基本特征。一般人会以为道家这种“无为”、“取弱”的哲学太消极，甚至太傻了，不适用于今日“优胜劣败，适者生存”的激烈竞争、积极进取的时代。其实，道家讲的守弱贵柔，是指坚守住万事万物的原动力，这种原动力虽然处于原始的、弱小的、沉静的状态，却蕴含着强大深厚的生命力，最终可以以“柔弱胜刚强”②，这就是所谓“天下莫柔弱于水，而攻坚强者莫之能胜”③ 的道理。再者，道家认识到，事物的强弱乃至人生的祸福穷达，在一定条件下都是可以转化的，表面上强的，实质未必强；此时强的，彼时未必强；强大繁盛之时，往往开始走向衰败毁灭。因此，道家教人“致虚极，守静笃”，处变不惊、虚静自守、厚积薄发，实现以静制动、后发制人、以虚应实、以退为进，以屈求伸。可见，道家的柔静之道并非是完全消极的哲学，而是“正言若反”、“进道若退”的辩证哲学，充满了历史和人生的智慧，具有境界高远、深沉超越的丰富内涵。它开掘了生命和历史的深度，能培养人的深沉持重的品格，加强人的韧性和灵活性，以便迎接和承受各种艰难险阻的挑战。在历史上，道家思想的这种基本精神形成了超越世俗、淡于名利、心怀广阔的道家风度，成为传统知识分子特别是历代隐士的主要精神慰藉，也成为中华民族战胜各种艰难险阻、走出困境的重要精神信念和精神力量。直到今天，它仍能为我们现代人谋求身心的平衡和心灵的安宁，提供抚平各种挫

① 《老子》第四十章。
② 《老子》第三十六章。
③ 《老子》第七十八章。

折、创伤、痛苦和不幸的安慰剂，特别是在继承中华民族自我超越、深沉持重、胸怀博大的品格和百折不挠、自尊自信、爱好和平的民族精神方面，它能继续发挥巨大的影响。

三、追求自由平等、个性解放的人道主义精神

道家哲学虽然建构了一个以自然为基本框架的形上学体系，但它所说的“道”实际上就是人道化的自然之道，人道问题是自然之道问题的理论原点和逻辑归宿，所以，人的问题始终是道家哲学的一个内在主题。而道家哲学对人的问题的探讨则渗透了追求自由平等，个性解放的原始人道主义精神。

道家人道主义精神的一个重要方面就表现为对人的个体自由和个性解放的热烈追求。与儒墨注重强调人的道德化、社会化的意义不同，道家对人的个体价值和个人自由则予以了更多的关注。庄子说：“泽雉十步一啄，百步一饮，不蕲蓄于樊中。”① 草泽中的野鸡觅食寻水尽管艰难，它也不愿被蓄养在笼子里，因为保持天然的自由生存状态比免受饥渴之忧更重要。庄子在此高扬动物的自由，目的是为了比拟人的自由，为了给人的自由提供一个理论的支点。在庄子看来，人生的第一要义就是自由，而现实社会中的仁义道德、世俗价值、名位利禄、政教礼法等等都不过是束缚人、奴役人的篱樊。为了实现自由，首先就要摆脱这一切奴役，使人的个性从各种篱樊的束缚中解放出来。庄子本人手持钓竿，谢绝楚王的千金之聘、宰相之位，还把国相的尊位比为“腐鼠”，把君王的宠爱视为文服牺牲，宁愿穿破衣、打草鞋，像泥鳅一样自由自在地戏游于污泥之中，“终身不仕以快吾志”，充分肯定了个体生命的价值就在于保持自由。庄子及大多数道家人物之所以都采取“独乐其志”、“汪洋恣肆以适己”的“避世”态

① 《庄子·养生主》。

度，正是在不得已的情况下，力图超越世俗的价值取向和险恶的政治环境而追求个人自由和个性解放的一条重要途径。

道家的原始人道主义精神的另一个重要表现是其平等思想。道家大都是在野的思想家、平民知识分子，基本上是普通的士阶层及平民百姓的代言人。这种社会角色使他们有较多的机会体察社会下层人民的疾苦，反对不合理的等级秩序，产生平等思想。这使他们与主张“爱有差等”、“尊卑有序”的儒家思想形成了鲜明的对照。譬如庄子认为：“自其异者视之，肝胆楚越也；自其同者视之，万物皆一也。”① 万事万物虽然在表面上千差万别，但从它们的根源看，都是基于同一个“道”，又归于同一个“道”，并没有什么根本差异，所以“以道观之，物无贵贱”。既然人与天地万物之间都没有真正的差异等级，那么人类社会自身中的尊卑贵贱又何足挂齿！“夫至德之世，同与禽兽居，族与万物并，恶乎知君子小人哉！”② 道家认为现实社会里人的尊卑贵贱，贫富差别，是人为的、非自然的，是对人的本性的扭曲和异化。老子曾愤慨地指出：“天之道，损有余以补不足，人之道则不然，损不足以奉有余。”③ 造成这种人类社会不平等的原因，就在于种种人为的器用技术、心机智巧，特别是礼法制度、仁义道德，“天下多忌讳，而民弥贫，人多利器，国家滋昏；人多技巧，奇物滋起；法令滋彰，盗贼多有”④，“夫礼者，忠信之薄而乱之首”⑤。而在理想的自然状态里，由于自然纯朴、不尚智巧、

① 《庄子·德充符》。
② 《庄子·马蹄》。
③ 《老子》第七十七章。
④ 《老子》第十七章。
⑤ 《老子》第三十八章。

不争名利，不仅人人平等，甘苦与共，而且还可以达到人与自然也平等和谐相处、身与物化、齐同万物的境界。道家思想从物性平等、齐同万物、“道通为一”的立场出发，反对把价值标准、审美标准等绝对化，主张相对论和多元论，赞颂“十日并出，万物皆照”的兼容并包、一视同仁的平等精神和开放心灵。道家的平等思想试图为人们打开一个无穷的时空系统，使一切社会不平等制度、等级观念以及人类的自我中心主义都能在其中得到消解。

当然，由于道家所追求的自由、平等主要是个体性的和精神上的，并没有对实现人的外在的基本自由权利、消除现实社会中的不平等现象提出切实可行的措施，因而往往具有主观的空想性质。但是，尽管如此，道家的人道主义思想在中国历史和传统文化中仍然具有不可忽视的重大意义。因为中国传统文化中历来有明显的重人伦轻自然、重群体轻个体的倾向，强调个人的义务和道德人格，而不重视个人的自由和平等的权利。几千年来的封建专制制度也以扼杀人的自由、平等甚至基本的生存权利为突出特征，在本质上是反人道的。所以，道家思想从“道法自然”的原则出发，推崇人和社会的自然状态，批判人的异化物对人的限制，在消极的外表下，以浪漫的形式，肯定了人对自由平等的追求，是具有真正的人道主义的精神内涵的。它对于弥补中国传统文化中以儒家为主的道德人伦主义人学观的不足，打破僵死的封建专制主义观念及不平等制度，都有着重要的理论价值和实践意义。而且，由于实现人的自由和人性的解放是一个漫长的历史过程，高举人道主义旗帜，仍将是现代社会和未来发展的一项基本使命，我们完全应该从历史上包括道家在内的各种人道主义精神中吸取丰富的思想滋养，建构起社会主义人道主义的崭新形态。

四、警世醒世的批判现实主义精神

道家思想从它产生的时代起，就具有愤世嫉俗的鲜明特色，渗透了强烈的批判现实主义精神。它以否定的目光审视周围的一切，看到了社会历史中普遍的异化现象，揭示了社会发展与文明进步中的二重性以及文化价值的分裂，特别是对中国传统的宗法等级制度、道德说教、礼仪文化以及黑暗的社会现实提出了根本的怀疑和否定，以激进的态度全方位、多角度地批判了人类文明的负面，实现了一系列的价值转换和价值重估。老子抨击仁义、礼智、孝慈和礼乐教化，向往“绝圣弃知”、“绝仁弃义”、“无为而治”的自然社会。庄子用齐物论从根本上破除了人们对偶像、权威的崇敬心理，用“逍遥游”挣脱世俗名利的束缚，追求个性与精神的自由，用自然无为论批判政治礼教对人性的摧残，以终身不仕的行为表示与统治者之间坚决的不合作态度。庄子后学更是把批判的锋芒直指当时的统治者：“窃钩者诛，窃国者为诸侯，诸侯之门而仁义存焉”，故“圣人不死，大盗不止”①，尖锐地揭穿了封建统治者及其道德说教的虚伪无耻，深刻地动摇了君权统治的合法性基础。老庄的这种批判思想，对后世产生了深刻的影响，后世的各种社会批判思想和异端学说大多与此有关。嵇康、阮籍“非汤武而薄周孔”，“以六经为污秽”，主张“越名教而任自然”，鲍敬言把社会的灾难归罪于有君王，而直接提出“无君论”；李白、李贽、黄宗羲、戴震、谭嗣同、陈独秀、胡适、鲁迅等人对封建社会的尖锐抨击，其鲜明的叛逆思想和性格无不与道家思想中强烈的批判精神血脉相承。总之，在几千年的中国封建专制社会中，尽管道家思想在绝大多数时间都是作为非正统的民间思想存在和发生着影响，但它始终保持着可贵的时代忧患意

---

① 《庄子·胠箧》。

识和社会批判意识，形成为一种着力批判官文化和不合理现实的异端思想传统，有着警世醒世的巨大社会功能。

道家对社会现实的批判是与其对自由、平等的合理化社会的追求紧密相联系的。前者作为时代忧患意识、后者作为社会参与意识，就像一把利剑的双刃，两者是互为条件、互相依存的对立统一关系。老庄等道家思想家虽然大部分都隐居不仕，但却不是简单地消极避世，而是坚持以独特的方式入世，其思想的基调往往是积极的，即所谓“遭治世不避其任，遇乱世不为苟存”①，既表现了“生于忧患”的忧患意识和批判意识，又充满了“务为治者”的参与意识和以“无为”而达到“无不为”的历史使命感。老子“著书上下篇，言道德之意五千余言”②，既痛陈了时弊，又明示了大道；庄子如果不关心社会和人民的命运，就不会“著书十余万言”③ 来表达他对时代的沉痛感受和对理想的社会人生的向往。可见，道家思想也是既有“破”又有“立”的。只是由于旧中国传统政治的黑暗和专制制度的阻隔，使具有独立意识、批判精神和自由人格的知识分子始终缺乏正常的参与渠道，相反，却由于缺乏基本的民主和自由，甚至连知识分子和普通百姓起码的批判、议政的权利和生存权利都没有任何保障，道家的这种批判现实主义精神未能得到健康正常的发展。不过，正是在这种历史的曲折面前，道家的批判现实主义精神虽然远非科学，但却始终有着不死的生命价值，能为现代乃至未来的合理社会的建构提供永恒的启迪，具有普遍的和深远的意义。

---

① 《庄子·让王》。

② 《史记·老子韩非列传》。

③ 《史记·老子韩非列传》。

参考书目

朱谦之:《老子校释》，中华书局 1984 年版。

陈鼓应:《庄子今注今译》，中华书局 1985 年版。

陈鼓应:《老庄新论》，上海古籍出版社 1992 年版。

牟钟鉴等:《道教通论》，齐鲁书社 1991 年版。

(英) 李约瑟:《中国科学技术史》第二卷《科学思想史》，科学出版社 1990 年版。

《中国哲学史教学资料汇编·魏晋部分》，中华书局 1963 年版。

第五章　中国古代宗教

宗教是中国文化的一个重要组成部分，源远流长。中国人自身固有的宗教观念纷繁复杂，加之异族宗教的传入，致使中国历史上的教派林立，教义繁多。研究中国古代宗教的教派流布、文化特点及在中国文化史上的重大影响，有助于我们更进一步地理解中国古代文化的丰富内涵。

第一节　中国古代宗教的主要派别

一、原始宗教

宗教是人类进化到一定历史阶段的产物，它的产生必须以人具有一定的思维水平和语言能力为前提。到目前为止，在我国发现的最早的宗教遗迹是距今 18000 年的“山顶洞人”留下的。考古学家在“山顶洞人”的公共墓地发现了随葬品和红色的赤铁矿粉末，这说明他们已经具有了关于灵魂的观念。自然崇拜作为原始宗教的最初形式，可能比灵魂观念的产生还要早些。

（一）中国原始宗教的形式

中国原始宗教的主要崇拜形式有自然崇拜、灵物崇拜、图腾崇拜、祖先崇拜、英雄崇拜和灵魂崇拜等。

自然崇拜是最早的崇拜形式，它把和人们生活息息相关的自然物和自然力神化作为崇拜的对象。具体来说它包括对日、月、山、石、水、火、土地和动植物的崇拜。北京的天坛、地坛、日坛、月坛说明中国人把这种自然崇拜一直延续到近代。

灵物崇拜是相信一些很平凡的东西上可以附着一种魔力，这些东西对人可以起一定的护佑作用，人们将它作为护身符加以珍爱，时时配戴在身上。

灵魂崇拜是相信在人身上存在着某种纯粹的精神实体——灵魂，它可以和肉体相结合，主宰肉体的活动，也可以脱离肉体而单独存在。人死后，会骨消肉烂，但灵魂却永远不朽，而且对活人还会有一定的影响。

图腾崇拜。图腾是印第安语“totem”一词的音译，其原意是有血缘关系的人的一种标志。原始部落中的人相信他们的祖先是某种动物或植物，把它神化作为部落的图腾，保护神。龙是中华民族的图腾。

祖先崇拜是中国原始先民中影响最久远的崇拜形式。原始人相信和自己有血缘关系的前辈死了以后，其灵魂对自己的生活仍然有一定的影响，赐福或者降灾。考古出土文物提供了中国祖先崇拜的丰富材料，如辽西出土的女神像就反映了母系社会中对女性祖先的崇拜。

英雄崇拜是把真实存在或者幻想出来的历史人物加以神化作为崇拜的对象。原始人相信这些人生前强壮有力，聪明无比，死后其灵魂也可以保佑后辈。中国原始英雄崇拜的对象主要有两类，其一是部落首领，如炎帝、黄帝、颛顼、尧、舜等；其二是生产工具和技术的发明者，如神农氏、燧人氏、有巢氏等。

偶像崇拜是原始人把他们崇拜的对象琢磨或塑造成一定的形象。这些偶像可能是动物形象，也有可能是人和动物的混合形象，但是逐渐被人的形象所取代。

（二）中国原始宗教的特点

像其他民族的原始宗教一样，中国的原始宗教也是自然宗教，它主要是人和自然之间矛盾的反映，崇拜的对象是自然物或者自然力。原始先民可以平等地参加宗教活动，原始宗教大多没有拥有神学特权的神职人员。

原始宗教的崇拜对象同原始人的生存环境息息相关。愈是古老的文化，愈具有明显的地域色彩。中华民族生息繁衍的这片广袤的土地，地理环境相当复杂，高山大海丘陵平原无一不有，使得中国先民的原始宗教具有显明的地方特色。他们居山拜山，临海祭海。鄂伦春人以熊为图腾，而傈僳族人则以竹为图腾。中国的原始宗教呈现着极为复杂的表现形态，崇拜的对象五花八门、林林总总。民族的融合使宗教信仰更加复杂化。中国的龙崇拜、麒麟崇拜等都是多种图腾崇拜相融合的结果。

中国虽有漫长的海岸线，但中国的远古文明主要集中在黄河、长江流域，中国的远古文化是典型的内陆文化，大陆文明在原始宗教中有突出表现。大陆文明决定了中国先民以农业为主要的经济运作方式，农业文明又决定了中国先民的原始宗教集中在对日、月、山川、风雨、雷电、大地等这样一些对农业生产有明显影响的自然现象上。农业耕作是以一家一户为生产单位进行的，家庭在生产中的重要位置，导致了它成为社会生活的核心。因此，祖先崇拜在中国原始宗教中占有核心地位，而且源远流长。由于农业耕作抵抗天灾人祸的能力很弱，所以人们渴望英雄人物的护佑，从而使英雄崇拜在中国原始宗教中也占据了相当重要的位置。

二、佛教

佛教是公元前 6 世纪到前 5 世纪产生于古代印度的一种宗教，1 世纪前后传入中国，后来被许多中国人接受，成为中国历史上最主要的宗教形式。

（一）佛教的产生和传播

佛教的创始人释伽牟尼，本名悉达多·乔达摩，佛教徒尊称其为“佛”或“世尊”。佛的意思是觉悟者。相传，佛祖29岁出家苦修，立志为众生寻找解脱痛苦之路，后来在菩提树下静思觉悟而成佛。

古印度佛教就有许多派别。从释伽牟尼传教到其涅槃后一百年内，佛教影响虽然逐渐扩大，但教义却没有多大改变，史称这个时期的佛教为原始佛教。而后佛教分为上座部和大众部，后又分为18部派，史称这个时期的佛教为部派佛教。在大众部中又生出一个派别，认为以往佛教只重个人解脱，是小乘佛教，而他们的教法如同一条大船可以普渡众生，故称大乘佛教。1世纪前后，大乘佛教又分裂出空、有二宗。

佛教开始只在恒河两岸流传，到孔雀王朝的阿育王（约公元前273～前232年在位）时代，开始传播到印度各地，并影响其他国家：向西传到希腊、埃及，向南传到斯里兰卡，向东传到中国、日本和朝鲜。7～8世纪，佛教在印度开始衰落，而在中国等地却获得长足发展。

（二）佛教的基本教义

佛教的基本思想包括四谛说、缘起论、业报轮回说和三法印等理论，其最根本的思想是一切皆苦、一切皆空。

1. 四谛说。谛即真实无妄的道理。“四谛”包括苦、集、灭、道，是佛教坚持的四种宗教义谛。

“苦”是佛教对人生的总体评价。苦有8种：生、老、病、死、爱别离、怨憎会、求不得和五蕴盛。五蕴指构成人生的色受想行识五种元素，色是肉体，受是感受，想是思想，行是意志，识是意识。人有五蕴则有欲望，如有色身故有食欲、性欲，欲望不能满足则有痛苦。

“集”即人生痛苦原因的集合。人生痛苦的原因是烦恼，最大的烦恼是贪、瞋、痴以及慢、疑、见等。人因烦恼而迷于事真，使身、口、意做出下善之业，陷入三世轮回的痛苦。

“灭”是人生苦难的寂灭，是佛为众生提供的“常、乐、我、净”的理想境界。佛教徒称这种境界为涅槃，认为达到涅槃则超脱了轮回，进入极乐之境。

“道”是追求涅槃的途径和方法。佛教主要讲八正道：正见，即要有正确的佛教见解；正思，即摆脱俗念，只做佛教思索；正语，即使语言合乎佛法，不妄语、不恶语、不暴语；正业，即使行为合乎佛法，不杀生、不偷盗、不邪淫；正命，即依据佛法规定谋求衣食所需；正精进，即要求信徒努力止恶扬善，不懈怠；正念，即铭记佛法；正定，即要心住一境，杂念不起，正身端坐，身心俱静。

2．缘起论。“缘起”是佛教对世界万物毕竟空的缘由的解说。佛家认为，诸法皆由因缘和合而生，一切事物的生起都是一种相互依存、互为因果的关系，而不是真实的存在，没有必要执着，人生亦是如此。人生由无明、行、识、名色、六处、触、受、爱、取、有、生、老死十二因缘和合而成。无明缘行，由于无知而有种种世俗的意志活动生起；行缘识，由于意志活动使心识向与意志活动相应的处所投生；识缘名色，在母胎中身心得以发育；名色缘六处，胎儿形成眼、耳、鼻、舌、身五种感官和心；六处缘触，胎儿出生，感官与外物接触产生触觉；触缘受，年龄增长，人对外物产生苦乐的感受；受缘爱，人生进入青年，对外物由感受而生贪爱；爱缘取，成年后，贪欲转盛，对享受执著不放；取缘有，执著的追求转化为思想行为；有缘生，此世的行为导致来世的果报；生缘老死，有生则必有老死。

3. 业报轮回说。佛教主张恶有恶报，善有善报。报应分为现世报和来世报：现世报就是今生业今生即得报应，来世报是今生业决定下世乃至二世、三世以至万世、无穷世灵魂轮回时的报应。灵魂在地狱、鬼、畜生、阿修罗、人和天六道间轮回，行善可以提高轮回的层次，但只有皈依佛法，虔诚修炼，觉悟成佛才可以跳出六道，超脱轮回之苦。

4. 三法印。佛教称“诸行无常，诸法无我，涅槃寂静”为三法印。世间万物流转变迁而无永恒不变，万物皆由因缘和合而生，并没有独立的“自性”。总之，万物皆是空幻，不可执著，只有皈依佛教，认清世界本“空”，觉悟成佛，进入涅槃寂静的境界，才可以远离烦恼，寂然长住。

(三) 佛教的传入和中国化

人们一般认为佛教正式传入中国的时间是东汉明帝永平十年(67年)。佛教自传入中国到与中国文化融合，经历了一个漫长的过程。

汉、晋时期，佛教初入，中国人把它看成一种神仙方术。佛教在这一时期主要是翻译佛经，当时最著名的翻译家是支娄迦谶和安世高。僧人译经时注意了中国人的心理，用儒、道思想解释佛经，并剔除了佛经中与中国传统文化不相融合的内容，史称“格义”。

南北朝时期，佛教僧人进一步把佛教思想和儒、道思想相融合，开始创建具有中国文化色彩的佛教宗派。这个时期佛教讨论的核心问题是佛性理论，代表人物有慧远、梁武帝和竺道生。慧远和梁武帝结合中国“神不灭”的思想来谈佛性，竺道生所倡导的“众生皆有佛性”说则显然带有“人皆可以为尧舜”的思想色彩。

隋、唐时期，中国佛教达到鼎盛。这一时期出现了许多富有中国文化色彩的佛教宗派，主要有天台宗、三论宗、华严宗、唯识宗、净土宗、禅宗、律宗和密宗等八大宗。

宋、明以后，佛教真正与中国文化融为一体，出现了儒、释、道三教合流的局面。

（四）中国佛教的主要宗派

隋、唐时形成的中国佛教八大宗对后世影响较大的是天台、华严、唯识、净土和禅宗。

天台宗。创始人是隋朝天台山国清寺僧人智顗（531～597年）。该宗以《法华经》为主要经典。此宗的主要理论是“一念三千”和“三谛圆融”。相信世间万物乃“一念心”所生，世间万物皆空幻无实（空谛），只是假有名相而已（假谛），空假不即不离又相即相离，此乃万有本质（中谛），空假中三谛系于一心。

唯识宗。创始人是不畏艰辛去印度取经的唐代高僧玄奘（602～664年），该宗崇奉的主要经典是《瑜伽师地论》和《成唯识论》，它宣扬的主要思想是外境非有，内识非无，万法唯识，心外无法。

华严宗。创始人是唐代僧人法藏（643～712年）。武则天亲赐法藏为“贤首国师”，该宗遂又称贤首宗。该宗崇奉的主要经典是《华严经》。该宗的主要理论是“一真法界”和“法界缘起”，将“一真法界”即真如佛性视为世界一切现象的本源，用“法界缘起”即“一即一切，一切即一”的相对主义原理来否认世界现象（法）的真实性。

净土宗。创始人是唐代僧人善导（631～681年）。该宗崇奉的主要经典是《阿弥陀经》、《往生论》。净土宗没有深奥的理论，宣扬现世是尘世秽土，而西天佛国则是净土，皈依佛法，修念佛法门，则能往生净土。后被禅宗吸收。

禅宗。是东土佛教中最具中国特色、影响最大、传播最久远的一个宗派。相传中土禅宗初祖是梵僧菩提达摩，实际创始人是唐代高僧六祖慧能（638～713年）。影响该宗的主要经典是《金刚般若经》、《涅槃经》，但历代禅师皆以慧能的《坛经》为立宗经典。慧能门下弘扬禅宗精神，形成了曹洞、云门、法眼、沩仰、临济五派，临济宗在宋代又分为黄龙、杨歧两派，即所谓"五家七宗"。慧能立宗强调"教外别传，不立文字，直指人心，见性成佛"和"无相为体，无住为本，无念为宗"。

隋、唐形成佛教八大宗，标志着中国佛教的鼎盛，宋明以后三教合流，佛教开始衰落，许多宗派影响渐微，只有禅宗和净土宗影响久远。

三、道教

道教是中国惟一的土生土长的系统宗教。究其思想渊源大致有四个方面：中国古代原始宗教中的鬼神崇拜；战国以后的神仙方术；秦、汉之际的黄老之学；老庄哲学等。

（一）道教的产生和传播

道教产生于东汉顺帝（126～144年间在位）年间。相传沛国丰（今江苏丰县）人张陵（34～156年）学道于四川鹤鸣山（一作鹄鸣山，今四川大邑县内），得太上老君口授作道书24篇，创立道派。当时入道者皆须交纳五斗米，故称"五斗米道"。张陵被尊为张天师，故该教也被称为"天师道"。

东汉道教的另一支称为太平道，由巨鹿（今河北平乡）人张角（？～184年）创立于汉灵帝熹平年间（172～178年）。张角将传教与组织农民起义结合在一起，其队伍头缠黄巾，被称为黄巾军。黄巾起义被朝廷镇压，太平道也受到了致命打击，继而转为民间秘密信仰。

张陵死后，其子张衡继天师位，又传天师位于其子张鲁，张鲁割据汉中，创建了一个政教合一的地区政权，使道教在这一地区获得了迅速发展。后张鲁投降曹操，被封侯，五斗米道得到官方保护。

道教昌盛于隋、唐。自汉至唐，数百年战乱频仍，民不聊生。道教适应人们求安的心理，同时邀宠于朝廷，所以逐渐兴盛。东晋时葛洪从神仙方术角度发展了道教，创立了道教丹鼎一系。陆修静、陶弘景从符箓角度发展了天师道，创立了道教符箓一系，重符箓丹鼎的天师道，史称之为“南天师道”。南北朝时北魏寇谦之改革“五斗米道”，创立了“北天师道”。唐朝皇帝以老子为李氏祖先，道教得到官方青睐，一度位列三教之首，道教发展到顶峰。宋时统治者仍提倡道教。元朝南北天师道合流形成了“正一道”。同时，道教内另一支——全真道兴起，反对正一道注重符箓禁咒，强调识心见性的内修功夫。

明中叶后道教渐失人心，开始衰落。清朝官方重佛抑道，乾隆将正一真人官阶从二品降至五品，限制天师职权，取消了天师统驭三山（龙虎山、阁皂山、茅山）的地位，道光又废弃了天师朝觐礼仪，道教失却官方恩宠，复成为民间信仰。

（二）道教的主要信仰

道教的基本教义可一言蔽之为尊道贵德，羽化登仙。

“道”是道教的根本信仰。在道教中，“道”是造化之根，天地之元，五行以之成，万象以之生，是万物之源，万能的创造者。道生气，气生万物。道教还把“道”改造为灵而有性的神异之物，人格化为“三清神”，道教将道家“道生一、一生二、二生三、三生万物”的宇宙起源论解释为洪元、混元、太初三个不同的神秘的世纪。

“道”也是道教的主要信仰。所谓德即得道。道之在我为德，有得于道则可以长生久视，羽化成仙。德有数端，要之有三：一“慈”、二“俭”、三“不敢为天下先”是道教的基本教规。道教要求信徒要像父母爱护子女一样慈爱万物，去奢念，清心寡欲，澹泊自守，不逞强，不称霸，惟如此方可望成为“真人”或神仙。

道教的理想是长生不老，羽化成仙。为了达到这一目的，道教徒探索了种种修持方式。

首先是内养功。相信按一定的方法，运用人体固有的“精气神”为丹药，以身体为丹鼎，修炼内丹，聚成圣胎，便可延年益寿。具体说包括内观、守静、守一、存思、服气、行气。内观是内视自身澄彻其心。守静、守一、存思是使思想集中于一点，身心俱静。服气、行气则是吐纳天地真气攻击体内疾病以养身。

其次是外养功。采集各种矿物和动植物作为药物，用丹鼎炮炼成丹药，相信服丹可以长生不死。

再次是房中术。古代学士所说房中节欲、养生、保气之术，也称男女合气之术和阴阳双修功，其根本思想是相信男女以恰当方式进行性交可以使人延年益寿，甚至白日飞升成仙。

（三）道教的主要派别

道教在发展中，形成众多教派，其主要教派为正一道、全真道和大道教。

正一道。由天师道融合上清、灵宝两派而成，元成宗正德八年（1034 年）授第 38 代张天师张与材为正一教主，主领三山符箓，正一道成为道教中符箓派总称。该派以《正一经》为立宗经典。主要宗教活动是符箓斋醮、降魔驱鬼。该派戒律宽松，道士可不居宫观而有家室。其影响主要在南方。

全真道。由王重阳（1112～1170 年）创于金世宗大定七年（1167 年），以道家《道德经》、佛家《般若经》、儒家《孝经》为必修经典。反对正一道重符箓，倡导三教平等合一，宣扬孝谨第一，正心诚意、少思寡欲、清静无为是修道之本。王重阳弟子丘处机受到元世祖忽必烈重视，全真道大盛。后因全真道宣扬《老子化胡经》受到佛教攻击。全真道影响主要在北方。

大道教。由刘德仁创立于金元之际，以《道德经》为宗旨，该派道士必须出家，不重飞升化炼之术，不倡符箓，主张自食其力，重内丹，倡导见素抱朴，少思寡欲。影响主要也在北方。

四、中国民间宗教

民间宗教一般指秘密流传于民间而又为官方所禁止的宗教。中国民间宗教源远流长，起始于汉，宋、元以后影响渐大，至明、清尤甚。影响较大的有白莲教、摩尼教、罗教、八卦教、黄天教、红阳教、闻香教等。

（一）白莲教

原为净土宗的一支。创始人南宋茅子元先学天台宗，后于平山淀山湖建莲宗忏堂，自称白莲禅师，倡导禅净一致，不舍家缘也可往生净土。元朝后期该教吸收弥勒信仰，宣扬弥勒将从兜率天宫下临人间，在龙华树下说法渡众生，信徒成立白莲社。该教在元武宗、元英宗时多次遭禁。后来该教受到摩尼教影响，宣扬光明将战胜黑暗，善将战胜恶。元末农民领袖韩林儿自称弥勒转世，反对元人统治。明时该教又接受了罗教无生老母的信仰。该教教派众多，明代有闻香教、大乘教清茶门，清代有清水教、八卦教、天理教等。众多教门都曾为农民起义利用。元、明、清各朝统治者都镇压白莲教。

（二）摩尼教

3世纪，波斯人摩尼在拜火教的基础上融合基督教、佛教、诺斯替教创立了自己的教派，该教以“二宗”（光明、黑暗）、“三际”（初际、中际、后际）为根本教义，以先知摩尼为明王使者，相信摩尼传教可最终使光明战胜黑暗。唐初传入中国。唐武宗灭佛后，摩尼教成为民间信仰。五代、宋时，摩尼教也多次为农民起义所利用，如北宋方腊起义等。

（三）罗教

明正德年间（1502～1521年），山东即墨人罗清（又名罗梦鸿）创罗教于直隶密云（今北京市密云）。教徒尊其为罗祖。罗教仿照禅宗不立文字，否定佛像寺庙，以真空为世界本原，相信“真空家乡，无生老母”八字真诀。教徒多为漕运手，影响集中于运河两岸，各地设庵堂供奉罗祖，后对青帮产生很大影响。教内又分为无为教、大乘教、老官斋教多派。

（四）八卦教

清康熙年间（1662～1722年）山东人刘佐臣创立。该教以八卦为组织形式，形成了“内安九宫，外立八卦”的宗教体系。该教也称为五荤道、收元教、清水教、天理教、九宫教等。清中叶，该教曾组织农民起义，清末叶，义和团也曾利用八卦教。

第二节　中国古代宗教的总体特征

一、中国古代宗教的不发达性

中国人特别是其中占大多数的汉人，与世界其他民族相比，宗教观念淡薄，信仰系统宗教的人数比例很低；中国人没有因为纯粹宗教的原因发动过大规模战争；中国历史上，各教基本和平相处，没有发生过大规模的宗教迫害；宗教势力从未凌驾于政权之上，神权总是依附于王权；宗教在中国基本上没有造成特别严重的社会问题。

（一）民众宗教观念相对淡薄

中华民族的祖先主要生活于黄河流域，主要以农耕稼穑为生。大自然对中国人的赐予并不丰厚，人们不得不付出巨大的辛苦谋求生存，这就迫使人们将更多的精力集中于衣食住行，而无暇过多玄想。农业文明中，生活变化小，平淡，少风险，生活有规律可循，也易于使人循规蹈矩。一分汗水，一分收获，使中国人更重实际，轻幻想。黄河中下游多是平原、丘陵，平坦的地貌也不如奇山异水更刺激人们的想像力。在这种环境中成长起来的中国人更看重实实在在的东西，而不喜欢虚无缥缈。和欧洲人、印度人、阿拉伯人相比，可以说中国人宗教观念相当淡薄，几乎没有任何一种宗教令所有的中国人垂青。中国古代神话中的神与世界其他民族神话中的神相比，也是人性多于神性。许多民族中都有神创宇宙的神话，可是，在中国开天辟地的盘古不是被作为至高无上的神，而是作为中华民族的祖先而受到崇拜。在其他民族神话中，多是神向人传授文化知识和生活技术，而在中国神话中则多是人自己发明创造。古希腊神话中是天神普罗米修斯从天庭盗来神火，而在中国则是燧人氏钻木取火。除燧人氏外，还有像构木为巢的有巢氏、制八卦的伏羲、尝百草的神农等，这些神话人物，与其说是神，不如说是原始先民心目中伟大的发明家。中国人重人事轻鬼神，对宗教鬼神多持“不可不信，也不可全信”的态度。

（二）宗教从未占据意识形态的统治地位

世界许多文明民族的历史上都曾出现过宗教统治意识形态的现象。在欧洲封建社会，基督教占据一切意识形态领域长达千余年，基督教超越哲学、科学和政治之上，统治了人类生活的各方面。教权高于皇权，国王登基必须由教皇行加冕典礼。在阿拉伯、印度，国家的最高统治权也都曾长期掌握在僧侣阶层手中。而在中国几千年的文明发展史中，宗教一直都是政治统治者利用的工具，中国没有出现过政教合一的王朝，没有明确地实行过国教制，宗教从未凌驾于政权之上，而只是依附于王权，任何宗教和教派都必须邀得皇帝的恩宠才可以在社会中有所作为，任何宗教若与朝廷作对，其发展必然受到巨大的限制或打击。佛、道、基督教、伊斯兰教以及各种民间宗教莫不如此。

道教创立初期，太平道和黄巾起义结合在一起，被汉统治者扼杀在摇篮里，而五斗米道由于天师张鲁降曹被封为阆中侯，得到朝廷恩宠逐渐发展起来。历代道士中都有献媚朝廷以邀圣宠的。北周道士张宾对杨坚说自己洞晓星历，夸杨坚非人臣之相。隋朝道士徐则又对杨广说自己八十将为帝王师，暗示杨广拜他为师则可登帝位。唐时道士们又说老子显灵自称是李唐祖先，李氏统治者一度使道教位列三教之首。

自汉武帝采纳董仲舒的建议“罢黜百家，独尊儒术”，历代统治者沿袭以德治天下的儒教传统。因此，任何外来宗教对儒家思想是顺之则昌，逆之则亡。佛教初入，中国僧人翻译佛经时就故意将佛经中违背忠孝思想的内容剔除，其后，佛教的许多派别甚至将儒家忠孝思想纳入其中。清初，因为中国天主教内的多明我会认为耶稣会支持祭祖拜孔是卖主求荣，惹恼了清廷，康熙将多明我会教士逐出中国，多明我会教士到梵蒂冈状告耶稣会，罗马教廷遣使来华谴责耶稣会，使者被康熙杀死，西教遂遭严禁。

（三）中国系统宗教大多是舶来品

在中国除道教外，系统宗教大多是从外族引入的。在历史上，先后传入中国的系统宗教有佛教、景教、祆教（琐罗亚斯德教）、摩尼教、伊斯兰教、基督教、犹太教等。每一种宗教在中国的传播虽都未受到强力限制，但又都经历了一个漫长曲折的过程。中国人很难把外来宗教原原本本地接受下来，而往往要对之加以改造，假若外来宗教不与中国传统文化相融合，只是保持原有的独立和完整，那么，就很难存活下来。

自1世纪前后，罗马人将以色列征服，犹太人就开始了两千多年的流浪史。犹太人不论走到哪里都强化自己的犹太教信仰，犹太人虽在世界各地都曾受到排挤，但仍然保持了民族独立。12世纪时，犹太人来到中国，聚居于开封，中国人尊重其信仰，不歧视他们，但后来在中国的犹太人却被中国文化所同化。

基督教早在唐贞观九年（635年）就由波斯传入中国，当时称为景教，唐武宗灭佛，该教也遭波及，随之消失。元时，蒙古大军西征，基督教再次传入中国，并曾一度兴盛，但随着元灭明兴，基督教再度从中国消失。明神宗万历十年（1582年），耶稣会派传教士利马窦来华，天主教再度传入中国，并且存留下来。清初，基督教内多明我会反对中国人祭祖拜孔，基督教在中国又几度受到挫折，外国传教士很难入华。清仁宗嘉庆十二年（1807年），英国的马礼逊是第一位来华的基督教新教牧师，但在很长时间内也不得不以东印度公司的译员身份作掩护。鸦片战争后，基督教教士在一系列不平等条约的保护下大批来华。直到全国解放，中国有天主教徒300万，新教教徒100万。基督教产生三四百年就全面征服了欧洲，西方进入资本主义后，又曾征服了许多国家，可是在中国的数百年传播，却只获得信徒数百万而已。

伊斯兰教最早传入中国是在唐高宗永徽二年（651年），但在唐、宋时影响并不大。元时，蒙古大军西征带回大批穆斯林，影响渐大，但在以后的各朝代却多次受到官方扼制。到民国时期，伊斯兰教仅局限于维吾尔、回、哈萨克、乌孜别克、克尔克孜、撒拉、东乡、保安、塔吉克、塔塔尔等10个少数民族中。1982年，全国穆斯林也只有1400万人左右。

二、中国古代宗教的实用性

（一）中西方宗教心理差异

许多学者喜欢说西方文化是“罪感文化”，这自然是强调基督教在西方文化中的作用。基督教徒相信上帝创造了宇宙和人，人的始祖亚当和夏娃背叛了上帝，所以人人有罪，人类生活的目的在于向上帝赎罪，人应征服自然、改造自己以邀神宠，方可回归上帝怀抱。《圣经》中耶和华和撒旦的斗争，不是人世现实的纠纷，而是人类灵魂内心理的自相冲突，基督徒追求的超越是灵魂的洗礼。在基督教中人神关系优于一切现实的人际关系。基督徒是以灵与肉的分裂，灵与肉的双重痛苦为代价而追求意念超升、心理净化以及与上帝感通的狂热与陶醉，现实生活却是默默地忍受痛苦，当别人打你左脸时，把右脸也转过来让他打。把人生的意义寄托于上帝，寄托于超越此世，寄托于来世的天国。现世的痛苦被视为通向幸福彼岸之桥，被钉上十字架、鲜血淋淋的耶稣是人崇拜的偶像，这在中国人是难以理解的。

中国人追求的是现实世界的快乐，而不把幸福放到遥不可及的彼岸世界。他们不喜欢那些肉体和精神上的自我折磨，他们也有痛苦和忧患，但他们担忧的是"譬如朝露，去日苦多"，"又恐流年暗中偷换"。执著此生，不喜欢把现世生活彻底粉碎而叫人撕心裂肺的悲剧，喜欢大团圆的喜剧。中国诗人的名句是"人生得意须尽欢，莫使金樽空对月"，"有花堪折直须折，莫待无花空折枝"。思想家的名言是"未知生，焉知死"。而西方许多哲人却认为生命的价值在于学习死亡，死是生的目的，生为了死后世界。

中国人少有对死的极端恐怖，也就缺乏对彼岸天国的热望。中国人信教不是解决死亡这种生命中的根本问题，而是解决现实生活中实实在在的问题，甚至把宗教作为高雅的消遣。对中国人往往没有信仰的纯粹性可言，中国人平时不信佛，事到临头才临时抱佛脚，见庙就烧香，见神就磕头。因此，在中国救苦救难的观世音成了送子娘娘，基督教中人神心灵沟通的弥撒被用来求子、求雨，其宗教信仰的实用功利性是显而易见的。

（二）中国民间鬼神信仰的流行

中国人信教的目的是解决生活中的实际问题，所以中国人更少相信至高无上的惟一神，而相信有实际功用的鬼神。原始宗教中的自然崇拜在中国影响久远，而不像其他民族进入文明社会以后，自然崇拜就被抛弃，至少是彻底改变存在方式。对生活有重要影响的天地、日月、星辰、山川、湖泊、风雨、雷电等自然现象，一直被神化为崇拜的对象。进入文明社会后，人们创造出来的人神、社会神也更多地用来维系行业和家族的团结，祖先崇拜对于巩固宗法等级制度有重要的作用。

总之，中国民间信仰的诸神都贴近民众生活，崇拜他们是为了降福消灾。故而在鬼神的选择上，某神灵验则香火旺盛，反之，则门可罗雀以至绝祠。

（三）信仰实用性在道教中的表现

道教提供的是典型的中国人的生活理想。世界上几乎所有的宗教都将理想的世界置于彼岸，把来世作为灵魂的归宿，而只有中国的道教不强调来生来世的重要，它给人们提供的人生理想是长生不老，白日飞升，得道成仙。

道教中的巫觋色彩是十分浓厚的，因为巫术具有实用功利性而且不相信超自然力量的绝对性。被西方许多宗教学家称为准宗教行为，神学家更视之为洪水猛兽的巫术，却被中国道教纳为自己的一个合理的组成部分，符箓、神水、禁咒、占卜、驱鬼降魔、祈福禳灾是最典型的道教行为。道教将中国原始巫术保存下来而且发扬光大，道士们都精于各种巫术。中国人信仰道教，延请道士也往往就是为了要用以上方法解决生活中的实际问题。

（四）信仰实用性在佛教中的表现

分析一下中国人对佛教思想的改造是极有意思的，佛教的理想是涅槃，成佛，灭度，脱离一切痛苦和烦恼，达到自由无碍。

原始佛教及小乘佛教认为只有焚骨扬灰方可涅槃，而大乘佛教却认为只要领悟到一切事物皆是非有非无的毕竟空，就已涅槃，所以在大乘佛教中此岸和彼岸之间并不存在鸿沟，这也是大乘佛教适合中国民众心理之处。但是，佛教强调的是万事万物都是因缘和合的产物，变幻莫测，没有恒常的自我，人生一切皆苦，要想解脱只有皈依佛法僧三宝，必须舍弃世间的一切享乐，做到四大皆空，恪守严格的清规戒律，这又不适合中国人的口味。所以佛教在中国自两晋开始，其禁欲主义思想便开始被改造。首先与老庄“虚静恬淡、寂寞无为、适意自由”的生活情趣相融合，进而禅宗倡导“本心即佛”，反对苦修坐禅读经念佛，否定一切清规戒律，相信只要顿悟本心即是成佛；顺应自然，饥来吃饭；困来睡眠就是成佛。他们嘲笑俗人“吃饭时不肯吃饭，百种须索；睡眠时不肯睡眠，千般计较”。而禅僧则是“终日吃饭未曾咬着一粒米，终日穿衣不曾挂得一缕丝”。心无挂碍，顺应自然。至此，禅宗僧人并未止步，他们又把适意发展为纵欲，有些禅僧不守清戒，“酒肉穿肠过，佛祖心中留”成了他们的口头禅，强调只要顿悟本心，则有情无情同一无异。

佛教对中国巫觋的妥协，同样是出于中国人的功利性目的。佛教本意是万物乃因缘和合，无固有实体，是过眼烟云，故不值得追求。巫术追求的是实际功利，它应与佛教无缘。原始佛教八正道中“正命”就是要求人有合理的谋生手段，远离不正当职业，反对星相占卜。佛教传入中国，不得不向中国人的实用心理妥协，中国的巫术也进入了佛教。僧人盖庙要请阴阳先生看风水，僧人在庙里也为俗人打卦求签占卜。许多和尚精于相面揣骨算命算卦除妖捉怪。佛教中的神灵也被改造，地藏菩萨成了惩罚恶人的阴间主管，而观音菩萨则有了救苦救难、施财、布雨、送子多种功能。这一切，无不说明中国宗教的实用功利性特征。

三、中国古代宗教的兼容性

中国是一个多宗教国家，汉以后佛道共存，唐、宋以后佛、道、伊斯兰、祆、摩尼、犹太、基督教同时共存。这种现象说明，兼容共存是中国宗教的又一特点。

（一）中国人信仰宗教的兼容性

中国人重实用轻幻想，信教主要不是为了拯救灵魂，解决精神痛苦，而是解决生活中的实际问题。谁能满足人们的需要人们就信谁，对中国人来说几乎不存在信仰的纯粹性问题。中国人宁愿祈求所有的神灵都保佑他们，而不笃信诸神中的一种。“灵验”的神灵，人们会趋之若鹜；相反则置之不理，甚至痛加指责。久旱不雨，且祈之不灵的话，中国人会将龙王置于街中鞭笞。中国人的佛龛供奉的未必是佛或菩萨，而可能是全神之位，祭祀祈祷也是针对空中过往的各路神灵。

正因为如此，中国人对异教徒有更多的宽容和理解，而不会像基督徒、穆斯林那样将异教徒视为洪水猛兽和妖孽。在中国，各种宗教信徒可以和睦相处。中国古典文学中常可以见到这种描写，《红楼梦》中一僧一道形影不离，《西游记》中太上老君、玉皇大帝和如来佛祖、观音菩萨同时存在。

宗教信仰的相融性在民间宗教中表现尤为突出。白莲教本是佛教净土宗的一支，但后来杂入了摩尼教和道教因素。摩尼教在中国自称佛教，但在其中可以找到拜火教、基督教、佛教、诺斯替教多种宗教因素。

（二）官方宗教政策的兼容性

中华民族长期共居，历史上未曾出现过大规模民族外移或异族迁入，中华文明保持了一以贯之的传统。加之中国长期的农业文明，适宜用伦理道德来调节社会关系，儒家文明因之发达，统治者赖以作为治国之本，从而也就没有利用宗教来统一人们思想的迫切性和必要性。

犹太民族多次被异族征服，后来流亡世界各地，若不强化犹太教的信仰则会有民族消亡的危险。罗马帝国和奥斯曼帝国都是经过军事征服而创立的多民族国家，原有各国文化差异大，统治者不得不强化宗教来统一人们的精神，基督教和伊斯兰教的发展与此有关。

在中国历史上，虽然也有某些帝王偏爱一种宗教（如梁武帝佞佛，唐初皇帝将道教位列三教之首），但总体说来，历代统治者对各种宗教基本上是一视同仁，不过分抬高也不过分贬低某种宗教。中国古代官方宗教政策的这种兼容性，使各种宗教在中国基本上相安无事，和睦相处，从未出现过大规模的宗教徒相互残害，也未发生过纯粹宗教意义的战争。各宗教教派偶有冲突，往往也是各种社会集团矛盾冲突的一种折射。

（三）各种宗教之间的相互融合

佛教和道教的相互影响，是众所周知的。虽然道教曾以抵制佛教为已任，但是由于其理论远不如佛教精微，不得不从佛教中汲取营养。东晋时的《太上洞渊神咒经》汲取了佛教轮回报应学说："恶人死者入三涂恶道，道士死者生天上、人间。"① 道士们还说原始天尊是经过多次轮回才成仙的。南朝著名道士陶弘景曾受佛戒，临死还要求以大袈裟蒙首足。唐代道士援佛入道更甚，道士王玄览说："心生诸法生，心灭诸法灭"，"一心一念里，并悉合古今。"② 这简直是和尚们才会说的话。宋、明以后，三教合流，思想上的相互汲取更加明显，道士们高唱三教一家，全真

① 《正统道藏》第十册，《太上洞渊神咒经》卷三。

② 王玄览：《玄珠录》。

教祖师王重阳说："儒门释户道相通，三教从来一祖风。"①

佛教传入中国为了生根开花，也曾援道入佛。许多名僧学习神仙方术。名僧安世高精通望气、风水、卜筮。难怪中国人早期将佛教也视为方术，佛教徒称学佛为"学道"、"行道"，搞得有些人一度分不清佛道。许多僧人也用道家思想解释佛教，发把涅槃解为无为，把无常视为非常，把禅定说成守一。南北朝时，已有和尚将佛道相杂，把佛像与道教神像刻于同一块碑上，称为"佛道二尊像"。唐朝佛教加速了对道教的融摄。天台宗的止观神法与道教功法相似。名僧湛然热衷于金丹、长生不老之药。宋、元以后，僧教僧人也倡导三教归一。宋朝僧人赞宁说："三教是一家之物，万乘是一家之君。"② 禅宗僧人所倡导的适意自如的涅槃境界和道教清静无为的真人生活可以说如出一辙。

各种宗教对礼教的依附，也说明了各种宗教间的相容性。

自汉代始，儒家文化就是中国的正统文化，其他宗教为立足中国皆依附于儒家礼教。

道教初创就从儒家汲取营养，强调积德行善，尽忠尽孝。道教第一本经典《太平经》就自称以弘扬儒家伦理为己任，明确肯定三纲五常。东晋著名道士葛洪在其著作《抱朴子》中自称是儒道兼修的道士，后来的道士承袭了这一传统，都大谈伦理纲常。唐朝道士吴筠在《玄纲论》中，不仅大谈伦理纲常，而且批判了那种只重清虚之道不重仁义礼智信的观点。

佛教初入中国就注重不与儒家伦理相悖，把佛经中与儒家宗法等级制和男尊女卑思想相矛盾的地方故意略而不译。东晋名僧慧远将儒玄佛三家学说相融合，在《沙门不敬王者论》中明确指

---

① 王重阳：《重阳全真集》。

② 《大正藏》第五十四册，《大宋僧史略总论》。

出儒佛学说虽异，但佛教与忠孝之道并不相悖。宗炳在《明佛论》中说："孔老如来虽三训殊路，而习善共辙也。"宋、元以后，禅僧援儒入佛更为明显，云门宗禅僧契嵩力主揉合儒佛，认为"夫孝也者，大戒之所先也"，性理之说"虽造端于儒，而广推效于佛"①。这可以说已经将儒置于佛之前了。

宋、明时期三教合流，道、佛为依附于礼教，调门唱得很高。理学的诞生是三教合流的标志。尽管理学家自称以弘扬儒学为己任，但对佛道学说皆有融摄。理学奠基者周敦颐融摄道教思想而有《太极图说》。朱熹的"理一分殊"和月印万川之喻是华严宗法界缘起论的直接翻版。

不仅佛教、道教依附于儒家，其他各种教派也无例外。清朝著名伊斯兰学者蓝煦说："回儒经书文字虽殊而道无不共，语言虽异而义无不同。"自称翻译伊斯兰经典是"天方经语略以汉字译之，并注释其义焉，证集儒书所云，俾得互相理会，知回儒两教道本同源，初无二理"②。基督教教士利马窦初入中国就广交儒士，研究《四书》、《五经》，并据此著书立说，发挥教义。可见，兼容性在中国各宗教的相互关系上带有普遍性。

第三节　中国古代宗教的思想精华

中国宗教的不发达性是相对于世界一些其他民族而言的，并不意味着宗教在中国文化中不占重要位置。中国宗教同样也创造了一系列灿烂的文化，同时对中国传统文化的各方面也造成了巨

① 《大正藏》卷五十二，《镡津文集》。

② 《天方正学·自序》。

大影响。

一、特异深邃的哲思

对于哲学来说，其正确性和其价值性未必是一致的。人所共知的老生常谈无助于哲学的深化，而有时一种明显错误的思想却有可能给人相当大的启迪。宗教从某种意义上说正是关于自然、社会、人生的哲学思考，尽管它包含着明显的错误，但仍不失为哲学园地中的一朵奇葩。佛教和道教对中国哲学的发展都有重大的影响。

（一）佛教哲学的精华

佛教思想深邃、玄妙且自成体系，它包括世界观、方法论、认识论、逻辑学、人生观和历史观。中国化的佛学是中国哲学中的瑰宝。

首先，佛教给人们提供了认识世界的一种新角度。佛教认为世间万物都是因缘的和合，而没有实在的本体，万物的实质是假有真空，所以世间的一切都不值得执著。否定客观世界的存在当然不符合实际，但是它让人以空的态度来对待世界，把空作为认识事物的特有角度对我们有极大的启发。

在西方文化中，世界被视为有，研究有的规律，以求将有为人所用。在这种思想指导下，人无节制地向世界索取，这种思维方式使西方有了先进的科学和发达的经济，也使西方社会出现了能源匮乏、环境污染、物欲横流等严重的社会问题。假若人们不仅把世界看成有、存在，而也从空、无的角度加以认识，那么人们可能就不会一味地向世界索取和掠夺，人们也许就少一分对功名利禄的热衷而多一分淡泊。

佛教将事物视为条件的聚合，由此而否定事物的客观实在性是错误的，但是它认识到了条件和偶然性在事物存在和发展中的重要性。

其次，佛性理论是中国佛教一直热衷讨论的问题。南北朝时梁武帝和慧远就结合中国的神不灭思想来谈佛性，而竺道生则吸收了儒家人性善的理论提出众生皆有佛性和一阐提也可以成佛的思想。佛教的佛性论使中国的人性理论提高到本体论的高度，对道教和儒家思想都产生了深远影响。道教受佛性理论的影响形成了系统的内丹学说。宋明理学中的最高范畴“天理”、“天道”、“本心”、“良知”等都是不同程度地汲取了佛教思想形成的。宋明理学家援佛入儒提高了儒学的理论水平，使其获得了丰厚的本体论基础。

（二）道教哲学的精华

首先，宇宙观是道教哲学的基础。道士将老子“道生一、一生二、二生三、三生万物”① 的宇宙生成理论发挥为系统的宇宙生成学说，把道解释成无极、阴阳未分的混沌、世界的最初状态。宇宙生成经历了洪元、混元、太初三个阶段，世界由一片混沌，首先分出阴阳，阴阳相互作用生成五行，五行生克形成八卦和世间万物。这种宇宙生成理论对宋明理学产生了深刻影响。周敦颐的《太极图说》源于唐代道士的《太极先天图》和《三五至精图》。陈抟所传的《河图》、《洛书》影响了李觏、张载、陆九渊的宇宙生成理论，陈抟的《伏羲六十四卦次序图》启发了邵雍、程颢、程颐、朱熹的宇宙生成理论。

道教的宇宙生成理论是中国哲人对宇宙生成的天才猜测，缺乏科学论证，但是其中不乏合理成分，而且这一点愈来愈得到现代西方宇宙学的印证。1948 年，科学家加莫夫的“宇宙热大爆炸理论”认为，200 亿年前，宇宙处于混沌状态，经过大爆炸才形成了各种物质和天体。

---

① 《老子》第四十二章。

其次，道教继承了战国时期阴阳家的思想，把阴阳五行生克的理论和道家以弱制强的思想融于道教之中，尤其是运用于医药学、养生学和武术之中，形成了独具特色的文化系统。

二、独善其身的人生理想

儒、释、道相互协调奏出中国文化的交响诗，它们给人们提供了不同的人生理想和自我实现的方式。儒家的理想人格是圣人君子，它追求的是在现实社会中的实现，自我实现的途径是人们用理性克制内在欲望，使之升华为社会理想。而佛教的理想是涅槃成佛，实现的基本途径是消除内在欲望使人超脱欲望不能满足的痛苦，获得内在精神的满足。道教则更偏重于人的生命上的永恒与愉快，更多地是采取迎合的方法，使人在宣泄中平息，在虚幻中满足。但后来释、道理想人格相融，与儒家相映成辉，儒家更多是社会的、现实的、世俗的，而佛、道则更多是个人的、精神的、脱俗的，形成了“达则兼善天下，穷则独善其身”的中国化人生哲学。

（一）中国宗教中的理想人格

道教的理想人格是真人、神仙。真人恬淡少私寡欲，清静虚寂，无思无虑，顺应自然，无为而无不为，长生不死。佛教的理想是成佛，觉悟到诸行无常、诸法无我、一切皆空、一切皆苦，而不执著于任何事物。佛、道的理想人格本相去甚远，佛教将理想人生置于彼岸，道教则既想脱俗而又仿佛对世俗恋恋不舍。但是，随着历史发展，道教的修行炼丹以求长生不死愈来愈让人失望，于是将追求长生不死改为追求自然适意，向往与静谧恬美的山川融为一体，在松风明月中与万物合一，物我两忘，荣辱不惊，心随景化，闲云野鹤，自由自在，隐居山林，与世隔绝。佛教在发展中也对原始教义作了不同程度的改造，严苛的清规戒律禁欲苦修的生活与中国人的口味不适合，后来僧人便抓住“本心即佛”，提出清规戒律是人生羁绊，参禅打坐是修佛障碍，只要顺应自然，尊重本心，内心澄静也就是佛。于是禅僧和道士一样隐居深山幽谷，田园荒村，静坐独处，啸风吟月，“几回生，几回死，生死悠悠无定止，自从顿悟了无生，于诸荣辱何忧喜”。“入深山、住兰若，岑岭幽邃长松下，优游静会野僧家，阒寂安居实潇洒”①。

（二）中国宗教的人生修养方法

中国的释、儒、道三家在人生修养方法方面都有真知卓见。佛教有系统的修行理论，包括戒定慧三学，思想行为语言各方面都有具体规定，在掌握佛法的方法上强调闻、思、行并重，这一系列的方法对于提高人生修养都十分有效。禅宗兴起后，禅僧又发明了一系列的修行方法。慧能及其弟子强调不立文字顿悟成佛，后来又提出机锋、棒喝、拳打脚踢、诃佛骂祖、观花、赏月、做诗、绘画、书法、品茶、喝酒等方法。佛教提出的这些人生修养的方法对中国人产生了久远的影响，它使中国人体悟到生活中有许多不可言说的境界。见性成佛的思想后来被宋明理学大师陆九渊、王阳明发挥，提出了“明心见性”的道德修养方法。王阳明由此出发提出“破心中贼”的修养方法，强调修养应从根除恶念开始，可以说将人生修养方法研究到了极至。

道教的修养方法对中国养生学做出了巨大贡献。道教的“一慈、二俭、三不敢为天下先”的修养方法对于社会的和谐稳定也大有裨益。

三、维护社会和谐的纽带

其一，佛教弘扬缘起论，让人们放弃世俗的追求。佛教认为功名利禄只是镜花水月、烟花泡影。人们如能淡泊功名利禄，也

① 禅僧玄觉：《永嘉证道歌》。

就减少了社会生活中为功名利禄而进行的勾心斗角和相互倾轧，对于社会秩序的和谐稳定自然大有裨益。

佛教通过五蕴盛等理论说明人生皆苦，而痛苦的最根本的原因在于人有欲望，人要想脱离苦海，惟一的方法是克制以至于完全消除自己的欲望。将欲望归为罪恶和痛苦的原因显然是错误的，由此推导出人应该禁绝欲望的结论也是违背人道主义的。但是，佛教所弘扬的这种克制或禁绝欲望的人生态度，对于社会秩序的和谐稳定却有积极意义。

其次，中国宗教为了协调社会关系，通过宗教戒律的形式都规定了一系列必须做和绝对不可以做的行为。佛教《四分律》规定比丘僧戒 250 条，比丘尼戒 364 条，其中包括止持戒和作持戒，止持戒规定的是僧尼绝对不许做的恶行，作持戒规定的则是僧尼必须做的善行。道教创立之初并没有明确规定哪些行为必须做，哪些行为绝对不可以做，后来受到佛教的影响，道教也提出了一系列戒律，而且有过之而无不及，最后提出了一千多条戒律。中国宗教中的这些戒律其中有些是纯粹宗教意义的行为规范，但更多的则是道德意义上的行为规范，如：不许杀生、不许偷盗、不可奸淫等。这些具有道德意义的行为规范确实有过于琐屑、苛刻的弊端，但是对于调节社会关系却有积极意义，特别是这些道德规范和宗教信仰结合在一起，信仰者就赋予了它们神圣性、权威性和不可触犯性，从而使这些规范比世俗中纯粹的道德规范在社会生活中更能得到毫无保留的贯彻执行，信仰者执行这些道德规范具有强烈的自觉性。

再次，中国宗教还通过对地狱的恐怖描写劝诫人们不要做恶。佛教主张善有善报，恶有恶报，行恶者将入地狱，地狱有三种：根本地狱、近地地狱、孤独地狱，一种地狱中又包含多种形式，如根本地狱中又有八热地狱、八寒地狱，在各种地狱中灵魂遭受不同的折磨，有的地狱烈火熊熊，布满炽热的铜床铁柱，有的则饥寒交迫。道教关于阎罗殿的描绘也足以令人毛骨悚然。道教宣扬做恶的人会被阎罗王派小鬼抓到阴间，阎罗殿里各种酷刑备致，刀山、火海、油锅、剥皮、抽筋、锯人一分为二等，无所不用其极。

利用对地狱的恐怖感来惩诫人们弃恶从善，无疑是有消极意义的，人因为恐怖地狱而弃恶，心头的恶念未必尽消。但是无论如何从客观上看，它确实在社会中起到了抑恶的作用，特别对于某些善良意志薄弱的人，希望他们良心发现改恶从善往往是幻想，而地狱的恐怖对他们却有着巨大的威慑力。

又次，中国宗教不仅通过地狱恐吓人，而且通过对天堂理想境界的描绘来吸引人。佛教给人提供的理想境界是西天净土，只有终生行善，虔心修佛的人才能往生西天净土世界。西天净土世界无有众苦，但有诸乐，黄金为地，珠宝琉璃，天雨宝花，宝树成行，春风拂面，神鸟鸦鸣，思衣即得妙衣，思食即得美食，应念现前，无不俱足，随心所欲，乐不可言。

道教的理想境界是仙境，道士笔下的仙境真是美轮美奂。“果能登虚蹑景，云舆霓盖，餐朝霞之沆瀣，吸玄黄之醇精，饮则玉醴金浆，食则翠芝朱英。居则瑶堂瑰室，行则逍遥太清”①。

不论佛教还是道教给人们提供的理想都是虚幻的。弘扬净土仙境的美妙，吸引人们行善无助于人们良心的培养，而是鼓励人们把行善作为换取幸福的条件，更直接地说是让人们忍受实实在在的痛苦去换取虚无缥缈的享乐。但是我们也应该看到，不论中国宗教让人们为了什么去行善，客观上总是起到了弘扬善行的效果，维护了社会秩序的和谐，况且，即使在世俗社会中许多人行

① 《抱朴子·对俗卷第三》。

善也是有功利目的的。

最后，中国佛教通过弘扬奉献精神，维护社会秩序的和谐。佛教认为人生痛苦的根源是人的欲望，若要脱离痛苦，只有克制自己，奉献自己。慈悲奉献是佛教中根本的善。佛教僧人出家居庙，终生侍佛，不食荤腥，不婚嫁，博得了世俗人的尊敬。佛经中有许多弘扬奉献精神的宗教故事。《萨波达王本生》记载佛祖成佛前为萨波达王时，曾经向苍鹰割肉贸鸽。《贤愚经·摩诃萨埵以身饲虎品》记载，佛祖成佛前为萨埵太子时，曾经舍身饲虎以救困于大雪中的饿虎母子。更震憾人心的是《地藏十轮经》记载，地藏菩萨怀着“我不入地狱谁入地狱”的精神，自誓愿入地狱。在释迦既灭、弥勒未生之前，必尽度六道众生，拯救诸苦，始愿成佛，众生中若有一未成佛者，自己必不成佛。在中国历史上，有许多高僧为弘扬佛法维护佛法历尽千辛万苦，玄奘法师西行求法，鉴真大师东渡扶桑，历代高僧为了理想和追求，虽历尽波折，但矢志不渝。这种精神，令人敬佩。

四、绚丽的艺术奇葩

在中国，宗教创造了光辉灿烂的艺术成就，而且对世俗艺术产生了巨大影响。在中国假若没有足够的佛教和道教知识，大多数古代艺术品的美恐怕是无法体味的。

（一）佛、道和中国人的审美趣味

人生哲学是审美情趣的基础。佛教传入中国后，特别是禅宗产生后，对中国人尤其是士大夫阶层的生活情调产生了巨大影响，进而影响了中国人的审美情调。禅宗倡导的是内心宁静、清静恬淡、超凡脱俗的生活情调，追求的是清、幽、寒、静的审美趣味。禅僧的禅诗、禅画中都透出这种禅味，中国的寺院建筑也追求“曲径通幽处，禅房花木深”①。佛教的这种审美趣味渗透到中国艺术的各方面，使自然适意、不加雕琢、浑然天成、平淡幽远的闲适境界成为中国古代艺术追求的最高境界。远山深谷、荒寺深院、寒松暮雪、月夜静林、花鸟鱼虫成为中国绘画的主题，宁静恬淡、悠远含蓄成为中国诗歌音乐的主旋律。

道教对中国人的审美趣味的形成，特别是对普通民众审美趣味的形成同样有极大的影响。道教保持了原始宗教神灵崇拜，道教中有一系列既贴近生活同时又杂揉着许多奇异幻想的神灵形象。道教接受了原始巫术，在巫术中迷狂的道士们创作了色彩缤纷、瑰伟怪诞的音乐歌舞，神仙驾飞龙乘鸾凤飘荡于天人之间，厉鬼魔魅狰狞可怖，遍及人间。斋醮仪式上，幡盖旌扇令人眼花，钟磬和奏声音聒耳，灯火闪烁神秘诡谲。这一切使中国人形成了追求绚丽神奇的审美情趣。

（二）中国宗教的文学成就

道教的文学成就是很突出的。道士们创作了绚丽多姿的文学作品，诗词、歌赋、散文、小说各种文学形式无不具备。道教最早的经典《太平经》就是优美的散文。魏、晋、南北朝时道士们的《游仙诗》、《步虚词》流行。唐代，不仅道士的诗有很大影响，而且道士杜光庭的小说《虬髯客传》也很著名。宋词中有许多词牌源于道教神话，如“解佩令”、“瑶池宴”等。明朝朱权将元杂剧分为12科，其中第一种就是神仙道化戏。明清时期道士的神怪小说如《吕仙飞剑记》、《东游记》等影响也都很大。

这些文学作品的贡献包括两个方面：它提供了许多神奇诡谲瑰丽的意象，同时也刺激了人们的想像力。道教文学提供的意象大致有三类：关于神仙和仙境的意象；关于鬼魅精怪的意象；关

① 《古今禅藻集》卷七。

于法术的描绘。道士对仙境的描绘可谓美轮美奂，如形容西王母的昆仑山："金台玉楼相鲜，如流精之阙，光碧之堂，琼华之室，紫翠丹房。锦云烛日，朱霞九光。"① 道教提供的这些意象本身就给中国文学增添了光彩，而且对后来的文学作品造成了久远的影响。《西游记》、《聊斋志异》、《红楼梦》中关于神仙、仙境、妖魔鬼怪、诸种法术的描写大多来自于道教文学作品。另外"存想思神"是道教法门之一，而存想思神激发了人们的想像力。

佛教经典中有许多优美动人的神话，这些神话传到中国后影响很大，成为许多寺庙壁画的题材。中国僧人也创作了大量的散文、诗歌、神话故事来弘扬佛法。禅宗兴起后，禅僧反对参禅打坐，倡导见性成佛，出现了许多诗僧、画僧，创作了许多富有禅意的文学作品。许多禅诗脍炙人口，流传甚广，如慧能的"菩提本无树，明镜亦非台，本来无一物，何处惹尘埃"。蜨螗的《牧童》"牛得自由骑，春风细雨飞，青山春草里，一笛一蓑衣。日出唱歌去，月明抚掌归，何人得似尔，无是亦无非"。

佛教的思想、神话、寓言甚至僧人的生活，也都影响了世俗文学。从"三言"、"二拍"、《西湖二集》、《西游记》、《聊斋志异》、《红楼梦》等许多中国古代著名的中短篇和长篇小说中，都可以看到浓重的佛教文化的印迹。

佛教的静默观照、沉思冥想、与外界相隔绝的思维方式还影响了中国文学家的艺术思维。艺术创作不是完整再现事物，而是重直觉体悟、情景合一、物我合一、大跳跃度地联想、神思飞扬、杂采广收、凝聚意蕴、成竹在胸、收尾含蓄，言有尽而意无穷，看似平平淡淡，实则令人萦萦于怀。唐朝诗人李白的"我寻青莲宇，独往谢城阙。霜清东林钟，水白虎溪月，天香生虚空，

① 《十洲记》。

天乐鸣不歇。宴坐寂不动，大千入毫发，湛然冥真心，旷劫断出没”①，说明李白不但深受道教影响，佛教的浸润也很深。唐朝诗人柳宗元的绝句“千山鸟飞绝，万径人踪灭。孤舟蓑笠翁，独钓寒江雪”，常被禅僧引以说明人境俱夺的状态，而他的诗“渔翁夜傍西岩宿，晓汲清江燃楚竹。烟销日出不见人，欸乃一声山水绿。回看天际下中流，岩山无心云相遂”②，虽无禅语，但禅意盎然。

（三）中国宗教的美术成就

道教美术是指宣扬道教教义和神仙思想的造型艺术，包括神仙画、神仙像、神话画、宫观藻饰、法器上的花纹和浮雕。道教绘画塑像盛行始于南北朝，著名道士陶弘景画品超迈，笔法清真。当时著名画家顾恺之、顾景秀、顾骏之等也常常以道教人物为题材。据《宣和画谱》记载，唐代绘画中道教题材占4/10。宋、元以后，绘画题材虽然更加广泛，但与道教相关联的题材仍占相当大的比例。道教的造像艺术至唐、宋形成独立风格。神仙人物绘画、塑像都层次分明，线条流畅，人物各具神态，互不雷同。其中，影响较大的有泉州老君石刻像、永乐宫壁画、泰山神启跸回銮图等。道教美术反映了道教顺应自然追求个性自由潇洒的人生哲学，体现了寓形于神、寄道于影、以意为主、以神写形的中国传统艺术风格。画中玉皇大帝端庄严肃，双目下视，一副宁静飘逸超然的气度。土地爷则身矮体胖，银髯飘洒，慈祥可爱。

佛教美术包括佛教绘画、雕刻、塑像。佛教传入中国，印度的美术风格对中国美术造成了一定影响。克尔克孜千佛洞壁画和

① 《李太白全集》卷二十三。

② 《柳河东集》卷四十三。

敦煌莫高窟壁画中都明显表现出印度美术的风格。至隋、唐，佛教美术逐步中国化。著名画家吴道子画了300多幅佛画。佛教的雕塑是佛教美术的主要部分，自北魏至隋唐创作的以云岗、龙门、敦煌、麦积山为代表的石窟雕刻是中国美术的精华。宋、元以后佛教的泥塑佛像也独具艺术魅力。佛教的思想特别是禅宗的思想影响了中国士大夫阶层的人生情调和审美情趣，自唐代王维始终诗、禅、画结合，开创了中国的禅画之风。唐、宋以后，清旷闲适的自然景致成了中国画的主要题材，山水、花鸟、鱼虫成为国画之主流，表现暮色山峦、翠竹幽兰、古松怪石，追求情景交融、物我合一、主客两忘成为国画之特色。

（四）中国宗教的音乐成就

佛教音乐包括梵呗、佛曲等形式。在印度，梵呗是歌颂佛和菩萨的短偈。佛教传入中国后，中国僧人曾创作了自己的梵呗。著名诗人曹植也曾创作梵呗六契，世称《鱼山梵》。梵呗主要用于讲经仪式，特别是在早晚课上颂唱。隋、唐时流行的梵呗有《如来呗》、《云何呗》等。近代禅林流行的《四大祝延》、《八大赞》等念唱也来自于传统梵呗。佛曲是将佛经谱曲进行颂唱，敦煌杂曲中就记载着许多来自印度的佛曲，中国僧人也创作了许多佛曲。到隋、唐佛曲广泛流行，佛曲颂唱时多伴以笙笛，而现代僧人只以点板配合铛、铪等敲唱。

道教音乐是斋醮仪式上使用的音乐，有的来自于民间，有的则是改编的佛教音乐。较早见于历史记载的道教音乐有《华夏赞》、《步虚声》、《梵咏》等。宋人编辑了道教音乐谱集，名叫《玉音法事》，收入唐、宋时道曲50首。这些道曲流传很广。到元朝道教音乐调式有很多，以云璈部为主。明朝斋醮曲调除了云璈部外又有了铙、钹、铃、铎等。明朝时还编辑了《大明御制玄教乐章》，万历朝后，道曲乐器日益丰富，又加入了笛、管、箫、弦、玄锣、汤锣、木鱼、檀板、大鼓等。不仅如此，道教还创造了一套独特的音乐理论。道教认为，音乐是用声音和乐器表达的一种语言，它可以止怒至和、禁械斗、断奸邪、兴道德、制逆恶，达到乐人、乐治、乐天地、乐神灵的目的。还认为声音与阴阳五行相关，将金木水火土和仁义礼智信与宫商角徵羽相配，只有阴阳调合，乐曲才优美，否则刺耳难听。

（五）中国古代宗教建筑

道教建筑一般包括神殿、膳堂、宿舍、园林四部分，总体布局以木构架为主要结构，以间为单位构成单座建筑组成庭院，又以庭院为单元组成建筑群。宫观皆有山门，山门有三个门洞象征三界，进入山门意味着跳出三界。宫观多是四合院象征金木水火，加上中央土以应五行。宫观装饰别致，反映道教追求长生不死、吉祥如意。以日月星山水石象征光明普照，山海年长；以扇、鱼、水仙、蝙蝠、鹿象征善、裕、仙、福、禄；用莺、松柏、灵芝、龟鹤、竹、狮、麒麟、龙凤比喻朋友、长生、不老、君子、辟邪、祥瑞。其装饰还有福、禄、寿、喜、吉、天、丰、乐等字及其变形，另外还有一些反映道教神话如八仙过海、八仙庆寿等内容的壁画。道教宫观装饰也可以看到佛教影响，饰物中有轮、螺、伞、盖、花、罐、鱼、长所谓佛八宝。

宫观建筑在选址布局上非常讲究。风水理论是中国建筑的总体理论，许多道士精于此道。宫观可谓占尽风水宝地，是中国古代建筑中的精品，宫观建筑按乾南、坤北、离东、坎西、子北、午南布局，以子午线为中轴，主殿位于子午线坐北朝南，两边日东月西坎离对称，宫观以八卦方位为方位，体现了师法天地自然，追求天人合一的思想。宫观建筑色彩符合五行，东西南北中与木金火水土和青白赤黑黄相应。

佛教传入中国，印度的寺塔建筑随之而来，寺塔以其独有的建筑特色，不仅给禅林增加了独特的景致，而且影响了中国的世俗园林建筑。现存中国园林中以塔景闻名者不计其数，如北海白塔、西安大雁塔、颐和园玉泉山塔、杭州六和塔等。初期的寺塔多保存了印度风格，覆钵状、上饰伞、竿、相轮。后来佛教建筑中国化，佛塔也多建成供人凭眺的楼阁式建筑，取平面正方形或八角形。中国的塔有木、砖、砖木、石、铜多种。佛教寺庙建筑也受到中国风水理论影响，皆建于风水绝佳处，故有“天下名山僧占多”之说。

基督教和伊斯兰教传入中国，基督教的罗马式和哥特式教堂建筑和伊斯兰教的阿拉伯式真清寺建筑也都给中国建筑增色不少，令人体味到一种异国情调和神秘崇高的感觉。

五、中国宗教的科学成就

宗教无疑具有反科学性，但绝不等于说宗教与科学是无缘的。

道教保持了中国的原始巫术，某些巫术的思维方式较之于宗教更接近于科学，道教能够取得许多科学成就与此相关。中国宗教在科学方面的成就主要集中在养生学、医药学、化学和天文学等方面。

道教在养生学方面可以说是成果累累，其倡导的顺应自然的人生哲学是养生学的理论基础。道教弘扬澹泊自守，视功名利禄富贵如浮云，不逞强冒险，人若能如此自然就减少了在社会生活中毁伤身心的可能。不仅如此，道教还创造了一套系统健体强身的功法，包括守一、行气、服气、导引、房中、内丹等等，并在此功法的基础上创造了独成一家的气功武术，其特点是以柔克刚、以静制动、以弱胜强，习练这种气功武术自然也有益于健体强身。同时，在养生方面道教还特别重视饮食起居的调节，强调素食，禁止饮酒和食用荤辛食物，还在食物中加入草药，形成独具中国特色的养生学。

佛教传入中国，禅定、瑜伽等健身功法也随之而来。以此为基础，中国僧人也创造了以阳刚为特点，以硬功为主的气功武术，从另一个侧面丰富了中国养生学。

道教自产生之日起，宗教传播和医人治病就结合在一起，所以它在医药学方面的贡献也非常巨大。它丰富和发展了中医中阴阳五行的基础理论。《太平经》结合中医理论说明了对人体生理和病理状况的观察。在医学方面，许多道士观察了许多疾病并探索了治疗方法。葛洪就认识到尸瘵（即肺结核）病变有 36 到 99 种，病人死后仍有传染性。他认识到在狂犬的大脑中有狂犬疫苗。南朝道士陶弘景在其著作中记载了肺痨、天花、肝炎、淋巴炎、伤寒、脚气、腹水、肿瘤等多种疾病的治疗方法。道士为追求长生不死，寄希望于服用仙丹，而炼丹确实使道士们找到了许多可以治人疾病延年益寿的药物。葛洪炼出的秋石实际上就是荷尔蒙制剂。另外像小灵丹、红升丹、白降丹、金龟下海丹等现在仍有很有用的中药都是道士炼丹时发明的。许多道士还将这些成果汇集成书。陶弘景编纂了《太清诸丹集要》、《服饵方》。唐代道士孙思邈，后世人称药王，他编纂的《千金方》是中国药学史上具有划时代意义的作品。

佛教传入中国带来了印度医药学，同时中国许多僧人也深谙医道，对中医药学的发展也做出了许多贡献。

炼丹不仅促进了中国药学的发展，也促进了中国化学的进步。东汉道士胡罡子最早发现了用下火上凝烧炼丹砂成水银的方法，从朱砂中提炼水银，回收率达到 90%。另外他还发现了用蒸馏硫酸铜制硫酸的方法。葛洪通过处理雄黄提炼出了硫磺，为火药的发明打下了基础。陶弘景提炼出硝酸钾使火药的发明又进了一步。此外，陶弘景还发现钾盐烧灼时产生紫色光焰，他是世界化学史上最早用火焰反应对碱金属盐进行定性分析的人，后世对碱金属盐进行定量分析的火焰光度法直接来源于他的做法。隋、唐时道士苏元朗、张果、孙思邈对前人的炼丹术进行了总结，使之更加精确。

参考书目

阴法鲁、许树安主编：《中国古代文化史》第三卷，北京大学出版社 1989 年版。

王友三：《中国宗教史》上、下，齐鲁书社 1991 年版。

葛兆光：《道教与中国文化》，上海人民出版社 1987 年版。

葛兆光：《禅宗与中国文化》，上海人民出版社 1986 年版。

方立天：《佛教哲学》，中国人民大学出版社 1986 年版。

刘国荣：《道教精萃》，吉林文史出版社 1991 年版。

第六章　中国古代教育

中国古代教育历史悠久，源远流长，在世界教育史上占有重要地位。经过历代教育家的不断实践及概括、提炼，形成了比较完整、系统的教育制度、教育机构和丰富深刻的教育思想，构成了中国传统文化不可或缺的重要组成部分。可以说，正是中国古代辉煌灿烂的教育成果，才使传统文化得以不断延续和发展，成为其薪火相传、继往开来的桥梁，塑造和形成了中华民族独有的精神品格和民族心理。

第一节　中国古代教育机构和著名教育家

一、内涵丰富、形式多样的教育机构

中华民族具有重视教育的优良传统。据历史文献记载，中国古代教育的起源，可以追溯到夏、商、周以前。《尚书·舜典》记载，早在虞舜时即设有学官，管理教育事务，如命契为司徒“敬敷五教”，即负责对人民群众进行父义、母慈、兄友、弟恭、子孝五种伦理道德的教育；命夔“典乐”，即负责对人民进行音乐和诗歌教育。最初的教育与生产劳动密切相关，传说中的伏羲、神农、黄帝、尧、舜等，都亲自教育人民如何劳动和生存。如《易传》中记载：“古者包牺氏（指伏羲——引者注）……结绳而为网罟，以佃以渔；……包牺氏没，神农氏作，斫木为耜，揉木

为耒，耒耜之利，以教天下……神农氏没，黄帝、尧、舜氏作，通其变，使民不倦，神而化之，使民宜之。"① "后稷教民稼穑，树艺五谷，五谷熟而民人育。"② "嫘祖（传说为黄帝之妻——引者注）始教民育蚕，治丝蚕以供衣服。"③ 诸如此类的传说有力地说明了中国古代教育的悠久历史。不过，因当时生产力水平低下，并未产生专门的教育机构。随着历史进入阶级社会，才产生了独立的教育机构——官学。

（一）不断完备的官学

历史进入夏、商、周时代，随着经济、政治、文化的发展，迫切需要设立专门的教育机构。据古籍记载，早在夏朝，就有了学校："夏后氏学在上庠"④，"序，夏后氏之序也"⑤，"夏曰校"⑥ 等，对此，孟子解释说："庠者，养也；校者，教也；序者，射也。"⑦殷商时代，学校已有大学、小学之分，"殷人养国老于右学，养庶老于左学"。注云："右学，大学，在西郊；左学，小学，在国中王宫之东。"⑧ 西周时代教育机构进一步完整，学校分国学（中央官学）和乡学（地方官学）两类，天子所设大学叫"辟雍"，各诸侯国所设大学叫"泮宫"（国学校前半环于水而得此名）。天子所设大学规模较大，分为五学，辟雍居中，又称大学，四周分设东（东学）、西（西雍或瞽宗）、南（成均）、北（上庠）四学，设专官按时节传授不同科目。此外，乡学设置

① 《易传·系辞》下。

②⑦ 《孟子·滕文公》上。

③ 《路史·后纪》卷五。

④ 《礼记·礼仪》。

⑤ 《礼记·明堂位》。

⑥ 《汉书·儒林传序》。

⑧ 《礼记·王制》。

也较为普遍，当时 25 家为闾，闾有塾；500 家为党，党有庠；3500 家为州，州有序；12500 家为乡，乡有校。这些官学对入学的学生有严格要求，一般说来，只有贵族子弟（主要是王太子、王子、卿大夫元士的嫡子等，此外还有极少数“国之俊选”）才能入国学，平民子弟一般只能入乡学，至于下层的奴隶子女，根本没有入学资格。

汉代官学亦分为中央和地方两类。中央官学主要是太学，地方官学即所谓郡国学校。商周时代虽然已产生了大学的初始形式，但严格地说，以传授知识、研究专门学问为主要内容的最高学府，应始于汉武帝创立的太学。太学的教师就是五经博士，博士中的领袖叫仆射，东汉改名祭酒。西汉平帝元始四年为太学学生始建校舍，能容纳万人，规模巨大。东汉太学学生最盛时曾达 3 万多人，京师形成了太学区。汉代学校制度为后来学校制度的发展和完备奠定了基础。

魏、晋、南北朝时期，长期的封建割据战争以及复杂的阶级矛盾，使官学处于时兴时废、若有若无的状态。一般来说，这个时期的官学是衰颓的，只有个别朝代或个别地区的学校短期内比较发达。晋代中央学制分为国子学和太学两种，前者限五品以上的贵族子弟入学，内设祭酒 1 人，博士 1 人，助教 10 余人；后者为平民子弟所设，立博士员 19 人。南北朝时期，学校教育以北朝为盛，北魏太学也设五经博士，学生为州郡所派。南朝宋文帝时，在京师设立四学：儒学、史学、玄学、文学，称为“四学制”，打破了儒学一统教育的状况，这对后世专科学校的设立及分科教学制度的发展具有开创意义。

唐代是我国封建政治经济的繁荣时期，教育方面也取得了辉煌成就。它复兴汉代教育的传统，同时又继承魏、晋以来学校教育的成果，并全面地加以发展，使学校教育达到了新的高峰，建立了从中央到地方完备的学制体系。中央设国子监，国子监具有双重性质，既是大学，又是教育行政管理机构，下设国子学、太学、四门学等。国子学设博士 5 人，助教 5 人，直讲 4 人，五经博士各 2 人，学生 300 人；太学设博士 6 人，助教 6 人，学生 500 人；四门学设博士 6 人，助教 6 人，直讲 4 人，学生 1300 人。此外，门下省设弘文馆，东宫设崇文馆，尚书省祠部设崇玄馆，太医署设医学，太卜署、司天台、太仆寺、校书郎都有自己的所属学校。京都学、都督府学、州学、县学等地方学校通设经学、医学两类，其乡学学校制度也很发达。

宋至明、清，大抵沿袭唐代学校体制。中央在京师设有国子监及贵族学校，地方则设有府州县学。地方学校规模大小不同，彼此不相统属。至清代，地方学校已发展到 1700 余所，学校体制已相当完备。

（二）经久不衰的私学

春秋战国时代，随着贵族社会制度的崩溃，赖以生存的官学一度衰落，社会对新型文化的教育需要为私学的产生创造了契机。当时，产生了一批学识渊博、充满智慧的私学大师，如孔子、墨子、孟子、荀子等，他们不仅留下了《论语》、《墨子》、《孟子》、《荀子》等教育思想典籍，而且提出了丰富的教育思想。其中以孔子创办的私学规模最大，影响最为深远。正是由于孔子开一代风气之先，才打破了“学在官府”、官学垄断学校教育的传统格局。私学的产生使学校教育开始走上官学、私学并存的二元化轨道，私学在教学方法、教学体制等方面形成了自己的独特性，这在中国古代教育史上是富有建设性意义的一步。

汉代因私学学成以后，同样可以出仕，于求官无碍，使汉代经师讲学之风日盛，学生人数远远超过太学，有压倒官学之势。其程度，有相当于太学的，由经师大儒自立“精舍”、“精庐”等开门授徒；有相当于小学的，称为“学馆”、“书馆”或“书舍”等。汉代凡未从政或罢官还乡，或得不到博士机会的经学大师，都从事私人讲学，收徒教授，人数之多曾达数百，乃至上千人。如东汉有名的经师马融教养诸生，常有千数；蔡玄学通五经，门徒常千人。就连西汉著名的经师大儒董仲舒晚年致仕以后，都在家专门收徒著书讲学。汉代私学兴盛状况由此可窥一斑。

魏、晋、南北朝战乱不息，官学若有若无，大批学人不能进入中央或地方学校读书、执教，私学应时而兴。三国时期，既有像“书舍”这种相当于蒙学的场所，也产生了由名师开办的深研儒典的私人学校。两晋私学颇为发达，名儒聚徒授业，生员常达数百乃至上千。南北朝时期，不少私学大师不慕荣利，绝意仕途，潜心钻研学术与教授讲学，私学绵延不绝。

隋、唐时代，官学繁荣，私学亦颇兴旺。当时名师大儒多聚徒讲学。如隋代儒师王通，弟子遍及郡国，唐初有名的卿相皆出其门下；唐颜师古以考定五经著名，在未显达时便“以教授为业”；韩愈欲习古文，从独孤及、梁肃之徒游学，锐意钻研，遂成一代文豪；柳宗元被贬柳州时，江岭间的士人，不远数千里皆随其师法，凡经其门者多为名士。

宋代以后，书院成为私学（大学）的典型形式。不过在乡村，私立的蒙学（或称为小学、乡校、村学）非常普遍，其中家塾是最普遍、最方便的教学形式。蒙学教材多是字书，最著名的《三字经》、《百家姓》、《千字文》、《千家诗》流传广远，影响很大。据说，联合国教科文基金会组织已经把《三字经》列为世界儿童道德启蒙丛书之一，可见其影响之广。

中国古代教育一直存在着官学和私学两大系统。私学，由于它能够在一定程度上体现自由讲学的精神，因而能和社会上新兴的学术思潮、文化思潮保持密切的联系，促进了中国古代教育的发展。私学的产生和出现，改变了历朝各代政教合一、官师合一的状况，使教学教育活动开始从政治活动中相对独立出来，在学术传授、教学方法等方面形成了自己的显著特色。私学打破了“学在官府”、官学垄断教育的格局，开始了学校教育独立化的过程。书院的出现，正是对私学传统的继承和发展。

（三）后起之秀——书院

书院名称的出现始于唐代。唐玄宗开元六年（718 年），唐皇室的藏书、校书之所，被称为“丽山修书院”和“集资殿书院”，但当时这些书院并未成为聚徒讲学的教育基地。真正具有聚徒讲学性质的书院起源于南唐时期的庐山国学，即著名的白鹿洞书院的前身。北宋初年，讲学之风勃兴，书院成为著名学者授徒讲学、培养人才之地。当时著名的有江西庐山的白鹿洞书院、湖南衡阳的石鼓书院、河南商丘的应天府书院、湖南长沙的岳麓书院、河南登封的嵩阳书院和江苏江宁的茅山书院。

南宋是书院的兴盛时期，其数量之多、规模之大、组织之严密和制度之完善，堪称空前。据统计，宋代共建书院 173 所，南宋占 136 所。南宋书院的突出表现，就是它建立了一套严密的组织制度，在教学上形成了鲜明的特色，对后来的书院产生了深远影响：

1．教学活动与学术研究相结合。当时书院的主持人或主讲大都是著名的学者，书院的讲学是在学术研究的基础上进行的，而教育教学活动的开展，又有利于学术研究成果的传播和深入发展。

2．教学实行“开放”政策，学生可不受地域和学派的限制，允许学生中途易师。对于外来的学生，书院设专人接待，这比一般学校的关门办学和门户之见要进步许多。

3．建立“讲会”制度，不同学派、门派的学者可往来问学，进行学术交流，使不同思想出现的同一书院的讲坛上，体现了一定的“争鸣”精神。

4. 在教学中注重问难辩论。当时的书院一般以学生个人读书钻研为主，重在自己理解，教师只对学生的疑难作解答或分别指导，以培养学生的自学能力和独立研究问题的习惯。

5. 书院中师生关系融洽，师生之间情意深厚，尊师爱生的传统体现得尤为突出。

明、清两代，书院教育得到空前的发展。明朝中期，湛若水和王阳明大兴讲学之风，形成“讲会”制度，有力地推动了书院的发展，使书院建设达到新的高峰。据不完全统计，明代书院达1500所以上。但是，封建专制的腐朽，对自由讲学之风的扼制和对所谓“异端”、“邪说”的痛恨，多次用残酷的手段大规模地摧毁书院，明朝中后期相继出现了四次摧毁书院的破坏性行为，最后的也是最严重的一次是在天启五年（1625年）发生的对东林党的大残杀。当时宦官魏忠贤不仅残酷杀害东林党人，而且下令“拆毁天下书院，首及东林”①，演出了中国古代教育史上一幕惨痛的悲剧。另一方面，自元代至清末，官方对书院的控制日趋严格，加强了财政、思想上的监督，允许书院推举学生参加科举考试，使官学、书院、科举逐步一体化，书院从民办逐步纳入官办，失去了书院的本来特色。清雍正十一年（1733年），清政府正式下令创办书院，至此，书院开始从僻寂幽静的山林向中心城市发展，各省城相继建立了书院，直隶保定的莲池书院便建于此时。

清代书院虽然已官学化，但由于政府的允许和经费有所保证，学生有参与科举考试的出路，其发展又大大超越前代。在清

---

① 《明史·东林书院志》。

政府统辖的19个省区中，书院遍及城乡。直到1901年，清政府下令将书院改成学堂，书院这种教育形式才在经历1000余年后结束了其历史使命。

（四）各式各样的专门学校

中国古代的专门学校也有悠久历史。中国最早、也堪称世界历史上最早的专门学校当属汉代的鸿都门学。这是东汉灵帝于光和元年（178年）创办的专门研究文学艺术的机构，因校址设在洛阳的鸿都门而得名。它的教学内容为辞赋、小说、尺牍、字画等文学艺术，专门招收一些没有名望的贵族子弟，培养出来可以封官拜爵，以与士族的太学相对抗。从教育角度看，鸿都门学提倡文学艺术的研究，具有一定的积极意义。它的设立突破了“独尊儒术”政策，把学校的概念从单学儒家经典扩大到非经典的教学，为后来特别是唐代的各种专门学校的设置开辟了道路。

唐代不仅学制体系完备，专门学校也很发达，出现了律学、书学、算学、医药学、兽医学、天文学、音乐学等门类多、范围广的实用学科专门学校。仅以医学为例，又分医、针、按摩3个专业。医学专业包括5科：体疗（相当于内科，7年制）、疱肿（相当于外科，5年制）、少小（相当于小儿科，5年制）、耳目口齿（相当于五官科，2年制）、角法（拔火罐等疗法，2年制）。针学教学生了解经脉和穴位，熟悉各科征候，掌握九种针法的运用。按摩教授学生消息导引的方法，学会治疗风寒暑湿饥饱劳逸等8种疾病，还兼习正骨术。药学与药园设在一处，教学生识别各种药材、掌握药材的种植和收采贮存制造等项技术，教学理论结合实际，注重实习，培养动手能力。这种实用学科学校教育制度的建立，比西方类似的专科学校的产生要早1000年左右（17～18世纪）。令人惋惜的是，这种优良的学制传统未能很好地发扬光大，后来甚至出现了停滞和倒退现象，对中国古代科学技术的传播和传统文化的发展未能发挥更加积极的作用。

二、历代著名教育家

中国古代产生了无数著名的教育家，从孔子、墨子、孟子、荀子到朱熹、王守仁，再到颜元，犹如群星般灿烂耀眼。下面逐一简单介绍他们的教育思想。

（一）孔子

孔子是中国古代杰出的教育家和思想家。他生活在春秋社会大变革时期，当时的文化教育为官学所垄断，一般庶民子弟，根本没有入学机会。针对于此，孔子提出“有教无类”的主张，广收门徒，吸引来自社会各阶层的学生，只要能交纳“束脩”，履行入学的礼节，不问来者出身贵贱，一律施教。因此，他创设的私学规模愈来愈大，有“弟子三千，贤人七十有二”之美称。

孔子一生从事教育活动 40 余年，积累了丰富的教学经验，提出了许多极其宝贵的教育主张。在教师的教学态度上，主张要有“温故知新”、“学不厌诲不倦”和“循循善诱”的精神；在教学方法上，倡行“启发式教学”、“因材施教”、“教学相长”、“身体力行”等原理；在教材建设上，他删订前代典籍，整理出《诗》、《书》、《礼》、《乐》、《易》、《春秋》六部著作教授学生，它们被后世儒家奉为经典（即“六经”）；在学习方面，提倡“博学”、“好学”，从“多闻”、“多见”、“多识”中得到广博的知识；主张学、思相结合，提出“学而不思则罔，思而不学则殆”① 的原则；又主张“学”必与“习”、“行”相结合，提出“学而时习之”的原则；在认识事物、获得知识方面，主张采取“毋意、毋必、毋固、毋我”②、“知之为知之，不知为不知”③的求知态度。

①③ 《论语·为政》。

② 《论语·子罕》。

其教育思想和教育主张成为后世许多教育家仿效的样板，对中国古代教育思想产生了持久而深远的影响。

（二）墨子

墨子大约生活在春秋战国之交。在教育思想上，墨子很重视教育环境的影响，认为“人性”如“素丝”，“染于苍则苍，染于黄则黄”①，这种观点肯定了后天社会环境教育的作用。在教育目的方面，墨子提出要达到“兼相爱”、“交相利”的目的，主张教给弟子以实用的知识技能，在分工合作的原则下，“各从事其所能”。在教育内容上，墨子很重视与生产有关的实用科学知识和技能，在《墨经》中载有力学、几何学、光学等的研究记录，《墨子》一书从《备诚门》以下各篇中载有关于防守方面的器械和使用技术等军事知识。此外，《诗》、《书》、《百家春秋》也属其教学内容的一部分。在教学方法上，墨子注重“上说下教”的政教活动，主张“虽不扣，亦必鸣”②。在教学过程中重视躬行实践，要求教师言行一致，要“言必信，行必果”③。

（三）孟子

孟子，是继孔子之后著名的儒家大师。他早年丧父，依靠母亲的教育成长。孟母贤慧，为了替儿子选择一个合适的教育环境，曾三次迁居；为了教育儿子不能中途辍学，引刀断织，这就是《三字经》中所说的“昔孟母，择邻处。子不学，断机杼”的来由。这种家庭教育对孟子的影响很大，使他日后成了一位著名的教育家。

孟子首先以性善论为基础，阐述其教育主张。他认为：“人

① 《墨子·所染》。
② 《墨子·公孟》。
③ 《墨子·兼爱》。

皆有不忍人之心。……今人乍见孺子将入于井，皆有怵惕恻隐之心。……由是观之，无恻隐之心，非人也；无羞恶之心，非人也；无辞让之心，非人也；无是非之心，非人也。恻隐之心，仁之端也；羞恶之心，义之端也；辞让之心，礼之端也；是非之心，智之端也。人之有是四端也，犹其有四体也。……凡有四端于我者，知皆扩而充之矣，若火之始燃，泉之始达。苟能充之，足以保四海；苟不充之，不足以事父母。"① 孟子的性善论强调教育的作用是使人之"善端"扩大而充之为"善德"，这正是人之所以不同于动物之所在。所以，孟子并不是说每个人生来就是圣人，只有通过教育积极引导人性内善的成分，才会成为圣人。

其次，孟子也十分重视环境教育的作用。他认为，纯洁的儿童，若处在恶劣的环境中，经过长期的习染，其固有的善心必然会放失。因此，他主张必须用教育的力量来挽救，认为教育的作用在于"求放心"，即他所说的"学问之道无他，求其放心而已矣"②。在教育方法上，孟子特别重视培养和锻炼，认为教育的作用在于"养心"，"养心莫善于寡欲"，即杜绝外界物欲的引诱；教育的另一方面是"养气"，即培养人至大至刚的"浩然之气"，目的是把人培养成"富贵不能淫，贫贱不能移，威武不能屈"的大丈夫。关于学习方法，孟子强调学生自求自得，要求学生学习须专心致志，反对半途而废，"一曝十寒"。这些思想是十分可贵的。

(四) 荀子

荀子是孟子之后的又一位儒学大师。他由"性恶论"引发出了重视学习和教育的思想，认为既然人性本恶，要想使其变恶为

① 《孟子·公孙丑》上。

② 《孟子·告子》上。

善，就必须通过学习，他提出的“化性起伪”和“积伪”的主张，说明了学习的重要意义。

在教学方法上，荀子主张学生必须主动自觉，求学要从“求诸己”入手。而教师应视学生是否诚心求学，先问而后告，反对“不问而告”、“问一而告二”①，这与孔子的启发式教法相似。在学习方法上，他主张日积月累与专心致志，“积土成山，风雨兴焉；积水成渊，蛟龙生焉；积善成德，而神明自得，圣心备焉”。“锲而不舍，金石可镂”②。他还认为学习时须“虚一而静”，人只有虚心、专心、静心，才能更好地接受外来知识，不固执己见。

相对于其他教育家来说，荀子尤其重视教师的地位和作用，把教师看做是礼的订正者。“礼者所以正身也，师者所以正礼也”③。他还把师与天地君亲相提并重，而且又把君师合二为一，以天地为生之本，以先祖为类之本，以君师为治之本，故以“上事天，下事地，尊先祖而隆君师”，作为“礼”之三本。④

（五）董仲舒

董仲舒是汉代著名的思想家、教育家。他也和先秦儒家一样，着重从人的本性方面来说明教育的重要性和必要性。他综合孟子、荀子的人性论观点而提出“性三品”说，把人性分为上、中、下三等，即圣人之性、中民之性和斗筲之性。圣人之性，情欲很少，不教而能善；斗筲之性，情欲很多，虽教也难能为善；中民之性，虽有情欲，但可以为善为恶。董仲舒所说的性主要是指中民之性，这种性可教而善，但不能成为圣人，中民（除圣人

①② 《荀子·劝学》。

③ 《荀子·修身》。

④ 《荀子·礼论》。

和斗筲之外的一切人）有接受教育的可能性和必要性。由此，董仲舒认定人性是“自然之资”，是一种“天质之朴”，因之，可以为善，亦可以为恶。性虽有善质，但只是一种禀赋，只有通过人为的教育，才能使它进而为善。所以他说：“性者，天质之朴也；善者，王教之化也。无其质，则王教不能化；无其王教，则质朴不能善。”①

董仲舒把教育看做是政治的工具，认为教育的目的在于“化民成性”，使被教育者皆知从义而远利。为了实现这一教育目的，他提出了三项教育政策：1. 兴设学校以“养士”。董仲舒认为教化必须由学校来完成，因而提倡设立学校，主张中央设太学以培养贤士，地方设立庠序之学以教育一般人民。其主张使官学得以复兴。2. “选士”，“贡贤”，网罗人才。3. “推明孔氏，抑黜百家”，使儒学教育官学化。

董仲舒重视教育的作用，提出了兴办学校的主张，这对汉代学校教育制度的恢复和发展，无疑起了积极的促进作用。

（六）韩愈

韩愈是唐代著名的教育思想家。韩愈主张利用教育来教化人民，把学校教育提到首要地位，指出：“欲用德礼，未有不由学校师弟子者。”② 在教育内容方面，他一本儒家思孟学派的主张，从“正心”“诚意”入手，以此作为“修身”的基础，然后再进一步达到“齐家、治国、平天下”的目的，也就是通过“明先王之教”，用儒家一贯主张的人伦大道，化育天下。

韩愈在著名的《师说》一文中，指出教师的责任在于“传道、授业、解惑”，而“传道”居首要地位。他认为，人非“生

① 《春秋繁露·实性》。
② 《昌黎先生外集》卷上。

而知之”者，不能没有疑惑，解惑是授业的起点，授业的最终目的在于传授伦常大道，认为：“无贵无贱，无长无少，道之所存，师之所存也。”① 并从“圣人无常师”引申出“弟子不必不如师，师不必贤于弟子。闻道有先后，术业有专攻”② 的结论。韩愈一方面肯定了教师的主导作用，另一方面又明确提出了相互为师的师生关系新思想，在中国古代教育史上有其积极意义。

（七）王安石

王安石是宋代著名的政治家。从严格意义上讲，他虽然不是一个专门从事教育的教育家，却可称得上是一位教育改革家。王安石认为当时的学校有名无实，不足以担负起培养人才的任务。为此，他主张广设学校，慎选师资，教以有用的实学，培养学用一致，能为国家出力的人才。在教育方法上，主张“尚实用”、“求专门”、“兼文武”。其实施步骤包括：

1. 改革科举考试制度。王安石反对当时专重文辞的科举考试制度，认为科举非取士之良法，主张改革科举考试内容，废除考试中的诗赋、帖经及墨文，重视“学以致用”。

2. 兴建学校，实行“三舍法”。宋神宗继位后，采取王安石的建议，先在京东、京西、河东、河北、陕西五路地方设立学校，选用有经术行谊者担任教授。在京师设立的太学，增加生员数量，实行“三舍法”，即按学生程度分为三级，初入太学的为“外舍”，不限员额；“外舍”升入“内舍”，额 300 名；“内舍”升入“上舍”额 200 名；各执一经，分别讲经授学。

3. 创设专科学校。王安石设置“武学”、“律学”、“医学”三种专科性质的学校，以造就专门人才。

① 《昌黎全集·师说》。

② 《昌黎全集·师说》。

4. 统一大学用书。王安石认为，要实行新政，须先统一思想；欲统一思想，必先统一大学用书。王安石主持训释了《诗》、《书》、《周礼》三书，称《三经新义》，以此为大学统一用书，而对以前的传注，皆废而不用。

上述教育改革举措，在王安石主持的熙宁新政中发挥了积极作用。

(八) 朱熹

朱熹是南宋著名的思想家和教育家。他一生热心讲学，从事教育工作达50年，积累了丰富的教学经验。在教育目标上，他要求学生立大志，做圣贤。主张教育学生应该从洒扫应对进退、礼乐射御书数开始，以修养其孝悌忠信之道；然后再教以格物、致知、正心、诚意、修身、齐家、治国、平天下的"大学之道"，使学生成为"明人伦"的士君子。在教学方法方面，朱熹特别强调脚踏实地地去做。他认为不仅要教学生知识，并且要指导他们懂得如何求得知识，研求学问，如何去躬行实践。他继承了孔孟儒家的教育方法，同时综合了宋儒各家的主张，在自己的教育实践中，又积累了不少经验。撮其要点，有下面几个方面：

1. "循序渐进"与"熟读精思"的学习方法。朱熹认为，读书须有先后次序，先读通一书，然后再及他书，即在同一书里，也必须按其篇章次序而不可乱，并且要求学生订出计划，这样才能循序渐进而无躐等之弊。读书时首先必须熟读，要做到"使其言皆若出于吾之口；继以精思，使其意皆若出于吾之心"①。其次，在学习遇到困难，如"文义有疑"、"众说纷错"的时候，就要虚心静虑，将各种学说互相比较，以验其通否，即所谓"复以众说互相诘难，而求其理之所安，以考其是非"②。

①② 《朱子大全·读书之要》。

2. “穷理”与“笃行”并重。朱子认为，“即物以穷其理，理穷而后能尽其知。”即通过即物穷理，获得关于事物的知识。不过，他又认为，“穷理”仅仅完成了“博学”、“审问”、“慎思”、“明辨”的工夫，知道事物所当然之理，这是不够的，还必须进一步做到躬行实践以完成“笃行”的工夫，才能达到讲学的目的。如果“知而不行，则前所穷之理，无所安顿，徒费讲学之功”①。强调“穷理”与“笃行”必须相结合。

3. 积极引导重于消极防止。朱子认为，教育学生应多从积极方面去教化引导，少做消极的管卡限制。使学者“深明义理”、“充长善端”而心悦诚服，其效果要比订立法制规章优越得多。

朱子的这些教育思想在宋学中影响很大，对后世也影响深远。

(五) 王守仁

王守仁，明代著名学者、大教育家。王守仁认为，人人都可受教育，以斩除私欲，恢复固有的良知，从而达到与圣人相同的境界。关于教学方法，他根据自己的教学经验和“知行合一”的原则，谈得很广泛。最重要的，有下面几点：

1. 重视“躬行实践”的原则。他认为真知必能行，不能行必非真知，所以在学习时，就应该从行动和实践中去学习，以求得真知。

2. 重视“自求自得”的原则。他认为学习必须采取独立思考“自求”、“自得”的方法，才能达到“言入心通”的境地。主张学术公有，反对崇拜偶像。“夫道，天下之公道也；学，天下之公学也。非朱子可得而私也，非孔子可得而私也”②。这种治

---

① 《朱子大全·白鹿洞书院教条》。

② 《阳明全书》卷二。

学精神有破除迷信、思想启蒙的意义。

3. 重视“循序渐进”的原则。他认为学习必须从自己的基础上逐步加深，不可躐等而进。否则，就如把一桶水浇在一棵细小的幼苗上一样，只会事倍功半。

4. 重视儿童教育。在儿童教育方面，王守仁提出了比较正确的见解。他揭露了束缚儿童身心教育方法的缺点，对过去过分注重儿童记忆、滥用体罚的方法十分痛恨。提出顺应儿童性情，鼓励儿童兴趣的教育方法。其教育方法和儿童教育思想不仅对当时的教育改革有一定的价值，对今天的教育来说，也有一定的启迪作用。

（十）*颜元*

颜元是明末清初的教育家。一生以从事教育为主要职业，晚年主讲肥乡漳南书院，建立规制，设文事、武备、经史、艺能诸科，从游弟子有100余人。其中最有名的得意门生李塨（恕谷）成为颜元学说的传播者，世人并称为“颜李学派”。

颜元在教育目的上，主张“经世致用”。认为教育必须以“实学”、“实习”为主，将来为国家造就出“实行”、“实用”的“经世致用”的人才。其最高理想是勉励学者立志做圣人。在教育内容方面，颜元特别重视实事实务，反对空谈性命的空疏之学，也反对只为求取功名而学八股帖括。认为只有尧、舜、周、孔时代的“六府”（金、木、水、火、土、谷）、“三事”（正德、利用、厚生）、“三物”（六德——知、仁、圣、义、中、和；六行——孝、友、睦、姻、任、恤；六艺——礼、乐、射、御、书、数）和“四教”（文、行、忠、信）才属真才实学。此外，又提出了礼、乐、兵农三种实用之学。

在教学方法方面，颜元反对专门在纸上做学问的学风，提倡教学以“实行”“实习”为根本途径。用他的话说就是：“道不在读书章句，学不在颖悟诵读，而期如孔门博文约礼，身实学之，身实习之。”“吾辈只向习行上用功夫，不可向语言文字上著力。”① 因此，颜氏之学被后人称为“习行”之学。这些教育观点和主张，在中国教育史上有其独特的价值和进步性，只可惜在封建社会里不能完全推行开来。

第二节　中国古代教育思想及其特征

一、中国古代教育思想

中国古代教育家积累和总结了丰富的教学经验，对教育目的和作用、教学原则和方法、教学内容以及教师的要求等方面，都提出了许多有价值的思想见解。这些思想不仅丰富了中国古代教育的内容，即使在今天仍闪烁着智慧之光，富有启迪意义。

（一）教育的社会作用

首先强调教育对经济，政治的促进作用。孔子是最早强调教育的社会作用的教育家。他认为，“庶”、“富”、“教”三者是治国之本，通过教育传播伦理道德，比国家的政令、刑法更为重要而有效。教育能把士人变成君子，即有道德的政治人才。国家如果由君子来治理，政治必然能够清明。从这个意义上说，教育本身即是一种政治。稍后的孟子则认为，教育是“得民心”——治国的根本措施，“善政不如善教之得民也。善政，民畏之；善教，民爱之。善政得民财，善教得民心”②。《礼记·学记》则综合了春秋战国时期儒家的思想成果，把教育的社会作用明确地概括为

① 《习斋言行录》。

② 《孟子·尽心》上。

“建国君民，教学为先”，“化民成俗，其必由学”16个字。汉初董仲舒亦非常重视教育，提出：“南面而治天下，莫不以教化为大务。立大学以教于国，设庠序以教于邑，渐民以仁，摩民以谊，节民以礼，故其刑罚甚轻而禁不犯者，教化行而习俗美也。”① 从此，大力发展教育事业，成为整个封建社会的基本文教政策。

其次，重视教育对人才的培养和选拔作用。我国自古以来就很重视人才的选拔，正式的取士制度是从西汉的察举制开始的。汉文帝二年（公元前178年），下诏举贤良方正，直言极谏者。至汉武帝时，接受董仲舒的建议，州举秀才，郡举孝廉。察举制的初始推行，使武帝时人才辈出。后来其流弊显露，士人作伪求名之事层出不穷，出现了许多沽名钓誉之辈。

东汉末至三国鼎立，察举制难以实行。曹丕即位后，实行“九品官人法”即“九品中正制”。具体办法是，在州、郡设立中正，负责评定、推荐家世、德才兼备之士。中正将品第士人材料造成表册，共分九等，上品任高官，下品任卑职。开始实行时，九品中正制有一定的积极作用。魏、晋之际，世族势力日益膨胀，中正官全被盘踞朝廷的士族大官所垄断，品第士人的标准也逐渐舍弃德才，不论贤愚，专讲家世门第，时人说的“上品无寒门，下品无势族”，可谓切中九品中正制的要害。

隋、唐以后，实行科举取士，教育与人才的选拔发生了极为密切的联系。在此之前，人们多从推行德治仁政、化民成俗、建国君民的一般意义上认识教育的社会作用，而科举考试主要考其经学、诗赋、策论等，这就必须经过学校教育，使教育与治术人才的培养和选拔直接联系起来。隋代大儒王通就已经提出教育的

---

① 《汉书·董仲舒传》。

作用在于能培养事君行道的人才。韩愈更明确提出教育就是要传播先王之道，培养“卫道”的人才。王安石对教育的作用论述得更为系统、完整，明确地把教育作为推行变法、治理国家的重要手段，认为变法要靠人去推行，而人才的培养主要靠教育：“诚能使天下人材众多，然后在位者方可以择人而取足矣。在位者得其才矣，然后稍视时势之可否，而因人情之患苦，变更天下之弊法，以趋先王之意，甚易也。”① 古代教育家对教育作用的高度概括和精辟阐述，对人们认识教育的作用，克服忽视教育的片面观点很有启发意义。

（二）教育目的

我国古代教育家都很重视明确教育目的。孔子提出教育目的是培养“修己以安人”、“修己以安百姓”的治国人才，子夏概括为：“仕而优则学，学而优则仕。”② 孟子更明确提出教育目的在于“明人伦”，“人伦明于上，小民亲于下”③。《大学》总结了前人的教育思想，把教育目的概括为：“大学之道，在明明德，在亲民，在止于至善。”④ 在此，“明明德”就是要修己，发挥自己固有的善性；“亲民”就是以德治、仁政的精神去感化、治理民众，去其“旧染之污”，使其成为“新民”；“止于至善”就是使整个社会达到理想的至善至美的境地，“为人君止于仁，为人臣止于敬，为人子止于孝，为人父止于慈，与国人交止于信”⑤。这是整个封建社会教育的指导方针和根本目的。

---

① 《临川全集》卷三十九。

② 《论语·子张》。

③ 《孟子·滕文公》上。

④⑤ 《礼记·大学》。

（三）教育内容

中国古代传统的教学内容有礼、乐、射、御、书、数。后来独尊儒术，经孔子整理的《诗》、《书》、《礼》、《乐》、《易》、《春秋》等儒家经典，逐渐成为教学的主要内容，相反，射、御、数却退居次要地位，甚至被取消。虽然在其后不同历史时期有部分内容被恢复，或增设新的内容，但始终未能取得与儒家经典同等重要的地位。

孔子最重视礼、乐、诗，他说："兴于诗，立于礼，成于乐。"① 但孔子忽视自然科学的传授，鄙视生产劳动知识和技能的教育，把教学内容局限在哲学、史学、文学等有限的几种社会科学中，排斥自然科学和生产技术。这种局限性很大的教学内容主宰了漫长的封建社会，后来的科举考试更加剧了这种局限性，致使中国的科学技术大大落后于西方。所以，我们今天在看到中国古代教育和学校的发达久远的同时，还应清醒地看到其严重缺陷和消极影响。

孟子重视五经，即《诗》、《书》、《易》、《礼》、《春秋》，而尤重《春秋》。荀子则强调礼和乐的重要性。汉代立五经博士，分专经传授，这些儒家经典遂成为法定的教学内容。

魏、晋、南北朝时期，玄学、儒学、佛教和道教相互斗争，相互吸收渗透，曾一度冲破以儒家经书为惟一教学内容的局面，增加了新的教学内容。在儒学中突出了《周易》的地位。

隋、唐时代又恢复了儒家经书在教学内容中的正统地位。主要内容有"九经"：《礼记》、《左传》、《毛诗》、《周礼》、《仪礼》、《周易》、《尚书》、《公羊》、《谷梁》。此外还有《孝经》、《论语》、《尔雅》，共159卷，65万字。唐代还特别重视诗赋，并定为科

① 《论语·泰伯》。

举考试内容，遂使之也成为重要的教学内容。另外，律学、书学、算学、医学等也都被列为教学内容，只是都未能取得与儒家经典同等的地位。

北宋初年教学内容与唐代大同小异。王安石特别重视《周官》、《尚书》、《诗经》，作《三经新义》为基本教材。南宋以及后来的元、明、清各朝，程朱理学占据统治地位，理学家对五经的解释和朱熹的《四书集注》成为法定的教学内容和通用教材。

综观整个中国古代的教学内容，可以肯定地说，是以儒家经典为主，以道德和政治教育为基本内容。当然其中也不乏强调实学、实行的教育内容，如南北朝时期的颜之推针对当时的教育严重脱离实际，培养出来的人缺乏实际能力的状况，提倡“实学”教育，强调要“涉百家之书”①，学习农、工、商、贾等各种技能，广泛接触各种实际生活，增进经世致用的知识。清初颜元，反对程朱理学只在书本上下功夫的做法，提倡教育要培养实用的人才，故在他晚年主持漳南书院时，提出一个分设六斋（即文事斋、武备斋、经史斋、艺能斋、理学斋、帖括斋）的教学方案，可惜由于漳水泛滥、校舍被淹而未能实行。这些思想在封建社会实属凤毛鳞角，不仅占据不了统治地位，更不可能在整个社会推行开来。

（四）教学原则和方法

教学原则和方法是中国古代教育思想的精华所在。中国古代教育家在长期的教育实践中，概括和总结自己的教学经验，针对教学中出现的现象，逐步形成了某些规律性的认识，提出了许多有价值的教学原则和方法。

1．因材施教

---

① 《颜氏家训·勉学》。

所谓因材施教，即根据教学要求，针对教育对象的不同特点，从学生的实际出发，进行教育，使学生各尽其材。

孔子是最早注意到这一方法并加以实施的教育家。孔子注意到了学生的不同特点，“视其所以，观其所由，察其所安”①，根据学生的知识水平、接受能力、品德、才识等方面确定不同的教学内容和进度；有时不同学生提出同一问题，他善于针对提问者的不同情况给予不同的回答。孟子也强调因材施教，注意到了教学方式的变化，“君子之所以教者五：有如时雨化之者，有成德者，有达材者，有答问者，有私淑艾者”②。《学记》主张“长善救夫”，强调在了解学生特点的基础上因材施教，并对学生在学习上的各种特征作出更具体的分析，进一步深化了这一原则。后来的许多教育家如朱熹、王守仁都承继了这一优秀的教学方法。

2. 启发诱导

启发式教学方法是调动学生积极性的有效形式。孔子在教学过程中，采取了这一方法，“不愤不启，不悱不发，举不隅不以三隅反，则不复也”③，十分明确地表述了启发式原则的要点。所以，孔子对能够“闻一知二”、“闻一知十”、“告诸往而知来”的学生，无不加以赞扬，认为他们有独立钻研、自求自得的精神。孟子也很重视启发式教育，并形象地喻之为“引而不发，跃如也”④。其意是说，教师如同射手，引满了弓却不发箭，做出跃跃欲试的姿势，以启发和诱导学生。他特别强调培养学生“自得”的兴趣和能力，“君子深造之以道，欲其自得之也。自得之，

---

① 《论语·为政》。

②④ 《孟子·尽心》上。

③ 《论语·述而》。

则居之安；居之安，则资之深；资之深，则取之左右逢其源”①。

3．学思并重

学习与思考是学习过程中两个决定性环节。孔子提出了学思并重的思想，主张“学而不思则罔，思而不学则殆”②，成为历代教育家一致赞同和普遍遵循的原则。思孟学派在《中庸》一书中提出了“博学之，审问之，慎思之，明辨之，笃行之”的思想，充分肯定了学、问、思、辨、行的相辅相成关系，发展了孔子“学思并重”的思想。孟子尤其强调“思”的重要性，甚至说“尽信书则不如无书”③。荀子很重视博学，强调多见广识，同时重视思，主张“思索熟察”，“虚一而静”，“兼陈中衡”。但荀子更重视行，认为：“不闻不若闻之，闻之不若见之，见之不若知之，知之不若行之，学至于行而止矣。”④ 王充重实知，更重思考，说：“惟精思之，虽大无难。”认为学习时不独耳目，“必开心意”，才能够有所得。朱熹对学习知识十分重视，尤其重视读书、接物、处事，但认为必须通过思考，“学便是读，读了又思，思了又读，自然有意。若读而不思，又不知其意味；思而不读，纵使晓得，终是觥觥不安。一似请得人来守屋相似，不是自家人，终不属自家使唤”⑤。王夫之说得更透彻：“学非有碍于思，而学愈博则思逾达；思正有功于学，而思之困则学必勤。”⑥ 这些主张都是他们在教学实践中对学思辩证关系的深切体验和精辟

① 《孟子·离娄》下。
② 《论语·为政》。
③ 《孟子·尽心》下。
④ 《荀子·儒效》。
⑤ 《朱子大全·学规类编》。
⑥ 《四书正义》卷六。

总结。

4. 循序渐进

中国古代教育家普遍重视循序渐进的教学原则。孔子的学生颜渊赞扬孔子“循循然善诱人”①，表明孔子善于依据教学内容的客观顺序，又考虑到学生的接受能力，一步一步地进行诱导，使学生能够由浅入深，由近及远，有步骤地学习。孟子认为教学是一个自然发展的过程，把教学过程比作流水一样不分昼夜地前进，但在遇到坎坷时，必须一个个地等水盈满才能继续前进，“源泉混混，不舍昼夜，盈科而后进，放乎四海”②。孟子还以禾苗的自然生长来比喻人受教育的时候，一方面要尽心耕耘，绝不可放任自流；另一方面又切忌揠苗助长，急于求成。《学记》总结前人的经验，明确提出“学不躐等”的原则，“善问者如攻坚木，先其易者后其节目，及其久也，相说（脱）以解。不善问者反此。善待问者如撞钟，叩之以小者则小鸣，叩之以大者则大鸣，待其从容，然后尽其声。不善答问者反此。此皆进学之道也”③。这就是教学中的循序渐进原则。

5. 由博返约

教学中要正确处理广博与专精的关系。中国古代教育家都非常重视博学，又强调用一贯之道去驾驭广博的知识。孔子主张“博学于文，约之以礼”④。孟子提出：“博学而详说之，将以反说约也。”⑤ 提出学习深造的正确途径，不仅要博学，而且还要

---

① 《论语·子罕》。

② 《孟子·尽心》上。

③ 《礼记·学记》。

④ 《论语·雍也》。

⑤ 《孟子·离娄》下。

善于由博返约。荀子也提出“兼陈万物而中悬衡焉”①。广博而不能杂乱，善于围绕一个中心，或确立一定的标准，对各种知识加以选择、取舍，徒然贪多而无明确的目标和方向，是不会有成效的。所以，荀子说：“多知而无亲，博学而无方，好多而无定者，君子不与。”② 又提出：“凡人之患，蔽于一曲，而暗于大理。”③应当“诵数以贯之，思索以通之”，“如挈裘领，诎五指而顿之”④。认为缺乏广博的知识就失去了专精的基础，而没有专精的功夫就会散乱无章，一无所得。荀子对博与约的关系的见解是相当深刻的。《学记》也总结了这一经验，提出：“学者有四失，教者必知之。人之学也，或失则多，或失则寡，或失则易，或失则止。”⑤ 强调要克服贪多务得、过于庞杂，或浅薄狭窄、过于贫乏等毛病。王夫之对博与约的关系也有非常精辟的论述，认为博与约各有所长，亦各有所短，只有把博与约结合起来，长善救失，才能有较理想的结果，“多、寡、易、止虽各有失，而多者便于博，寡者易于专，易者勇于行，止者安其序，亦各有善焉。救其失，则善长矣”⑥。由此可见，广与专、博与约不可偏废，由博返约，以约驭博，教学效果才可以提高。这些思想是相当深刻的。

（五）尊师爱生

中国古代教育家大多数都直接从事教育教学工作，对教师的甘苦深有体会，对教师的条件、修养等要求都有明确的认识，对如何处理师生关系也有很深的感受。

---

①③④ 《荀子·解蔽》。

② 《荀子·大略》。

⑤ 《礼记·学记》。

⑥ 《四书训义》。

1．关于教师的条件和修养

中国古代教育家普遍重视教师的修养。孔子要求教师既要有高尚的道德品质，又要有丰富、渊博的知识；还要热爱教育工作，热爱学生，具有高超的教学艺术。他自己就是一个“好古，敏以求之”①、“发愤忘食，不知老之将至”②、一生勤奋好学之人。他认为，教师首先应有“学而不厌”的精神，应当随处学习，无所不学，“不耻下问”，“三人行，必有我师焉。择其善者而从之，其不善者而改之”③。在他看来，要想使学生能“告诸往而知来者”，教师就必须能“温故而知新”，这样才可以教育好学生，“温故而知新，可以为师矣”④。其次，教师必须有“诲人不倦”的精神。孔子认为，教师的根本职责是教人，“诲人不倦”是教师高尚品质和崇高精神的体现，孔子把这种精神倾注在学生身上，对学生充满深厚的感情，对教育事业具有高度的责任感，“爱焉能勿劳乎，忠焉能勿诲乎”⑤。他对学生“无私”、“无隐”，不管是谁向他请教他都能毫无保留地教诲。第三，孔子要求教师事事处处以身作则，身教重于言教，以自己的模范行为做学生的表率，这即是他说的“其身正，不令则行；其身不正，虽令不从”，“不能正其身，如正人何?”⑥ 这种“无言之教”对学生影响和教育的威力是巨大的。

荀子对教师的条件和修养也提出了明确而严格的要求，“师术有四，而博学不与焉。尊师而惮（敬），可以为师；耆（60岁）艾（50岁）而信，可以为师；诵说而不陵不犯，可以为师；

---

①②③ 《论语·述而》。

④ 《论语·为政》。

⑤ 《论语·宪问》。

⑥ 《论语·子路》。

知微而论，可以为师”①。这是说，教师除了具备渊博的知识以外，主要还应具备四项条件：其一，教师要有尊严，能使人信服；其二，教师要有崇高的威信和丰富的教学经验；其三，教师需具备有条理有系统地传授知识的能力而不违反师说；其四，了解精微的理论而且能解说清楚。《学记》也对教师提出了严格的要求，把教师品德高尚和学生主动上进看做是教书育人的必要条件，而且要掌握正确的教学方法和原则。

2. 关于师生关系

中国古代教育家提倡学生尊敬教师，教师热爱学生，建立良好的师生关系。孔子热爱学生，对学生的思想品德、知识才能以及日常生活无不关怀备至。他关心学生的志愿，多次让学生“言志”，并加以引导；关心学生的出路，根据学生的专长推荐给上层统治者；关心学生的学业，在教学中“无私”、“无隐”；学生家中生活困难，他设法给予帮助；学生有病他亲自探望；学生不幸早亡，他悲痛欲绝。孔子对学生的热爱赢得了学生的尊敬。他们敬佩孔子道德高尚，学识渊博，教人得法。颜渊称赞孔子“仰之弥高，钻之弥坚。瞻之在前，忽焉在后。夫子循循然善诱人，博我以文，约我以礼，欲罢不能。既竭吾才，如有所立卓尔。虽欲从之，末由也已”②。孔子得病，学生服侍在旁；孔子死后，学生们搭起草房为其守丧三年。子贡说：“夫子之不可及，犹天之不可阶而登也。”③ 表达了学生对孔子无限的怀念和敬仰。

墨子在教育实践中也强调尊师爱生。墨家师生之间能生死相依，患难与共。墨子和他的学生们“以裘褐为衣，以跂跻为服，

① 《荀子·致士》。

② 《论语·子罕》。

③ 《论语·子罕》。

日夜不休，以自苦为极”①。学生追随墨子“赴火蹈刃，死不旋踵”，这一方面说明师生关系是在同生死共患难中逐步建立起来的，另一方面也说明没有尊师爱生的基础，师生关系难以达到这种境界。

荀子主张尊师重道，特别强调教师的威严和学生的服从。荀子强调教师对学生严格要求，如果是出于对学生的真诚关心，学生就会感到教师的严格要求正是对自己高度负责的表现。尤其是学生日后学有所得，有所成就之时，就会由衷地感谢自己的老师。荀子说：“水深而回，树落则粪本，弟子通利则思师。”② 如果说，孔子是和善可亲的先生，荀子则是威严可敬的教师，他们分别代表了中国古代教师的两种风格。

宋代许多教育家也是尊师爱生的典范。胡瑗一方面提倡“严师弟子之礼”，另一方面也倡导师生之间感情深厚，关系融洽，平日视诸生如弟子，诸生也敬他如父母。他因病返乡，学生成群结队相送，相续百里不绝。程氏兄弟都深受学生爱戴，程颢和善可亲，学生与他相处，常感到“如坐春风和气中”；程颐则威严刚毅，有的学生见他瞑目静坐，不敢惊动，立于门外等候至雪深尺余，留下了“程门立雪”的佳话。朱熹曾严厉批评官学师生关系的冷漠：“师生相见，漠然如行路之人。”他决心发扬孔子“诲人不倦”的精神，循循善诱，孜孜不倦，和学生产生了深厚的感情。其学生黄幹在其编撰的《朱子行状》中称道：“朱子讲论经典，商略古今，率至夜半。虽疾病支离，至诸生问辩，则脱然沈疴之去体。一日不讲学，则惕然常以为忧。”反映了一个教师的高尚情操。朱熹在晚年被贬时，仍讲学不息。这种热心教人的品

① 《庄子·天下》。

② 《荀子·致士》。

德加深了师生情谊，密切了师生关系。朱熹去世时，尽管官方严加监视，四方弟子不避风险前来者仍达千人之多。这些都体现了中国古代尊师爱生的优良传统，为后人所称道。

二、中国古代教育思想的总体特征

综观中国古代教育思想，大致有下面几个鲜明特征：

（一）突出教育的重要性

教育作为整个社会大系统中的一个小系统，它与社会经济、政治的发展有密切的联系。从孔夫子开始，历代教育家都程度不同地认识到了教育的发展与经济的强盛、政治的稳定、社会的进步的关系。孔子认为，仅有众多的人口，发达的经济还不能完全治理好一个国家，必须加强教育工作。孔子把教育放在治国治民的首要地位，看到了教育对治理国家、安定社会秩序所产生的重要作用，其思想产生了深刻的影响。中国历代统治者，尤其是处于上升时期或政治上比较清明时期的统治者，如汉武帝、唐太宗等都很重视教育，亲自主持教育政策的商讨、确定及颁布实行，促使文化教育得以充分发展，并对社会的和谐、稳定起到了积极作用。

（二）强调教育的必要性和可能性

在春秋战国时期，人性与教育的关系问题已经成为许多教育家注目的焦点。孔子首先提出“性相近也，习相远也”①，肯定人生来性情非常相近，人的差别是后天学习和教育的结果，肯定了教育在人的发展中的决定作用，有力地冲击了以天命观为基础的“血统论”和宗法世袭观念。孔子还提出了“有教无类”的主张，认为教育不应只为少数人服务，人人都有入学受教育的权利，而不应受到贫富、贵贱、年龄和地域的限制，这一主张扩大

① 《论语·阳货》。

了教育范围。他不仅在教育理论上强调普遍受教育的必要性和可能性，而且在自己创办的私学中实践了这一原则。

孟子、荀子是继孔子之后，直接讨论人性的善恶及其与教育的关系问题并进而探讨了受教育的必要性和可能性的教育家。孟子肯定人性“善”，认为人生来就有不虑而知的“良知”，不学而能的“良能”，人人都有恻隐之心和羞恶、辞让、是非之心，而这些正是仁、义、礼，智等观念的“善端”，从而肯定了教育的可能性。孟子又认为，虽然人具有良知、良能等先天善性，但其关键是能否保存得住，教育的作用就是收回散失的善性加以存养扩充，用他的话来说就是：“学问之道无他，求其放心而已矣。”① 只要用心学习，依赖后天的教育，“人皆可以为尧舜”②，肯定了后天教育的可能性和必要性。

荀子与孟子相反，主张“性恶论”，认为人生来性恶，都有好利、嫉恶、好声色等欲望，如果不进行教育，让其任意发展，结果就是争夺生而辞让亡，残贼生而忠信亡，淫乱生而礼义文理亡，并进而出于争夺、犯分乱理而归于暴。如果进行教育，就可以“有师法之化，礼义之道，然后出于辞让，合于文理，而归于治”③。荀子同时又肯定每个人“皆有可以知仁义法正之质，皆有可以能仁义法正之具”④，只要专心致志，努力学习，“涂之人可以为禹”。实际上是强调了教育的必要性和可能性。

孟子的性善论和荀子的性恶论，表面看来是针锋相对的，但作为教育理论基础的探讨，却是一致的，都充分肯定了人受教育

① 《孟子·告子》上。
② 《孟子·告子》下。
③ 《荀子·性恶》。
④ 《荀子·性恶》。

的必要性和可能性。只不过孟子更多地注重教育的可能性，荀子则更多地注意到了教育的必要性。

（三）德智结合，突出德育的重要性

中国古代教育家认为道德教育和知识教育应同时进行。孔子说："君子务本，本立而道生。""行有余力，则以学文。"① 同时又说："好仁不好学，其蔽也愚。"② 其弟子也总结说："子以四教：文、行、忠、信。"③ 汉代儒家董仲舒也反对偏执一方："仁而不智，则爱而不别也；智而不仁，则知而不为也。"④ 在中国古代教育家看来，道德教育应该居于首要地位，智育主要是为德育服务。德智之间，"行己有耻"与"博学于文"之间存在着相互依存、相互渗透的关系。

不过，相比较而言，中国古代教育更重视德育，教学内容始终把德育放在首位。孔子主张以德治国，孟子主张推行"仁政"，认为"善政不如善教得民心"，而得民心的关键是"明人伦"。《学记》认为，教学是进行道德教育的先决条件，"发虑宪，求善良，足以谀闻（小有名声——引者注），不足以动众；就贤体远，足以动众，未足以化民。君子如欲化民成俗，其必由学乎"⑤！认为道德教育应放在建国君民的首位。宋代教育家朱熹也认为："古昔圣贤所以教人为学之意，莫非讲明义理，以修其身，然后推以及人。"⑥ "先王之学以明人伦为本。"具体地说，就是诚意、

① 《论语·学而》。

② 《论语·阳货》。

③ 《论语·述而》。

④ 《春秋繁露·必仁且智》。

⑤ 《礼记·学记》。

⑥ 《朱子大全·白鹿洞书院教条》。

正心、修身、齐家、治国、平天下，更明确地把道德教育放在第一位。清初学者唐甄说："古之圣人，言即其行，行即其言；学即其政，政即其学。"① 确实抓住了古代教育家把政治、伦理、教育合为一体，普遍强调把德育放在首位的特点。

（四）注重启发主体的自觉性

中国古代教育注重自我修养，强调启发主体的内在自觉性。同西方和印度的宗教相比，中国古代教育不用到上帝或佛祖那里，而是在自己心中寻找善恶、美丑的标准，追求道德的自律，强调人心中具有一种价值自觉的能力，自省、慎独、自我修养、自我完善，自我求取在人伦秩序和宇宙世界中的和谐。孔子就特别强调从自我做起，认为人要善于自我省察，及时发现自己的缺点和不足，严格进行"自省"、"自讼"，还要进行自我克制，"克己复礼为仁，一日而克己复礼，天下归仁焉"。使自己的视、听、言、动都要符合社会规范，并力图做到"从心所欲不逾矩"的境界。孟子更加强调"反求诸己"。他说："爱人不亲，反其仁；治人不智，反其智；礼有不答，反其敬；行有不得，皆反求诸己。"② 荀子也提倡"日三省乎己"，教育学生从内心培养见善如不及，见不善能嫉恶如仇的道德情操，"见善修然，必以自存也；见不善愀然，必以自省也。善在身介然，必以自好也；不善在身菑然，必以自恶也"③。《大学》提出了"慎独"的修养方法，也就是要求自我省察，自我克制，在自己独处，没有别人监督的情况下更加谨慎地严格要求自己。这种重视启发内心的觉悟，相信主体内在力量的观点，是中国古代教育思想的一个重要特点。

---

① 《潜书·有为》。
② 《孟子·离娄》上。
③ 《荀子·修身》。

（五）学校教育、家庭教育、社会教育三者并重和有机结合

中国古代十分重视学校教育，而且同时把家庭教育和社会教育看作是学校教育的补充。关于家庭教育，中国古代很早就有许多传说，如孟母“三迁”居所和“抽刀断织”教儿发愤读书，岳母刺字教儿“精忠报国”，许多名人受过良好家庭教育的记载，不胜枚举。在家庭教育的理论方面，南北朝时期就已有专门著作《颜氏家训》（颜之推著）问世，唐代又有无名氏的《太公家教》，宋代有司马光的《居家杂仪》、陆九韶的《居家正本制用篇》、袁采的《世范》及名目繁多的“家训”、“家诫”、“家范”等，都是家庭教育的教材及经验总结。家庭教育的目的都是要求对儿童、少年加以教育训导，使他们早日成材。其内容多是待人接物、为人处事之道，也有治学之方的传授或某些专门技艺的传授，同学校教育的目的、内容基本一致。

社会教育在古代主要是对一般民众的社会教化，教育内容主要有两个方面：一是传播生产知识和经验，二是灌输伦常道德，礼节习俗，后者是主要部分。进行社会教育的方式多种多样，主要有祭祀天地鬼神；旌表贞节、忠孝、义烈；民间创作诗歌、戏曲、故事、书画；政府发布文告训谕；还有乡约、族规、宗训。通过各种方式，使男女老幼都随时随地接受教育。这样，学校教育、家庭教育和社会教育三位一体，互相配合，把教育活动渗透到社会生活的各个方面和各个角落，是我国古代教育一项成功的经验。

（六）注意教育方式的灵活性

如上所述，中国古代教育家积累下来的成功的教学方式很多，但是，他们绝非千篇一律地把某种或某几种教学方式到处套用，而是注意学生的个性差异，随时随地根据不同的条件、环境变换教学方式。孔子就非常注意观察学生的所作所为，了解学生

的经历、兴趣、爱好，对学生不仅“听其言而观其行”，而且还要“退而省其私”①，即考察学生课后私下的言行举止，全面掌握学生的特点和实际情况，采取相应的教育方式。他针对学生的不同性格特点，有时从优点方面分析，有时从缺点方面分析，有时对不同学生作比较分析，根据不同学生的特点对同一问题作出不同的回答。孟子也主张教学方式要变化多样，“有如时雨化之者，有成德者，有达材者，有答问者，有私淑艾者”②。“教亦多术矣，予不屑之教诲也者，是亦教诲之而已矣”③。宋代张载反对用一种模式去束缚学生，主张顾及学生的内心要求，通过教育使学生的智力、才能得到充分发展，“教人至难，必尽人之材，乃不误人”，若教人“不尽材，不顾安，不由诚，皆是施之妄也”④。另一位南宋教育家吕祖谦也反对教学方式的千篇一律，“学者气质各有利钝，工夫各有深浅，要是不可限以一律，正须随根性，识时节，箴之中其病，发之当其可，乃善”⑤。这种有的放矢地变换教学方式直到今天仍有很大的意义。

第三节　中国古代教育的优良传统

中国古代教育在悠久的历史长河中，形成了一个长远而深厚的教育传统，其精华至今仍发挥着重要作用。在学习中华民族传

① 《论语·为政》。
② 《孟子·尽心》上。
③ 《孟子·告子》下。
④ 《张载集·语录抄》。
⑤ 《东莱遗书·与朱侍讲书》。

统文化的过程中，应给予充分重视并加以发扬光大。

一、尊师重教的优良传统

中国古代有悠久的尊师传统，给予教师以很高的地位。《尚书·泰誓》已有“天佑下民，作之君，作之师”的说法，将君师并称。针对有人轻视教师，认为教师空讲道理，没有用处的说法，墨子反问：“籍设而天下不知耕，教人耕与不教人耕而独耕者，其功孰多?”结论自然非常明确：“教人耕者其功多。”同样可以引申出：“教天下以义者功亦多。”①

在先秦诸子中，荀子可说是尊师重教的代表。他把天、地、君、亲、师并列起来，提到同样崇高尊贵的地位。他说：“天地者，生之本也；先祖者，类之本也；君师者，治之本也。无天地恶生？无先祖恶出？无君师恶治?”② 把是否“贵师重傅”与国家的兴衰紧密联系起来，“国将兴，必贵师而重傅；……国将衰，必贱师而轻傅”③。认为教师应有崇高的地位和绝对的权威，“言而不称师，谓之畔（叛）；教而不称师，谓之倍（背）。倍畔之人，明君不内（纳），朝士大夫遇诸涂（途）不与言”④。这些说法十分精辟。

《学记》总结了先秦诸子的思想，进一步肯定了教师的地位和作用，明确提出“师严道尊”的思想。“君子知至学之难易，而知其美恶，然后能博喻，能博喻，然后能为师；能为师，然后能为长；能为长，然后能为君。故师也者所以学为君也。“凡学之道，严师为难。师严然后道尊，道尊然后民知敬学。……大学

① 《墨子·鲁问》。
② 《荀子·礼论》。
③ 《荀子·大略》。
④ 《荀子·大略》。

之礼，虽诏于天子无北面，所以尊师也”①。从教育上更多地强调了尊师重教的重要性。

当然，不可否认的是，封建社会制度本身的局限性及种种历史条件决定了中国古代教育在尊师重教的同时，也存在着贱师轻教的另一面。不过，相对于其它社会科学来说，教育在中国古代具有非常显赫的地位，从一定意义上说，教育乃是中国的立国之本。无论是春秋战国时代官学和私学的兴盛，还是宋、明、清三代书院的蔚兴，都与尊师重教的传统有直接联系。从孔夫子广收门徒，到王艮来者不拒；从康、梁开发民智，到民国推行小学义务教育，都说明尊师重教的传统一直在延续、发扬。正是由于尊师重教的优良传统，中华民族的文明才能代代相传，在历史上涌现出许多杰出的人才，在文化上产生出各种学派。也正是因为尊师重教优良传统的发展、延续，才有各学派师承相传，才形成了传统文化一次又一次的高峰，推动了文明的发展。

今天，日本、亚洲“四小龙”等“儒家文化圈”（亦称“汉文化圈”）的国家和地区，通过发展教育促进经济腾飞的事实也给人以巨大启示。尊师重教，教育立国也应成为中国跨入经济强国，挺立于世界民族之林的不二法门。历史和现实告诉我们，办好教育事业，发扬光大尊师重教的优良传统，已经成为振兴中华民族的关键所在。

二、爱国主义教育传统

（一）注重培养爱国情感

中国古代教育家通过揭示个人与国家的密切关系，十分注意培养学生的爱国热情。据《孟子》记载：“孔子之去鲁，曰：‘迟

① 《礼记·学记》。

迟吾行也。去父母国之道也。'"① 后来，人们便常用“父母之邦”来称谓祖国，表达个人与祖国血肉相连的感情。孟子进而提出了“国家”的概念，“人有恒言，皆曰天下国家。天之本在国，国之本在家，家之本在身”②。指出个人、家庭与祖国紧密相关的关系。先秦教育家奠定了古代爱国主义教育的基础，并贯串于整个古代社会，逐步发展并形成了一股强大的爱国主义主流，培育了无数具有强烈爱国意识的仁人志士。如生于明末乱世的顾炎武，目睹时艰，亲身经历异族入侵之忧患，深感挽救民族危亡的时代主题，在其著名的《日知录》中喊出了“天下兴亡，匹夫有责”的口号，表达了强烈的爱国主义情感。类似的人物和事例在中国历史上可谓是数不胜数，比比皆是。

（二）在德育中渗透爱国主义内容

中国古代教育始终把道德教育放在首位，而道德教育中无时无刻不渗透着爱国主义内容。孔子首先提出了忠、义的道德规范。他所说的“忠”既有尽己为人的一般含义（“尽己之谓忠”），也指臣子对君的忠诚（“臣事君以忠”）。后世则扩大为个人对国家、民族忠贞不二的感情和操守。“义”指符合一定社会生活准则或社会道德规范的思想行为，它的基本含义是“应当”（“义者，宜也”）。在使用上，义的含义比较广泛，它既是衡量物质利益的获得是否正当的条件，又是判断是非的共同准则。忠义的教育要求人们在个人得失与生死关头，要做到“无求生以害仁，有杀身以成仁”③。孟子强调在道德修养过程中，存养充塞天地的“浩然之气”，在生死关头“舍生取义”。这种道德教育对培养爱

① 《孟子·尽心》下。

② 《孟子·离娄》上。

③ 《论语·卫灵公》。

国的民族气节影响至为深远。苏武饥吞毡、渴饮雪、持守汉节的事迹一直受到人们的崇敬，班固在其传后曾写过几句赞语：“孔子称：‘志士仁人，有杀身以成仁，无求生以害仁。’‘使于四方，不辱君命。’苏武有之矣。”① 这说明苏武保持民族气节与古代爱国主义教育是不可分的。文天祥临终前在“衣带诗”中写道：“孔曰‘成仁’，孟曰‘取义’。惟其义尽，所以仁至。读圣贤书，所学何事？而今而后，庶几无愧。”正是这种古代“成仁”、“取义”的道德教育，使文天祥能够在民族危亡之际，置生死于不顾，从容就义，留下了“人生自古谁无死，留取丹心照汗青”的千古绝唱。古代教育家的爱国主义教育，培养了无数坚贞不屈的爱国志士，他们忠于祖国的浩然之气，常留于天地之间，构筑了我们的民族之魂。

（三）家庭教育和社会教育中的爱国主义传统

古代家庭教育富有爱国主义的光荣传统。许多家族以抗击外侮为家教的内容。杨家将、岳家军、戚家军就是由这样的爱国世家组成。此外，还有许多人以自己的爱国风范，通过遗嘱、家训等形式对后代进行尽忠报国的教育。“人谁不死，不泯者心。修身俟命，敬励后人”。这是明末爱国志士夏允彝的绝命诗。正是在这样的家教影响下，造就了少年民族英雄夏完淳。他追随父辈进行斗争，身陷囹圄，仍然谈忠说义，写下了充满爱国热情的诗集《南冠草》，“英雄生死路，却似壮游时”，表现出何等的为国捐躯的英雄气概！顾炎武的嗣母王氏，教子关心百姓社稷，鼓励顾炎武立下“拯斯人于涂炭，为万世开太平”的志向。明朝二京失陷后，她即绝食示志，于生命垂危之时叮嘱儿子：“无为异国臣子，无负世世国恩，无忘先祖遗训，则吾可以瞑目于地下。”

① 《汉书·苏武列传》。

顾炎武不负母训，以布衣之士终身，坚持为国家“明学术、正人心”，成为名满天下的学者。

中国古代的社会教育也十分重视爱国主义教育，如祭祀活动中就包含有不少爱国的内容。祭祖礼俗通过亘古未易的祭扫活动，逐渐形成了“叶落归根”的传统的心理，沟通了人们怀土、思亲、忆祖与爱国的感情，使古代爱国主义教育具有亲切感人的力量。礼制中有祭祀功臣、忠烈的规定，据《明史》载：“成都祀李冰，”“庐陵祀文天祥，”“沂州祀诸葛亮，”“杭州祀于谦。”这些人物都是有功于国家民族发展和统一大业的英雄，人们通过祭慰他们的英灵，从中受到深刻的爱国主义教育。至于散见于各地的忠烈祠、庙和墓地，更有不少是祭祀爱国志士的。仅以岳飞墓为例，自建墓后，一直是“寒食酒浆，春风纸蝶，岁时浇奠不绝”。墓前留下了无以计数的诗、词、碑文，其中最为人们所熟知的是精忠园门两侧的对联：“青山有幸埋忠骨，白铁无辜铸佞臣。”深刻表达了后人对岳飞爱国精神的敬佩。此种情况，在祖国大地上又何止一处。我们只要浏览一下这些墓祠中留下的诗文，其惊天地、泣鬼神、悲壮动人的情思，足以说明我国古代爱国主义教育活动具有多么感人的力量。

至于说在古代学校的经史诗文教学中，爱国主义教育的内容就占有更加显著的地位了。中国古代教育家为培养人们的爱国情感，经常在教学过程中论列中华民族先祖如伏羲氏、神农氏、轩辕黄帝等事迹，赞其功勋，颂其功德，使中华民族牢固地树立共同的祖先观念，从而有力地促进了中华民族的团结和统一。许多仁人志士用鲜血和生命写下的诗歌和文章，常被选作学校教育的教材。屈原的《离骚》、诸葛亮的《出师表》、范仲淹的《岳阳楼记》、岳飞的《满江红》、文天祥的《正气歌》等等，无不充满着报国热情，激励着一代又一代的中华子孙。“鸟飞返故乡兮，狐死必首丘”，“生无以救国难，死犹为厉鬼以击贼”，“人生自古谁无死，留取丹心照汗青”，“躯躬尽瘁，死而后已”，“闻鸡起舞，誓复中原”，“先天下之忧而忧，后天下之乐而乐”，这些脍炙人口的名句，已经成为中华民族进行爱国主义教育的格言。

发扬中国古代教育思想中的爱国主义传统，有助于我们振奋民族精神，树立民族自信心和自豪感，增强民族凝聚力，有助于使爱国主义传统与中华民族长期形成的传统文化与民族心理相结合，使其富有民族的形式和特点，增强爱国主义教育的道德感染力。

参考书目

毛礼锐等编:《中国古代教育史》，人民教育出版社 1983 年版。

张岱年、方克立主编:《中国文化概论》，北京师范大学出版社 1994 年版。

毛礼锐主编:《中国教育史简编》，教育科学出版社 1980 年版。

李定开、谭佛佑主编:《中国教育史》，四川民族出版社 1990 年版。

顾树森编：《中国古代教育家语录类编》上、下，上海教育出版社 1983 年版。

朱汉民:《中国的书院》，商务印书馆 1981 年版。

门岿主编:《中华民族优秀传统汇典》上、下，天津社会科学出版社。

孙培青、金林祥：《百家教育学典论》上、下，江西教育出版社 1989 年版。

丁守和主编:《中华文化辞典》，广东人民出版社 1989 年版。

第七章 中国古代经学

第一节 经学的形成与发展

一、经学的形成

什么是经？经学所谓“经”，乃是指一部分儒家典籍。

在历史上，称为经的典籍，其实并不止于儒家。佛教，道教皆有其经。此外，如《黄帝内经》、《鲁班经》、《水经》、《茶经》之类，亦皆用“经”名。当然，这些都不属于经学范畴。

典籍称经，也并不始于经学。经学之名始于汉朝，而典籍称经，则始于战国。《庄子·天运》云：“孔子谓老聃曰：‘兵治《诗》、《书》、《礼》、《乐》、《易》、《春秋》六经’。”《荀子》中有学问“始乎诵经”之语。墨子的著作当时也被称为《墨经》。

典籍为什么称“经”呢？这有不同的解释。

东汉班固《白虎通义》释“经”为“常”。常即常道，意思是儒家经典所说的道理乃是万事咸具的恒常道理；它所指示的道路，乃是天下共由的恒常道路。清末皮锡瑞《经学历史》说：“或当删定六经之时，以其道可常行，正名为经。”东汉许慎《说文解字》说：“经，织也。”这是说经字本义，起于织布。清代段玉裁进而注解道：“织之纵丝谓之经，必先有经而后有纬，是故三纲五常六艺谓之天地之常经。”段注实际上综合了释经为常和释经为织的说法。

现代国学大师章太炎，不以古训为然。他说："经字原意是一经一纬的经，即是一根线。所谓经书，只是一种古代的线装书罢了。明代有线装书的名目，即别于那种一页一页的散着的八股文墨卷，因为墨卷没有保存价值。古代记事书于简，不及百名（字）者书于方（木板）。事多，一简不能尽，遂连数简以记之。这连缀若干简的线就是'经'。"① 这意思是，经本为连简之线，后来便把由线连缀起来的书简称为经了。

当代历史学家范文澜干脆说：经书"为什么叫经，是无法说清的"②。

我们以为，按照段玉裁那个思路来理解"经"由"织之纵丝"到含有常道意义的典籍的转变，似乎比较合理。

战国时期，诸子之书已有许多，如《孟子》、《庄子》、《荀子》、《韩非子》等等，均未闻有经之名，足见并非所有"线装书"都可称为经。称为经的，恐怕至少应是一学派内公认的重要典籍。

中国古代，颇重师承。学之尊师，如家之敬祖。较大的学派，难免分化。比如儒家，据说战国时期就分为八派。③ 这就有个谁为正统嫡传，谁背离师说的问题。在这种情况下，很容易形成将祖师所著述或编定的典籍奉为标准、圣物，即"经"，然后依傍师说，发挥己见的风气。事实上，战国末期确实出现了这种治学方式。比如儒家所奉的《春秋》、《易》都有了专门的解释性著作，学术史上称之为"传"。经学正是由此逐步形成的。

什么是经学？有的人对经学理解得比较宽泛，认为凡注经式

---

① 引自曹聚仁：《中国思想史随笔》。

② 《经学史讲演录》，载《历史学》1979 年第 1 期。

③ 《韩非子·显学》。

的学术皆可称为经学。比如冯友兰在《中国哲学史》中说，中国佛学“亦系一种经学”。他这样解释：“盖中国之佛学家，无论其有无新见，皆依傍佛说，以发布其所见。其所见亦多以佛经中所用术语表出之。中国人所讲之佛学，亦可称为经学，不过其所依傍之经乃号称佛学之经，而非儒家所谓六艺耳。”照此说法，自汉以来的中国古代各类学术，大致都是注经式的，那就都应当称为经学了。

不过，历史上所谓经学，乃是专指以注解、阐述儒家经典为务的学术。大多数现代学者也是这样看的。这种经学其实有两个基本规定：第一，它是注经式的学术；第二，它是官方学术。

经学形成于汉朝。注经式的治学方法虽始出现于战国末期，但儒学成为官学则是由汉武帝实行“罢黜百家，独尊儒术”政策才确立的。而且，正是由于这一政策，才使注经式学术作为普遍的学术形式被固定下来。

经学的兴起，是由于儒学的复兴与汉朝廷的政治需要。儒学复兴，首先取决于三个因素。其一，秦火之后，文化遭到严重摧残，经过汉初几十年休养生息，社会对文化的需要迅速增长，这是一个学术发展的极好机缘。① 其二，儒学在孔子时代已成显学，“弟子三千，身通六艺者七十有二人”②，孔子死后，儒家分为八派，足见其势力之大。暴秦虽然坑杀几百儒生，但并未把所有儒生都杀掉。因此，一旦遇到好的机缘，儒学自然会迅速复兴起来。其三，儒不仅仅是持有某种政治、伦理观点的学派，它还

① 《汉书·艺文志》记载：汉初萧何立法曾有这样的规定：“太史试学童，能讽书九千字以上，乃得为史。又以六体试之，课最者以为尚书御史、史书令史。”

② 《史记·孔子世家》。

承担着一般文化教育和指导各种礼仪活动的职能（这些礼仪活动在中国古代无论民间还是国家生活中都是极为重要的）。这使得儒家与社会的联系更为广泛而紧密。因而，只要废除了秦的“以法为教，以吏为师”的野蛮政策，儒家就必然会逐渐成为文化界最有影响、最具势力的学派，任何其他学派绝难与之匹敌。

当然，影响大并不意味着“独尊”。影响大是文化地位，独尊是政治地位。所谓“独尊”，是指朝廷把儒学奉为官方学术。汉朝廷的具体做法是，罢黜原来设有的治诸子百家学术的博士官，① 而只设治儒家经典的博士官。如汉武帝时，只设五经博士。儒学获得独尊地位，与汉朝廷的政治需要是直接相关的。

汉高祖刘邦起初对拘泥于礼仪形式的酸腐儒生极为反感，往往侮辱之。但随着事业的发展，便逐渐体悟到儒学的价值。当其与项羽争天下时，也笼络了一帮儒士。既得天下后，又起用原秦博士叔孙通，命其制定朝廷礼制。礼仪制度的实行，使刘邦非常得意，他说：我今天才体会到做皇帝的尊贵滋味！刘邦的谋士陆贾是儒学推崇者。陆贾向刘邦进言，天下可以武力得之，却不能以武力治之，须推行仁义，效法先圣，才能不蹈秦之覆辙。陆贾先后写成论文12篇，以儒家观点论古今得失及秦失天下、汉得天下的原因。刘邦对陆贾之言极为嘉许。刘邦在逝世的前一年，还用“太牢”（牛、羊、豕三牲具备的祭礼）祭祀了孔子。

汉文帝始置经学博士。但只有一经，即《诗》。申公、韩婴

---

① 战国时，一些诸侯国就设有“博士”一职。秦朝亦有“博士”。汉有天下后，刘邦命叔孙通和他的弟子及鲁儒生三十多人，共同制作朝仪。礼成，叔孙通拜为太堂。一群学者在他属下，称为“太常博士。”文、景二帝时，太常博士达七十余人。其中有治儒家经典的，也有治诸子百家的。建元五年，武帝将治诸子百家的博士们都罢黜了。

以治《诗经》为博士。汉文帝还曾搜求过能治《尚书》之人。《史记、儒林传》上说："伏生者，济南人也。故为秦博士。孝文帝时，欲求能治《尚书》者，天下无有，乃闻伏生能治，欲召之。是时，伏生年九十余，老，不能行。于是乃诏太常使掌故晁错往受之。"汉景帝继文帝之后又增加了《春秋》博士。据《史记》载，董仲舒、胡毋生皆以治《春秋》在景帝时为博士。到了汉武帝，便五经博士具备了。

置经学博士始于汉文帝，而"罢黜百家，独尊儒术"则是汉武帝的政策。

一般认为，这个建议是由董仲舒向汉武帝提出的。董仲舒在著名的《天人三策》中提出："《春秋》大一统者，天地之常经，古今之通谊也。今师异道，人异论，百家殊方，指意不同，是以上亡以持一统，法制数变，不知所宗。臣愚以为诸不在六艺之科、孔子之术者，皆绝其道，勿使并进。邪辟之说灭熄，然后统纪可一而法度可明，民知所从矣。"董仲舒的建议击中了汉朝廷的要害：即维护政治统一的问题。景帝时发生的七王叛乱，险些将汉家江山分裂掉，此时可谓余痛未消。中央与地方，皇帝与诸王，朝廷与官吏，一直是古代中国社会最基本的上层政治关系，如何协调这诸种关系，以防止对立和分裂的发生，是历朝历代不可回避的政治问题。学术与政治，在中国古代社会中，关系极为密切。古代以宫廷为主的政治和文化，不同于近代以来以市民为主的政治和文化。那时的政治和文化由极少数人把持着，占多数的老百姓在社会政治文化生活中处于受动状态，因而显得政治家和文化人的影响力也格外大些。影响力大，对于朝廷既是好事，也是坏事。大家用力方向一致时，便有利于政治稳固，天下安宁；大家用力方向不一致或相反时，便可能导致崩溃。因此，古人在考虑维护政治统一的问题时，必然会同时考虑到思想统一和学术统一问题。另一方面，在古代社会，由于文化人较少，而且文化人大多与政治相关，出入于政治领域，因而实现学术统一也是可能的。一般说来，只要“仕途”上的人们保持思想和学术的一致就行了。而立学官和通过考试选拔官吏，便是达到这一目的的方便途径。基于上述的必要性和可能性，可以说，在政治统一之后，统一官学是必然的。至于将何种学术奉为官学，那自然就要看哪一种学术能更有效地为现实服务了。历史的选择是儒学。① 所以董仲舒的建议被采纳了。

至此，经学真正地形成了。换句话说，自此，中国古代学术进入了“经学时代”。

二、经学典籍

两千年积累的经学著作可谓汗牛充栋。在清朝《四库全书总目》中著录的经部书籍达1700余部，约2万卷。

关于经，历史上有“六经”、“五经”、“七经”、“九经”、“十二经”、“十三经”等名称。经的部数是逐步增加的。一些著作，起初并不被称为经，因后人认为重要，又列为经。

按照历史次序，最先出现的是“六经”之名。《庄子》一书中曾用此名。《庄子》所谓“六经”，指的是《诗》、《书》、《礼》、《乐》、《易》、《春秋》。这“六经”，自司马迁始，后世儒者也称

---

① 儒术定于一尊，汉武帝的作用是不容抹杀的。但汉武帝这一决定并不是个人好恶的结果。实际上当时儒学在朝廷中已占了重要地位。景帝时，虽然窦太后喜好黄老之术，但宰相魏其和太尉田蚡均已成为儒学拥护者，并推荐了儒生赵绾为御史大夫。

为“六艺”。① 由于《乐》在战国时失传，② 到了汉朝只剩下五经，所以汉武帝置五经博士。这样又有了“五经”之名。东汉，又将《论语》、《孝经》增入，使五经变为“七经”。唐朝科举考试中，将《诗》、《书》、《易》、《周礼》、《仪礼》、《礼记》、《春秋公羊传》、《春秋谷梁传》、《春秋左氏传》列为经书，称为“九经”。唐文宗年间，朝廷下令将九经并《论语》、《孝经》、《尔雅》刻于石上，称为“十二经”。宋朝，理学家又把《孟子》奉为经书加了进去，形成“十三经”。

十三经形成之后，有人将十三经和前人对十三经所作的较好的注、疏③ 合刻在一起，称为《十三经注疏》。《十三经注疏》在经学史上影响是比较大的。

在宋朝，《孟子》和《礼记》中的两篇文章《大学》、《中庸》受到理学家的高度重视，他们将《大学》、《中庸》、《孟子》与《论语》并列，合称《四书》，大理学家朱熹撰写了《四书章句集注》。后来，《四书》与朱熹的集注便成为科举考试的标准读本。

下面仅将十三经和《四书》的有关情况作一简要介绍。

(一)《周易》

最初只称《易》，后又称《周易》、《易经》。易前之周字，过

---

① 宋王应麟《困学纪闻》：“以《礼》、《乐》、《诗》、《书》、《易》、《春秋》为六艺，始见于太史公《滑稽列传》”。董仲舒《天人三策》亦用“六艺”之名。“六艺”还有另外一种用法，即指“礼”、“乐”、“射”、“御”、“书”、“数”。

② 今文经学家认为本无独立的“乐经”，乐包括在《诗》与《礼》中，其实只有五经。古文经学家认为古实有《乐经》，因秦毁而亡。

③《辞源》：自汉以来，释经之书，有传、笺、解、学等名目，今通谓之注。唐太宗诏孔颖达与诸儒，择定五经义疏，敷畅传注，谓之正义，今通谓之疏。

去人们解释不同，有人以为，《周易》是周朝或周朝人的《易》，故名“周易”。也有人以为周是“周遍”的意思，就是说，易道是囊括一切的。① 现在人们普遍同意前一种意见。

现今传世的《周易》，包括经、传两大部分。经包括六十四卦和卦辞、爻辞。卦是象征性的符号。卦由爻组成。爻有阳爻、阴爻。“—”为阳爻，“- -”为阴爻，代表两种相反的性质或具有相反性质的事物或作用。“—”和“- -”三叠，形成八种组合形式，称为八卦，其图象和名称分别为：☰（乾）、☷（坤）、☳（震）、☴（巽）、☵（坎）、☲（离）、☶（艮）、☱（兑）。乾、坤、震、巽、坎、离、艮、兑，分别代表天、地、雷、风、水、火、山、泽。从卦的阴阳爻搭配上，可以看出古人对事物的某种理解。八卦两两相叠，组合成六十四卦，六十四卦皆有名称。古人称八卦为经卦，六十四卦为别卦。在《周易》中，六十四卦，每卦有卦辞；一卦由六爻组成，每爻也都有爻辞。卦辞和爻辞合起来，就是《易经》的经文。《周易》的传是对经的解释，包括《彖》上下、《象》上下、《文言》、《系辞》上下、《说卦》、《序卦》、《杂卦》十部分，称为“十翼”。按考据学家们的考证，经的部分应是西周初年或更早的作品，而传则是春秋战国之际到西汉初年的作品。因此，传未必全合于经义。关于经的部分，一般认为卦的图象符号出现较早，卦辞出现较晚。古代较普遍的说法是伏羲画卦，大约画的是八卦；文王拘羑里而演周易，大约是将八卦演为六十四卦。卦辞、爻辞中所载史事，多为周初事迹，其中也有少量商朝故事。足见，《周易》并非一人一时所作。

人们普遍认为，《周易》本是占卜之书，经过《易传》的发展，成为一部讲哲理的书。秦始皇焚书坑儒，《周易》独幸，未

① 江藩：《经解入门》：“郑康成云：周易者，易道周普，无所不备。”

在燔烧之列。汉代人又极重视这部经典，《汉书·艺文志》称《易》为“六艺之原”。在五经十四博士中，易占其四，有施雠、孟喜、梁丘贺、京房。古代传习《周易》有两派：一派重象数，卜筮灾异，汉代易学的主要兴趣就在这方面；另一派重义理，三国时的王弼在使《周易》研究哲学化上，起了扭转风气的作用。

(二)《尚书》

原称《书》，汉朝称为《尚书》，尚即是上，指上古之书。儒家将《书》奉为经典，又称《书经》。《尚书》是夏、商、周时代一些历史文献和传说资料的汇编，其中也有一些关于更古时代事迹的追述。

汉朝最早传授《尚书》的是济南人伏胜。《史记》载：“秦时焚书，伏生壁藏之。其后兵大起，流亡。汉定，伏生求其书，亡数十篇，独得二十九篇，即以教于齐鲁之间。”也有人说，伏生口传 28 篇，加上后来得到的《秦誓》，成为 29 篇。① 28 篇之目如下：

虞书、夏书：

《尧典》、《皋陶谟》、《禹贡》、《甘誓》。

商书：

《汤誓》、《盘庚》、《高宗肜日》、《西伯戡黎》、《微子》。

周书：

《牧誓》、《洪范》、《金滕》、《大诰》、《康诰》、《酒诰》、《梓材》、《召诰》、《洛诰》、《多士》、《无逸》、《君奭》、《多方》、《立政》、《顾命》、《吕刑》、《文侯之命》、《费誓》、《秦誓》。

伏生所传《尚书》用汉代通行文字隶书抄写，称“今文尚

① 皮锡瑞：《经学历史》三注〔六〕(周予同注)。

书”。后来，鲁恭王刘余坏孔子宅，从壁中发现出一批用古文①抄写的经书，称“古文经”，其中有《尚书》16篇②，称“古文尚书”。但也有人说，“古文尚书”比“今文尚书”多16篇。③由于古文尚书没能立于学官，后来便都散失了，现在只能看到它的篇目名称。

东晋豫章内史梅赜向朝廷献出一部《尚书》，共58篇，其中33篇系今文尚书（将原28篇析为33篇），25篇为古文尚书。此外还献出一部《尚书孔氏传》。梅氏所献书，都被收入了《十三经注疏》中。宋朝朱熹等曾对25篇古文尚书及孔氏传提出疑问，后儒做了大量考证工作，直到清代阎若璩作《尚书古文疏证》，才最终证明梅氏所献古文尚书和孔氏传为伪作。后人遂称之为伪《古文尚书》和伪《孔安国尚书传》。

经学研究《尚书》，主要是基于以上古社会为理想社会的理念，通过《尚书》揣摩上古社会的状况，阐发儒家修身治国平天下的道理。

（三）《诗经》

初称《诗》，后称《诗经》。是我国最早的一部诗歌集。它汇集了从商周之际到春秋中叶约500年间的诗歌。据说原来有3000余篇，④ 后来被孔子删为305篇。⑤ 这些诗分为《风》、

---

① 人们大多认为古文即是籀文，也叫大篆。但《汉书·艺文志》则说，籀文、大篆“与孔氏壁中古文异体”。

② 刘歆：《移太常博士书》：“鲁共王坏孔子宅，欲以为宫，而得古文于坏壁之中，《逸礼》有三十九篇，书十六篇。”

③ 《汉书·艺术志》：“古文尚书者，出孔子壁中。……孔安国者，孔子后也，悉得其书，以考二十九篇，多得十六篇。”

④ 《史记·孔子世家》。

⑤ 一说311篇。

《雅》、《颂》三部分。《雅》又分《大雅》、《小雅》。《风》是各诸侯国的民歌，表现了地方风情。《雅》较多地反映了周室的情况，其中《大雅》反映了周初和宣王中兴时世道清平的状况，《小雅》则反映了西周末和东周初王室危机的状况。《颂》主要是敬神祭祖的庙堂颂歌。这些诗在当时都是配乐歌唱的。其中《风》配之以地方乐曲，《雅》配之以京城一带谱调，《颂》之曲谱则以庄重肃穆为特点。

如此看来，《诗》乃是文学音乐作品，儒家何以奉之为经典呢？这从孔子论诗中可以看出些端倪来。孔子说："不学诗，无以言。""诗言志。""诗可以兴，可以观，可以群，可以怨。""吾自卫返鲁，然后乐正，雅、颂各得其所。"仅以上面这几段话，就可以看出孔子极其看重诗的作用。首先，诗可以提高语言能力。言是人的行为端表之一，言须雅而有当，才能成为一个文质彬彬的君子。而且，孔子认为，在政治、外交活动中，诗也是很重要的语言工具。其次，诗可以表达和培养人的志趣。再次，"兴"、"观"、"群"、"怨"说明诗具有重要的社会作用。此外，诗还有乐的作用。古代释乐，一般都说"乐者和也"，《中庸》里讲，"喜怒哀乐之未发，谓之中；发而皆中节，谓之和"。乐的作用就在于将人们的喜怒哀乐之情导于中和之道，而勿使流于暴慢。

汉初传习《诗经》的，有鲁人申公、齐人辕固生、燕人韩婴三家。三家皆以《诗》为博士。三家之《诗》属于今文。后来又有毛诗，属于古文。三家今文诗不知何故都没有流传下来，流传下来的只有古文毛诗，而毛诗只在很短时间内曾列于学官。①

---

① 毛诗于西汉平帝时置博士，光武帝时废之。

（四）三礼

即《仪礼》、《礼记》、《周礼》，史称“三礼”。

《仪礼》原来只叫《礼》，汉时称《士礼》、《礼经》，自晋以后才称《仪礼》。现今所传《仪礼》共17篇，有士冠礼、昏礼、士相见礼、乡饮酒礼、聘礼、觐礼、丧服、士丧礼等。记载的是周代各种礼仪形式。汉初言礼起自高堂生。高堂生所言之礼即是《仪礼》17篇，为今文。后来，在孔子壁中又发现古文《礼经》，共56篇，其中17篇与今文《仪礼》内容基本相同，其余39篇，汉代称为《逸礼》，早已失传。

《礼记》是解释、说明、补充礼仪的资料、杂说和论著的汇编，汉朝《礼记》有两种，一种由戴德编辑，85篇，称“大戴礼”；另一种由戴德的侄儿戴圣编辑，49篇，称“小戴礼”。“小戴礼”因东汉郑玄为之作注而影响滋大，至唐朝列为九经之一。《礼记》中各篇非一人一时所写，体例也不一致。有的是对礼仪作进一步的补充或说明，有的则着重阐发礼的意义。其中《礼运》、《大学》、《中庸》诸篇影响颇大。

二戴礼学均属今文。当时除二戴礼学外，还有庆普一家，亦属今文。三家礼学都曾列于学官。

《周礼》原名《周官》，是一部记述政治制度的书。《汉书》记载，《周官》系景帝二年（公元前155年）时由河间献王刘德于民间搜得，为古文本。西汉末年，学者刘歆将《周官》改名为《周礼》。古文经学家认为《周官》系周公所作，今文经学家则认为《周官》乃刘歆所伪造。当代学者大多认为该书是战国时期编成。《周官》全书由《天官冢宰》、《地官司徒》、《春官宗伯》、《夏官司马》、《秋官司寇》、《冬官司空》六部分组成。刘德得此书时，只存5篇，而《冬官司空》已佚失，虽悬赏千金而不可得，故此，西汉时以先秦古籍《考工记》补入。书中介绍了300

多种官职及其所司职务，并涉及到周代一些典章制度。据现代学者考证，《周官》所载的官制有一些是周代实行过的，也有一些是杜撰的。但此书在历史上影响还是巨大的。西汉末王莽、南北朝宇文泰、北宋王安石搞政治改革都曾把它作为依据。《周礼》在新莽时曾列于学官，东汉又废掉了。

(五)《春秋》及其三传

《春秋》是一部什么性质的书，历史上争议很大。古文经学家们认为，《春秋》是记载历史的书。他们说，古代朝廷有左右二史官，左史记言，右史记事，记言为“尚书”，记事为“春秋”。各诸侯国也是如此。因此，鲁《春秋》即是鲁国史官记事所成之书。《孟子》中有一句话：“晋之《乘》、楚之《梼杌》、鲁之《春秋》，一也”，似乎可作为这一看法的一个证据。今文经学家则认为，孔子所修订之《春秋》与其他史书不同，不是单纯记事的，而是以特定“笔法”记载史事，通过这特定笔法，表现或寄托了孔子的思想观点、政治主张。这就是所谓“微言大义”①。《孟子》和《史记》中有些话，为今文经学家提供了某些依据。《孟子·滕文公》下中有这样的话：“昔者，禹抑洪水而天下平；周公兼夷狄、驱猛兽而百姓宁；孔子成《春秋》而乱臣贼子惧。”“是故孔子曰：‘知我者其惟《春秋》乎！罪我者其惟《春秋》乎！’”《史记》云：“子曰：‘弗乎！弗乎！君子疾没世而名不称焉。吾道不行矣！我何以自见于后世哉！’乃因史记作《春秋》，上至隐公，下讫哀公十四年，十二公。据鲁、亲周、故殷，运之三代，约其文辞而指博。故吴楚之君自称王，而《春秋》贬之曰

① 皮锡瑞：《经学通论》：“春秋有大义，有微言。所谓大义者，诛讨乱贼以戒后世是也；所谓微言者，改立法制以致太平是也。……大义显而易见，微言隐而难明。”

'子'；践土之会实召周天子，而《春秋》讳之曰：'天王狩于河阳'。推此类以绳当世贬损之义。后有王者，举而开之，《春秋》之义行则天下乱臣贼子惧焉。孔子在位，听讼、文辞有可与人共者，弗独有也；至于为《春秋》，笔则笔，削则削，子夏之徒不能赞一辞。弟子受《春秋》，孔子曰：'后世知丘者以《春秋》，罪丘者亦以《春秋》。'"

《春秋》的语言极约简，既不介绍事情因果过程，也无直接评论以表达观点。因此，便有人为之作传而加以解说。《春秋》有三传：公羊传、谷梁传、左氏传。① 公羊、谷梁为今文，左传为古文。公羊、谷梁解说《春秋》的思想观点，即微言大义；左传则解说、补充历史事实。公羊春秋在景帝时置博士，宣帝时置谷梁博士，平帝时置左传博士。

（六）四书

四书包括《论语》、《孟子》、《大学》、《中庸》。

《论语》是记载孔子和他的部分学生言行的书，由孔子弟子和再传弟子"相与论纂"② 而成。西汉时，《论语》被看做传、记之属，东汉时列入"经"的范围。在汉朝，《论语》有今文《鲁论》、《齐论》和古文《古论》三种本子。现今传世的《论语》是由东汉学者郑玄根据三个本子整理而成。《论语》是研究孔子研究、伦理、教育、哲学思想的最直接、最可靠的资料，也是研究中国古代学术文化的重要文献。

《孟子》是由孟轲的门人万章、公孙丑等写成的记录孟轲言行的书。其中主要是孟子与当时著名人物和他自己的弟子之间的对话。《孟子》系统阐述了孟轲的政治、伦理和哲学思想。

---

① 也有人不同意《左传》为《春秋》之传。

② 《汉书·艺文志》。

《大学》是《礼记》中的一篇。相传为孔子弟子曾参所者。著名的“修自八目”：格物，致知、诚意、正心、修身、齐家、治国、平天下就是由这篇文章提出的。这篇文章论述了格、致、诚、正、修、齐、治、平之间的关系，并提出了“自天子以至于庶人一是皆以修身为本”和修身之要在于正心、诚意、致知、格物的观点，表现了一种将政治道德化，将道德哲学化的努力。

《中庸》体现了儒家思想进一步的哲学化。它开章第一句提出：“天命之谓性，率性之谓道，修道之谓教。”从天引出人性，从人性引出人事正道，把道德伦理的教化、养成归结为修道，这样，便给道德修养建立了形上基础，使道德修养获得了超越价值。《中庸》还提出了基本的修养途径和方法。修养的根本途径就是“致诚”，诚便是率性、便是顺命。而致诚的基本方法则在于“慎独”。把遵行儒家道德规范逐步变成人们自己的内在要求，变成“天性”，使人们在一切活动中能够心悦诚服地、毫不勉强地按照道德要求去做，这就是《中庸》的宗旨。相传，《中庸》是孔子的孙子子思所作。

从唐中叶韩愈、李翱开始，儒家在同佛教斗争中越来越重视《孟子》、《大学》、《中庸》的价值。① 到了宋代，理学兴起，《孟子》、《大学》、《中庸》的地位直线上升，遂与《论语》并列，称为四书。宋以后，四书成了最重要的经学典籍。

---

① 中国古代士阶层对形上学和精神修炼有极浓厚的兴趣。当时佛教在这方面优势独具。韩愈、李翱辈已认识到这一点。《孟子》、《大学》、《中庸》里有不少形上学和精神修练方法的内容，一则可用来与佛教相对抗，更重要的是可以把它们作为媒介和载体以吸收佛教的东西，这样就消除了佛教的优势。

（七）《孝经》

《孝经》全文不到两千字，分18章。通篇讲孝道。因汉朝宣称以孝治天下，所以列入“七经”之中。后世亦皆承认孝为百行之先的道理，所以也都奉之为经书。一般认为，《孝经》成书于战国末期。关于《孝经》的作者，说法很多，有的说孔子，有的说曾子，有的说孟子门人，等等，均无可靠证据。

（八）《尔雅》

这是一部对古代经典中的词语典故进行解释的书。经学家往往用它来解说经义，因此，它也被列为经书了。

关于《尔雅》的作者，有周公说、孔子说、孔子弟子说，等。从《尔雅》列为经书来看，古人大约相信它是出自圣贤之手。但据近世学者考证，此书并非一人一时之作，应是自战国至汉初积累而成。《尔雅》共19篇，前三篇《释诂》、《释言》、《释训》为一般词语解释，其余按名物分类解释，如《释亲》、《释器》、《释草》、《释鸟》等。

三、经学流派与历史发展

关于经学流派问题，研究者们的看法是不一致的，有两派说、四派说、三派说等。按照周予同的说法，两派说以《四库全书总目提要》为代表，它以为：“自汉京以后，垂二千年……要其归宿，则不过汉学、宋学两家互为胜负。”刘师培持四派说：“大抵两汉为一派，三国至隋、唐为一派，宋、元、明为一派，近儒别为一派。”① 周予同自己则将经学分为三大派：“一、‘西汉今文学’，二、‘东汉古文学’，三、‘宋学’。”②我们参照上述各种意见，以历史发展为线索，将经学流派与发展分作汉代今文经学和古文经学、唐代义疏之学、宋学、清代复兴的古文经学与

①② 引自周予同为皮锡瑞《经学历史》所作的序。

今文经学等几个问题作一简要介绍。

（一）汉代经学——今文经学与古文经学

汉代今文经学与古文经学的分野，最初起自“经”的差异。秦朝焚书时，并有禁止民间藏书之令，① 因而古代典籍亡佚殆尽。其后学者大都采取口耳授受的形式。汉文帝时，朝廷四处征求学者，刺激学术勃兴，原来口耳相传的经典遂被重新抄写成书。这些书是用当时通行的文字隶书抄写的。今文经就是指用当时通行的隶书抄写的经书。今文经之名是古文经发现之后才有的，是与古文经相对称的。古文经的发现比今文经出现要晚。据《汉书·艺文志》载，汉武帝末年，“鲁恭王坏孔子宅，欲以广其宫，而得古文《尚书》及《礼记》、《论语》、《孝经》凡数十篇，皆古字也”。此后又陆续发现了一些用古字书写的经书，有北平侯张苍所献《左氏传》，河间献王挖掘出的《周官》、《礼经》，鲁三老所献《古孝经》，鲁淹中出土的《礼古经》。

西汉时，大多数学者是治今文经的。到了西汉末年，治古文经的才渐渐多起来。由于古文经学者在所重经典、对经的来历和意义的理解、对经文的解释等许多方面都与今文经学者有所不同，于是，形成了两个学派的对立。今文经学形成于汉武帝时期而盛于西汉，古文经学形成于西汉末年而盛于东汉。

今文经学的根本特点有三：其一，强调经世致用。所谓经世致用，就是以治理国家为学术的目的。其二，注重“微言大义”。微言大义是今文学家对《春秋》的一个观点。何谓微言大义？皮锡瑞有一个解释：“《春秋》有大义、有微言。所谓大义者，诛讨乱贼以戒后世是也；所谓微言者，改立法制以致太平是也。……

① 汉惠帝时才除挟书之令。

大义显而易见，微言隐而难明。"① 皮氏的意思是，《春秋》之义，一在诛讨乱贼，一在为天下立法。诛讨乱贼，意思显而易见，称为大义；为天下立法，意思隐而难明——因为立法为天子之事，孔子不在其位，所以不能明言，只能寓其意于记事之中一是谓“微言”。无论怎样解释，微言大义都包含两重意义：一重意义表明今文学家注重的是政治思想；另一重意义则表明今文学的一个基本的治学路径，即努力探究“微言”，发挥微言的内容、含义。今文学的第三个特点是，将阴阳五行学说、天道理论、数术之学引入儒学，将天道运行、五行变化、灾异祥瑞与人事联系起来。

董仲舒是今文经学的主要代表人物。他以治公羊春秋为博士。他的著作流传下来的有《春秋繁露》和著名的“天人三策。”正是这“天人三策”打动了汉武帝，使汉武帝接受了“罢黜百家，独尊儒术”的建议。从此，儒学（在当时也就是今文经学）迅速发展起来。董仲舒成了群儒之首，他的思想成了主导学术的思想。今文经学的特点就是由董仲舒确立起来的。今文经学的特点在董氏著作中随处可见，兹选录“天人三策”中的两段话，作为印证：

> 臣谨案《春秋》之义，求王道之端，得之于正。正次王，王次春。春者，天之所好也；正者，王之所好也。其意曰：上承天之所好，而下以正其所好，正王道之端云尔。
>
> 臣谨案《春秋》之中，视前世已行之事，以观天人相与之际，甚可畏也。国家将有失道之败，而天乃先出

① 皮锡瑞：《经学通论》。

灾害以谴告之；不知自省，又出怪异以警惧之；尚不知变，而伤败乃至。以此见天心之仁爱人君而欲止其乱也。

今文经学凭着它的特点而存在、而发展、而对历史发挥其积极作用；但这特点也有其缺陷的一面，并因而导致衰落。最使今文经学名誉扫地的，是它后来堕落到大讲谶纬① 迷信。而谶纬迷信这一套就是从微言大义、天人相与的传统中发展出来的。

古文经学兴起于西汉末年。古文经学从根本上说，并不在于把古文经视为真经；把古文经学理解为今文经学的反动，才是比较合适的。由于历史条件限制，它不可能反对今文学阐扬经义的做法，更不可能反对儒家经术。它只能借着古文经的发现，从语言文字方面提出经书的考订和经文的正确解释问题。在今文经学日趋荒诞的时候，古文经学为经学的发展开辟出一条新的学术途径，这就是考据、注疏之学。古文经学家们强调应该用训诂的方法去考证经书的真义。他们提出："训诂不明，经义不彰。"在他们看来，今文经学正是因为不由训诂，所以走向了虚妄。批评今文经学最为激越的是东汉王充。他说，孔子讲，"诗三百，一言以蔽之曰思无邪"；而他的学问，也可以一言以蔽之曰"疾虚妄"。

---

① 周予同：《皮锡瑞〈经学历史〉注》：谶者，诡为隐语，预决吉凶，如秦时所出"亡秦者胡"，"今年祖龙死"等皆是。纬者，经之支流，衍及旁义，如"七纬"是。谶纬起于何时，学者间说各不同，大概盛行于西汉哀、平及东汉。又纬有广狭二义：狭义专指"七纬"，即《诗》、《书》、《礼》、《乐》、《易》、《春秋》、《孝经》七经之纬；广义则混谶及其他术数之书，如"图"、"候"等而言。

古文经学是在与今文经学的尖锐冲突中发展起来的。在上层首先倡导古文经学的是刘歆。汉哀帝时，刘歆建议将古文经《左氏春秋》、《毛诗》、《古文尚书》、《逸礼》列于学官，遭到今文学博士反对。汉平帝时，由于有王莽支持，立了五个古文博士。东汉光武帝即位后，又废除了古文博士。但这时古文经学已经有了相当的发展，所以汉章帝时，朝廷召集两派学者在白虎观考论五经异同。会上，两派发生激烈争论。最终，今文经学得到朝廷肯定。朝廷命班固写成有名的《白虎通义》，作为经学准衡。今文经学虽然继续得到朝廷支持，但在学界，其影响则日益下降。而古文经学仍不断发展，并出现一批很有影响的学者，其最著名者有贾逵、马融、许慎等。到东汉中叶以后，古文学就压倒了今文学。

东汉末年，出了一个著名的经学大师——郑玄。他以古文经学为基础，又兼采今文经学的一些观点，形成独有特色的郑学。他遍注群经，成为汉代经学之集大成者，使天下经生皆从郑学。汉代今古文之争，也从此渐趋沉寂。

（二）唐代义疏之学

唐代义疏之学，研究者大多以为属于古文经学一脉。其可书之处，主要在于对前代繁杂的经说作了一番统一整理，编出了一套统一的经书注释，作为科举取士的依据。

魏、晋、南北朝时期，不仅由于经学的政治地位下降① 和玄学、佛教兴起使经学受到严重削弱，而且由于战乱、分裂以及其他学术的影响，使经学陷入学出多门、师法各异、章句繁杂、纷然不一的状况。唐朝统一后，实行科举考试制度，明经取士需要有个统一的标准，于是，唐太宗诏国子祭酒孔颖达撰定五经义

① 魏文帝以后，即不以经术取士，而代之以“九品中正”制。

疏，凡180卷，名曰《五经正义》，于高宗永徽四年颁行全国。

所谓“正义”或“疏”，是指对前人旧注所作的解释。孔颖达等所做的工作即属此类，所以称为“义疏之学”。《五经正义》包括：

《毛诗正义》四十卷，毛亨传，郑玄笺，孔颖达等疏；

《尚书正义》二十卷，伪孔安国传，孔颖达等疏；

《礼记正义》七十卷，郑玄注，孔颖达等疏；

《春秋正义》（或称《左传正义》）三十六卷，杜预集解，孔颖达等疏。

后来，《五经正义》又加上贾公彦的《周礼疏》、《仪礼疏》，杨士勋的《谷梁疏》，徐彦的《公羊疏》，合称《九经正义》。

（三）宋学

中唐以后，有两个问题在学界突出出来。一个是儒佛斗争，一个是在科举取士制度下，士阶层产生的新的精神需要。儒学在形上理论和精神修养方法方面明显劣于佛教，而这恰恰又是当时士阶层的精神兴趣所在。因此，儒学要想发展自己，就必须改造自己以适应时代要求。宋学，亦即宋明时代的所谓“性理之学”应运而生。宋学在内容上吸取了许多佛学和道家的优长之处，将佛道的形上学及修养方法与儒家的伦理道德观念结合起来，形成一套具有儒家特色的哲学伦理思想和精神修养方法。但是，在形式上，宋学依然秉承经学传统，将新的儒学思想与修养方法从儒家经典中引出。宋学所依据的经典主要是《易》和《四书》。正因为如此，宋学才被认作经学一派。

在依傍儒家经典上，宋学与汉唐经学是一致的，但在对待经典的态度与方法、从经典中所欲寻求的东西方面，宋学与汉唐经学就大异其趣了。可以说，宋学与汉唐经学的差异，要比汉代今、古文经学的差异更大。所以才有人将经学分为汉学、宋学两大派。宋学大师习惯上被称为道学家（或理学家）而不被称为经师，其缘故大概也在于此。宋学最著名的代表人物有宋朝的程颢、程颐、朱熹、陆九渊和明朝的王阳明等。宋学又分为程朱与陆王两大学派。

（四）清代经学

由于宋学不注重训诂考据，不拘泥于经书文字，而偏重于通“义理”，其主观随意性比之汉今文经学更为严重。特别是陆王心学一派，以“六经注我”为话头，至于明末，便发展到了师心自用，束书不观的地步。加之清人入关，以圣贤相标榜的士大夫们束手无策，只能以“平时袖手谈心性，临危一死报君王”自解。这引起学界深刻反思，并导致对宋学的批判。顾炎武等认为，宋学，特别是阳明心学的根本弊病在于虚而不实，这虚而不实又源于不着实研究经典，牵强附会，随意解释经典，歪曲了圣贤旨意。因此，顾炎武提出“舍经学无理学”的口号。顾氏主张得到学者纷纷响应。在清朝，严厉的文化政策，残酷的文字狱，也使学者不得不离开思想性研究而进入纯学术的所谓“经学”领域。这样，考据注疏之学在清朝又复兴起来。这一派被称为清朝的古文学，亦称朴学。清代古文经学有以惠栋为领袖的“吴派”和以戴震为领袖的“皖派”。两派都出了一些著名学者。特别是皖派，人才辈出，有江永、戴震、段玉裁、王念孙、王引之等。清古文学在乾隆、嘉庆年间达到极盛。《清经解》收157家，书2720卷。在157家中，大多数是乾、嘉时人，故称乾嘉学派。清代古文学最后一个代表人物是章太炎。其所著《新方言》、《文始》、《小学答问》、《国故论衡》等，上求语源，下明流变，多有创获。

清朝自道光年间，社会危机日益加重，朝政日趋黑暗，内忧外患接踵而至，思想界一片死寂。一部分有良知、有责任感的人认为这种情况再也不能继续下去了，于是关心社会政治的倾向开始抬头。① 传统的今文经学乃是表现这种倾向的现成的思想形式，这样，今文经学又死灰复燃。

清代今文学的开创者是庄存与。庄存与是常州人，因此，他所开创的今文学被称为常州学派。到了刘逢禄、宋翔凤，今文学派才算确立起来。道光时，刘逢禄的学生魏源、龚自珍大大推动了今文经学的发展。龚、魏提倡通经致用，以经术为治术，并利用《公羊传》讥切时政，主张变革现实，使今文学染上了浓厚的时代色彩。光绪年间，皮锡瑞写了《经学通论》和《经学历史》，努力恢复今文经学的权威。稍后，廖平著《今古学考》，划清今、古文经学界限，又著《古学考》，提出古文经乃系刘歆等人伪造。皮、廖二氏在学术上为今文经学鼓吹呐喊，对扩大今文学的影响起了很大作用。

清末今文学的最后一个代表人物是康有为。康有为是受廖平影响转到今文学的学术立场上的。但康有为的今文学与廖平的今文学有本质区别。梁启超说："康先生之治《公羊》、治今文也，其渊源颇出自井研（廖平），不可诬也。""然所治同，而所以治者不同。畴昔治《公羊》者皆言例，南海则言义……以改制言《春秋》，以'三世'言《春秋》者自南海也。改制之义立，则以为《春秋》者，绌君威而申人权，夷贵族而尚平等，去内竞而归统一，革习惯而遵法治，此南海之言也。"② 可见，康有为的今文经学，并不在于进行今古文经学的学术斗争，也不同于传统今文学经世致用的一般主张，甚至也不同于龚、魏的一般的更法改

① 龚自珍有一首诗："九州生气恃风雷，万马齐喑究可哀，我劝天公重抖擞，不拘一格降人才。"突出表明了这种倾向。

② 梁启超：《论中国学术思想变迁之大势》，载《饮冰室文集上·学术》。

制思想，他的今文经学，是在为像戊戌变法那样的变法维新运动做理论论证和舆论准备。康有为的经学观点集中表现在他的《新学伪经考》和《孔子改制考》中。

第二节　经学的特点

要全面论述经学的特点，在今天恐怕还是比较困难的。因此，我们只选择几个具体的问题，作为经学的特点来谈一谈，以期有助于人们了解经学。

一、隆古与创新的统一

隆古，不仅是经学，而且是整个中国文化的一个重要特点。从历史上看，应该说，先有隆古之风，而后才有经学。经学是隆古倾向的结果。

隆古与祖宗崇拜有密切关系。中国古代是家族社会。祖宗是一家族血统之源，因而，在观念上也就成了家族亲和和统一的纽带。家族愈大，追溯的祖宗就愈远。无论为了统一内部，还是为了与外部竞争，都有必要抬高祖宗的权威，甚至把祖宗神化。远古的图腾以及后来的感生之说就是把祖先神化的具体表现。在祖宗崇拜中，隐含着一种一般的观念：愈古老，渊源愈久远，就愈神圣，愈有权威性。追思怀恋古老的事物，甚至想像一个古老的黄金时代，几乎是每一个民族都曾有过的自然倾向。而长期保有这种倾向，并将这倾向发展为以祖宗为法，把旧事物神圣化，则是中华民族所独有的。

孔子虽然说过“郁郁乎文哉，吾以周”，但又说，“周因殷礼”，“殷因夏礼”。最后又上溯到了尧舜，说：“惟天为大，惟尧则之。荡荡乎，民无能名焉；巍巍乎，其有成功也；焕乎其有文章。”①

墨子讲：“言必有三表。……有本之者，有原之者，有用之者。”所谓“本之”，就是“上本之于古者圣王之事”②。

《老子》中也屡屡称“古之善为道者”、“古之所谓”、“圣人云”等等。

可见，孔、墨、老皆有崇古倾向。

春秋战国时期，百家争鸣。一些学派，或为与其他学派竞争，或为统一内部，或为在内部分裂时争得嫡传地位，都采取了攀缘古圣、尊隆祖师的办法。有的将祖师之言纂集成册，奉之为“经”，如墨家之《墨经》；有的则将祖师所授古圣之文献抄录成书，奉之为“经”，如儒家之“六经”。这正是经学的肇端。尊隆祖师，攀缘古圣，不外是崇拜祖先的民间意识在学界的一种反映。

历史不断发展，生活也不断变化，先王之道决不可能完全适用于现实，现实的许多新问题绝不可能在先王那里找到现成答案。这样一种认识，在今天已成为常识。在古人那里，不管他们对先王之道与现实之间的矛盾的认识达到什么程度，他们肯定经常遇到这个矛盾，这是毫无疑问的。面对新问题，他们必须想出新办法来，他们必须用新办法解决新问题，这也是毫无疑问的。这就是说，他们必须创新。否则，等待他们的只能是失败。

创新与隆古显然是一对矛盾。一个崇尚创新的民族是不会隆古的；反之亦然，一个以古为尚的民族也不会推重创新。然而，创新不隆古是可以做到的；隆古不创新，在现实中则行不通。如何既隆古又创新？确切点说，如何在观念上保持隆古而在实践中

① 《论语·尧曰》。

② 《墨子·非命》。

创新应变？中国的古圣先贤们，在这方面最出色地表现了他们的聪明才智。

孔子自称“信而好古”，“述而不作”①。但是，大约没有谁会真的相信这话。几千年来，人们称他为圣人，不“作”，凭什么称为圣人呢？然而，孔子这样讲，也不是造假话，欺骗人。“述”——搜集、整理、阐述、传授古代的礼文典籍，确实是他一生的事业。孔子的妙处在于，他以述为作，在述中作，而不造作。看上去是在述古代之事、古人之言，其实是在宣扬他自己关于当世的新思想。这正是中国古人解决隆古与创新的矛盾的基本方法。现代学者冯友兰把这种方法形象地称为“旧瓶装新酒”。冯先生认为，这是经学的一个基本特征。

孔子以述为作，也许并不自觉。但到了经学时代，比如第一代经学大师董仲舒，就已经自觉地运用这一方法了。董仲舒讲天人感应、灾异谴告，本是针对汉初既要维护统一局面，又要在一定程度上限制王权的实际问题提出的，与孔子几乎毫无瓜葛，但董仲舒硬是把这些思想从《春秋》关于自然变化的记录中引伸出来，使之挂上孔子的招牌。宋明理学也是如此。那套心性理论，原是为适应知识分子精神信仰的需要搞出来的，而且大部分是从佛道两家借来的，可理学家们却偏要从儒家经典中把这套理论演绎出来。把自己的思想附会到古代典籍上，或从古代典籍中引申、发挥出自己所需要的思想来，这种方法，今文经学家叫做“微言大义”，科举考试做文章时称为“代圣立言”。在经学时代，知识分子大约没有不会这一方法的。不仅儒家以注经方式表达新思想，佛、道也莫不如此，甚至诸如医学等科技部门也都有自己的“经”，也搞注经这一套。足见，经学的思想方式和治学方式，

① 《论语·述而》。

在我国历史上的影响之大。

二、经与权的统一

“经”在中国古代，不仅是学问上的根本和标准，也是行为的规则和依据。不难想像，这样必然会使人在行动中经常面临遵循既定的“经”与应付变幻不定的具体情况的矛盾。

《孟子·离娄》上中有一段对话：

> 淳于髡曰：“男女授受不亲，礼与？”
> 孟子曰：“礼也。”
> 曰：“嫂溺，则援之以手乎？”
> 曰：“嫂溺不援，是豺狼也。男女授受不亲，礼也；嫂溺，援之以手者，权也。”

在这里，“礼”是确定的行为规则，也就是后人所谓“经”。权，则是变通的意思。《春秋·公羊传·桓公十一年》上对“权”字有一个很好的解释：“权者，反于经然后有善者也。”就是说，在实际生活中，如果固守经的某些确定规则，往往行不通，结果会置经于无用、无效之地。在行不通的时候，应当变而通之。即在形式上、具体做法上离开经，甚至与经相反，以求在根本上合乎经的要求，达到推行经的目的。这叫做“反而后合”。这就是“权”。

董仲舒在《春秋繁露·玉英》有一段话专门讲了“经礼”、“变礼”和“适权”的问题：

> 《春秋》有经礼，有变礼。为如安性平心者，经礼也；至有于性，虽不安于心，虽不平于道，无以易之，此变礼也。是故婚礼不称主人，经礼也；辞穷无称，称

> 主人，变礼也。天子三年然后称王，经礼也；有故，则未三年而称王，变礼也。妇人无出境之事，经礼也；母为子娶妇、奔丧父母，变礼也。明乎经变之事，然后知轻重之分，可与适权矣。

在这段话中，“性”指的是根本道理，“心”指做事时的感觉，“道”指具体规则，“经礼”是正常礼仪，“变礼”是变通的礼仪。在正常情况下，按正常礼仪去做，既合于性的要求，个人心理感觉也良好，所以叫做“安性平心”；在非正常情况下，不通按正常礼仪去做，是“不平于道”，心理感受可能也不太好，是“不安于心”，但却是根本道理所要求的，是“有于性”。“有于性”，“虽不安于心，虽不平于道”，也是合礼的，只是这礼，不是正常之礼，而是变礼了。董仲舒说，只有搞清楚了经礼和变礼的这种关系，才能知道事情的大小轻重，才能正确地权宜处事。

在经学时代，本经而用权，是实践中必须掌握的思考方法或艺术。一个人，如果刻板地照“经”行事，而不知用“权”，不善变通，那么，他在实践中必定失败；反之，如果他只知用“权”，以至于离经叛道，则会被认作奸诈小人而留下恶名。显然，这两个极端都是不足取的。因此，可以说，把握“经”与“权”的关系，把二者合理地统一起来，乃是经学付诸实践时表现出来的一个重要特点。

三、求实精神

中国古代的学术，莫不以求实为标榜。尤其儒学，最重实际。只是不同的时代，不同的学派，对于何者为“实际”往往有不同的理解。就经学而言，对于“实际”的理解，大体可分为今文经学、古文经学、宋学、清初经学等几种。

今文经学的“求实”是指“经世致用”。无论汉朝的今文经学，还是清朝的今文经学，都十分强调“经世致用”。所谓“经世致用”，主要是指社会政治方面的事情。今文经学家们，治经都讲“微言大义”。其实，所谓“微言大义”，无非是他们借经典之“微言”，阐述自己的社会政治主张之“大义”。董仲舒“大一统”的观点，“天人感应”、“阴阳五行”、“灾异祯祥”的学说，莫不落脚在汉朝政治上。清末康有为的“托古改制”与“公羊三世”说，则直接为其变法张本，这些都是史有定论的。

今文经学家们称孔子为“素王”。在他们看来，孔子本是一治世王者，可惜不得其位，无所用其治世之道，只好删定六经，将自己的治世之道寄托于六经之中。经学就是要将六经中的治世之道阐发出来，以利济当世。经为实际有用之经，经学也是实际有用之学。凡是与经邦济世无关的学问，便都是迂阔不切实际之学。

古文经学的求实，是指求经文、经义之真实。古文经学具有一定的为学术而学术、纯学术的味道，因而从学术性立场上看，古文经学的治学态度是最富有实事求是精神的。古文经学严谨的治学态度、实证的治学方法，与近代西方科学极为相近。关于这一点，梁启超曾作过许多论述。①

古文经学家们对经籍之真伪、篇章句字之结构次序及字之形音义所做的考证、校勘、训诂等工作，其态度之诚信，所费工夫之巨大，往往出乎现代人的想像。曹聚仁《中国学术思想史随笔》中有一篇，名为《一字之差》，其中讲到一件事，是极有代表性的。清代朴学大师戴震，为考证《伪孔传·尧典》中的一个“光”字，竟花了二十多年功夫，最后才得到自认为是九分肯定的结果。《伪孔传·尧典》中有“光被四表”四字。《伪孔传》解

① 梁启超：《中国近三百年学术史》。

释:“光，充也。”南宋朱熹的弟子蔡忱《书集传》训:“光，显也。”蔡氏训光为光明之光，与后代用词甚相合，因此，后人大多按蔡氏的解释。但戴震以为，《伪孔传》出自魏晋间人手，其训光为充与《尔雅》相同，应当不为无据。又，郭本《尔雅》有“桄，颎，充也”，《说文》也有“桄，充也”的解释，故此，怀疑“光”也许应是“桄”字。那就是说，“光被四表”乃是“桄被四表”。“桄”即是“横”，横与桄，解释同，读音同。《说文》:“桄，充也。”孙愐《唐韵》:“古旷反。”《乐记》:“钟声铿铿以立号，号以立横，横以立武。”郑玄《注》曰:“横，充也，谓气作充满也。”《释文》:“横，古旷反。”《孔子闲居篇》:“夫民之父母乎，必达于礼乐之原，以致五径而行三，无以横于天下。”郑《注》:“横，光也。”这里训“横”为“光”，用的是《尔雅》训“光”为“充”之义。戴震以为，所谓“光被”，当做“桄被”;“桄被”的意思就是“横被”。他解释“横被”:“横被，广被也。正如《记》所云:‘横于天下。’横四表、格上下，对举。”但是，戴震直到垂暮之年仍不敢十分肯定他的解释是正确的。他说，这一推断必须等到在典籍中直接找到“横被四表”的话，才能定案。他死后20年，他的儿子和及门弟子，才从《前汉书·王莽传》中找到“横被四表”的实例，证明蔡忱训“光”为“显”是错误的。

宋明理学，虽被后人讥为空谈性理，但理学家们却并不这样看。他们认为，性理才是真正的实际。性理不仅对于个人来说是最切要的实际，对于治理社会来说，也是最切要的实际。在他们看来，治理社会必须从正人心入手，而正人心又在于启发每个人自正其心。正心要明理、尽性。这是每个人立身处世的根本，也是治理社会的根本。离开性理去谈论世务是舍本而逐末。理学家们认为，有一个实实在在的“性体”，这性体是万物之本原，万事之主宰，它不外乎物，不外乎人，不外乎心。人必须切切实实把捉住这性体，使自己的思想、感情、意愿与性体为一，才能举止合理，事事通达。所以，性体为天下最真实的东西，体认性体是人最实际的事情。

我们现代人已经很难搞清楚他们所说的“性体”到底是什么，当然就更谈不到如何去把捉了。其实，这个问题连理学家自己也讲不清楚，他们只是说，譬如饮水，冷暖自如。意思是，你修练到那一步，自然就知道了，别人无法告诉你。明朝的王阳明有个说法：哑子吃苦瓜，有苦说不出，要想知此若，还须你自吃。

这“性体”是不是一种荒诞的假设，我们现在尚不能定论。但有一点，他们假设这“性体”，并认为这是最实际的东西，却并不荒诞，这是时代精神使然。而且，即使在今天我们也不能不承认，在人的精神生活方面，理学家们确实抓住了某种非常“实际”的东西。

清代经学是宋明理学的反动。清初诸儒在国亡家破之际，痛定思痛，大都把矛头指向宋明理学。他们一致认为宋明理学的根本弊病在于空疏。清初，对前朝学术批评最力、影响最大的学者是顾炎武。有人把清初学术称为“实学”，那么，顾炎武就是这实学的开山人之一。顾炎武的实学，主要表现在两方面：其一，顾炎武主张，对文献典籍的解说考证要踏实、扎实，讲求真凭实据。他提倡汉代古文经学的作风。古文经学在清朝复兴，顾炎武是首倡者。顾炎武明确提出：“古今安得别有所谓理学者，经学即理学也。自有舍经学以言理学者，而邪说以起。”① 顾炎武在这里说的经学就是指古文经学。“舍经学而言理学”，则是指宋明

① 全祖望：《鲒埼亭集·亭林先生神道表》。

理学。在这个方面，即在治经方面，顾炎武所倡导的求实精神，与传统的古文经学是一致的。其二，顾炎武的实学所不同于古文经学的另一方面是，顾炎武主张接触现实，去研究社会的实际问题，以有益于经邦济世。他批评那些既不去做实际考察，又不读书的人："若既不出户，又不读书，则是面墙之士。"① 他自己则把读书和考察结合起来。他走了很多地方，自己说："九州历其七，五岳登其四。"②国难后，他下半世大部分时间是在旅行中度过的。潘次耕在《日知录序》中说："先生足迹半天下。所至，交其贤豪长者，考其山川风俗疾苦利病，如指诸掌。"全祖望在《亭林先生神道碑铭》中写道："先生所至，呼老兵逃卒，询其曲折，或与平日所闻不合，则即坊肆中发书而对勘之。"顾炎武的主要著作《天下郡国利病书》和《日知录》都是和现实密切相关的。前一部始作于明亡之前。为此书，顾炎武阅读了二十一史和全国各郡县志书，总共 10000 余部。《日知录》共 32 卷，是顾炎武一生最得意之作。他说"平生之志与业，皆在其中。"③"有王者起，将以见诸行事，以跻斯世于治古之隆。"④又说："意在拨乱涤污，法古用夏，启多闻于来学，待一治于后王。"⑤《四库全书总目提要》叙列这部书的内容说："前七卷皆论经义，八卷至十二卷皆论政事，十三卷论世风，十四、十五卷论礼制，十六、十七卷论科举，十八至二十一卷论艺文，二十二至二十四卷论名义，二十五卷论古事真妄，二十六卷论史法，二十七卷论注书，二十八卷论杂事，二十九卷论兵及外国事，三十卷论天象术数，三十一卷论地理，三十二卷杂考证。"顾炎武治经做学问的求实态度和实证方法，被他后来的学者继承下来并发扬光大了，而他

①② 引自任继愈：《中国哲学史》第四册。

③④⑤ 引自梁启超：《中国近三百年学术史》。

所开创的，也是他最注重的实地考察、研究具体社会问题的学术方向，由于清政府的高压政治，竟没有传人。除了顾炎武的这两种实学观念外，当时还有一种实学观念，就是提倡实习、实干、实用。这是由河北的颜（元）李（塨）学派所倡导的。他们继承了古代的一种把礼、乐、射、御、书、数称为“六艺”的说法，号召学者学习这些技术性的东西。这一派在河北、河南一带曾产生一定影响，但时间未能延续很久。

上述各种求实观念，尽管都有一定的片面性，但总是从某一方面体现了经学中包含的中国人的求实精神。因此，我们完全有理由把求实精神看做中国古代经学的一个特点。

第三节 经学的贡献

经学，作为自汉朝以来中国古代学术的主要形式，在中国古代文化史上的影响，无疑是巨大的。它既有消极的一面，也有积极的一面。毋庸讳言，注经式的学术，必然会越搞越烦琐，越搞越枯燥，越空洞无物；而且，把经书神圣化，也必然会产生禁锢思想的作用。但是，如果以历史的观点看问题，无论如何，我们必须承认，经学在历史上的积极方面还是远远大于它的消极方面。关于经学的贡献，在当代学术中，尚不能说已得到系统的研究。我们在此，仅参照前代学术研究的一些成果，试举出若干方面来，作为“积极方面大于消极方面”的佐证。

一、保存整理古代文献

今人研究中国历史和学术思想史，所依靠的主要还是遗存的历史文献。现存的文献典籍，其所以能被保存下来，并能被我们读懂，这与历代经学家及与经学有密切关系的许多其他专门学家的工作是分不开的。梁启超在《中国近三百年学术史》中，仅就乾嘉时期古文经学大师们所做的贡献作了一个扼要的总结，一共开列13项，我们全部引述如下：

一，经书的笺释。几部经和传记，逐字逐句爬梳，引申或改正旧解者不少。大部分是用笔记或专篇体裁，为部分的细密研究。研究进步的结果，有人综合起来，作全书的释例或新注新疏，差不多每部经传都有了。

二，史料之搜集鉴别。关于史籍之编著源流，各书中所记之异同真伪，遗文佚事之阙失或散见者，都分部搜集辨证，内中补订各史表、志，为功尤多。

三，辨伪书。许多伪书或年代错误之书，都用严正态度辨证，大半成为信谳。

四，辑佚书。许多亡佚掉的书，都从几部大类书或较古的著述里头搜辑出来。

五，校勘。难读的古书，都根据善本，或釐审字句，或推比章节，还他本来面目。

六，文字训诂。此学本经学附庸——因注释经文而起，但后来特别发展。对于各个字意义的变迁及文法的应用，在"小学"的名称下别成为一种专门。

七，音韵。此学本"小学"附庸，后来亦变成独立。对于古音、方音、声母、韵母等发明甚多。

八，算学。在科学中此学最为发达。经学大师差不多人人都附带着研究。

九，地理。有价值的著述不少，但多属于历史沿革方面。

十，金石。此学极发达。里头所属门类不少。近有移到古物学的方向。

十一，方志之编纂。各省、府、州、县，皆有创编或续订之志书，多成于学者之手。

十二，类书之编纂。官私各方面，多努力于大类书之编纂，体裁多与前代不同，有价值的颇多。

十三，丛书之校刻。刻书之风大盛，单行善本固多，其最有贡献者，尤在许多大部头的丛书。①

通过梁启超的上述总结，我们大致可以了解到经学家们在保存、整理古代文献方面所做的工作和所起的作用。

中国地域广阔，历史悠久。中国人的语言，不仅地方差异大，而且历史变化也甚大。这些自然都会反映在文字上，反映在典籍里。经过一个相当长的时期，后代人再去读前人的文献就必然会遇到语言障碍。比如，汉代人去读先秦或更早的典籍，已略有困难；而到了唐代，一般人对两汉、先秦的典籍就更不容易懂了。因此，如果没有经学家们根据他们对文字学、音韵学、训诂学的研究，对前人的文献典籍做一番爬理注疏工作，恐怕那些典籍现在对我们来说，大约比天书都难懂了。

古代典籍大多由人工在竹、木、帛、纸上书（或刻）写，其册数自然有限。遇到一些事件，极容易发生窜乱、亡佚、散失。有后人再收集起来时，已变得面目全非了。正是经学家们通过搜集、辑佚、校勘等一系列工作，才使这些典籍恢复了本来面目。

---

① 清代学者在经书笺释、史料搜集鉴别，辨伪书、辑佚书、校勘、训诂、音韵、算学、地理、金石、方志编纂、类书编纂等等方面，著述极多。梁启超在《中国近三百年学术史·清代学者整理旧学之总成绩》（1）、（2）、（3）、（4）有详细说明，可参考。

一些文献的创作年代与作者问题，对于历史研究来说是极为重要的。然而，由于种种原因，古代往往出现把某些典籍的年代向前推，或假托前人伪造典籍的事情。比如，宋儒讲《易》时大讲特讲的《河图》、《洛书》，他们说是从伏羲文王传下来的，而据清初经师胡谓考证，这一套乃是华山道士陈搏所造，陈搏的《图》、《书》又是误读谶纬等书加以穿凿附会而成。再比如《伪古文尚书》，其中除今文尚书的篇目内容外，其余25篇，本为东晋梅赜所作，而梅氏却说是当初孔安国所传的，而且还借孔安国之名为全部尚书作了“注”，写了“序”。在其后的1000余年间，始终被人们奉为真经，直到清初，才被阎若璩彻底揭穿。《河图》、《洛书》、《伪古文尚书》在历史上都有重大影响，如不能辨明其为伪托，必然会干扰科学的研究工作。由此足见，辨伪也是一件很大的功劳。

以上所说注疏、搜集史料、辑佚、校勘、考辨，本来属于经学范围内的事，其对于保存、整理古代文献的作用是功不可没的。

二、创立诸多学术部门

周予同在为皮锡瑞的《经学历史》所写的序言中说：“因经今文学的产生而后中国的社会哲学、政治哲学以明，因经古文学的产生而后中国的文字学、考古学以立，因宋学的产生而后中国的形而上学、伦理学以成。”

在这段话中，周予同开列了六个学术部门。他只不过是出于言语排比的需要，举例而言之。实际上，因经学而创立的学术部门，远不止六门。仅由古文经学衍生出来的学术部门就还可以列出一大堆来，比如考据、校勘、版本、目录、金石、训诂、音韵等等。这从前文引的梁启超的那一大段话中就看得很清楚。

在因经学而创立的学术门类中，因古文经学而创立的学术最具特色，不仅门类众多，而且学术成果极为丰富，大多又具有相当的恒久价值。可以说，只要我们还研究历史，就不能不承继那些遗产，就不能不把这些遗产作为研究的基础条件。以考据学而论，它不仅澄清了关于许多典籍的疑案，还了许多典籍的真面目，为今人研究那些典籍打下了基础，而且还形成了一些考据的基本原则和方法。这些原则和方法今后依然会有用，因为考据的任务并未彻底完成。前面提到的阎若璩对《伪古文尚书》的考证，其考证的路数，对于我们做同类工作时就很有启发意义。阎若璩是从《伪古文尚书》与古籍不合、与史例不合、与古史不合、与古代典礼不合、与古代历法不合、与古代地理不合、与训诂不合、与文理不合等八个方面来证明其书为伪书的。显然，这八个方面，至少其中有些方面绝非仅仅适用于《伪古文尚书》的考证，考据其他典籍时，完全可以借鉴。

在因古文经学而立的学术部门中，又以文字学、音韵学、训诂学的成就最为突出。这三门知识古代统称为“小学”。从发展的时间顺序上看，训诂为最早，文字次之，音韵又次之。

训诂是同经书注释一同出现的。训诂之名最早见于《毛诗诂训传》①。“诂训”即是“训诂”，意思完全一样。唐代训诂学家孔颖达解释“训诂”说：“诂者，古也。古今异言，通之使人知也。训者，道也。道物之形貌以告人也。”“诂训者，通古今之异辞，辨物之形貌，则解释之义尽归于此。”中国第一部训诂专书是《尔雅》。

---

① 《毛诗诂训传》，是毛亨为《诗经》所作的传注，简称《毛传》。亨又称大毛公，见后汉郑玄《诗谱序》。有人说他是汉初人，也有人说他是战国时代人。毛亨注释《诗经》，虽有叙事，但却以解释语言为主。

陆宗达在其所著《训诂简论》① 一书中，将训诂的内容分为七项：（一）解释词义；（二）分析句读；（三）阐述语法；（四）说明修辞手段；（五）阐明表达方法；（六）串讲大意；（七）分析篇章结构。将训诂的方法列出四种：（一）以形说义；（二）因声求义；（三）核证文献语言；（四）考察古代社会。借此，我们可以对训诂学有一个轮廓性的了解。

训诂工作中，很容易发现语义与字形结构的规律性关系，因而引起文字学的研究。东汉被称为“五经无双”的经学大师许慎，在文字学研究上做出了突出贡献，著成一部被称为“文字学宝典”的《说文解字》。《说文解字》发挥了“六书”② 理论，并把六书用于文字结构的分析，在汉字编次上发明了部首分类法，将 9353 个字分别归于 540 部。

到了清代，又出了个文字学大师段玉裁，创见甚多。他把许慎以形为主，就形以说音、义的原则，发展为以声为主，就音以说形、义的原则。他认为“文字起于声音”③，“圣人之造字，有义以有声，有音以有形。学者之识字，必审形以知音，审音以知义。”④ 他还提出音、形、义三位一体，三者互相求的理论：

> 小学有形，有音、有义，三者互相求；举一可得其二；有古形，有古音、有古义，六者互相求，举一可得

① 陆宗达：《训诂简论》，北京人民出版社 1980 年版。

② 六书指：指事、象形、形声、会意、转注、假借。胡奇光在《中国小学史》（上海人民出版社，1987 年）中说：“从《说文》开始，我国有了以‘六书’为理论中心的文字学。以‘六书’作为分析汉字结构的原则，这是《说文》的历史贡献之一。”

③ 《六书音均表·六书说》。

④ 《说文注》十五卷上。

其五。

经过段玉裁的发展，中国文字学可说臻于成熟了。

训诂也好，文字研究也好，都要涉及给字标音的问题。所以音韵学研究也随之而起。起初，表示汉字读音的方法，约有两类：一是用汉字给汉字注音，如“某字读若某”；一是以审音角度对字音作出说明，如指出发音部位，韵之洪细、开合，韵尾之开闭、声调之短长等。许慎属前一派，郑玄属后一派。音韵学研究的突破始自反切的发明。反切对汉语字音结构作出较为精确的分析，引起了声调、韵母、声母等一系列研究的连锁反应。反切的表明，通常与孙炎的名字联在一起。孙炎，字叔然，三国魏乐安（今山东省博兴）人，郑玄的再传弟子。他从审音角度，总结了东汉末年服虔、应劭等人创制反切的成就，撰成《尔雅音义》，为后世反切注音的发展奠定了良好的基础。

南朝时，“四声”说得到发展。南齐沈约集其成，并将四声用于诗歌语言，提出著名的声律论。

隋朝陆法言著《切韵》兼顾审音与作诗检韵，将声韵分作193韵部。唐王仁煦《刊谬补缺切韵》增为195部。北宋景德、大中祥符年间，陈彭年、邱雍等重修《广韵》，又增为206韵部。元代周德清，以元大都（今北京市）地区语言为标准，发现“平分阴阳”，“入派三声”的规律，将韵类分为19部，著成《中原音韵》，为北方语音学奠定了基础。同时，对现代汉民族共同语的形成也起了奠基作用。

从唐朝到宋朝，审音工作也有长足发展，结果是“等韵”的形成。“等韵”标志着对汉语字音结构的全面分析。从宋到清，等韵之“四等”，又逐步演化为“四呼”。

胡奇光《中国小学史》说：“从汉末的反切，齐梁的四声，隋代的《切韵》，到唐末守初的字母和韵图（即等韵），说明我国学者从不同的角度逐一揭示出汉语字音在声调上、韵母上、声母上的特征，这结果是形成了有中国特色的音韵学。”

从《广韵》206部到《中原音韵》的19部，从唐宋韵图的“四等”到清韵图的“四呼”，与汉语语音日趋简化的规律正相一致，直接奠定了现代汉语音韵学的基础。清初顺天大兴人刘献廷，通过中外语音比较，写成《新韵谱》，拟定“三十二音为韵父（现称‘韵母’）；韵历二十二位，则韵母（现称‘声母’）也”。实际上已经开了现代汉语拼音研究的先声。因此，钱玄同称他为“国语元祖”。可惜，刘献廷的《新韵谱》在清代未能传播开。

三、培养高超的思维能力，训练实证的治学方法

前面曾讲到，用旧形式表达新思想是经学的一个基本特征。从获取思想的具体成果角度看，经学的这种方式无疑会带来诸多不便，有很大消极作用；但是，若以锻炼人的思考能力角度看，这种方式，恐怕不能不承认，它有很大的促进作用。旧形式与新思想内容之间总是有矛盾的，要会用旧形式表达新思想，首先必须克服这个矛盾，驾驭这个矛盾。这就要求，第一，在思想上，能够打破对立而求得统一，超越特殊性而深入到普遍性。所谓打破对立而求得统一，是说要打破新旧之间的直接的对立而找到它们的内在的联结点、转化点、共通点，如同数学上的“切线”一样，使两条曲线平滑连结，把新东西从旧东西里自然地引申出来，这正是孔子所谓“温故而知新”。所谓超越特殊性而深入到普遍性，是指超越旧思想形式中特殊性的思想内容的限制，发掘其中所包含的普遍的思想形式，用以表达新的思想内容。这与冯友兰的“抽象继承法”似乎是一致的。思想至于此，可谓达到了相当高的水平。古代经学家们应当被认为是达到了这一水平的。

这也正是中国人接触到西洋辩证法时，并不感到陌生的缘故。第二，必须对旧学术中的语言形式、概念形式能够掌握得十分熟练，能够随心所欲地运用。闻一多在倡导新格律诗时，曾讲过这样的话，能带着镣铐跳舞的才是好手。① 这话讲得极有意味。旧形式即如思想之镣铐，如能以旧形式来如实而且充分地表达自己的新思想，岂不表明学识和思维能力更高人一筹么？可以说，中国古代的经学大师们，在思维能力上都是少有的高手。与此同理，“经”与“权”这类观念的运用，对中国人的实践思维能力的提高，也是显而易见的。当西方人把思维当做逻辑研究的对象时，中国人却把思维当做了艺术。逻辑止于“形”，而艺术则由“形”入“神”，出“神”入“化”。

古文经学在训练实证的研究方法方面有很大功劳。梁启超研究清代古文经学时，着意挖掘了这方面的内容。在梁启超看来，经学家们不仅把实证的研究方法用于对经典的研究，而且有的经学家还把这科学的方法用于对社会现实问题的研究。这突出表现在梁启超对顾炎武的评述上。他对顾炎武的总的评价是：

> 亭林在清学界之特别位置，一在开学风。排斥理气性命之玄谈，专从客观方面研察事物条理。二曰开治学方法。如勤搜资料，综合研究；如参验耳目闻之，以求实证；如力戒雷同剿说；如虚心改订，不护前失之类皆是。三曰开学术门类。如参证经训史迹；如讲求音韵；如述说地理；如研精金石之类皆是。②

① 何其芳：《诗歌欣赏》。

② 梁启超：《中国近三百年学术史》。

梁启超最推重的是顾炎武做学问的方向和方法。他说："亭林学术之最大特色，在反对内向的——主观的学问而提倡外向的——客观的学问。"其做学问方法，第一要看他搜集资料何等精勤。"……若《日知录》，实他生平最得意之作。我们试留心细读，则发表他自己见解者其实不过十之二三，抄录别人的话最少居十之七八"。"亭林读书，并非专读古书。他最注意当时的记录。又不徒向书籍中讨生活，而最重实地调查。……试细读《日知录》中论制度、风俗各条，便可以看出，他许多资料非专从纸片上可得"①。

梁启超所以极推重顾炎武及古文派的治学方法，就在于他认为，这一派的学风"和近世科学的研究方法很相近"②。他给这一派一个特别的名称，叫做"科学的古典学派"。我们以为，实证的研究态度与方法的养成，无论如何，对于后来中国引进西方科学，是有积极作用的。

参考书目

皮锡瑞：《经学历史》，中华书局 1959 年版。

《经学通论》，中华书局 1954 年版。

梁启超：《中国近三百年学术史》，中国书店 1985 年版。

冯友兰：《中国哲学史》，上海商务印书馆 1934 年版。

何耿庸：《经学概论》，湖北人民出版社 1984 年版。

曹聚仁：《中国学术思想史随笔》，生活、读书、新知三联书店 1986 年版。

胡奇光：《中国小学史》，上海人民出版社 1987 年版。

陆宗达：《训诂简论》，北京出版社 1980 年版。

①② 梁启超：《中国近三百年学术史》。

第八章　中国古代史学

举世无双的中国古代史学，是中国传统文化宝库中一颗璀璨的明珠。众多的史学名家，宏富的史学著作，完备的修史制度，多姿的史学体裁，进步的史学思想，所有这一切，构成了一幅中国古代史学宏伟壮丽的画卷。它不仅是中华民族的珍遗历史遗产，也是世界文明史上的奇观。继承这份历史遗产，发掘其丰富的文化内涵，发挥其重要的社会价值，是建设社会主义精神文明的必然要求。

第一节　中国古代史学的辉煌成就

一、源远流长的中国史学

（一）先秦史学

先秦是中国史学的奠基时期。中华民族是具有深厚历史意识的民族，早在远古我们的祖先就注意积累和保存以往的经验，传播为公众利益做出贡献的英雄人物的业绩。由于当时没有文字，所以只能靠脑记口说，辅之以结绳刻木等简单的方式，使其一代一代流传下来。中国关于远古时代的大量历史传说，即属于此。历史传说虽还不能称为史学作品，但毕竟已经包含着史学的因素，可以视为中国史学的源头。

文字和历法的产生及其不断成熟，为史学的出现创造了条件，有意识的历史记载逐渐成为统治者经常性的活动和国之大事。《尚书·多士》说：“惟殷先人，有册有典。”典是放在架子上的竹简，册是用绳子编起来的竹简。这说明最晚在殷商时期就出现了历史文献。“史”字在甲骨文中就已出现，篆文作“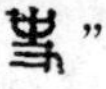”。汉代学者许慎在《说文解字》中解释道：“史，记事者也。”故“史”字最初是指史官。我国很早就有史官的设置，这在世界上是独一无二的。不过最初之史官，并不像后世那样专门，而是巫史合一，兼司人事和神事。后来史官才逐渐从神职中分离出来，专司人事。随着史官的设立，有关历史的记载日益增加。出现于殷商时期的甲骨文和金文，就有不少关于史事的记载。《尚书》和《诗要》中的一些作品，便是我国最早的历史文献。

春秋战国时期，随着文化的下移和私学的兴起，史学有了长足的发展。当时，各诸侯国都设有史官，记载本国的史事，如晋国的《乘》、楚国的《梼杌》、鲁国的《春秋》等等。春秋末年，孔子根据鲁国国史编成《春秋》一书，为中国史学发展开创了一个新时代。它不仅创立了编年体史学体裁，开启了私人修史之先河，而且形成了寓褒贬、别善恶的史法和轻鬼神、重人事的史观，因而孔子被学者们尊为中国史学之父。《春秋》之后，史学迅速发展，史著逐渐增多。春秋战国时期的史著主要有两类：一是以记事为主的编年体史书，如《春秋》、《左传》、《世本》、《竹书纪年》等；一是以记言为主的记言体史书，如《国语》、《战国策》等。

（二）两汉史学

两汉是中国史学的确立时期。西汉武帝时，伟大的史学家司马迁写成我国历史上第一部纪传体通史《史记》，开创了中国史学的新纪元。是书组织严密，内容宏富，记事上起传说中的黄帝，下迄汉武帝。在广阔的时空里，作者之笔纵横驰骋，为我们展示了一幅博极天地、囊括古今的宏伟历史画卷。鲁迅曾赞美其为“史家之绝唱，无韵之《离骚》”。东汉时，班固沿用《史记》的体例，编修成《汉书》（即《前汉书》），此乃我国历史上第一部纪传体断代史。《史记》与《汉书》对后世产生了巨大影响。从此之后，纪传体逐渐成为中国古代史学的主要体裁。东汉末年，荀悦奉献帝之命，写成《汉纪》一书，对我国史学的发展，也产生了积极影响。

（三）魏、晋、南北朝史学

魏、晋、南北朝是我国史学的大发展时期。主要表现在：（1）史著数量大为增加。据学者统计，魏、晋、南北朝时期的史学著作较前增加了四十多倍。与《史记》、《汉书》并列为前四史的《后汉书》、《三国志》皆成书于这一时期。（2）史著种类繁多。从记事时限上看，有通史，有断代史；从体裁上看，纪传体的地位得到巩固，编年体蓬勃发展，人物传记、史评史注、地理方志等类史籍也大量涌现。（3）这一时期，史学摆脱了经学附庸的地位，在学术领域里，成为一门独立的学科。南朝刘宋时，国家设置四种专科学校，以史学为专科之一。“史学”一词也出现于这个时期。这一时期出现的图书四部分类法，将历史著作独立为专部，并形成经、史、子、集的次序。

（四）隋、唐史学

隋、唐是我国古代史学的繁荣时期。主要表现在：（1）史书数量有了更大发展。《新唐书·艺文志》称：“藏书之盛，莫盛于开元。其著录者，五万三千一百九十五卷，而唐之学者自为之书者，又二万八千四百六十九卷。”这仅是唐开国百十年间的成就。其数量之多，超过以往任何一个时期。（2）正史编撰成绩斐然。唐开国后，统治者十分重视史书的编撰，中央设史馆专司修史，一时著名公卿如魏征、房玄龄、褚遂良、令孤德芬等皆兼领史职，所选史官多为一时高手。被列为正史的二十四部史书中，有1/3是在这个时期修成的。(3) 官修史书制度正式确立。隋、唐以前，中国史书大都出于私家之手，虽有官修史书，也不过是个人奉诏而作，与私撰并无多大区别。隋文帝开皇十三年（593年）下诏："人间有撰集国史臧否人物者，皆令禁绝。"① 将国史的纂修权垄断于政府之手。贞观三年（629年），唐太宗设史馆于禁中，专修国史，并令宰相监修。这一做法为后世各朝所效法，影响深远。(4) 出现了史学理论专著。唐代著名史学家刘知几所著《史通》，是我国历史上第一部史学理论专著。它的出现，标志着中国史学发展到一个新阶段。(5) 诞生了我国第一部典制通史。唐人杜佑所著《通典》，是我国历史上第一部专门记述历代典章制度沿革变迁的通史著作。它的出现，标志着一种新的史体——政书体（或称典志体）的创立，从而为史学的发展开辟了一条新的途径。其贡献之大，长期以来为史学界所公认。

（五）五代、宋、元史学

五代、宋、元是我国史学继续发展的时期。主要表现在：(1) 正史的编修取得了一定的成就。这一时期修成的正史有：后晋刘昫的《唐书》（即《旧唐书》）、宋薛居正的《五代史》（即《旧五代史》）、欧阳修的《新五代史》和《新唐书》、元脱脱的《宋史》、《辽史》和《金史》。(2) 产生了带有总结性的三部通史巨著，即宋司马光的《资治通鉴》、郑樵的《通志》、元马端临的《文献通考》。(3) 南宋袁枢撰《通鉴纪事本末》，首创纪事本末体，为我国史苑又增加了一个新品种，这是中国历史编纂法的一个重要创造。(4) 宋代的"金石学"独具特色，成绩斐然。代表作有宋徽宗赵佶的《宣和博物图》、欧阳修的《集古录》、赵明诚

① 《隋书·文帝纪》。

的《金石录》等。(5）民族史得到了大发展。这一时期撰成的民族史著作有《辽史》、《金史》、《契丹国志》、《大金国志》、《蒙古秘史》等。(6）方志学著作大量出现，编纂体例渐趋完备。重要的方志学著作有：宋周淙的《乾道临安志》、乐史的《太平寰宇记》、王存的《元丰九域志》、欧阳忞的《舆地广记》及元代官修的《大元大一统志》等等。

（六）明、清史学

明、清是我国史学的嬗变时期。明、清两代，中国封建社会渐趋衰落，资本主义萌芽产生并得到缓慢发展。随着社会生活中新的经济因素的出现与增长，史学出现了新的特点，反映时代精神的优秀作品不断问世。这一时期，私人修史之风兴盛，蔚为大观。明代著名思想家李贽著《藏书》、《续藏书》，对历史人物重新分类评价，批评陈腐的理学思想，带有浓厚的反传统色彩，是当时进步史学思潮的力作。明末清初的三大思想家王夫之、顾炎武、黄宗羲，高举经世致用的旗帜，写出了一些充满新气息的史著。王夫之的《读通鉴论》、《宋论》，顾炎武的《日知录》，黄宗羲的《明夷待访录》等，对封建纲常名教和封建专制主义展开了抨击，具有启蒙色彩。黄宗羲的《明儒学案》、《宋元学案》（由全祖望等续成），开我国学术专史之先河。明、清两代，类书、丛书、目录书的编修达到了高潮。明永乐年间编撰的《永乐大典》，是我国历史上最大的一部类书，计 22900 卷，3.7 亿字。清代康熙、雍正年间编撰的《古今图书集成》，全书 10000 卷，目录 40 卷，是我国现存的最大的一部类书。清乾隆年间开四库馆，纂成中国历史上最大的一部丛书——《四库全书》。这些类书和丛书的编成，对保存我国的古代典籍起了重要作用，堪称古代文化史上的盛举。清代在编修《四库全书》的同时，又撰成《四库全书总目》200 卷，是书代表了中国古典目录学的最高成就。清代考据学在校勘古籍、考证史实、辨伪、辑佚及改撰增补旧史等方面，都取得了超越前人的成果，重要的著作有钱大昕的《廿二史考异》、王鸣盛的《十七史商榷》、赵翼的《廿二史札记》等。方志编修在清代发展到鼎盛时期，数量之多，范围之广，亦为前代所不及。史评史论在明清时期有了新的发展，以清代史学家章学诚的《文史通义》成就最大。明清两代的官修史书，不论在数量，还是在种类上都超过了以往任何一个时期。官修正史有《元史》和《明史》。其他重要的官修史书有：《大明会典》、《明实录》、《清实录》、《清会典》、"续三通"（《续文献通考》、《续通典》、《续通志》）、"清三通"（《清文献通考》、《清通典》、《清通志》）等。

二、异彩纷呈的史学体裁

中国古代史学体裁多样，品种齐全，呈现出百花争艳，万紫千红的景象。《四库全书总目》将史将书籍分为 15 类：正史、编年、纪事本末、别史、杂史、载记、诏令奏议、职官、政书、传记、时令、地理、目录、史评、史钞。如此分类尽管并不十分得当，但我们仍可从中看出中国古代史书体裁、类别的多姿多彩。下面我们将中国古代史书的主要体裁作一简要介绍。

（一）纪传体

纪传体创始于司马迁的《史记》。司马迁（公元前 145 或前 135～？年）字子长，西汉左冯翊夏阳（今陕西韩城县）人。他继承父志，忍辱发愤，艰苦著述，以毕生精力写成《史记》（原名《太史公书》）一书，为中国古代史学树起了一座不朽的丰碑。是书分为本纪、表、书、世家、列传五部分。"本纪"以帝王为中心，按年、时、月、日顺序，记载帝王的政绩言行，兼及当时的重大事件，相当于全书的总纲。"表"分世表、年表和月表三种，按时间顺序，提纲挈领地谱列史实，使纷乱繁杂的史事眉目清晰，一目了然，相当于大事记。"书"是各种制度的专史。"世家"记载诸侯列国和一部分重要历史人物如陈涉、孔子等的事迹。"列传"主要记载重要历史人物的生平事迹，也有部分列传记载少数民族、邻近国家的历史。《史记》在每篇之末，都附有一段评论性的文字，发表作者对历史人物、历史事件的看法，后来被称为"赞语"或"论赞"。《史记》创立的这种体裁，以纪传为主，表书为辅，组成一个有机的整体，故后人称为纪传体。其突出的优点是，将各种历史人物、历史事件及社会生活的各个方面有机地汇于一书，纵横条贯，气势恢弘，内容宏富。东汉班固著《汉书》，沿用《史记》体裁，而改书为志，并世家入列传，分为纪、表、志、传四部分，专记西汉一代历史。《史记》、《汉书》以后，历代史学家依仿此体撰著了大量史书，形成一个贯通古今、连续不断的庞大的纪传体史籍体系，成为我国封建史学体裁的主流。然而，纪传体也有其缺点，主要是记事分散于本纪、列传、书（志）等篇之中，不能完整地叙述每一历史事件的过程，难以表明历史事件之间的联系。

纪传体史书与"正史"有密切的关系。"正史"意为最重要、最正规、居群史之首的史书。今天我们所说的"正史"，是特指由清乾隆帝诏定的从《史记》到《明史》的 24 部纪传体史书(即二十四史)。另外，1921 年北洋政府大总统徐世昌下令，将柯劭忞所著《新元史》也列为正史，遂有"二十五史"之称。1927 年赵尔巽等人修成《清史稿》，又有人把《清史稿》合入"二十四史"称为"二十五史"，还有人把《新元史》、《清史稿》合入"二十四史"称为"二十六史"。

（二）编年体

按照年、时、月、日时间顺序记载历史事迹的史书体裁，称为编年体，这是我国历史上最早出现的史体。孔子编订的《春秋》，是我国现存最早的一部编年史。鲁国太史左丘明采各国史记撰成《左氏春秋传》（简传《左传》），这是继《春秋》之后产生的又一部重要的编年史，其体例更加完备，记事更为详实，代表了先秦编年体史书的最高水平。东汉末年，荀悦依《左传》之体裁，撰成《汉纪》，体例严整，文字简洁，述事明确，开创了编年体的断代史。魏、晋、南北朝时期，编年体史书得到了大发展，作者之众，作品之多，出书之快，均为前所未有。《隋书·经籍志》史部正史类著录纪传体史书，古史类著录编年体史书，开扬纪传而抑编年之端。此后，纪传体垄断了“正史”地位，独居各种史体之首，编年史体屈居其次。及至宋代，司马光撰《资治通鉴》，使编年史得到了飞跃发展。《资治通鉴》是一部编年体通史，记事上起三家分晋，下迄五代末年，共 294 卷，体例严谨，结构完整，始终连贯，叙事翔实，注重考证，且文字优美质朴，生动传神。在编纂方法上，它既坚持了编年体以时间为序的特点，又吸取了纪传体自为首尾的写史方法，叙事记人，在必要时，常用追叙或附叙之笔补写前因后果，对某些史事的记述比较集中。是书代表了中国古代编年体史书的最高成就，其问世后，备受世人推崇，自宋以后，代有续作。于是编年史也形成了一个世代相继、贯通古今的宠大的史书体系。编年体的优点是便于考查历史事件发生的具体时间，易于了解历史事件的联系，并可避免叙述重复。缺点是记事按年、时、月、日分列杂陈，不能集中叙述每一历史事件的全过程，难以记载不能按年编排的事迹。一个人物的活动，散见于各年之中，难以完整系统地记述其生平事迹，以及偏详政治事件而忽略经济和文化情况。

编年史体在发展过程中，产生了几个分支，主要有起居注、实录和纲目。起居注是帝王言行的记录。设史官记载帝王言行之制由来已久，然而，把帝王的编年言行录称为“起居注”，则始于汉代。魏晋以后均有“起居注”之修撰。《隋书·经籍志》史部辟专类著录起居注，说明起居注已发展成为重要的史书类别。实录是专记某一皇帝统治时期史事的编年体史料长编。最早的实录出现于南北朝时期。唐初设置史馆，其重要任务之一就是编修实录。自此之后，每一皇帝死后，继嗣之君必敕史臣撰修先帝实录，沿为定制。纲目是编年记事的一种形式，创始于南宋朱熹的《通鉴纲目》。是书以编年形式叙事，每叙一事先标提要，以大字书写，顶格排行，叫做纲；其下叙述具体内容，用小字书写，低格排行，叫做目。此体有纲有目，条理清晰，简明扼要，便于初学，利于普及，所以，问世之后，为不少史学家所效仿。

（三）纪事本末体

纪事本末体是以历史事件为中心的史书体裁，创始于南宋袁枢的《通鉴纪事本末》。是书因《资治通鉴》原文，区分事目，将每一历史事件独立成篇，标以相应的题目，各篇又按年月顺序述其始末，能完整地叙述历史事件的全过程。这种编纂方法，可补编年、纪传二体之不足。自袁枢首创此体起，后世史家纷纷仿效，上接下续之作不断问世，遂与编年、纪传二体鼎立史坛，并称为中国古代史书编纂的三大体裁。这样，纪事本末体史书也形成了一个贯通古今的独立体系。纪事本末体也有其不可克服的缺点，这就是难以说明同时期各历史事件之间的联系，不利于读者了解某时期的历史全貌。

（四）政书

政书是以事类为中心，记述典章制度的史书。我国有关典章制度方面的记载，起源很早。但是作为一种体例完备、独立成书的史体，是到唐代才正式出现的。政书中有综述历代典章制度的，是为典制通史；有记述一代典章制度的，是为典制断代史。

典制通史创始于唐代杜佑的《通典》。杜佑（735～812 年）

字君卿，唐京兆万年（今陕西省长安县）人。他生活在唐王朝由盛转衰的时代，整个社会的政治、经济、军事等方面都发生了巨大的变化。他以“富国安人”为己任，欲通过对历代典章制度沿革变迁的研究，寻求救弊拯危的良方，于是以36年时间，撰成《通典》200卷，记事上起传说中的黄帝，下迄唐玄宗天宝末年。全书将历代典制分为食货、选举、职官、礼、乐、兵、刑、州郡、边防九门，每门又分若干目，有的目下再分若干子目。每目皆标有目名，其下以朝代先后为序，依次记述历代典制。《通典》统括历代各种典制于一书，分类编述，条贯古今，溯源明流，这样完善的编纂体例，开我国典制通史之先河。《通典》之后，继作者接踵不断。宋代郑樵（1103～1161年）撰《通志》200卷，记事上起三皇，下迄隋末，是一部纪传体通史。全书的精华在“二十略”，其性质与《通典》相近，实为各种典制的简编通史。宋末元初人马端临（约1254～约1323年）仿《通典》体例，撰成《文献通考》，记事自上古至南宋宁宗时期，是继《通典》之后出现的又一部典制通史。《通典》、《通志》、《文献通考》后人合称为“三通”。清乾隆年间，诏修“续三通”和“清三通”，至乾隆五十二年（1787年）修成。清代官修“六通”与“三通”合称为“九通”。1935年，商务印书馆将民国初年刘锦藻的《清朝续文献通考》，与旧有的“九通”合印，称为“十通”。“十通”中，记述清代典制之书，虽非通史，但均是“三通”的续作，体例又宗效《通典》，所以一向把它们作为同一体例的史书看待。

典制断代史主要有“会要”和“会典”二类。会要为分立门类记载一代典制的史书，创始于唐代苏冕的《会要》。是书记述有唐一代典制，最后完成于北宋王溥之手，名为《新编唐会要》，后世省称为《唐会要》。全书分为帝系、礼、乐、学校、宗教、选举、职官、民政、封建、历数、灾异、刑法、食货、舆服、四裔共15类，是我国历史上第一部完整的会要体史书。宋代官修的本朝会要，前后重修10余次，至为详备。原书已佚，今存清人所辑《宋会要辑稿》，史料价值很高。另外，又有人补撰前代会要，如南宋徐天麟的《西汉会要》、《后汉会要》，清代姚彦渠的《春秋会要》、龙文彬的《明会要》、杨晨的《三国会要》等。

会典也为记载一代典章制度的史书，但与会要有别。会要按典制类别分类编次，其中记载不少有关历史事实，而会典则采用设官分职的分类编纂体例，“以官统事，以事隶官”，将一代典制分记于各有关官衙之下。记载的内容，多是帝训、帝制等政令及具有律令性质的办事成例，不详叙史实，亦少叙沿革。此类史书，实始于《唐六典》。明、清两代的统治者对会典的编纂十分重视。明政府曾多次修纂《明会典》，其体例大要，以六部为纲，详叙各衙门的职掌及历年事例，并附有冠服礼仪插图。《清会典》初修于康熙三十三年（1694年），后经多次续修。乾隆年间续修时，把典、例分纂，一为会典，一为会典则例，各自成书。嘉庆年间续修时，又把礼部的仪式、祭器，户部的舆图，钦天监的天体图等绘制成编，名“会典图”。光绪朝重修成会典100卷，事例1220卷，图270卷。这样，一代会典，编成三书，相辅并行。

（五）学案体

学案体是记述学术源流的史书体裁，接近于今天的学术思想史。创始于黄宗羲的《明儒学案》。是书综述明代学术源流，梳理各家学术观点，按师承关系和学术宗旨将儒学分为若干派别，称为学案。少数上无师承，下无续传之儒学名流，汇集众家，单立诸儒学案记载。其编次顺序是：每一学案前有一小序，简要介绍该学派的源流及学术概况，然后依次分述该学派的主要人物。每人先立小传，次录其文章或语录。《明儒学案》是我国历史上第一部真正的学术史，为研究明代学术思想史必读之书。学案体的创立，为我国史书编纂学开辟了一条新的途径，对史学发展做出了积极的贡献。之后，相继出现了多部学案体史书。

(六) 史评体

史评体著作按其内容可分为两种：一是史书评论，一是史事评论。史事评论就是史学家对历史事实进行评论，目的是总结历史上治乱兴衰的经验教训，为现实服务。司马迁《史记》中的“论赞”，便是史评的一种重要形式，为后世所沿袭。自汉以后，其他形式的史论作品也很多。以专著形式评论史事，最早出现在两晋。之后，此类史书不断出现，其中最负盛名的是王夫之的《读通鉴论》。王夫之（1619～1692年），字而农，号薑斋，湖南衡阳人，晚居衡阳石船山，世称船山先生。他一生著作甚丰，《读通鉴论》是其史学代表作，书中颇多真知灼见。是书共30卷，每卷又分若干篇，每篇选择历史事件、历史人物若干，进行分析评论。末附《叙论》4篇，阐明著书宗旨。

史书评论就是对史学著作进行评论。史书评论亦由来已久，《左传》中就有对《春秋》书法的评论。南朝梁刘勰在《文心雕龙》中立《史传》篇，专门评述史学著作。唐刘知几所著《史通》，是我国历史上第一部史学评论专著。刘知几（661～721年），字子玄，徐州彭城（今江苏省徐州市）人。他一生笃爱史学，长期从事史学研究和史书编纂，史学造诣甚深。是书全面总结了封建社会前期史学的发展，提出了一套较为完整的史学理论和史学方法，包括历史观、治史宗旨、修史制度、史学体裁与体例、史家修养、史学源流等重要内容，差不多囊括了历史学的全部理论问题。中国古代另一部史学评论名著是清章学诚的《文史通义》。是书论述范围很广，在史学理论方面颇多创见。一是力主史学要经世致用，反对专务考索和空谈义理两种倾向；二是明确提出“六经皆史”说，并从理论上加以阐述；三是在历史编纂学方面提出了一些重要的见解；四是提出了一套系统的、完整的方志学理论；五是在刘知几史家三长说的基础上，明确提出了“史德”。章学诚的史学思想，表现了他的卓识和创新，他和刘知几同为中国古代超绝他人的史学评论家。

（七）方志

方志亦称地方志，是记述地区历史的著作。它分为全国性的总志和按行政区域编写的州、郡、府、县志两类。方志起源很早，《尚书·禹贡》就具有总志的性质。较早的方志专著有东汉袁康的《越绝书》、东晋常璩的《华阳国志》等。隋、唐以后，方志数量不断增多，体例日趋完善。明代方志编修有了较大发展，共修共2892种。降及清代，方志编修达到鼎盛，成绩巨大。中国现存方志8700余种，清代就占有5000余种。方志有官修的，亦有私修的。方志把一地的自然、地理、经济、军事、文化、人物诸方面的历史与现状，汇萃于一书，范围十分广泛，其记载内容多为正史所无，对于史学研究具有重要的价值。

三、中国古代史学在传统文化中的重要地位

史学作为一门经世之学，从它诞生起，就肩负着特殊的历史使命。历朝历代，上自帝王将相，下至庶民百姓，无不对历史学予以极大的重视，官修私撰，久盛而不衰，堪称中国文化史上的一大奇观。梁启超在《中国历史研究法》中说：“中国于各种学问中，惟史学为最发达；史学在世界各国中，惟中国为最发达。”这个看法是完全符合实际的。

中国古代史学在古代学术领域中地位崇高，成就巨大，构成了传统文化的主干和基本内容之一。从目录学上看，西汉刘歆所撰《七略》和东汉班固所撰《汉书·艺文志》均无史部，他们将史书附录于“六艺略”的“春秋”类中。把史书附录于经部，固然说明史学在当时还没取得完全独立的地位，但另方面也反映出史学地位的重要。出现于魏晋南北朝、确立于唐初的经、史、子、集四部分类法，不仅为史著独立专部，而且位居第二。从此，史学成为仅次于经学的显学，终封建之世而未变。

中国古代史著的数量相当可观。《隋书·经籍志》史部著录史书874部，16558卷，占著录图书总卷数的34%左右。《四库全书总目》和《清史稿·艺文志》著录的史部图书，据粗略统计，多达3900部左右，80000多卷，比《隋书·经籍志》著录史书多近五倍。这仅仅是目录书中已著录的史书数量，再加上大量未被著录的史书，其数量就更大了。人们常用“汗牛充栋”、“浩如烟海”来形容中国古代史籍之宏富，不无道理。除史部外，经部、子部、集部中也有大量属于史学范畴的著述。如经部中的《尚书》，就是上古历史文献和上古史籍作的汇编。“尚”通“上”，“书”是历史简册，“尚书”意即“上古的古册”。“三礼”（《周礼》、《仪礼》、《礼记》）记载的是周代的各种典章礼仪制度，具有典制史的性质。《春秋》及“三传”（《左传》、《公羊传》、《谷梁传》）更是地地道道的史学著作。这些本来属于史学范畴的著作，只不过后来被人为地从史学中分割出来，提高到经的地位。其实，古人早已认识到这一点。元代刘因已有“古无经史之分，诗、书、春秋，皆史也”之说。① 明代的王阳明、王世贞、李贽等人也提出了“六经皆史”、“经史一物”的思想。清代章学诚不仅明确提出“六经皆史”的口号，而且从理论上进行了阐述和论证。他认为，古代根本“无经史之别，六艺皆掌之史官，不特《尚书》与《春秋》也”②。至于尊之为经，那是后来“儒家者流”所为。当然，“六经皆史”、“经史一物”的观点也有偏颇之

① 《静修先生文集》卷一。

② 《章氏遗书》卷十三。

处，这就是把史学著作与史料混为一谈。

另外，中国古代史学还有一个突出的特点，这就是历史记述的系统性、完整性极强。从西周共和元年（公元前841年）起，中国就出现了编年史。从此以后，中国历史便有了持续不断的记载，几乎每年都有史可查。像纪传体、编年体、纪事本末体、政书体等史书，都对中国历史做了贯通古今、系统完整的记载，这在全世界是仅见的。

中国古代史著还是传统文化的主要载体，是中国古代文明生生不息、保持连续不断的纽带。历史学是一门综合性学科，它具有记载、保存、传播文化成果的重要功能。社会生活的各个方面，组成社会的各个阶层以及各个历史时期所创造的一切文化成果，都通过历史学得到完整保存和综合性地传播。中国古代史学无异于一座蕴藏着历代文化珍品的宝库。我们说中国是世界文明古国，正是由于她有着悠久的历史和灿烂的古代文化，而这悠久的历史和灿烂的文化，在很大程度上是通过历史学记录、保存下来的。在记载、保存古代文化成果方面，历史学有其他学科无法比拟的优势。若没有发达的古代史学，就不会有中国灿烂的古代文化。只要我们粗略地了解一下中国古代文化，就不难看出，历史学与其他诸学科都有密切的联系，对其他诸学科都有重大的影响。“以史注经”的治学传统，表明经学的发展离不开史学。中国古代素有文史不分家之说，像《左传》、《史记》、《资治通鉴》等，既是史学名著，又是文学佳作，对中国古典文学的发展具有深远影响。史学还为文学艺术创作提供了取之不尽、用之不竭的素材，中国古代的许多文学艺术作品，就取材于史学著作。如《三国演义》取材于《三国志》等等。

如果我们把中国古代史学放在世界范围内考察，就不难看出，它在世界史学史中称得上独领风骚。可以毫不夸张地说，中华民族是世界上保存历史遗产最丰富、最完整的民族，在近代以前，中国史学是世界上最发达的史学。

第二节 中国史学的优良传统

一、经世致用，济世安邦

中国古代史学之所以发达昌隆，久盛不衰，重要原因之一在于它具有显明的经世致用的品格。中国古代史家以“经世”为治史目的，以回答和解决社会现实提出的重大问题为己任，将史学深深扎根于社会实践的沃土中，使其不断获得蓬勃发展的动力。孔子作《春秋》是为了正世风，救乱世。司马迁著《史记》是为了探寻“成败兴坏”之理，以前事为“后世之师”。刘知几对史学的经世功能曾作过深入的探讨，他说：“苟史官不断，竹帛长存，则其人已亡，杳成空寂，而其事如在，皎同星汉。用使后之学者，坐披囊箧，而神交万古，不出户庭，而穷览千载，见贤而思齐，见不贤而内自省。若乃《春秋》成而逆子惧，南史至而贼臣书。其记事载言也如彼，其劝善惩恶也又如此。由斯而言，则史之为用，其利甚博，乃生人之急务，为国家之要道，有国有家者其可缺之哉!”① 杜佑著《通典》，备述历代典章制度的沿革损益和利弊得失，欲寻求解救时弊之方略，达到安邦济世之目的。宋人曾巩在《南齐书·序》中说：“史者，所以明夫治天下之道也。”司马光撰《资治通鉴》，目的十分明确，就是要为统治者提供一部政治教科书。

明、清之际，针对宋明理学脱离实际、空谈心性的弊端，许

① 《史通·史官建置》。

多著名史学家高举"经世致用"的大旗，写出了一批重要的史学著作。经世思想，一时蔚然成风。当时的三大思想家顾炎武、黄宗羲、王夫之便是其中的代表。顾炎武说："文之不可绝于天地间者"，在于其"有益于天下，有益于将来。"① 王夫之认为："所贵乎史者，述往以为来者师也。为史者，记载徒繁，而经世之大略不著，后人欲得其得失之枢机以效法之无由也，则恶用史也?"② 顾炎武的《日知录》、《天下郡国利病书》和王夫之的《读通鉴论》、《宋论》等著名史著，均为经世致用思想的产物。

清代曾出现过一个重要的史学学派，即浙东史学。这一学派涌现出许多有建树的史学家。黄宗羲是这一学派的开山大师，万斯同、全祖望、邵晋涵等史学大师均为这一学派的主力，而章学诚实为这一学派之殿军。浙东史学最突出的特点就是主张史学要经世致用。章学诚的《文史通义》，集中反映了浙东史学的这一史学主张。章学诚认为，经世致用是"史氏之宗旨"，"史家之书，非徒记事，亦以明道也"③。"得一言而致用，愈于通万言而无用者矣"④。

二、劝善惩恶，激浊扬清

中国古代的史学家，向来重视史学的道德教化作用。《易传》说："君子多识前言往行，以畜其德。"提出了史学的德育功能。史学的道德教化作用，主要通过"劝善惩恶"来实现。所谓劝善惩恶，就是对历史上的善人、善行直书其善，加以褒奖肯定，使其流芳千古；对历史上的恶人、恶行直书其恶，加以贬斥否定，使其遗臭万年，从而达到激浊扬清之目的。

① 《日知录》卷十九，《文须有益于天下》。
② 《读通鉴论》卷六，《光武》。
③④ 《文史通义》。

孔子作《春秋》，“寓褒贬，别善恶”，对人们的行为进行道德评价，目的就在于劝善惩恶。正如孟子指出的：“孔子成《春秋》，而乱臣贼子惧。”① 《春秋》一书，字里行间都隐含着褒贬之意，如同样杀人，就有杀、诛、弑等不同的字眼表述，杀无罪者曰杀，杀有罪者曰诛，下杀上曰弑。这就是所谓的微言大义，春秋笔法。自《春秋》兴褒贬臧否之法始，劝诫、规谏即成为中国史学之定法，为后世史家所宗所本。荀悦认为，史学的主旨是“惩恶而劝善，奖成而惧败”。刘知几把“惩恶劝善，永肃将来，激浊扬清”② 作为治史的重要目的。章学诚亦指出：“史文之有褒贬，《春秋》以来未有易焉者也。”③

中国古代史著中，对克己奉公，舍身取义，廉洁自律，刚直不阿的忠臣贤相；对热爱祖国，抵御外侮，捍卫民族独立与统一，维护民族利益与尊严的民族英雄；对励精图治，勤政爱民，求贤纳谏，躬行节俭，治绩卓著的明君英主，一句话，凡是为民族进步与发展做出重要贡献的历史人物，史学家都为其树碑立传，予以热情的歌颂和褒奖。相反，对骄奢淫佚，纵欲无度，拒谏绝贤的昏君乱主；对弄权肥私，残害忠良，祸国殃民的佞臣奸相；对贪赃枉法，扰民害民的贪官污吏；对卖国求荣，屈膝投降的民族败类；对见利忘义，丧失人格的无耻小人，史学家也秉笔直书，予以无情的揭露和鞭笞。例如，司马光在《资治通鉴》中，既写仁、明、武的帝王，勤政廉洁的宰相，敢于犯颜直谏的大臣和品德高尚的义士仁人，称颂他们为政理民的嘉言懿行，也写昏君庸主，奸佞贼臣和贪官污吏的倒行逆施，大量揭露他们的

① 《孟子·滕文公》下。

② 《史通》卷七，《品藻》。

③ 《文史通义》卷七，《永清县志列传序例》。

种种罪恶和不堪入目的丑行。南朝宋孝武帝和隋炀帝的荒淫与残暴、汉灵帝的贪婪、晋惠帝的愚蠢、唐玄宗的腐化堕落等等，都在司马光的笔下得到反映。明代史学家王世贞在《纲鉴会纂·总论》中，对历史上的昏君奸臣进行了揭露和批判，而对岳飞、文天祥等民族英雄则大加颂扬，称文天祥“从容就义于颠沛流离之际，为国之光”。李贽在《续藏书》中，热情歌颂了于谦廉洁奉公、不谋私利的高尚品质。说他做地方官时，每次入朝从不请客送礼，有人问：“即不囊金往，宁无一二土物充交际耶?”他笑而两举其袖曰：“吾惟有清风而已。”调到中央后，因抗击瓦剌有功，明景帝赐其“阙西甲第”，他坚辞不受，说：“匈奴未灭，何以家为。”王夫之在《读通鉴论》中，对儿皇帝石敬塘，汉奸张邦昌、刘豫等民族败类痛加谴责，斥之为“万世之罪人”。

在中国古代，名垂青史，流芳百世的观念深入人心，并成为历代志士仁人所向往追求的崇高目标，它激励着人们为了国家和民族的利益，鞠躬尽瘁，英勇奋斗，慷慨赴死。文天祥“人生自古谁无死，留取丹心照汗青”的豪迈诗句，即是这种追求的生动反映。另外，也有一些人因害怕史留恶名、遗臭万年而不得不对自己的贪欲和恶念有所抑制。就连至高无上的帝王，也不能不有所顾忌。唐贞观年间，许多大臣就常以此来规谏唐太宗。给事中兼知起居事杜正伦曾对唐太宗说：“君举必书，言存左史。臣职当兼修起居注，不敢不尽愚直。陛下一言乖于道理，则千载累于圣德，非止当今损于百姓，愿陛下慎之。”① 《贞观政要·直谏》记载，隋通事舍人郑仁基有一女，年十六七，容色绝姝，当时莫及。唐太宗将其纳入后宫，聘为充华。魏征听说此女已许嫁陆氏，就进谏劝阻，他告诫唐太宗：“君举必书，所愿特留神虑。”

---

① 《贞观政要》卷六，《慎言语》。

唐太宗听后大惊，深自克责，立即把郑女放还旧夫。宋太祖赵匡胤曾在一怒之下用斧柄打掉一位大臣的两个门牙。那位大臣将落齿拾起置入怀中。宋太祖骂道："汝怀齿，欲讼我耶?"大臣答道："臣不能讼陛下，自当有史官书之。"宋太祖自知凭一时之怒而辱打大臣，有背君臣之义，害怕史官记下来，留下千古恶名，随即转怒为喜，并赐金帛慰劳之，想堵住那位大臣的嘴。但是，这件事最终还是让史官记下来了。唐朝宰相韦安石看了史官朱敬则写的史稿后，不禁感叹道："世人不知史官权重宰相，宰相但能制生人，史官兼制生死，古之圣君贤臣所以畏惧者也。"①

三、鉴古察今，彰往知来

在中国历史上，以史为鉴的思想由来已久。《诗经·大雅·荡》说："殷鉴不远，在夏后之世。"西周的统治者宣称："我不可不鉴于有夏，亦不可不鉴于有殷。"②《管子·形势》说："疑今者察之古，不知来者视之往。"《战国策·赵策一》亦指出："前事之不忘，后世之师。"可见，取鉴资治是中国古代史学的主要任务之一。

中国历代的统治者在治国行政中，都十分重视借鉴历史经验。汉高祖刘邦为了谋求西汉王朝的长治久安，就让一些谋士总结秦王朝短命的原因和历代兴亡盛衰的经验教训。他曾对陆贾说："试为我著秦所以失天下，吾所以得之者何，及古成败之国。"③ 所以，西汉前期出现了《过秦论》等以总结秦亡原因为主要内容的史学作品。汉初的统治者，正是吸取了秦亡的经验教训，采取一系列省刑简法、轻徭薄赋、与民休息的进步政策，开

① 《新唐书·朱敬则传》。

② 《尚书·召诰》。

③ 《史记·郦生陆贾列传》。

创了中国封建社会的第一个盛世。唐太宗是中国封建时代最重视、最善于借鉴历史经验的帝王，他经常同侍臣们讨论历代兴亡，特别是隋朝由兴盛迅速走向灭亡的经验教训，从中寻求治国安邦之策。他说："以铜为镜，可以正衣冠；以古为镜，可以知兴替；以人为镜，可以明得失。"① 明确地把历史作为治理国家的一面镜子。他不仅高度重视修史，而且勤奋读史，嗜史成癖，每于理政之暇，或同大臣"共观经史"，或单独"披览忘倦，每达宵分"②。他在《帝京篇》中曾咏诗自陈：

披卷览前踪，抚躬寻既往。
望古茅茨约，瞻今兰殿广。
人道恶高危，虚心戒盈荡。
奉天竭诚敬，临民思惠养。
纳善察忠谏，明科慎刑赏。

可以说，贞观之治的出现，大唐盛世的辉煌，是与贞观君臣重视并善于吸取历史经验分不开的。明太祖朱元璋同样偏爱历史，常与臣下讨论历代帝王的治国之道和祸乱之由。还在艰苦的战争年代，他就命滕毅、杨训文等儒臣编辑古无道之君所行之事以进，目的是"欲知其丧乱之由以为鉴戒耳"③。王夫之对史学的借鉴功能曾作过深入的探讨，他说："得可资，失亦可资也；同可资，异亦可资也。故治之所资，惟在一心，而史特其鉴也。"又说："故论鉴者，于其得也，而必推其所以得；于其失也，而必推其

① 《贞观政要》卷二，《任贤》。
② 《贞观政要》卷一，《君道》。
③ 《明通鉴》前编，卷三。

所以失。其得也，必思易其迹而何以亦得；其失也，必思就其偏而何以救失，乃可以治之资。”① 中国古代大凡有成就的史学家，无不重视史学的借鉴作用，把垂诫资治作为治史的重要目的，王夫之的《读通鉴论》便是一部借鉴史学的代表作。

还需指出，在中国古代，以史为鉴并不单纯指借鉴历史经验，而且还包含着丰富的历史进化论思想。它实际上已超出了“经验”的范畴，而升华到对历史过程的理性认识。中国古代的许多史学家认为，历史是按照一定的法则不断发展变化的，人们通过对历史作贯通古今的研究，可以找到社会发展的线索，预测社会发展的前景，这就是所谓的“疏通知远”、“观往知来”思想。不仅如此，他们还认为，社会是不断进步的，今胜于古，各种制度的变易更迁是合理的，不可避免的。因此，他们反对颂古非今，因循守旧，主张因势立制，变革现实，这就是所谓的“通变”思想。中国古代的历史进化论和历史辩证法思想，在整个世界史学思想史上已达到了相当高的水平。

四、尊重历史，秉笔直书

历史学是一门求真、求善的学问。据实直书，不稳恶，不溢美，将历史事实真实地记录下来，是史学家必须具备的品质。惟其如此，才能有效地发挥史学的社会功能。但是，要真正做到秉笔直书，并非易事，有时甚至要付出生命的代价。在历史上，因秉笔直书触犯帝王权贵而身遭斧钺者代不绝书。刘知几曾感叹：“验世途之多隘，知实录之难遇。”② 尽管如此，还是有许多正直的史学家，把史学作为一项关系到民族、国家前途命运的神圣事业，以崇高的社会责任感和献身精神，不畏强暴，不避权贵，刚

① 《读通鉴论》叙论四。

② 《史通》卷七，《直书》。

直不阿，秉笔直书。

在中国历史上，曾广泛流传着齐太史以身殉职的悲壮故事。《左传》襄公二十五年记载：齐国权臣崔杼杀了齐庄公，立景公。齐太史不畏权贵，直书道："崔杼弑其君。"结果惨遭杀害。齐太史的两个弟弟继续这样写，也被杀害。齐太史的第三个弟弟依然这样写，崔杼一看没办法了，只好做罢。南史氏闻太史尽死，便冒死带着简册前往，准备继续写。中途得知已写入史册，才返回。

齐太史的风范树立了光辉榜样，为后来的史学家所继承发扬。司马迁是又一个典型。他在《史记》中，既写了当朝天子汉武帝的雄才大略，也以"敢述汉非"的浩然正气，忠实地记载了汉武帝的种种不善之事。汉武帝迷信方术的愚昧，热心封禅的荒诞，生活上的奢靡，以及酷吏的残暴，权贵的骄横等丑行，无一从司马迁的笔下逃过。

三国时吴国人韦曜，孙皓为帝时任中书仆射、侍中，领左国史。孙皓令韦曜修国史，并为其父孙和作本纪。韦曜认为孙和未登帝位，应入列传。孙皓大怒，将韦曜下狱。但韦曜不为权势所屈，冒死违旨，坚持直书，终被杀害。北魏崔浩奉诏编写魏史，成《国书》30卷，并在京城东郊的交通要道立石刊载其书，"以彰直笔"。《国书》记事直书无讳，遭到一些鲜卑贵族的忌恨。后崔浩被杀，夷三族，受牵连而死者达128人。这就是震慄千古的崔浩史狱。东晋孙盛著《晋阳秋》，词直理正，记事无隐，如实地记载了权臣桓温枋头战败的史实，引起桓温的不满。桓温威胁孙盛之子说："若此史遂行，自是关君门户事。"① 孙盛诸子"乃共号泣稽颡"，请父为全家百口人计，修改其书。然孙盛愤而不

① 《晋书·孙盛传》。

改。清代著名史学家全祖望，生活在文字狱迭起的雍正、乾隆年间，他不避文网，不怕灭族，著史大量表彰明季忠烈。清末刘光汉在《全祖望传》中盛赞其“直笔昭垂，争光日月，可步南、董之后尘者矣”。

这些正直的史学家，用鲜血和生命捍卫了史学的纯洁性和神圣性。他们不仅为我们留下了大量的“信史”、“实录”，也为我们留下了秉笔直书的优良治史传统。在整个封建社会中，那些仗义直书、书法不隐的史家，一直受到人们的崇敬，而那些趋炎附势、曲笔媚主之徒则遭到世人的鄙弃。刘知几在《史通》中，专写《直书》篇，把直书作为编纂史书的基本原则和评价史著的首要标准，他说：“盖烈士徇名，壮夫重气，宁为兰摧玉折，不作瓦砾长存。若南、董之仗气直气，不避强御；韦、崔之肆情奋笔，无所阿容。虽周身之防有所不足，而遗芳余烈，人到于今称之。与夫王沈《魏书》，假回邪以窃位，董统《燕史》，持谄媚以偷荣，贯三光而洞九泉，曾未足喻其高下也。”

为了使史官能够据实直书，中国古代还形成了君主不观当代国史之制。《贞观政要》记载道：贞观十三年（639年），唐太宗向谏议大夫兼知起居注褚遂良提出，欲观史官所作的起居注。褚遂良说：“今之起居，古之左右史，以记人君言行，善恶毕书，庶几人主不为非法，不闻帝王躬自观史。”唐太宗问：“朕有不善，卿必记耶?”褚遂良答：“臣闻守道不如守臣，臣职当载笔，何不书之。”结果史臣没有让唐太宗看起居注。一年后唐太宗又对房玄龄说：“朕每观前代史书，彰善瘅恶，足为将来规诫。不知自古当代国史，何因不令帝王亲见之?”房玄龄对曰：“国史既善恶必书，庶几人主不为非法。止应畏有忤旨，故不得见也。”唐太宗说：“朕意殊不同古人。今欲自看国史者，盖有善事，固不须论；若有不善，亦欲以为鉴诫，使得自修改耳。卿可撰录进来。”房玄龄遂撰高祖、太宗实录各20卷，表上之。从这段记载可知：其一，君主不观当代国史之制，自古有之，其目的是为了保证史官能够据实直书。唐太宗寻找种种借口欲观国史，最后看到的也只能是实录，而非更原始的起居注。即使如此，仍受到后人的非议。其二，据实直书、善恶无隐的治史传统已深入人心，并成为史家修史所必须遵循的原则。

五、重视人事，罕言鬼神

欧洲中世纪，宗教神学主宰着社会意识形态，史学成为神学的婢女。而在中国古代，宗教神学并没在社会意识形态中占统治地位。中国历来有无神论的传统，这在史学中也有突出表现。由于时代的局限，古代的史学家们虽然还不可能彻底否定天命鬼神的存在，但他们在阐述历史进程时，总是把着眼点放在人事上。《左传》里就记载了不少怀疑甚至否定天道鬼神的言论，并公开打出“天道远，人道迩”的旗帜。如庄公三十二年条记载，虢国君主令史嚚等人去祭神，史嚚背后评论说：“虢其亡乎！吾闻之：国将兴，听于民；将亡，听于神。”孔子一生大讲人事，而罕言怪力乱神。司马迁认为，决定历史命运的不是天命鬼神，而是人自身。在记述楚汉相争时，他把汉兴楚亡的原因归结为人事，归结为人心的向背。他批评项羽：“身死东城，尚不觉寤，而不自责，过矣。乃引‘天亡我，非用兵之罪也’，岂不谬哉。”① 范晔明确反对社会上流行的神不灭和善恶报应的荒谬说法，他在《后汉书》中，通过许多具体史事来阐发自己的观点。如记载廷尉吴雄、司隶校尉赵兴等人“不恤讳忌”，“故犯妖禁”，结果是“家人爵禄，益用丰炽”。而陈伯敬等人“行必矩步，坐必端膝”，多所忌讳，惟恐犯禁，却没有好下场。以此控诉人间的不平和报应

① 《史记·项羽本纪》。

说的不可信。

刘知几坚决反对天命史观，认为国家的兴亡和事业的成败是由人的行为所决定的，其中最关键的是为政者的德与才，而不是天命。他说："夫论成败者，固当以人事为主，必推命而言，则其理悖矣。"① 他举例说，武王伐纣占卜吉凶时，"龟焦蓍折"，按迷信说法，不应举兵出征，可是武王照样出兵，一举成功。南朝宋武帝出兵征讨卢循时，军中旗杆折断，幡沉水中，也是不祥之兆，但刘裕毅然出兵，大败卢循。他进一步揭露说，许多所谓的祥瑞，其实是一些阿谀逢迎之徒为骗取主子的欢心而故意编造出来的。君主越是昏庸，国家越是混乱，编的祥瑞也就越多。刘知几还提出，凡神怪故事、图谶寓言之类，皆不应写入史书。

司马光同样反对神鬼怪异之说，强调人事在历史进程中的作用。他在上宋仁宗书中指出："国之兴衰，在德之美恶，固不系葬地、时日之吉凶也。"② 他在《资治通鉴》中，不仅很少记载神鬼怪诞之事，而且还结合史事，揭露佛道神鬼之说的祸国殃民。对历史上反对佛道神鬼的人物言行，不惜笔墨，详加叙述，给予肯定的评价。

明代史学家王世贞史学思想的一大特色，就是反对迷信，重视人事。他列举许多历史事实，说明那些笃信佛道神鬼的君主，没有一个是得到好下场的。越是末世，佛道神怪邪说越是盛行，到头来贻误大事，亡国灭族。他说："至于末世，崇尚虚无，信诱邪说，垂及败亡，犹不能悟。齐元为周师所围，尚讲老子；梁武为侯景所逼，惟谈苦空。事佛之谨，舍施之多，无以逾于梁武；奉道之勤，设醮之厚，又何以加于道君。然则饿死台城而佛

---

① 《史通》卷十六，《杂说》上。

② 《司马文正公传家集》卷二十七，《言山陵择地劄子》。

不之救，受辱漠北而道亦不闻。秦皇汉武穷极以求神仙，了无证验；楚王英敬信沙门之法，卒以诛夷。”① 这一系列激昂慷慨的记述，既有大量生动的史实，又加之以辛辣的言辞，对宗教迷信的危害，封建帝王的愚顽，讽刺得何等有力，揭露得多么深刻！

六、兼备四长，尤重德识

史学既是一门综合性很强的学问，又是一门对政治、对社会有重大影响的学问。史学本身的这些特点，要求治史者具备很高的、多方面的素养。中国古代的史学家对此十分重视，并提出了一些很有价值的见解。《隋书·经籍志》史部后论说，凡治史者，“必求博闻强识，疏通知远之士”，“是故前言往行无不识也；天文地理无不察也；人事之纪无不达也”。唐人郑惟忠曾提出过这样一个问题：“自古已来，文士多而史才少，何也?”刘知几回答道：“史才须有三长，世无其人，故史才少也。三长，谓才也，学也，识也。”② 刘知几把史学人才必须具备的素养概括为才、学、识三个方面，可谓是真知灼见。才，指史家撰写史学作品的表达能力；学，指史家掌握渊博的历史知识和丰富的历史资料；识，指史家明是非、别善恶、观成败的能力。刘知几不仅提出了史家三长说，而且进一步论证了三者之间的关系。他说：“有学无才，亦犹有良田百顷，黄金满籝而使愚者营生，终不能致于货殖者矣。如有才无学，亦犹思兼匠石，巧若公输，而家无楩柟斧斤，终不果成其宫室者矣。”③在刘知几看来，才、学固然不可缺少，但识尤为重要，他说：“假有学穷千载，书富五车，见良直而不觉其善，逢牴牾而不知其失……虽多亦安用为?”④刘知几虽未单独提出史德，但他在《史通》中却反复强调了这一问题，认

① 《纲鉴会察·总序》。

②③④　《旧唐书·刘子玄传》。

为良史必须做到不避强御，无所阿容，善恶无隐，据实直书，反对任情褒贬，曲笔回护。章学诚在充分肯定刘知几史家三长说的同时，进一步明确提出史德，并在《文史通义》中专写《史德》篇，以很大的篇幅加以阐述论证，从而把史家三长说发展为史家四长说。章学诚认为，作为一个好的史学家，必须全面具备才、学、识、德四个方面的基本素养，缺一不可。但是，他又强调，四长之中，德、识尤为重要，“譬人之身，事者其骨，文者其肤，义者其精神也”①。“载笔之士，有志《春秋》之业，固将惟义之求，其事与文，所以籍为存义之资也”②。在他看来，一个著史者，尽管有好的写作表达能力和丰富的历史知识，如果没有观察、判断是非曲直的史识和善恶必书、褒贬公允的史德，也不会写出优秀的史学作品来。他说：“能具史识者，必知史德。”“夫秽书者所以自秽，谤书者所以自谤，素行为人心羞，文辞何足取重。”③

中国古代的史学家，不仅从理论上解决了史家自身修养的问题，而且身体力行，付诸实践。正由于此，才出现了众多的史学名家和大量的优秀史著，使中国古代史学这论在数量上，还是在质量上都走在世界史学的前列。

---

① 《章氏遗书》卷十四，《方志略例》。
② 《文史通义·言公》上。
③ 《文史通义·史德》。

第三节　中国史学的价值

一、中国史学的认识价值

这里所说的认识价值，是指史学在认识现在、预见未来及揭示社会发展规律中所起的作用。

人类社会发展有其自身的客观规律，顺之者昌，逆之者亡。人们只有正确地认识了社会发展的规律，尊重历史的辩证法，才能自觉地投身到改造社会的伟大实践中去，目标明确而又满怀信心地去创造自己美好的未来。然而，社会发展的规律，不是人们臆造出来的，而是在社会发展过程中表现出来的。因此，要认识社会发展的规律，除了必须研究现状外，还必须深入地研究和掌握人类社会的全部历史。中国是一个幅员辽阔、人口众多、历史悠久、文化发达并对世界历史进程产生过重大影响的文明古国。若不了解中国古代的历史，就不能说了解了人类社会的全部历史。中国古代史学具体、生动地反映了中国历史发展的进程及其特点，它是认识中国古代社会的惟一途径。从这个意义上说，要全面正确地认识社会发展的规律，就不能不重视中国古代史学的重要认识价值；要了解、掌握中国社会发展的特点，把马克思主义普遍真理与中国社会的实际相结合，也离不开对中国历史的学习与研究。

认识中国历史，还是认识中国现状、国情的必备条件。古诗云："大江东去，浪淘尽，千古风流人物。"历史恰如长江大河，是一个奔腾不息、连续不断的发展过程，过去与现在是不可分割的。世界上没有无昨天的今天，亦没有无历史的现实，一定的现实都是一定历史的产物。毛泽东说："认清中国社会的性质，就是说，认清中国的国情，乃是认清一切革命问题的基本根据。”① 历史无情又有情，不尊重历史，不尊重国情，必然要受到历史的惩罚；尊重历史，尊重国情，肯定会得到历史的报答。要正确地认识中国的现状与国情，一方面需要研究中国的今天，另方面还需要研究中国的昨天和前天。人们常说，“观今宜鉴古，无古不成今”。这朴素的语言，道出了一个伟大的真理。列宁曾说过：“考察每个问题都要看某种现象在历史上怎样产生，在发展中经过了哪些主要阶段，并根据它的这种发展去考察这一事物现在是怎样的。”他认为这是用“科学眼光”观察问题的“最可靠、最必需、最重要”的方法。②

另外，要科学地预见中国社会发展的前途与道路，也需要认识中国历史。历史、现实与未来是有机地联系在一起的，如果对中国历史没有全面深入地了解，就不可能把握中国社会发展的轨迹与趋向，就不可能确定走向未来的航程。其结果，或陷入无历史根据的空想，或成为鼠目寸光的庸碌者，两者都不会把事业引向成功。“前事不忘，后事之师”。一个国家，一个民族越是关注自己的未来，越需要了解自己的历史；对自己的历史认识得越清楚，越透彻，对未来的把握就越准确，越科学。1941 年 5 月，著名史学家范文澜在《中国通史简编》上册的序言中写道：“我们要了解整个人类社会的前途，我们必须了解人类社会过去的历史；我们要了解中华民族的前途，我们必须了解中华民族过去的历史。”

正因为中国史学具有十分重要的认识价值，所以古往今来的政治家、思想家都高度重视学习和研究中国历史。毛泽东在领导

---

① 《毛泽东选集》四卷合订本，第 596 页。

② 《列宁选集》第 4 卷，第 43 页。

中国革命和建设中，始终把史学作为指导政治实践的重要途径，他一再告诫全党，要重视研究历史，特别是本国的历史。他指出："不要割断历史。不单是懂得希腊就行了，还要懂得中国；不仅要懂得外国革命史，还要懂得中国革命史；不但要懂得中国的今天，还要懂得中国的昨天和前天。"① 在这方面，毛泽东本人为我们树立了典范。他一生酷爱中国史学，倾心研读中国史著。他由此而形成的文化资质方面的突出优势，是其他许多人所无法企及的。他的许多远见卓识，是与他长期的史学积累以及超绝千古的史识分不开的。

二、中国史学的借鉴价值

历史经验是极为宝贵的财富。中国史学向以取鉴资治为己任，它记录了中华民族一代又一代人在治国理政，在改造自然、改造社会实践中的艰辛探索以及无数次的成功和无数次的失败，所有这些，都对我们今日的实践活动具有极其重要的借鉴意义。古往今来，凡是事业上的成功者，无不重视历史经验的总结与学习，无不重视历史的启示。我党不论在战争年代，还是在建设时期，都高度重视借鉴历史的经验，并有许多成功的范例。

1944 年，当抗日战争即将取得胜利，党的工作重心将要从农村转入城市并争取全国胜利时，我党面临着新的形势和新的考验。是年 3 月，重庆《新华日报》连载了郭沫若的《甲申三百年祭》。在这篇文章中，郭沫若科学地总结了明末李自成起义的成败得失，特别是从胜利走向失败的沉痛教训。此文不久传到延安，以毛泽东为领袖的中国共产党，深谋远虑，独具慧眼，意识到它的重要价值，迅即作出了异乎寻常的反应。毛泽东很快将《甲申三百年祭》推荐给全党学习。4 月 12 日，毛泽东在延安高

---

① 《毛泽东选集》四卷合订本，第 759 页。

级干部会议的讲话中说："我党历史上曾经有过几次表现了大的骄傲，都是吃了亏的。""近日我们印了郭沫若同志论李自成的文章，也是叫同志们引为鉴戒，不要重犯胜利时骄傲的错误。"① 随后，延安《解放日报》全文转载了郭沫若的文章，并在各根据地印成单行本。一篇历史文章，竟引起党的如此重视，产生如此大的影响，足以证明史学的重要借鉴价值。

1954 年，毛泽东在谈到整理、标点《资治通鉴》时说，这部书写得好，尽管立场观点是封建统治阶级的，但叙事有法，历代兴衰治乱本末毕具，我们可以批判地读这部书，借以熟悉历史事件，从中吸取经验教训。60 年代初，毛泽东读《新唐书·姚崇传》时，把姚崇向唐玄宗上的 10 条建议誉为"十条政治纲领"，认为"这十条政治纲领，简单明了，古今少见……有的对我们今天也还有一定的参考价值"②。

其实，历史借鉴的范围十分广阔，政治、军事、经济、文化及社会活动的各个方面，都可以从历史经验中汲取营养，得到启示。例如，探讨我们的改革怎样才能进行得更顺利，系统地研究一下中国的改革史，总结一下历史上改革的成败得失和经验教训，是会大有裨益的。

三、中国史学的教育价值

首先，历史学是进行爱国主义教育的好教材。中华民族是富有爱国主义光荣传统的伟大民族，中华民族的爱国主义传统是在中华民族漫长的历史进程中产生和发展起来的。中国史学犹如一座宝库，里面蕴藏着极为丰富的进行爱国主义教育的瑰宝。

---

① 《毛泽东选集》四卷合订本，第 901、902 页。

② 忻中：《毛主席读书生活纪实》，载《社会科学战线》1981 年第 4 期。

在中华民族历史上，爱国与卖国历来是对人们的行为进行评价的首要标准，爱国者名垂青史，卖国贼则遗臭万年。在中国历史上，曾涌现出许许多多爱国志士和民族英雄。爱国诗人屈原，为了楚国的强大，敢与投降派斗争，遭放逐后又写出了千古传颂的爱国主义诗篇《离骚》，最后以身殉国；爱国名将岳飞，英勇抗击金朝的进攻，立志收复中原故土，精忠报国，至死不悔；抗倭将领戚继光，为了保卫祖国的海防和人民的安宁，舍生忘死，血战沙场，大长了中国人的志气，大灭了侵略者的威风；民族英雄郑成功，举兵挺进台湾，赶走了荷兰殖民者，维护了祖国的统一和尊严；……这一个个光辉形象，彪炳史册，激励和鼓舞着一代又一代中华儿女，为了祖国的统一和独立，为了祖国的繁荣和强励，抗敌御侮，英雄献身。

中华民族还是一个勤劳勇敢、自强不息并富有创造精神的伟大民族。《易经》中就有“天行健，君子以自强不息”的警句。中华民族在自己的发展史上，尽管也遭受过种种天灾人祸和无数次的磨难，但是，不论是在与大自然的斗争中还是在与黑暗腐朽势力的抗争中，中国人民都表现出百折不挠、自强不息的精神，并赢得了一次次的胜利。此外，中国传统道德中，向来重视国家的利益，提倡个人利益服从国家利益，提倡为国献身的精神。从《诗经》中提出“夙夜在公”，到贾谊《治安策》中提出“国耳忘家，公耳忘私”的思想；从诸葛亮“鞠躬尽瘁，死而后已”，到范仲淹“先天下之忧而忧，后天下之乐而乐”的崇高追求；从顾炎武“天下兴亡，匹夫有责”，到林则徐“苟利国家生死以，岂因祸福趋避之”的高度社会责任感，都体现了国家利益高于一切的崇高精神境界。正是在上述精神的鼓舞下，中华民族创造了自己辉煌悠久的历史和举世闻名的文化，并孕育出许许多多为民族、为国家做出杰出贡献的政治家、思想家、军事家、文学家、教育家、科学家等等。在一个相当长的时期内，中华民族一直走在世界的前列，为人类文明做出了重要贡献。

学习这样一部历史，可以培养人们深厚的爱国感情，增强人们的民族自豪感和民族自信心，激励人们为祖国的再度辉煌而建功立业。一个对祖国历史和文化知之甚少的人，很难有深厚的爱国情感。龚自珍就说过："灭人之国，必先去其史。"章太炎也认为："不读史书，则无从爱国家。"

其次，进行民族团结教育，也离不开中国史学。中国是一个统一的多民族的国家，各民族间的大团结，是巩固祖国统一，建设社会主义现代化强国的重要保证。从历史上阐述民族团结的发展过程，说明民族关系的主流和趋势，对于促进当前的民族团结具有重要的意义。

中国自秦、汉起，就形成了统一的多民族国家。在幅员辽阔的中华大地上，生活着众多的民族。在漫长的历史岁月中，各民族之间互相学习，互相吸收，互相依存，共同进步，形成了一个牢不可破的中华民族共同体。中华民族大家庭中的每个成员，都对祖国历史的发展做出了不可磨灭的贡献。汉族的发展离不开各少数民族，各少数民族的发展也离不开汉族，各族人民相依相存，共同缔造了中华民族的物质文明和精神文明。

中华民族具有强大的凝聚力和向心力。它不仅表现在经济上的相依相存，而且表现在文化上、感情上、心理上的强烈认同感。不论那个民族，都把自己看做是中华民族大家庭的一员。中国历史上的多数王朝是由汉族建立的，也有一些王朝如北魏、辽、金、元、清等是由少数民族建立的。但是，不论是汉族建立的王朝，还是少数民族建立的政权，都被视为中国历史的合法继承者。南北朝时，鲜卑族拓拔部建立北魏政权，统治中国北方广大地区，自称"中国"。唐朝时，出现了民族大团结、国家大统

一、民族关系大发展的空前盛况。唐太宗说："自古皆贵中华，贱夷狄，朕独爱之如一，故其种落皆依朕如父母。"① 唐太宗对各族"爱之如一"，各少数民族则把他视为"华夷父母"，尊之为"天可汗"，承认唐太宗是统一多民族国家的最高元首，是各族共同的政治领袖。唐太宗死后，各少数民族的首领个个如丧考妣，失声痛哭，出现了感人的场面："四夷之人入仕于朝及来朝贡者数百人，闻丧皆恸哭，剪发、𠢐面、割耳，流血洒地"，"阿史那社尔·契苾何力请杀身殉葬。"② 可见他们对唐太宗的感情是何等深厚，何等真挚！这是民族团结，海内一家的生动写照。至于汉藏和亲，文成公主入藏，更是家喻户晓的千古佳话。元朝修史，将辽、宋、金三史并列，置于同等地位。明朝官修《元史》，把元朝视为中国历史的继承者。清乾隆帝诏定 24 部正史，其中既包括汉族建立的王朝，也包括少数民族建立的王朝，两者都被作为正统王朝看待。特别值得一提的是，17 世纪 30 年代迁徙到伏尔加河下游游牧的土尔扈特部，经过了一个半世纪后，终于摆脱了沙皇俄国的统治，历尽千辛万苦，回到祖国的怀抱。这一事例生动地说明了中华民族伟大的凝聚力和向心力。

历史雄辩地证明，各民族之间团结合作，共同发展，不断地把中国历史推向前进，是中国民族关系的主流；维护国家统一和民族团结，反对民族分裂，是各族人民的共同愿望和要求。各民族的先进人物都为此而做出了不懈的努力和卓越的贡献。从一定意义上说，中国历史就是各族人民共同缔造中华民族共同体的历史，就是中国多民族统一国家不断巩固和发展的历史。

中国史学的教育作用是多层次、全方位的，远不止以上所

---

① 《资治通鉴》卷一百九十八。

② 《资治通鉴》卷一百九十九。

述。学习和研究中国历史，对于弘扬中国优良传统道德，陶冶人们的情操，树立良好的社会风尚，培养“四有”新人都具有十分重要的现实意义。再从史学这种知识形态来看，也有其独特的优点。史学的教育作用，不是靠抽象的说教，而是通过具体生动的历史事实，真实感人的历史形象及公正客观的历史评价，对人们的世界观、人生观、道德观发生积极影响的。中国史学中，记述了许许多多各种类型、各个方面的英雄模范人物，热情讴歌了他们的高风亮节和为国为民奋勇献身的精神。正如鲁迅在《中国人失掉自信力了吗?》一文中所说的：“我们从古以来就有埋头苦干的人，有拼命硬干的人，有为民请命的人，有舍身求法的人……虽是等于为帝王将相作家谱的所谓‘正史’，也往往掩不住他们的光耀，这就是中国的脊梁。”所有这些，对于今人和后人都具有极大的鼓舞和教育作用。古诗云：“好雨知时节，当春乃发生。随风潜入夜，润物细无声。”① 中国史学的教育作用犹如春风细雨，使人们在潜移默化中聪明起来，高尚起来，振奋起来。鲁迅说：“石在，火种是不会灭的。”同样，史在，中华魂是不会灭的。

四、中国史学的文化价值

首先，中国史学是中国传统文化的渊源，是建设有中国特色社会主义新文化的必不可少的条件。在中华文明史上，勤劳智慧的中国人民创造了具有强大生命力的传统文化，其内容博大精深，举世罕见。中国史学既是传统文化的主要组成部分，又是传统文化的主要载体。从一定意义上说，中国史学是传统文化最丰富的宝藏和最权威的百科全书，其开发利用价值是难以估量的。毛泽东在谈到无产阶级新文化与传统文化的关系时说：“中国的

① 杜甫：《春夜喜雨》。

长期封建社会中，创造了灿烂的古代文化。清理古代文化的发展过程，剔除其封建性的糟粕，吸收其民主性的精华，是发展民族新文化提高民族自信心的必要条件。”① 文化的继承与创新是辩证统一的，每一时代的社会文化，虽然以该时代的生活作为自己的现实源泉，但却不能不以前人的文化成果作为自己的历史渊源。因此，我们要构建有中国特色的社会主义新文化，就离不开发掘利用中国史学这一传统文化的宝藏。

其次，中国史学在全面提高人的文化素养和整个民族的文化水平方面，也起着重要作用。学习中国历史，掌握丰富的中国历史知识，可以开发人们的智力，完善人们的知识结构，开阔人们的视野，启迪人们的智慧，激发人们的创造性思维，培养人们的历史眼光和历史洞察力。一个人不论从事什么职业，都能够从丰富的历史知识中吸取营养。历史知识的多寡是公认的衡量一个人学识水平高低的重要参数，人们常用“博通古今”来说明一个人学问的渊博，道理即在于此。三国时代有个“吴下阿蒙”的故事，讲的是吴国将领吕蒙，作战勇猛，但文化水平不高，鲁肃很瞧不起他，称他是“吴下阿蒙”。后来吕蒙听从孙权的劝告，发愤读书，尤其是读历史书。几年之间，学业大进。等鲁肃再与他见面时，发现他纵论古今，头头是道，不禁发出了“非复吴下阿蒙”的赞叹。其实，历史上凡是有作为的人，极少有不懂本国历史的，否则，不过是个“吴下阿蒙”而已。中国历史上最著名的学问家孔子自称：“我非生而知之者，好古，敏以求之者也。”② 我们完全有理由说，一个对本国历史知之甚少的人，是个浅薄的人，有知识缺陷的人；一个不重视自己历史的民族，是个不成熟

① 《毛泽东选集》四卷合订本，第 667～668 页。

② 《论语·述而》。

的民族。因此，加强中国历史教育，普及中国历史知识，是提高人们的文化素养和整个民族文化水平的重要途径。

参考书目

仓修良、魏得良:《中国古代史简编》，黑龙江人民出版社 1983 年版。

张传玺主编:《中国历史文献简明教程》，北京大学出版社 1990 年版。

杜经国、庞卓恒、陈高华：《历史学概论》，高等教育出版社 1990 年版。

张岱年、方克立主编:《中国文化概论》，北京师范大学出版社 1994 年版。

王树民:《史部要籍解题》，中华书局 1981 年版。

第九章　中国古代文学

中华民族有悠久的文学传统。在有文字可考的 3000 多年的发展历程中，中国古代文学熏陶着中华民族的自信力，表现和发扬了我们民族的精神。无论是威加四方、万邦折服的昂扬，还是内忧外患、民不聊生的悲吟；无论是田园情趣的抒发、美好生活的讴歌，还是市井风俗的描写、社会丑恶的揭露，中国古代文学都以其多层次的内容、多样式的风格，成为中华民族传统文化中的重要部分，以其独特的作用和方式，使中华民族能够面对各种痛苦、灾难和不幸而生生不息、绵绵延续。

第一节　中国古代文学的内容

中国古代文学有着丰富的内容。它的诗、词、曲、赋、散文、小说、戏剧等文学形式以及对文学问题富有灵感和启发性的理论思考，反映了我国古代社会人生的重大问题，以及它们在我们民族心灵引起的情感波澜。在中国历史上，不同时代的文学以其自身的特色，创造出不同的境界，使中国文学史群星闪耀、丰富多彩。

一、诗经、楚辞

《诗经》是我国第一部诗歌总集，现存 305 篇。它反映了从西周初年到春秋中期 500 多年广泛的社会生活。《诗经》包括风、雅、颂三部分内容。“风”包括十五“国风”，有诗160篇，成诗于平王东迁到春秋中叶，主要是民间歌谣。朱熹说：“凡诗之所谓风者，多出于里巷歌谣之作，所谓男女相与歌咏，各言其情者也。”① “国风”不仅有健康而热烈的爱情篇章，如郑风《溱洧》、邶风《木瓜》、郑风《萚兮》、《狡童》、《褰裳》、《野有蔓草》等，还有对现实的讽刺和对社会不公的揭露，如邶风《式微》、《击鼓》、魏风《陟岵》、王风《扬之水》等等。无论歌颂还是批评，都是风土之音，发自真情实感，表现常人的喜怒哀乐。所以，国风是《诗经》中具有很高文学价值的部分。“雅”分“大雅”、“小雅”，有诗105篇，主要是贵族宫廷宴乐的乐歌。如《湛露》写宫廷贵族“厌厌夜饮，不醉无归”。《鱼丽》描写了他们筵席的丰富，《宾之初筵》具体描写了贵族宴饮的场面；《鹿鸣》“呦呦鹿鸣，食野之萍，我有嘉宾，鼓瑟吹笙”，表现了社会景象的繁荣太平。“颂”分“周颂”、“鲁颂”、“商颂”，有诗40篇，为春秋前期周王室和鲁国、宋国用于宗庙祭祀的乐歌。周颂是周王朝祭祀宗庙的舞曲，如颂扬武王灭商的《武》、《赉》、《桓》等篇，周颂中还有《臣工》、《噫嘻》、《丰年》、《载芟》、《良耜》等春夏祈谷、秋冬报赛的祭歌。鲁颂、商颂是春秋前期鲁国、宋国用于朝廷、宗庙的乐章。

《诗经》反映了当代社会生活和人民的思想感情。在几千年前，虽然还没有严格的韵律，但它声音和美，出于天籁，里谚童谣，自然成韵。《诗经》中有许多语助词，都是当时民间的口头语，表示惊叹、疑问、欢欣、悔恨等。如“坎坎伐檀兮，置之河

① 《诗集传序》。

之干兮”；①“知我者，谓我心忧；不知我者，谓我何求”；②“何其处也，必有与也；何其久也，必有以也”；③“母也天只，不谅人只”④ 等。在语言描写上，《诗经》达到了很高的水平。如《周南·葛覃》中的景物描写：

> 葛之覃兮，施于中谷，维叶萋萋。黄鸟于飞，集于灌木，其鸣喈喈。

萋萋的颜色和喈喈的鸣叫融为一体，构成一幅充满生机的天然风景画。《诗经》对人物的描写，也细致而传神。如《卫风·硕人》对人物的形态、性情都进行了逼真的刻画：

> 手如柔荑，肤如凝脂，领如蝤蛴，齿如瓠犀，螓首蛾眉，巧笑倩兮，美目盼兮。

其中“巧笑倩兮，美目盼兮”成为中国古代文学中描写美人的观止之作。其他方面，如《氓》中记事的生动，《伯兮》中抒情的婉转，《东山》中写征人的心理，《无羊》中写羊群的情状，都能把握神韵、细致入微。

《楚辞》是先秦时期另一部著名的诗集。《楚辞》的主要作者，是我国古代伟大的爱国诗人屈原（约公元前 340～前 277 年）。屈原名平，是楚国贵族，他“博闻强记”，善于外交辞令，

---

① 《魏风·伐檀》。
② 《王风·黍离》。
③ 《邶风·旄丘》。
④ 《鄘风·柏舟》。

洞察政治风云。屈原曾身居要职，参与楚国内政外交方面的重大政治活动，但后来被谗失宠，遭到放逐，满怀悲愤，自投汨罗江而死。屈原的作品，有《离骚》、《九歌》、《天问》、《九章》、《远游》、《卜居》、《渔父》等。其中影响最大的是长达 373 行、共有 2490 个字的《离骚》。

《离骚》共分三段。第一段，诗人叙述了家世出身、生辰名字，以及自己汲汲自修、报效国家的决心，通过追述古代史事，批判现实政治。第二段，诗人发挥不羁的想像力，进行了大量超现实的描写，上天入地，涉水登山，来表达自己的愿望、倾诉心情的痛苦。在这一段，诗人否定消极逃避，精神的升华达到了高潮。第三段，诗人的热情和理想最后幻灭。他去叩帝阍，阍者闭门不理；他又下求佚女以通天帝，却终无所遇；诗人去向灵氛占卜、向巫咸请示，他们劝他出国远游，另寻施展抱负的场所："日勉远逝而无狐疑兮，孰求美而释女？何所独无芳草兮，尔何怀乎故宇？"诗人乘龙驾象，在空中飞翔了一阵，忽于阳光之中，看见了自己的故乡楚国。"仆夫悲余马怀兮，蜷局顾而不行"，仆从悲伤，马也不走，于是，诗人决定留在自己多灾多难的祖国，"既莫足与为美政兮，吾将从彭咸之所居"！他决心用自己的生命来殉祖国。《离骚》写了诗人思想、感情、抱负、理想幻灭的悲剧：在政治黑暗、国家危急的形势下，一颗清醒而苦闷的灵魂，看到天下熙熙、众人皆浊，进行了最大的努力和抗争，想拨云雾而见晴空。但努力化为泡影，情感付诸流水，终于感到无望和幻灭。

尽管充溢着悲剧气氛，《离骚》却是一篇积极浪漫主义的作品。它立足于社会现实，表达了诗人为实现理想、改造现实而顽强斗争的精神。《离骚》吸收了楚国民间巫歌的精华，通过驰骋纵横的想像，揉合神话传说、历史人物和自然现象，编织了一系列幻想的情境。如，诗人朝发苍梧，夕至县圃，他以望舒、飞廉、鸾皇、凤鸟等为侍从，上叩天阍，下求佚女，场面宏伟，想像奇特，表现了诗人的爱国怀乡之情和愤世嫉俗之志。《离骚》还广泛应用“比兴”手法，如以香草象征诗人的高洁、以男女关系比君臣关系、以众女妒美比君小嫉贤、以婚约比君臣遇合、以驾车马比治理国家、以规矩绳墨比国家法度等。这样，使全诗生动形象，极富感染力。

因为屈原是《楚辞》的主要作者，《离骚》又是屈原的主要作品，所以，《楚辞》又名“骚”。作为个人创作的作品，《楚辞》和集体创作的《诗经》历来合称“风骚”，成为我国诗歌的两大源头，影响了一代又一代的文人学士。

二、先秦两汉散文、汉赋

我国史官建置甚早。周朝时，王朝和各国均设有史官，有大史、小史、左史、右史等职，积累了丰富的史料。春秋末期，一些学者据此整理成系统的史书，从文学的角度看，它们就是历史散文。先秦史书，除《尚书》、《春秋》外，还包括《左传》、《国语》、《战国策》、《晏子春秋》等。其中《左传》为编年史，相传它是鲁国左丘明所作。《春秋》是鲁国最简括的历史大事记。《左传》则详载《春秋》提及的事件的本末及有关琐事轶闻，是先秦历史散文中文学价值最高的一种。《左传》不仅叙写了春秋时期宏阔的社会图景，如会盟、征伐、聘问、篡弑、商贾、卜者、巫师、百工、皂隶等，而且在记言记事方面，都表现了很高的艺术成就。如《吕相绝秦》、《烛之武退秦师》、《臧孙谏君纳鼎》、《僖伯谏君观鱼》、《季札观乐》、《王孙论鼎》等篇，都能用委婉曲折的文笔，表达当日巧妙的辞令，描写复杂的史事、多样的人物。《左传》中写战争的篇目如《城濮之战》、《殽之战》、《邲之战》、《鄢陵之战》等，把错综复杂、头绪纷繁的战争描写得层次分明、结构缜密，语言传神，形象生动，堪称叙事文学中的杰作。

春秋末年，社会发生了急剧变动。诸子蜂起，百家争鸣，产生了以论说为主的哲理散文。这个时期的主要作品是《论语》、《孟子》、《庄子》、《荀子》、《韩非子》等。

《论语》是语录体的散文，主要记录了孔子及其弟子的言行。书中的文字，虽然大多是三言两语，各自独立，不相连贯，但它论及社会政治人生的道理，言简意赅，思想深刻，而且描写人物的对话、举止很逼真。《孟子》是孟轲及其门人所作，其中心思想是仁义，主张行“仁政”而王天下。孟子的文章，不仅文采华赡、清畅流利，而且富有气势，给人一种波澜壮阔、辞锋犀利的美感。如《梁惠王》的讲仁义，《滕文公》的辟杨墨、辟许行，《告子》中的辨性善，《离娄》中的法先王等，都气势磅礴，有鼓动性。偶尔举例取譬，时有幽默，非常活泼。《庄子》为战国时期哲学家庄周的作品。庄周家境贫困，住陋巷、织鞋子，形容枯槁，但他敝屣富贵、淡泊名利。《庄子》一书，通过奇幻的想像，大量采用寓言故事，使一切生物、无生物都会说话、会辩论、会讲道理，把逻辑性的东西变成生动的形象。不仅如此，庄子还有很强的语言驾御能力，他的文章超脱潇洒，如风行水上，自然成文；汪洋恣肆，机趣横生。《荀子》、《韩非子》为专题论著式的散文。《荀子》的作者荀况生于战国纵横之世，擅长论辩，其文章长篇大论，往往发挥尽致，畅所欲言，论点明确，句法整练。如《劝学篇》比喻层出，辞采缤纷，通篇用排偶句法，令人目不暇接，构成了荀子散文的主要特点。《韩非子》为战国后期法家韩非所作，韩非任法术而尚功利，排斥仁爱。其文章锋亡锐利，议论透辟，推证事理，切中要害，《五蠹》、《说难》是其代表作。先秦诸子散文成就辉煌，是后人研习效仿的典范。

汉代散文在文学史上成就最大的是司马迁所著的《史记》。

司马迁年轻时曾游历祖国的名山大川，考察古人遗迹，后为汉武帝的太史令，在国家藏书处阅读、整理历史资料。天汉二年（公元前 99 年），因为替李陵投降匈奴一事辩护，得罪了汉武帝，被惨忍地处以“宫刑”。极大的耻辱和痛苦，没有把司马迁压跨。相反，他从先贤发愤著述的精神中汲取力量，忍辱负重，完成了鲁迅先生称颂为“史家之绝唱，无韵之《离骚》”的《史记》。

《史记》有丰富的思想内容和深厚的人民性。它揭露社会矛盾，反对暴君、苛政、酷吏，同时关心人民疾苦，并对爱国爱民、品质高尚、尚义任侠的人物给予高度评价。《史记》的语言，词汇丰富，整洁精炼，气势雄伟，变化有力，具有高度的概括性和生动的形象性。描写人物是《史记》的重要特色。司马迁采用不同的笔调和语言，描写社会各阶层的大小人物，使他们个性鲜明，神情逼真，形象生动。如《项羽本纪》中鸿门宴一节，作者把刘邦的懦弱而机智、项羽的坦率而少谋略，以及其他人物如范增、张良、樊哙、项伯的性格，进行了生动的刻画。又如，《魏其武安侯列传》中灌夫使酒骂座的场面写得很好：田蚡得势后的矜持傲慢，窦婴失势后结欢当权者的用心和强争面子的窘态，特别是灌夫始则不悦，继则怒而指桑骂槐，以致演成与田蚡的直接冲突，写尽了贵族社会的世态炎凉。另外，《信陵君列传》、《陈涉世家》、《廉颇蔺相如列传》、《游侠列传》、《太史公自序》等篇，都是《史记》中相当优秀的作品。

《史记》在文学史上有巨大影响，后代的散文家无不继承它的精神，学习它的方法。同时，中国古代许多小说、戏剧，如《西汉通俗演义》、《东周列国志》以及《霸王别姬》、《将相和》、《赵氏孤儿》等，大都取材于《史记》，因此，《史记》对后世的文艺发展具有深远意义。

赋是一种兼有散文和韵文特点的文学形式，它的主要特性是

“铺采摛文”、“直书其事”，它由楚辞脱胎而来，到汉代达到鼎盛。

汉赋中除了贾谊的《鹏鸟赋》、《吊屈原赋》，东汉张衡的《归田赋》外，影响较大的是包括宇宙、总览人物的体物大赋。它们尽管有所讽喻劝戒，但作品内容主要在于极力夸扬、尽量铺陈。汉初枚乘的《七发》，写楚太子有病，吴客去问病。首段铺陈致病之由，次段铺陈音乐之美、饮食之丰、车马之盛，但太子俱以病辞。最后吴客说以圣贤方术之要言妙道，于是太子据几而起，出了一身大汗，病就好了。《七发》描写生动，语言灵活而有变化，它是从《楚辞》到司马相如、杨雄的赋之间承先启后的作品。西汉中叶，国势强盛，经济发达，汉武帝文治武功，拓展疆土，这时司马相如写出了《子虚赋》和《上林赋》。赋中假设楚国子虚、齐国乌有先生的互相夸耀，最后亡是公又大肆铺陈汉天子的上林苑的壮丽及天子射猎盛举，以压倒齐和楚，歌颂了汉朝无可比拟的气魄和声威。虽然二赋寓意讽谏，但过于铺陈，反而显得空洞。西汉末年，杨雄写的《甘泉赋》、《羽猎赋》，东汉时期班固写的《两都赋》、张衡的《二京赋》，描写了江山的宏伟、城市的繁荣、商业的发达、物产的丰饶，以及宫殿、服饰、鸟兽、人物、歌舞、狩猎场面的气势、惊险、奇异、欢乐等等。

尽管汉代大赋过于堆砌铺陈，显得拙笨呆板，缺少情感，读来味同嚼蜡，被后人视为类书、字典，但它对天上人间各种事物的描写，却折射出中华民族所具备的繁荣、活力和自信，展示了中华民族对现实世界的肯定、关注、热爱和歌颂。

三、唐诗、宋词、元曲

唐代是中国历史上繁荣强大的年代，唐诗是中国古代诗歌中最为光辉的篇章。唐代诗人之众和作品之多，都超过了以往各代。仅《全唐诗》所录，就有 2300 多人，近 5 万首诗，其中有数以千计的名篇家弦户诵。所谓“熟读唐诗三百首，不会作诗也会吟”，唐诗成了后代文人士子甚至市井百姓学诗、吟诗、寄情、抒志的典范之篇。唐诗分为初、盛、中、晚四期，其中盛唐诗歌的成就尤为辉煌。

唐代开元、天宝年间，经济繁荣，国力强大，唐诗也出现了全面繁荣。这个时期，李白、杜甫固然是杰出的代表，此外，成就较高的还有以孟浩然、王维为代表的山水田园诗人和以高适、岑参为代表的边塞诗人。王维、孟浩然以清新秀丽的语言描绘宁静的田园和优美的山水，写农家生活简朴而亲切，写故人情谊淳淡而深厚，写自然景色空灵而美丽。孟浩然的《夜归鹿门歌》、《过故人庄》、《江上思归》，以及家喻户晓的短诗《春晓》，历历如画，平凡而亲切；王维的田园诗，诗中有画，其后期诗中为人称道的《辋川集》绝句，在幽冷和孤独中体会自然的生动、活力，尽脱尘滓，空灵而充实。盛唐边塞诗人高适、岑参等人抒写了边疆的大漠风光，塑造了边关健儿戍边保国的形象，有英雄气概的激昂豪气，也有缠绵婉转的儿女柔情；有开拓疆土的昂扬进取，也有对战争残酷的控诉揭露。高适的《燕歌行》、岑参的《走马川行奉送封大夫出师西征》、《白雪歌送武判官归京》等，都是边塞诗中的杰作。盛唐之音的代表和顶峰是李白和杜甫。李白志向高远，想望拯物济世，但现实的黑暗和不公又使他不事权贵、茫然失路。李白一生浪游祖国名山大川，喜爱奇峰绝壑的大山，天外飞来的瀑布，白波九道的江河。李白的诗篇，通过笑傲王侯、蔑视世俗，寄托理想、指斥人生来表现复杂的思想、丰富的情感和多元的人生追求。在诗中，他通过大胆的夸张、奇丽的梦想、迷人的神话来表现炽热的感情和强烈的个性：“仰天大笑出门去，我辈岂是蓬蒿人”；“白发三千丈，缘愁似个长”；“燕山雪花大如席，片片吹落轩辕台”；“我欲因之梦吴越，一夜飞渡镜湖月"等等。这种喷薄而出、一泻千里的感情，使李白的诗痛快淋漓、天才极致，成为屈原之后中国文学史上浪漫主义的又一个巅峰。杜甫与李白齐名，是唐代现实主义诗人。杜甫生活在唐帝国由盛而衰的急剧转变时代，他的诗能够以清醒的洞察力和入世精神反映社会现实，描绘了安史之乱前后的生动历史画卷，因而被称为"诗史"。"朱门酒肉臭，路有冻死骨"，"国破山河在，城春草木深"，"剑外忽传收蓟北，初闻涕泪满衣裳"，"车辚辚，马萧萧，行人弓箭各在腰。爷娘妻子走相送，尘埃不见咸阳桥"，以及"三吏"、"三别"等，抒写了动荡时代的苦难人生和作者胸中的感情波澜。杜甫诗中充满了忧国忧民的意识，体现着儒家的仁爱思想。后来，中唐时期的白居易、韩愈等人，继承了杜甫的批判现实主义精神，在艺术上勇于创新，使中唐诗坛风格更加多样。

唐诗还完成了我国古典诗歌各种形式的创造。古体诗和近体诗的各种格律形式，在唐诗中无不齐备，它们成为我国文学史上上承风骚、下启词曲，流传最普遍、影响最深远的诗体。

词的产生，与音乐有密切联系。合乎音律、用来歌唱的曲辞产生于初盛唐，后来，经许多人的创作开拓，内容日广，体裁日繁，终于作为一种文学体裁在宋代结出灿烂的花朵，与唐诗在文学史上交相辉映。

宋词的繁荣，离不开当时的社会条件。宋朝时期，词的用途非常广泛，无论朝廷盛典、士大夫的宴会，还是长亭离人送别、歌楼艺人卖唱，都离不开词。北宋的汴京、南宋的杭州，商业极为发达，贵族官僚奢侈淫靡，文人学士又蓄妾狎妓，享乐生活，使词的需要更加广泛，其发展也就十分迅速。同时，宋代几乎与外患相始终，少数民族的金戈铁马，使宋朝统治者枕不安席，于是，收复中原、伤时忧国，成为词人咏叹的又一主题，激昂慷慨的豪放词，也蔚为大观。宋词写小境界、写愁绪别情，充满柔靡之风。在北宋词坛上，晏殊、欧阳修等人的词反映了士大夫的雅致生活，柳永的词则以青楼歌妓为主要描写对象，迎合市民情趣。但即使写小我情感，宋词也能够从个人情感中写出一种普遍的人生情境，打动人心，为人传诵不绝。“知否、知否，应是绿肥红瘦”（李清照），“问君能有几多愁，恰似一江春水向东流”（李煜），“今宵酒醒何处？杨柳岸晓风残月”（柳永），“一曲新词酒一杯，去年天气旧亭台”、“无可奈何花落去，似曾相识燕归来”（晏殊），“浊酒一杯家万里，燕然未勒归无计，羌管悠悠霜满地”（范仲淹）等，都包含着不可言传的意蕴。宋词一向有婉约和豪放之分，却以婉约为主，豪放词的兴起比较晚。北宋中期，苏轼写了大量抒情述志、怀古咏史的词，打破了词的“艳科”题材，使词的风格出现了豪放和飘逸。南渡之后，词人的作品中融入了家国之恨，词风变得慷慨悲凉，以辛弃疾为首的爱国词人把爱国主义的主题和苏词中的豪放之风结合起来，形成豪放词派，与婉约派双峰对峙，各显异彩。

在宋词中，可以看到不同于诗的另一种境界，它尖新细窄，但却更亲切、更细腻地表现了人的各种心情意绪。

元曲包括元代杂剧和散曲，有时单独称元代杂剧为元曲。它也是我国文学的精华内容。

元杂剧把歌曲、说白、舞蹈等有机结合起来，形成具有民族风格的戏曲艺术形式，产生了韵文和散文结合的、结构完整的文学剧本。元代有著名的元曲四大家关汉卿、马致远、白朴、郑光祖，还有以《西厢记》名冠天下的王实甫、以《赵氏孤儿》闻名的纪君祥等。元杂剧从内容来说可分为三种类型：

第一，揭露社会黑暗、批判现实。最著名的是关汉卿的《窦娥冤》，写窦娥被卖给蔡婆做童养媳，接着是赛卢医的阴谋害命，张驴儿父子的恃强霸占以及桃杌太守的严刑逼供、草菅人命。含冤的窦娥在临刑时悲愤地控诉，使得上天震动，六月竟降大雪。在写窦娥的悲剧命运中突出了她善良而坚强的性格，为我国悲剧艺术提供了范例。

第二，歌颂青年男女勇敢的爱情追求。王实甫在《西厢记》里明确体现了“愿普天下有情的都成了眷属”的主题思想，通过花娇月媚的韵笔文字，构造了一个让人憧憬、欣羡和神往的爱情天地；崔莺莺和张君瑞相见而相悦、相恋，包括隔墙酬韵、私订终身，冲破阻力克服困难走到一起。《西厢记》在封建的礼法氛围中写出了一曲男女追求爱情幸福的赞歌，成为我国古代“才子佳人”模式的典范作品，为后世百姓喜闻乐见而传诵不绝。另外，白朴的《墙 头马上》歌颂了青年男女对婚姻自由的合理要求，塑造了李千金的形象；《梧桐雨》则描写了李隆基和杨玉环凄婉动人的爱情故事。

第三，歌颂中华民族崇高的道德力量。马致远的《汉宫秋》，写昭君出塞和番，行至汉匈交界的黑汉，为捍卫国家和民族的尊严投江自杀，充溢着人格的力量。纪君祥的《赵氏孤儿》，写春秋时期权奸屠岸贾将忠良赵盾满门杀绝，通过屠岸贾的搜孤与程婴、韩厥、公孙杵臼等人的救孤，写出了救孤者们的忠直、正义和自我牺牲精神。尚仲贤的《柳毅传书》，写柳毅的正义感和乐于助人的品质等等，都体现了中华民族传统文化中正义战胜邪恶、助善惩恶的道德信念。

四、明、清小说

明、清时代的中国封建社会有两大特点。一是资本主义的萌芽和发展，商人和市民阶层的出现，使世俗人生和市井面貌成为文学关注的对象；二是封建社会发展到后期，各种各样黑暗野蛮的“礼法”束缚扼杀人的才情和自由，对它们的批判和抵抗也成了文学的重要任务。明代四大奇书《三国演义》、《水浒传》、《西游记》、《金瓶梅》和清代长篇小说《儒林外史》、《红楼梦》，正是在这个背景下产生的。

罗贯中的《三国演义》，取材于东汉末年从黄巾起义到魏、蜀、吴三国归晋的一段历史，通过惊心动魄的政治、军事斗争，塑造了一系列鲜明生动的人物形象。如，曹操为天下第一“奸雄”，听人说他是“乱世之奸雄”，他不但不恼，反而“大喜”；白门楼张辽怒骂曹操，曹操气急欲亲自拔剑杀之，但刘备、关羽为张辽说情，操又亲释其缚，解衣衣之，延之上座。怒加一倍怒，爱亦加一倍爱，瞬息变化，人不可测，写出了曹操性格的灵活多变特征。诸葛亮是“贤相”的典型，他受到刘备知遇之恩，辅助蜀汉王朝，鞠躬尽瘁，死而后已。关羽作为千古名将，自从桃园结义，一直忠心耿耿地跟从刘备，不畏艰难，不为金钱、地位、女色所动，千百年来，一直有很好的口碑。另外，书中把周瑜的儒雅才略、鲁肃的诚恳忠厚、张飞的嫉恶如仇，都刻画得维妙维肖，栩栩如生。《三国演义》通过全景式的历史图画，不仅描写了三国时期群雄逐鹿的场面，而且把三国的政治、军事、外交以及皇亲国戚、忠臣良将、谋士权奸等这些远离百姓、民间不得闻见的东西变成了家喻户晓、妇孺乐道的题材，这正是《三国演义》的历史价值和文化内涵之所在。

施耐庵所著《水浒传》，完成于明朝初年。它描写了北宋末年以宋江为首的108人聚义反抗官府的故事。108人虽然出身各异，但他们都因不堪现实的黑暗，奋力反抗，聚义梁山。《水浒传》塑造了一系列典型人物和事件，它们入情入理，符合生活逻辑。如，写武松打虎和李逵杀虎，各有动人之处而无雷同之感；写秀才王伦忌贤妒能；写宋江奸诈却貌似忠厚；武松之真、潘金莲之淫、石迁之偷，无论奸夫淫妇还是忠臣义士，都能写得有血有肉，形象逼真。作为我国文学史上第一部描写农民起义的小说，《水浒传》是非分明，揭示了“官逼民反”的道理，对反抗者进行了生动的描绘和歌颂。

《金瓶梅》成书于明朝万历年间，作者署名“兰陵笑笑生”。它的题材由《水浒传》中“武松杀嫂”演化而来。全书以新兴商人、暴发户西门庆从发迹到暴亡为中心，使用市井文字，描述了上自社会最高统治集团，下至市井无赖的混乱世界。西门庆、潘金莲、吴月娘、李瓶儿、庞春梅、陈经济等一大批混账恶人、奸险小人、无良心的人、枉为人、不得叫做人的人物，他们寡廉鲜耻，荒淫无度，巧取豪夺，肆无忌惮，同时又相互陷害，勾心斗角，背信弃义。在书中，作者成功地塑造了西门庆“害死人还要看出殡”的狠毒、潘金莲的淫荡泼辣、应伯爵打诨趋时的帮闲嘴脸等。作为一部以家庭生活为题材的文人小说，《金瓶梅》在暴露社会黑暗、揭示人性当中“恶”的方面具有独特的价值。书中虽然对丑恶的揭露大于批判，并且有大量的淫秽描写，但它在告诉我们现实社会中往往有大量丑恶现象存在的同时，足以警醒我们去正视、贬斥生活中的丑恶，追求人生的真、善、美。

清代乾隆年间，吴敬梓的《儒林外史》和曹雪芹的《红楼梦》先后问世，成为影响巨大、流传广泛的两部长篇小说。《儒林外史》旨在批判、讽刺科举制度，刻画了一个个文士们醉心举业，八股之外百不经意，把科举求仕、博得功名富贵作为惟一价值标准的典型形象。作品一开始就通过周进、范进中举前后的悲喜剧，揭示了科举制度怎样腐蚀着文人心灵，以及士子们热心应举的原因：未中之前因为是穷书生，只好卑躬屈节、受人嘲弄；一旦中举则平步青云，升官发财，肆无忌惮地作威作福。儒林中有大量读书人，他们出仕则为贪官污吏，居乡则为土豪劣绅。如王惠、高要的汤知县、彭泽县知县等，凭借科举做官，贪狠蛮横是他们的共性；退仕的张静斋是个恶棍，严贡生横行乡里是个典型的劣绅。除此之外，儒林中还有一批“假托无意功名富贵，自以为高”的人物，他们功名失意、牢骚满腹，又装作名士来沽名钓誉、招摇撞骗。《儒林外史》通过儒林群丑们登场、说话、表演，剥下了他们的假面和伪装，暴露了他们的丑恶嘴脸和科举制度的本质，具有深刻的批判意义。

曹雪芹的《红楼梦》，作为封建社会的百科全书，是我国古代文学中最优秀的现实主义作品。它描写了贾府这个世代袭爵为官的大家族“忽喇喇似大厦倾，昏惨惨如灯将尽”的历史，揭露了封建礼法制度对人的才情本性的野蛮束缚限制，表现了大观园中一大批有情人的叛逆和抗争。贾宝玉虽然生活在珠围翠绕、锦衣玉食的环境中，但他能够把自己的全部热情和理想寄托在那些被侮辱和被损害的女孩子身上，发出与封建观念截然不同的怪论，“天地间灵淑之气只钟于女子”、“女儿是水做的骨肉”等。不仅对有情之女子念念不忘，而且对无情之物如书房里悬挂的美人图、杏花的开落等，贾宝玉也是流连不已，一往情深。同时，贾宝玉对家族的种种热闹繁华，表现出异常的冷漠。他不仅看不起应举觅官，认为富贵二字把人荼毒，而且懒于和士大夫接谈，痛骂那些以“文死谏”、“武死战”来沽名钓誉的人物。林黛玉也是一个有情人，她出身于清贵之家，却命运不济、寄人篱下。环境的恶劣使她自矜自重、小心戒备，为保持自己的个性，她始终“孤高自许、目下无尘”，用尖刻的语言揭露周围的不合理现象，却情有独钟，和贾宝玉在价值观与理想上完全一致。但是，“一年三百六十日，风刀霜剑严相逼。明媚鲜艳能几时，一朝飘泊难寻觅”。在封建势力的重压下，他们的美好憧憬只能以幻灭而告终。不仅是宝玉和黛玉，就是宝钗、迎春、探春、晴雯等等一大批有情人的追求和理想，也同样随着大家族的末日到来而毁灭了。《红楼梦》在批判现实、否定封建的价值观念、宣扬个性解放和平等精神、为封建社会末日唱挽歌的同时，描写了一个在封建势力包围下“有情之天下”的毁灭。这是作者审美理想的毁灭。这种毁灭揭示了旧制度各种礼法的黑暗野蛮本质，同时启示着人们对新的、有情世界的向往、呼唤与追求。

五、文学理论和文学批评

魏、晋之前的古代典籍中，已经有一些评述古代文学作品的片断和文学批评原则的阐发，如，孔子评述《韶》乐“尽善尽美”；《武》乐，“尽美未尽善”；①《关雎》“乐而不淫，哀而不伤”②等，但还没有系统完整的文学批评理论和专著。魏、晋、南北朝时代，是我国文学理论与批评硕果累累的时代，出现了一系列文学理论批评专著。

曹丕的《典论·论文》是我国最早的一篇文学评论专著。在《论文》里，曹丕充分肯定了文章的重要性，认为文章是“经国之大业，不朽之盛事”，鼓励文人积极创作，不要“遂营目前之务，而遗千载之功”。曹丕充分肯定文学的价值，而不再像汉代帝王那样把作家当做“倡优”，把辞赋比为“博弈”，这是文学观上的一大进步。《论文》还分析了建安七子在各体文章创作上的长处和短处，试图为各体文章的创作和批评找到一个初步的客观标准，探索并解决文学发展中的一些普遍性问题。

西晋陆机的《文赋》是我国古代研究文学创作特点的最早一篇专论，主要包括三方面的问题。第一，强调文章的形式和内容同样重要。汉代以来的文学观念是强调内容、重视义理，陆机则认为应该重视形式，形式表现内容，“其会意也尚巧，其遣言也贵妍”。所以，文学不仅是表达义理的工具，而且具有相对独立

①②《论语·八佾》。

性，有自己的发展道路。第二，强调创作中作家的感受和想像的重要性。陆机认为，作家需要感受和学问修养，“遵四时以叹逝，瞻万物而思纷”，“游文章之林府，嘉丽藻之彬彬”。同时，需要加上想像的激发，“精骛八极，心游万仞”，才能文思泉涌，“笼天地于形内，挫万物于笔端”。第三，崇尚独创，反对模仿。陆机指出，模仿抄袭的东西，无论技巧如何高明，都不能为人重视。因此，写文章应该发古人之未发，言前人之未言，“谢朝华于已披，启夕秀于未振”。在《文赋》中，陆机还论述了十种文体的风格特征，比曹丕关于文体的分类又有发展。

到南北朝时代，文学观念日益清晰，文学形式更加讲究，出现了一批文学理论家。其中影响最大的是刘勰的《文心雕龙》和钟嵘的《诗品》。

《文心雕龙》是我国古代文学理论和文学批评的巨著，全书50篇，涉及的范围非常广泛，包括总论、文体论、创作论、批评论等部分。其精彩的理论主要有：第一，文章应该文质并重，文附质、质待文，文质彼此扶持、相得益彰。“铅黛所以饰容，而盼倩生于淑姿；文采所以饰言，而辩丽本于性情”。① 情志事义是文学的神明与骨髓，辞采声律是文学的肌肤，二者不可偏废。第二，文学的种种变化和发展，都离不开社会环境包括政治、宗教、学术、风俗各方面的重要影响。“文变染乎世情，兴废系乎时序”。②《文心雕龙》论《诗经》说：“幽厉昏而《板》、《荡》怒，平王微而《黍离》哀。”③论建安文学说：“观其时文，雅好慷慨，良由世积乱离，风衰俗怨。”④这些见解正确而深刻，建立了文艺社会学的基础。第三，建立了文学批评的理论。首

① 《情采》。

②③④《时序》。

先，认为批评家应具备广博的知识和深厚的修养，只有如此，才能了解作品结构的微妙和艺术的优劣。其次，批评家要有正确的态度，排除文人相轻的陋习，不能贵古贱今，不能崇己抑人，也不能根据自己的主观好恶和成见来评论，应有一个客观标准。再次，批评的标准包括文体是不是和内容、风格相合；修辞技巧；是否能够独出心裁、推陈出新；作品语言、风格的新奇与严正；事理；音律等六个方面。刘勰对文学各方面的系统论证，把中国文学理论和批评推向一个新阶段，对后代有重大影响。

钟嵘的《诗品》是在《文心雕龙》以后出现的一部品评诗歌的文学批评名著。钟嵘论诗的特点，一是反对用典。他认为奏议论说的散文引用典故固然难免，但诗歌主要是抒情，用典过多会损伤诗歌情韵。二是反对四声八病，认为声律本是诗歌中的重要部分，但诗人只应注意自然的音律，能达到和谐悦耳即可。如果进行四声八病的严格限制，就会流于形式，受形式束缚而损伤诗歌的自然之美。这是他对于当时过于追求音律之美的诗风的批评。三是善于概括诗人的风格。钟嵘论赋比兴，说阮籍的诗“言在耳目之内，情寄八荒之表”；论风骨和辞采，说曹植的诗“骨气奇高，词采华茂”。钟嵘重视诗的“味”，说诗应该使人“味之者无极，闻之者动心”，反对玄言诗的“淡乎寡味”。他还注意摘引称道诗中的佳句，如“思君如流水”，“高台多悲风”等。《诗品》作为第一部论诗的著作，对后代诗歌批评有很大影响。唐末司空图、宋代严羽、明代胡应麟、清代袁枚等人，在诗歌批评上都从《诗品》中受到不同程度的启发。

明末清初，以金圣叹为代表的小说评点家们，在评点中国古典小说《三国演义》、《金瓶梅》、《水浒传》、《红楼梦》等书时，提出了中国小说批评的理论。在中国文学批评史上，金圣叹第一次区别了小说和历史著作，认为小说是“因文生事”，即可以根据创造艺术形象的需要来虚构；历史著作则“以文运事”，组织文字来描写事实。因此，小说在描写方面，只要写得符合情理、写成“必定然之事”、写出构成一件事的客观条件和因缘，就是真实，就能打动读者。所以，金圣叹指出，《水浒传》写英雄、淫夫、偷儿，都能写出他们的形象和声口，引人入胜。金圣叹还讲到小说欣赏问题，指出情节的描写要适合读者的审美心理，所谓“不险则不快，险极则快极”①，即在欣赏中，只有从忧转化为乐，从惊吓转化为快活，才能给人带来极大的精神愉快。另外，金圣叹还论述了小说的语言、情节、性格以及创作中的灵感等多方面的问题，它们都是我国文学理论与文学批评方面很有价值的内容。

第二节　中国古代文学的特征

中国古代文学具有自己的鲜明特征。一方面，由于受到儒家思想的哺育，中国文学表现了深厚的现实主义传统。另一方面，由于受到道家思想的影响，由于中华民族的苦难和作家人生境遇的挫折，中国古代文学又表现了对命运的沉重的忧患意识和不为现实榨干的洒脱的超越精神。

一、文以载道的现实主义传统

中国古典文学作为传统文化的组成部分，具有传统文化共有的伦理特征。也就是说，在古典文学中，凡是那些“为文学而文学”、纯粹追求形式的作品，以及那些无关伦理或有损于传统伦理的“艳科”作品，往往不受重视，而成为批评的对象。中国古

① 《水浒传》三十六回夹注。

典文学的主要目的在于载道，即道德的提高和完善，这是中国文学现实主义精神的独特表现。

中国文学家主要是在儒家思想的哺育下成长起来的，中国文学深受儒家思想的影响。孔子论诗的功能，说读《诗经》可以“兴、观、群、怨”，其中“观”是观风俗之盛衰变迁，“群”是沟通社会大众的感情，“怨”是使公众强烈的情感释放出来，以利于社会的稳定和人伦的和谐。当然，我们不同意后代某些俗儒把《关雎》篇比后妃之德这种迂腐、牵强和缺乏文学眼光的解释，但“诗教”的说法在中国文学史上一直为人重视，学诗成为人们修养道德的重要组成部分。王夫之说：“能兴即谓之豪杰。兴者，性之生乎气者也。拖沓委顺，当世之然而然，不然而不然，终日劳而不能度越于禄位田宅妻子之中，数米计薪，日以挫其志气……惟不兴故也。圣人以诗教以荡涤其浊心，震其暮气，纳之于豪杰而后期之以圣贤，此救人道于乱世之大权也。”① 这就是说，《诗经》的“兴”具有超越和净化作用，是使人成为圣贤的必要环节。魏、晋、南北朝时期，曹丕在《典论·论文》中鼓励文人积极创作，把文学的“经世致用”价值摆在了首位；刘勰在《文心雕龙·序志篇》里说：“惟文章之用，实经典枝条，五礼资之以成文，六典因之以致用……盖周书论辞，贵乎体要；尼父陈训，恶乎异端。辞训之异，宜体于要。于是搦笔和墨，乃始论文。”文章的价值在于阐述经典的道理，在于它的社会功利性。文章之外，中国古代近代小说理论也有致用的主张。20 世纪初的“小说界革命”，指出“欲改良群治，必自小说界革命始”②，强调小说在改进社会中的重要作用。梁启超说，小说能在“现境

① 《俟解》。

② 引自叶朗：《中国小说美学》第 243 页。

界”之外创造“他境界”。“小说者，常导人游于他境界，而变换其常触受之空气者也”①。尽管梁启超和他的同代人所理解的“道”已不是儒家思想，但在强调小说对社会人生的影响方面，仍带有“文以载道”的性质，带有中国文学的教化特征。

理论上注重载道，在文学创作中也如此。先秦诸子著书立说，目的都是宣扬自己的政治理想和观点；司马迁忍辱负重完成《史记》创作，离不开他对社会国家的强烈使命感。屈原借诗抒志、李白歌风咏月、杜甫批判现实，都表现了对现实人生的热烈情怀。就是那些曾被认为不能登大雅之堂的小说中，也无不带有明显的教育目的，如《三言》、《二拍》每小段故事开头都对人世道理作发人深省的阐发；《三国演义》、《水浒传》、《西游记》、《金瓶梅》对社会人生各种道理恰到好处的形象化说明也颇为动人心弦。蕴藏于这些小说中的现实主义特点和理性因素，是它们具有永久艺术魅力的重要原因所在。

中国古代文学的重教化传统和载道功能在神话和志怪小说中也有鲜明表现。神话、志怪小说等有鲜明、直接的现实性。在上古神话中，中华民族的先民所崇拜的不是远离人间的天上神灵，而是具有神力的人间英雄。盘古开天地、女娲补天、精卫填海、夸父逐日等，都以神话的形式反映了我们民族先民征服自然和改造自然的理想。这些神话具有人世色彩和实用特点，完全不同于希腊神话中那些高居天庭俯视人间、有时对人类惩罚的诸神的作为。我国后世文学作品中，现实性更为明显。如《封神演义》虽然充满神魔斗法的描写，但离不开武王伐纣的史实基础，并在书中歌颂了诸侯的“吊民伐罪”，批判了纣王的暴行。《西游记》写的是人、神、魔、怪共居的社会，但同样表现了现实的内容，冲

① 引自叶朗：《中国小说美学》第246页。

淡取经故事的宗教色彩，歌颂了孙悟空为民除害、追求自由的行为与性格。蒲松龄的《聊斋志异》，不仅有批判现实政治苛厉的篇目，而且在写鬼说狐方面，描写了一个充满人情和爱的鬼狐世界，和人间的狭隘、冷酷、自私形成了鲜明对比。写鬼狐神怪是为了说人间的道理，这是古代神话、志怪小说的重要特点。

文以载道的传统，培养和浇灌了文学家的社会责任心和使命感。中国古代，很少有蜷曲于象牙之塔、不问现实的文学家。文学家们关心现实，有兼济天下的理想和抱负，因此，他们对现实往往有清醒的认识和理性的思考，在对现实的批判中蕴藏着对人生的依恋、对祖国的热爱和对真善美的追求。屈原放逐而有《离骚》，在诗中批判了政治的黑暗、抒写自己的苦闷。尽管上天无路、入地无门，却又怀恋故国，不忍离去；李白浪迹五岳、神游九垓，却积极入世、图施抱负；杜甫在生活困苦、三餐不继、爱子夭亡的情况下，一边吟出“朱门酒肉臭，路有冻死骨”的悲愤，一边听到官军收复失地，泪水泉涌，喜之欲狂；另外，王实甫在《西厢记》里对爱情的歌颂，汤显祖在《牡丹亭》里对有情之天下的向往，曹雪芹晚年“蓬牖茅椽，绳床瓦灶”，举家食粥，仍然执著于《红楼梦》的创作……都表明了古代中国文学家的社会责任心和使命感。正是这种品格，使他们创作出许多关注现实人生的文学作品，熏陶、感染、影响着我们民族去自强不息地克服困难，创造文明，贡献于人类。

“文以载道”也有负面作用。主要是中国古典文学中道德判断往往代替审美判断。在创作中，《二拍》讲述市俗社会商人、政客、妓女、和尚、市民的故事，目的在于讲出某种道理。这些道理中，有很多封建道德的糟粕；高鹗续写《红楼梦》，要写出贾府复兴，兰桂齐芳，是道德判断的要求而不是创作艺术形象的需要。在传统的文学观念中，金圣叹之前，一直把小说看成是

“别史”、非正式的历史，这是小说批评缺乏审美眼光的表现。另外，从载道的角度，文学批评中赞扬唐诗而贬低宋词、重视文章而轻视小说、注重伦理说教而反对人情的描摹等等，都是中国古代文学的缺憾之处。道德的提高是必要的，文学应关注现实。但文学应该有更崇高的审美目的，应该有它自己的发展道路。

二、哀而不伤的中和特征

中国传统文化倡导“中庸”，反对片面化和极端，在文学中表现为主张有节制地渲泄情感，反对过分强烈的情感表达。孔子说：“《诗》三百，一言以蔽之，曰：‘思无邪。’”① 又说《关雎》“乐而不淫，哀而不伤”②，就是这个意思。《诗经》三百篇之作者，无论其为孝子忠臣、怨男愁女，其言都是至情流溢、直写衷曲，毫无伪托虚假，写乐可以恰到好处，没有过量转成苦恼；写哀则适可而止，没有抑郁转为伤损。《诗经》中的各种情，都有适当的节制和根据：“女子善怀，亦各有行”③，“行”是根据，说女子虽然感情丰富，但也各有根据和理由；“总角之宴，言笑晏晏。信誓旦旦，不思其反。反是不思，亦已焉哉”④，“子惠思我，褰裳涉溱。子不我思，岂无他人”⑤，虽被抛弃或忽视，却表现出一种略含苦涩然而仍是轻快的解脱，而不是呼天抢地，悲痛欲绝。《蒹葭》描写对可望而不可即的心爱者的憧憬与追求，全诗神韵飘逸，风致嫣然，温和又雅致；《芣苢》歌唱一群妇女的劳动，于平原绣野、风和日丽中，群歌互答，余音袅袅，简

① 《论语·为政》。
② 《论语·八佾》。
③ 《鄘风·载驰》。
④ 《卫风·氓》。
⑤ 《郑风·褰裳》。

直是一幅优美的田园风景画。

屈原在《离骚》中表现的情感比较激烈。他回忆群小向他围攻，极尽诬蔑诽谤之能事，楚王听信谗言，不仅不信任他，反而放逐了他，因此抑制不住满腔愤怒："惟夫党人之偷乐兮，路幽昧以险隘"，"虽萎绝其亦何伤兮，哀众芳之芜秽。"但诗人不被沉重的感情压倒，不被现实榨干，而是坚持自己的道路，忠于理想："路漫漫其修远兮，吾将上下而求索。"把强烈的感情变成对现实的批判和对人生的责任。唐代诗人杜甫多年饥寒，对社会现实有清醒的认识和切肤的感受，但他也能节制情感，使感情在对黑暗现实的揭露和讽刺中得到释放："车辚辚，马啸啸，行人弓箭各在腰……去时里正与裹头，归来头白还戍边。边庭流血成海水，武皇开边意未已。"① "草中狡免尽何益？天子不在咸阳宫。"② 另外，著名的《三吏》、《三别》也都表现了这种情感。伟大的浪漫主义诗人李白在情感表达上不是掩抑收敛，而是喷薄而出，一泻千里，并且常借助神话、运用夸张来表现自己的激情。但是，李白的激情里，没有得意之处的忘乎所以，更多的是对人生欢乐与痛苦的体验倾诉："君不见黄河之水天上来，奔流到海不复回……人生得意须尽欢，莫使金樽空对月，天生我材必有用，千金散尽还复来。"③ "弃我去者昨日之日不可留，乱我心者今日之日多烦忧，长风万里送秋雁，对此可以酣高楼。……抽刀断水水更流，举杯消愁愁更愁，人生在世不称意，明朝散发弄扁舟"④ 等等。欢乐之中有忧愁，潇洒却又不如意，仰怀古人，

① 《兵车行》。

② 《冬狩行》。

③ 《将进酒》。

④ 《宣州谢眺楼饯别校书叔云》。

壮思欲飞；自思身世，愁怀难遣。虽然比《诗经》时代在情感的深度、烈度上有进一步的发掘和突破，但仍然是中和，是情感有限度的宣泄，是情和理的和谐、人际的和谐、心境的和谐，符合文学描写的中和原则。

中和的目的在于追求和谐，但在现实中总有毁灭，有不可调和的矛盾。文学要反映现实，中国古典文学要“载道”，于是，在“中和”传统的影响下，不可调和的矛盾的解决途径往往有两种。一是对现实的回避和超脱。陶渊明仕途失意回到田园，离开了达官贵人的车马喧扰，不再为仕所羁，写出大量的田园诗，描述了纯洁、优美的田园风光，得到了归宿感：“开荒南野际，守拙归园田。方宅十余亩，草屋八九间。榆柳荫后檐，桃李罗堂前……久在樊笼里，复得返自然。”① 诗人在晚期写出《桃花源记》，描绘了一个安详、和乐的社会。田园的向往本身当然十分诱人，人对大自然有一种特殊的依恋感情。但陶渊明通过对田园理想的描述来表明对现实的回避和超脱，却不是一种积极进取的人生态度。《金瓶梅》写了一个污浊的世俗社会，写出了种种人情世态的炎凉和丑恶。西门庆在日，家中的繁华如烈火烹油、鲜花着锦；西门庆一死，立刻树倒猢狲散，败得快而惨。这种世情之恶应该如何解决？作者转向了空，把一切名利、富贵、情爱欲望和仇恨都看空，让吴月娘从尘俗的痴迷中顿悟，把西门庆的遗腹子送给和尚出家。中国古代文学家们都有儒家拯物济世的精神和热望，但在现实的矛盾无法解决时，受“中和”传统影响，便很容易接受道家、佛教回避矛盾而超脱的做法。古代文学中解决矛盾的第二途径是对现实的粉饰，即“大团圆”的结局。古代希伯莱人在无法摆脱的困苦、无边无际的灾难面前，把求生的欲望

① 《归园田居》第一首。

异化为对万能之主耶和华的信仰，中国文学家则往往把自己美好的理想——在现实矛盾无法解决、情绪纠结无法排遣的情况下——转移为浪漫手法，去尽心描绘来世理想或“大团圆”结局。《孔雀东南飞》写焦仲卿夫妇的爱情受到挫折，于是双双以身殉情，一个“举身赴清池”，另一个“徘徊庭树下，自挂东南枝”。爱情的悲剧发生了，但诗人还不能止笔，于是构想了鸳鸯鸣叫、枝枝覆盖、叶叶交通的理想境界。关汉卿的《窦娥冤》中，窦娥惊天地、泣鬼神的冤屈，引起了人们心灵的震动和感情的激荡，作者末尾还要写出平反昭雪等情节。它们反映了中国人民追求理想的健康心态，但客观上冲淡了悲剧气氛，虽然给人以信心和希望，却以回避矛盾和粉饰现实为代价。似乎只有这样的结尾，作者才能心安理得，读者也才能心平气和。中国传统的悲剧在写有价值的东西毁灭时，总是从某些方面给予弥补和修复，无疑，这是一种典型的“哀而不伤”的中和特征。这种特征不仅表现在悲剧中，在喜剧里也是如此。《西厢记》写张生和莺莺的爱情，一定要张生高官得中才皆大欢喜、称心如愿，以至于它成了传统的才子佳人故事的固定模式；《封神演义》、《西游记》最后写主要人物因功劳而“各有封赏”；《三言》、《二拍》中故事虽短，也离不开善恶报应的大团圆结局，等等。此外，这种中和特征在其他艺术形式中也同样得到表现。如著名的小提琴协奏曲《梁祝》，主题是写悲剧，但气氛只是淡淡的哀伤，到最后《化蝶》一节，仍然不失中和之美。余音绕梁，耐人寻味。直到今天，许多读者在欣赏文学作品时，也呼唤大团圆的结局，如已故当代作家路遥的中篇小说《人生》，结局写高加林——一个追求者的失败，许多读者不满意，甚至有人要写《人生》续集，让高加林在发展商品经济中致富，实现人生价值。

“中和”也有负面作用，它们往往没有进一步的感情动荡和深层的心理体验，便归于和谐，作为一种文学传统和审美心理，这在情感的意蕴发掘方面是不充分的。

三、忧患意识和超越精神

中国古典文学中有深厚的忧患意识，它是我们民族特有的悲剧精神。这种悲剧精神作为对命运进行理性思考的结果，是中国文学创作的动力之一，也是中国文学具有永恒审美价值——超越精神的根据。老子在《道德经》中讲到的福祸相互倚伏转化的道理是中国文学中忧患意识的哲学基础。孟子讲“生于忧患，死于安乐”，说明忧患对人生的重要意义。司马迁在《史记·太史公自序》里也说明，生活中的不幸遭遇造成情绪中的忧患和郁结，于是，文学家们便述往事、思来者，发愤创作。所以，中国古代文学中，悲凉和愁绪往往成为一种明显的感情特征。“昔我往矣，杨柳依依，今我来思，雨雪霏霏”①。“风雨如晦，鸡鸣不已，既见君子，云胡不喜”②。描写游子归来、爱人相见时所唱的歌，也带有荒寒凄凉的调子。从生活表面完满中发现它的内在不完满，从欢乐中体验到忧伤，成了中国传统文学的重要特点。“我有嘉宾，鼓瑟吹笙”之后是“忧从中来，不可断绝”。在“今日良宴会，欢乐俱难陈，弹筝奋逸响，新声妙入神”之后，便是“齐心同所愿，含意俱未伸，人生寄一世，奄忽若飙尘”。无论是“鸡声茅店月，人迹板桥霜”，还是“梨花小院月黄昏”、“一曲栏干一断魂”，都是一个“愁”字。即使“少年不识愁滋味”，还要“为赋新词强说愁”。所以，杜甫说：“愁极本凭诗遣兴，诗成吟诵转凄凉。”中国的诗、文、词、曲，大多是让人体验愁绪。那些引动我们情感思绪的意象，如梧桐夜雨、芳草斜阳，断鸿声

① 《小雅·采薇》。

② 《郑风·风雨》。

里、烟波江上，都有一种悲情和忧患。文学是这样，音乐也如此。中国古人就特别喜欢一种悲哀的音乐，“奏乐以生悲为善音，听乐以能悲为知音”①。

能够写愁、表达忧患意识，能够发现生活在其完满外表下的内在缺憾，不仅使我们的民族性格因此成熟，而且也使中国文学因此获得它的价值：超出浅薄的快乐主义而具有深沉的内涵；不仅是写意象，歌颂人间的阳光和幸福生活，而且能够实现对有限世界的超越，使想像和心灵带着冷静的忧患和热情倾慕未来；能够从有限达到无限，从瞬间达到永恒，自一朵花、一粒沙中看到一个世界。“一花一世界，一沙一天国”，这就是中国文学的超越精神。

超越精神具体表现为：中国古代文学家能够从个人生活经验中，体验到一种普遍性的人生理念，通过形象把它们表现出来。忧患意识是超越精神的情感内涵。《世说新语》记载，桓温北征，见10年前种的柳树皆已10围，于是慨叹“树犹如此，人何以堪”，就是对个人欢嗟的超越；元代散曲作家陈草庵的《叹世》：“路遥遥，水迢迢，功名尽在长安道，今日少年明日老。山，依旧好；人，憔悴了！”也是写出普遍的人生体验。马致远《秋思》“枯藤老树昏鸦，小桥流水人家，古道西风瘦马。夕阳西下，断肠人在天涯”，通过一系列情感性质相近的意象，描绘出一幅萧瑟荒凉的天涯孤旅图画。

超越是一种孤独。德国哲学家、美学家、唯意志论者尼采在对社会现实进行批判时，认为世俗庸众不配“孤独”。孤独是伟大的情感，它使人从各种名缰利锁的束缚下解放出来，去追求博大超越的人生境界。但孤独的灵魂往往因着超越感而痛苦：对现

① 钱钟书:《管锥篇》第三册，第946页，中华书局1979年版。

实清醒的认识将打破浅层意义的人生价值和幸福观念，在此基础上建构一种悲天悯人式的拯物济世怀抱，崇高理想和琐屑现实的强烈反差，使超越和痛苦互为因果和表里。因此，中国古代伟大的文学家往往有一颗痛苦的灵魂。孔子栖栖遑遑奔走列国，要实现济世理想，但季氏僭礼，世风日下，使他忍无可忍，无奈而愤怒；庄子强烈批判现实，他对大盗窃国、仁义礼智都有清醒的认识和激烈的批判，却寄情于山水去观察世情百态，在毁誉、名利、富贵、寿夭等方面表现出超脱和潇洒；屈原竭忠尽智报效国家，但“信而见疑，忠而被谤”，于是行吟泽畔，面色憔悴，形容枯槁，不愿苟同流俗而自沉汨罗；李白在洒脱不羁的诗篇中，常有不可排遣的忧愁，“安得摧眉折腰事权贵，使我不得开心颜”，“借酒浇愁愁更愁”，“与尔同消万古愁”；明代大戏剧家汤显祖的《牡丹亭》是“梦生于情”、“因梦成戏”，把自己追求有情天下的理想寄托于梦境中的春天；曹雪芹创作《红楼梦》则“字字看来皆是血，十年辛苦不寻常”，流尽了辛酸的眼泪……于是，中国文学不仅在许多名句中，而且在许多情境中，对现实有了一种超越态度，描写出令人回味无穷的、形而上的境界：“何处是归程，长亭更短亭”、“问君能有几多愁，恰似一江春水向东流”、“流光容易把人抛，红了樱桃，绿了芭蕉”等。它们带有一种沧凉、一种无尽的哀愁。有人说，中国文学中的最高境界，就是对历代兴亡的感时伤怀的追悼，从屈原的《离骚》到杜甫的《秋兴八首》，从《三国演义》中“青山依旧在，几度夕阳红”到《红楼梦》“好了歌”中“古今将相在何方，荒冢一堆草没了”的无常感，它们表现的沧桑感、历史感，使中国文学有了它的独特价值，具有永恒性。

我们认为，中国文学的忧患意识，一直熏陶着我们民族的性格，使中国人民能够正视人生和社会的负面，认识生活的严峻，以有备之心接受命运中的灾难和不幸，使民族性格变得完整而深刻；中国传统文学中的超越精神则使我们民族能够注目美好的未来，在正视不幸、灾难和痛苦的情况下，不为现实压倒和榨干，心胸豁达，虚怀若谷，勇敢地追求生命的真实价值。

第三节　中国古代文学的价值

中国古代文学表现的爱国忧民情怀、创造的具有永恒魅力的艺术形象和留下的脍炙人口的语言，不仅滋养着中国文学的发展，鼓舞着后代文学家去关心现实，完成历史赋予的新使命，而且它也是当代文化建设应吸取的有益成分和弘扬民族精神所不可缺少的内容。

一、爱国忧民的情怀

中国古代文学家大多不是为文学而文学，而是怀拯物济世之抱负，萦爱国忧国之情怀。范仲淹《岳阳楼记》中的名句："先天下之忧而忧，后天下之乐而乐"，因为道出了一种普遍性的志愿和怀抱而引起人们的共鸣，千古流传。

在屈原的作品里，表现了强烈的爱国精神。这种精神，通过优美的艺术形式的表现，形成屈原崇高的品质和伟大的人格，使他在那个朝三暮四、纵横捭阖的战国时代里鹤立鸡群，成为人民景仰爱慕的典型。在《哀郢》中，屈原叙述了他的流浪路线和节令。春天离开郢都，在江夏、洞庭一带流浪，路程日远，悲痛日深。其中有人民离散，百姓震愆，夏之为丘，东门荒芜等话，表达了忧郁哀苦的国破家亡之痛。但诗人日夜思念故国，希望回到自己的家乡："曼余目以流观兮，冀壹反之何时？鸟飞反故乡兮，狐死必首丘。信非吾罪而弃逐兮，何日夜而忘之！"《离骚》则感情深厚，文字清丽，字里行间充满着对于丑恶现实的愤恨和对国土人民的热爱。《抽思》是屈原流放早期写的作品，虽然流放异域、孤苦伶仃，但对北方的君王和自己的故都仍有着眷恋不忘的情感："惟郢路之辽远兮，魂一夕而九逝。曾不知路之曲直兮，南指月与列星。"在作品回旋往复的语言中，表现了诗人的爱国忧民情怀，而且这种情怀成了中国古代文学的传统。司马迁在《史记》中，通过叙述历史事件，表达了爱国爱民精神，对于那些保卫国土、忠于国家的历史人物，他总以饱满的热情去描绘和歌颂。《廉颇蔺相如列传》生动曲折地写出蔺相如忍辱负重、先国家而后私怨，廉颇受到感动，便"肉袒负荆"，将相和好团结对外的动人故事。作者在传末评论道："知死必勇，非死者难者，处死者难。方蔺相如引璧睨柱，及叱秦王左右，势不过诛，然士或怯懦而不敢发。相如一奋其气，威信敌国，退而让颇，名重太山，其处智勇，可谓兼之矣。"在书中，司马迁从不同的角度对屈原、信陵君、燕太子丹、李牧、田单、李广等的爱国精神给予了应有的评价。司马迁在高扬爱国精神的同时，还揭露了专制帝王和贪官酷吏鱼肉百姓的残暴，并给予了有力的讽刺和抨击。同时，对人民表现了深深的同情。他在《酷吏列传》中，对于汉武帝时代的政治现实，进行了真实的描写。如张汤、杜周、义纵、王温舒之类，大都奸盗出身，卑鄙无耻，因为善于谄媚逢迎，都由小吏做到大官。他们挑拨离间、排除异己，结党营私、贪取财物；他们用严酷的刑罚杀害人民，一杀人就是几十成百，有时连坐至千余家，流血至 10 余里。结果使朝廷善恶不分，百姓谈虎色变，在朝者不安于位，在野者民不聊生。

在唐代，许多诗人都做着投笔从戎、立功塞外的悲壮之梦。他们在爱国主义思想的支配下，大有慷慨激烈、拔剑起舞的气概。初唐政治家魏征在一首感遇诗《述怀》中有"杖策谒天子，驱马出关门”的句子；非战诗人杜甫也有“拔剑击大荒，日收胡马群，誓开玄冥北，持以奉吾君”的志向。因此，爱国情怀在唐代“显现”为建功立业之梦想。从陈子昂的《送魏大从军》、《东征答朝臣相送》，骆宾王、杨炯、刘希夷等人的《从军行》，祖咏的《望蓟门》，到岑参的《走马川行奉送封大夫出师西征》、《封大夫破播仙凯歌》，王昌龄的《出塞》、《从军行》以及家弦户诵的诸多出塞曲，在唐诗中留下了无数歌咏民族精神的名句：“不学燕台客，空歌易水长”；“宁为百夫长，胜作一书生”；“少小虽非投笔吏，论功还欲请长缨”；“黄沙百战穿金甲，不破楼兰誓不还”；“但使龙城飞将在，不教胡马度阴山”；“愿得此生长报国，何需生入玉门关”等等。一方面是为国请缨，抒写“匈奴未灭，何以家为”的壮志；另一方面是揭露内战给人民带来的灾难。李白在《古风》第十九中，描写升天神游的美丽幻想，突然俯见被安禄山蹂躏毁灭了的洛阳：“俯视洛阳川，茫茫走胡兵。流血涂野草，豺狼尽冠缨”，于是情感急转直下，浪漫幻想破灭，表现出诗人无比沉痛的爱国心情。杜甫在安史之乱后，经历了一段饥寒流浪的生活，写出很多惊心动魄的诗篇。他愤慨内战，期待国家中兴，描绘人民的灾难，体现了儒家文化的仁爱精神和爱国忧民情怀。宋代由于特殊的历史环境，词人们在抒写个人的情绪时，写了大量爱国篇章。张元干、张孝祥、岳飞、陆游、辛弃疾等，留下许多脍炙人口的千古名句：“梦绕神州路，怅秋风、连营画角，故宫离黍”；“待从头收拾旧河山，朝天阙”；“中原乱，冠缨散，几时收？试倩悲风吹泪过扬州”等等。

故国难归，故宫黍离，使陆游的爱国热情极为充沛，“夜闻雁声起太息，来时应过桑乾碛”、“我欲登城望大荒，勇欲为国平河湟”、“僵卧孤村不自哀，尚思为国戍轮台”、“王师北定中原日，家祭无忘告乃翁”等。辛弃疾具有鲜明的爱国思想和战斗精神，他批判南宋苟安局面，也留下许多爱国名篇。到元代，杂剧更多地反映现实，关心人民的疾苦，同时表现历史上重大的政治斗争和民族斗争，歌颂忠臣义士，谴责奸臣贼子，借古以讽今。关汉卿的《窦娥冤》、无名氏的《陈州粜米》、纪君祥的《赵氏孤儿》、马致远的《汉宫秋》等，都表现了对国家人民的忠诚和热爱。

文学是有其社会价值的。中国古代文学中爱国忧民的情怀不仅熏陶着我们民族的自信力，使她在灾难和不幸中充满信心地走过崎岖、荆棘与坎坷，而且激励着文学家的社会责任感，把拯物济世的爱国情怀放大而为对人生的热爱和深情，“愿将忧国泪，来演丽人行”！

二、具有永恒魅力的艺术形象

中国古代文学创造了许多艺术形象。它们不仅栩栩如生、维妙维肖、细致入微，而且具有不朽的文化价值。这些艺术形象涉及到许多方面，君王将相、布衣学士、才子佳人、豪杰侠客等等。它们千姿百态、形象各异，但从文化价值和现实意义的角度，可分为以下三类。

第一，写人生的豪杰气概。豪杰气概是一种人生的超越态度，它打破小我的恩怨和功利的界限，摒弃了唯唯诺诺和瞻前顾后，追求永恒的正义、表现做人的尊严，使人感到淋漓、畅酣和豁达。在中国古代文学中，有许多艺术形象写这种精神，它们可以是刺客、英雄，也可以是女中之杰。

《史记·刺客列传》描写荆轲不与有武艺的常人争持，能够去完成刺杀秦王的事业。写荆轲的豪杰态度：“荆轲既至燕，爱燕之狗屠及善击筑者高渐离。荆轲嗜酒，日与狗屠及高渐离饮于燕市，酒酣以往，高渐离击筑，荆轲和而歌于市中，相乐也，已而相泣，旁若无人者。”待将出发去刺秦王，“至易水之上，既祖，取道，高渐离击筑，荆轲和而歌，为变徵之声，士皆垂泪涕泣。又前而歌曰：‘风萧萧兮易水寒，壮士一去兮不复还！’复为羽声慷慨。士皆瞋目，发尽上指冠。于是荆轲就车而去，终已不顾”。虽然没能成功，但荆轲不欺其志，名垂后世，死为鬼雄，为人景慕。

施耐庵在《水浒传》中写了许多豪杰英雄。第三十七回，李逵初次亮相。书中描写道：“不多时，（戴宗）引着一个黑凛凛的大汉上楼来。宋江看见，吃了一惊。”李逵疾恶如仇又慷慨好义，早已随着《水浒传》的传播，成为一个在民间广泛流传而且为人喜爱的英雄。而书中“黑凛凛的大汉”正是李逵式的豪杰的脸谱，形神俱现、活生生地表现出李逵的形状、顾盼、性格、心地来。第五十七回，鲁智深、武松到少华山接史进、朱武等四人到梁山泊入伙。谁知史进被监在牢里。朱武等三人请鲁智深、武松上山，杀牛宰马款待。鲁智深道：“史家兄弟不在这里，酒是一滴不吃，要便睡一夜，明日却去州里打死那厮罢。”第三十四回，武松在鸳鸯楼杀了张都监、张团练、蒋门神之后，从死尸身上割下一片衣襟，蘸着血，在白粉壁上大写 8 个字：“杀人者打虎武松也。”鲁智深的热血心肠和武松的豪杰气概历历如画。使人对之，龌龊销尽。

蒲松龄的《聊斋志异》则于谈狐说鬼中挥洒豪气。《镜听》篇写大郑念书用功，大郑及妻子受母亲宠爱；二郑妻不平便鼓动丈夫念书，后兄弟一块儿去应考。一日婆母正和两个儿媳在闷热的厨房做饭，报大郑得中，婆母对大儿媳说：“你可凉凉去。”一会儿又报二郑得中，二郑妻便“投杖而起”，说我也“凉凉去”。二郑妻子的行为，是女中豪杰的形象。蒲松龄评价说，二郑妻子在不违背正义的情况下投杖而起，真是千古快事！

第二，中国古代文学描写具有不屈精神和叛逆性格的人物形象，它们往往通过悲剧性的结局来反抗世俗的权威性，通过他们的挫折或毁灭，暴露旧观念、旧制度的不合理和丑恶之处，来唤起人们对永恒正义的向往和追求。

《今古奇观》中有《杜十娘怒沉百宝箱》的故事。杜十娘为一青楼女子，却不甘堕落，追求独立的人格和真挚的爱情。但痴情一片付流水，自己心爱的人竟是一个缺乏勇气、贪财怯懦的花花公子，于是杜十娘在怒沉百宝箱之后坠江而死，用她的毁灭抨击了世俗的偏见和感情的欺骗，启示世人去追求真正的爱情。

关汉卿的《窦娥冤》中，窦娥既善良又坚强。尽管她对蔡婆轻易答应张驴儿父子的婚事不满，但当桃杌太守要严刑拷打蔡婆时，宁愿自己承认死罪，也不让她受刑。她希望上司复审使自己平反昭雪，但被押上了刑场，于是发出三桩无头愿：血溅白练、六月飞雪、亢旱三年，并对天地鬼神提出了震撼人心的控诉："为善的，受贫穷更命短；造恶的，享富贵又寿延。天地也做得个怕硬欺软，却原来也这般顺水推船。地也，你不分好歹何为地；天也，你错勘贤愚枉做天"！惊心动魄的冤屈控诉，表明窦娥对命运和现实的坚强抗争。

孙悟空是《西游记》中的主角。他不畏天庭、大闹天宫；他保护唐僧去西天取经，一路上铲除妖魔，是一个家喻户晓、为人喜爱的人物。从文化价值来讲，孙悟空大闹天宫，以及取经路上遇到困难时去天庭搬兵的洒脱，都使高高在上、让世人诚惶诚恐的玉帝、如来、菩萨以及天兵天将有了世俗的色彩，对于反抗不合理的社会秩序、蔑视统治者的权威，有积极意义。

杜十娘、窦娥、孙悟空等人物，在反抗世俗秩序方面虽然有其性格上的弱点和行为上的局限性，但他们都有一种"志"，一种不妥协苟且、宁可牺牲个人也要追求自由和正义的精神。正是这种精神构成中国文化中的优良因素，使作为这种精神"显现"

的艺术形象在民间代代相传，具有永恒的魅力。

第三，中国古代文学描写了许多带有人性觉醒性质的爱情故事，塑造了张生和莺莺、杜丽娘、贾宝玉、林黛玉等一系列形象，给人以美的感染。

王实甫的《西厢记》以同情叛逆者的态度，写张生和莺莺的爱情多次遭到老夫人的阻挠和破坏，揭露了封建礼教对青年自由幸福的摧残，并通过他们的美满结合，歌颂了青年男女对爱情的要求以及他们的胜利。《西厢记》在严酷的礼教社会里，构筑了一个花娇月媚的世界，启示着封建社会许多男女青年勇敢地追求幸福。

明代戏剧家汤显祖在他的代表作《牡丹亭》里，塑造了杜丽娘的形象，通过杜丽娘和柳梦梅生死离合的爱情故事，热情歌颂了反对封建礼教、追求自由幸福的爱情和强烈要求个性解放的精神。杜丽娘是南安太守杜宝的独生女儿，杜宝严格按照封建的道德规范管教杜丽娘，杜丽娘在官衙里住了3年，连后花园也没有去过。环境的寂寞、精神生活的空虚，使杜丽娘这个处于成长时期的青春少女感到苦闷。第一次偷偷到了后花园，那盛开的百花，成对的莺燕打开了她的心扉："原来是姹紫嫣红开遍，似这般都付与断井颓垣。良辰美景奈何天，赏心乐事谁家院！"她一面悲叹自己青春的虚度、个人才貌的被埋没，一面憧憬着自己的理想，在梦中寻找出路。在摆脱了现实世界的种种约束之后，她果然找到梦中的书生柳梦梅，向他表示爱情，还魂结为夫妇。

《红楼梦》中贾宝玉和林黛玉的爱情故事有更明显的文化价值。贾宝玉出身于世袭的贵族之家，但却有一套自己的价值观念和标准。他把仕途功名认为是"混帐话"，彻底否定"男尊女卑"的封建观念。林黛玉作为一个身世飘零、寄人篱下的贵族小姐，不但维护自己的尊严，而且大胆地追求爱情。宝、黛的爱情不是简单的男女相恋相悦，而是建立在共同的人生理想基础之上的。曹雪芹通过宝、黛爱情的毁灭，表现了封建时代叛逆者追求个性、理想和爱情的坎坷与艰难，为我们留下了永恒的艺术形象。

三、脍炙人口的语言

语言是思想的现实。脍炙人口的语言，是中国古代文学留给我们的丰富遗产。中国古代文学中简炼丰富、音律和谐的语言不仅是后代学人师法学习的楷模，而且它更是教育、熏陶和感染今天的青年人、培养他们良好的心理素质和向上精神的有益材料。中国古代文学的语言成就主要表现在以下一些方面。

第一，音律和美。形式是内容的表现。中国古代文学语言和美的音律，使文学的情感增加了真实性与力量。《诗经》保存了浓厚的民歌特色，采用重叠反复的章法、朴素和谐的语言来反映现实生活。“关关雎鸠，在河之洲，窈窕淑女，君子好逑”①，“君子于役，不知其期。曷至哉？鸡栖于埘，日之夕矣，羊牛下来。君子于役，如之何勿思”② 等等。《诗经》在形式上多数是四言一句，隔句用韵，但并不拘泥，富于变化。如杂言诗《伐檀》读起来错落有致，有自然的节奏。另外，《诗经》中叠字的运用，使情感表现更加深刻。如“萧萧马鸣，悠悠旆旌”③，“湛湛露斯，匪阳不晞，厌厌夜饮，不醉无归”④ 等屈原在他的作品中多用语助词“兮”字，使他的诗有一种音律的和美之感。“君不行兮夷犹，蹇谁留兮中洲。美要眇兮宜修，沛吾乘兮桂舟。今

① 《周南·关雎》。
② 《王风·君子于役》。
③ 《小雅·车攻》。
④ 《小雅·湛露》。

沅湘兮无波，使江水兮安流。望夫君兮未来，吹参差兮谁思”①。“帝子降兮北渚，目眇眇兮愁予。袅袅兮秋风，洞庭波兮木叶下”②。“操吴戈兮被犀甲，车错毂兮短兵接”③。无论写风景、写柔情还是写战事，都有一种节奏的和谐感。

词本于歌唱，所以宋词音律和美的特点更加明显。“对萧萧暮雨洒江天，一番洗清秋。渐霜风凄紧，关河冷落，残照当楼”④。“多情自古伤离别，更那堪冷落清秋节。今宵酒醒何处？杨柳岸，晓风残月”⑤。“东篱把酒黄昏后，有香暗盈袖。莫道不消魂，帘卷西风，人比黄花瘦”⑥ 等等，情感真挚，音律谐和，辞意妥贴，脍炙人口，具有很强的艺术力量。王实甫所写《西厢记》的语言艺术，也为世人一致赞叹。无论叙事还是抒情，都富于概括性和形象性。其文词工丽华美，铺叙委婉，摇曳多姿，诗意如流。“碧云天，黄花地，西风紧，北雁南飞。晓来谁染霜林醉，总是离人泪”⑦。“恨相见的迟，怨归去的疾。柳丝长玉骢难系，恨不倩疏林挂住斜晖。马儿迍迍的行，车儿快快的随，却告了相思回避，破题儿又早别离。听得一声去也松了金钏，遥望见十里长亭减了玉肌，此恨谁知”？前一段用几个季节性的景物衬托出离人的情绪，写得干净利落；后一段引用具有浓厚生活气息的口语，在排比和重叠中显得流转如珠。

第二，善于吸收民间语言的精华。

---

① 《湘君》。
② 《湘夫人》。
③ 《国殇》。
④ 柳永：《八声甘州》。
⑤ 柳永：《雨霖铃》。
⑥ 李清照：《醉花阴》。
⑦ 王实甫：《西厢记》。

人民生活始终是文学艺术的不尽源泉。在内容上是如此，在艺术形式上也是如此，在语言运用上更是如此。中国古代文学艺术大家，无不善于从民间语中吸取精华。

司马迁在语言运用上，注意吸取大量的民间口语、谚语和歌谣，达到逼真地写人叙事的目的。《陈涉世家》中写陈涉称王后，他旧时伙伴见他所居宫殿说："颗颐！涉之为王沉沉者。""颗颐"是陈涉故乡土语，表示"多"，"沉沉"形容宫殿的广大，带有惊异的语气，表现了农民的质朴性格。其他如"桃李不言，下自成蹊"①、"一尺布，尚可缝；一斗粟，尚可舂。兄弟二人，不能相容"②、"颖水清，灌氏宁；颖水浊，灌氏族"③、"天下熙熙，皆为利来；天下攘攘，皆为利往"④ 等，都是从人民大众的实际生活中概括出来的歌谣谚语，语言简短而包含着丰富的内容，司马迁吸收它们，使《史记》更富表现力。

在李白的诗里，乐府精神和民歌语言的运用达到了成熟和完美的程度。李白大胆运用民歌的语言和风格，很少雕饰，最近自然。"长安一片月，万户捣衣声。秋风吹不尽，总是玉关情。何日平胡虏，良人罢远征"⑤，"长相思，在长安。络纬秋啼金井栏，微霜凄凄簟色寒。孤灯不明思欲绝，卷帷望月空长叹"⑥，"床前明月光，疑是地上霜。举头望明月，低头思故乡"⑦ 等，无论抒情还是写意，都能随题抒发，各尽其妙。另外，在《黄鹤

① 《史记·李将军列传》。

② 《史记·淮南衡山列传》。

③ 《史记·魏其武安侯列传》。

④ 《史记·郑世家》。

⑤ 《子夜吴歌》。

⑥ 《长相思》。

⑦ 《静夜思》。

楼送孟浩然之广陵》、《闻王昌龄左迁龙标遥有此寄》、《峨眉山月歌》、《早发白帝城》等绝句中，李白用口头语写眼前景，却写出弦外之音，无纤弱平滞之病，达到了极高的境界。

元代杂剧作家关汉卿有惊人的驾御语言能力，他常常根据生活本身提供的语言来为剧情和人物性格服务。地痞、恶棍、妓女、童养媳，都能贴切地说出符合他们各自角色的话。王实甫在《西厢记》里，也提炼民间生动活泼的口语，铸成华美自然的词曲。

民间的歌谣、口语、谚语，或概括了生活中的情理，或抒发着人生种种感受。作为概括，它简练而生动，包含着深刻的寓意；作为抒情，它取自天真，不加虚饰。它们是中国文学生生不息的"源头活水"。

第三，具有强烈的表现力。

语言是思想的现实，也是情感的符号。高明的文学家，可以通过简洁的语言表现深刻的思想内容和丰富的情感意蕴，使人击节叹赏，味之不尽。中国古代文学语言的强烈表现力，不仅表现在诗歌意象的流转往复、散文情境的引人入胜，而且突出地表现在小说中。即，在小说中通过简洁的语言表现人情世态、表现人的心理活动等等。

在运用语言方面，《水浒传》达到了很高的水平。它写太守、皂吏、淫妇、泼皮各色人等，都能够情态毕现。如，第二十三回，因潘金莲百般调戏诱惑武松未果，遭到武松严厉拒绝和斥责，武松为避免再纠缠，便收拾行李，从武大家搬走。潘金莲在里面喃喃呐呐地骂道："却也好。""却也好"三个字声态俱有，活画出淫妇又恼又恨又无奈的心理。第五十八回，写鲁智深进城救史进，被贺太守捉住。开堂审问时，鲁智深把贺太守骂了一顿。贺太守听了，气得做声不得，只道："我心疑是个行刺的贼，原来果然是史进一路。那厮，你看那厮。且监下这厮，慢慢䩙。这秃驴原来果然是史进一路。”用一番颠三倒四不成话的话，活画出贺太守气急败坏的神情。又如，书中写鲁智深打店小二时，“鲁达大怒，揸开五指，去那店小二脸上只一掌……”用“大怒”和“一掌”还不足以表达鲁达的愤怒，“揸”字则和盘托出神韵。

除《水浒传》之外，其他古代小说也有许多精彩的语言运用。如，《红楼梦》使用简洁而纯净、朴素而多彩的语言，绘声绘色地写景状物。宝钗扑蝶、黛玉葬花、晴雯补裘、湘云醉卧等，使人读了如身临其境。不仅如此，《红楼梦》往往用一句话、一个字来突出人物情态。如，第二十三回，宝玉正喜不自胜，忽然被贾政叫去，“宝玉只得前去，一步挪不了三寸，蹭到这边来。……宝玉只得挨进门去。……宝玉答应了，慢慢的退出去，向金钏儿笑着伸伸舌头，带着两个老嬷嬷，一溜烟去了”。作者在描写中采用“挪”、“蹭”、“挨”、“退”、“一溜烟”等词，表现了宝玉畏惧和不情愿的心态和神态，具有高度的准确性和表现力。

今天，社会生活发生了很大变化。随着人们对世界人生的体验和情感生活模式的变化，文学的内容、形式也发生了很大变化。在现实条件下，我们研究古代文学的文化价值，不是为了追逐陶醉于辉煌往日的依稀梦影，而是要体察我们民族充满生机的心灵生活的历史，对其中有价值的部分，积极地予以吸收，贡献于中华民族现代文化的建设。

参考书目

游国恩等：《中国文学史》第1～4册，人民文学出版社1963年版。
刘大杰：《中国文学发展史》上、中、下。

李泽厚:《美的历程》，文物出版社 1981 年版。

叶朗:《中国小说美学》，北京大学出版社 1988 年版。

李泽厚、刘纲纪主编:《中国美学史》第二卷，中国社会科学出版社 1987 年版。

张岱年、方克立主编:《中国文化概论》，北京师范大学出版社 1994 年版。

高尔泰:《美是自由的象征》，人民文学出版社 1986 年版。

第十章　中国古代艺术

艺术是通过塑造感人的形象具体地反映社会生活、表现作者思想情感的一种社会意识形态。

中国古代艺术是几千年在中华大地上形成和发展起来的，它的多种多样的形式和丰富深邃的内容，都根植于世代延续的中华民族的劳动实践和社会生活。刘勰说的“木体实而花萼振”①、韩愈讲的“根之茂者其实遂，膏之沃者其光晔”②，都能说明这一道理。

早期的中国艺术紧紧结合人们的狩猎和农牧生活，反映的也是这方面的内容。古代的“艺”字写作“”，是人种植禾苗的象形。无论是大约6000年前到4000年前的原始彩陶，还是大约3000年前到2000年前的岩画，其内容不外是人物造型、动物造型和植物造型。人是社会的主体，动物、植物是人们制服和培植的对象，并成为人们物质生活的保证。天山等地发现的生殖岩画则反映了种族繁衍即人自身生产的要求与愿望。

原始艺术不是孤立存在的，它与原始宗教、图腾、巫术紧密相关。西周时期青铜兽纹饰如龙凤纹、饕餮纹，反映了人们相信超自然力量的一种思维方式。人们把现实生活中的动物加以拼凑和重新组装，变成世界上根本不存在的龙、凤等物，使这些动物

① 《文心雕龙·情采》。

② 《答李翊书》。

有了神秘感，然后人们再去崇拜它们。这些，都是当时生产力水平低下、人们还迷信超自然力量的一种心理状态的反映。

原始艺术也是与实用紧密结合的，在实用工具上（如彩陶、青铜器），绘画、雕刻出同人们生活息息相关的禽兽鱼类和农作物，或者看成是神物予以崇拜，或者看成猎物祈祷猎取。彩陶上的纹饰有的虽然在一定程度上抽象化了，但来源于实用，来源于生活。叶脉纹是树叶脉纹的模仿，水波纹是水波的形象化，云雷纹导源于流水的漩涡，鱼纹、鸟纹也都是这个道理。火的利用对人类起源和艺术起源都具有特别重大的意义——照亮了洞穴，驱走了野兽，吃到了熟食，发展了大脑，锻造了更先进的生产和生活工具。旧石器时代的洞穴壁画和新石器时代陶器的制造，都与火的利用相关。中国有关燧人氏的传说，与西方普罗米修斯的神话同情同理。

随着生产力的发展和社会的前进，人们社会生活的范围越来越广，人们精神的需要也随之发展，逐渐摆脱了实用的功利观念。人们在生产劳动之余的喜庆、娱乐的要求也就提了出来，那种狩猎胜利后有节奏的狂舞、喊叫，实际是雏型的歌舞。后人总结的“情动于中而行于言，言之不足故嗟叹之，嗟叹之不足故永歌之，永歌之不足，不知手之舞之，足之蹈之也”①，“诗，言其志也；歌，咏其声也；舞，动其容也”②，反映了古代艺术形成和创立时期的状况。

这就说明，社会生产社会生活发展了，精神生活也必然相应发展，而且出现了各式各样的艺术形式，在漫长的历史流程中不同艺术部类逐渐形成并完善起来。

---

① 《毛诗序》。
② 《礼记·乐记》。

第一节　中国古代艺术概述

中国古代艺术门类众多，今分八个方面作介绍。

一、建筑

中国建筑植根于中华大地，是一种实用的社会物质产品，其中有的建筑是具有审美功能的造型艺术作品。人们由“上古穴居而野处”①，“冬则居营窟，夏则居橧巢”②，到创造出有艺术价值的建筑物，它们使由供人们进行生活活动的处所，发展到具有思想文化内容的精神对象。

作为艺术部类的建筑是造型艺术的一种，其艺术形象由建筑物的体积布局、空间组合、结构形式以及比例、尺度、色彩、质感等组成统一多变、主次分明、有和谐韵律的意境和风格，从而展现人的精神，体现一种文化氛围。

中国古代建筑艺术大体分为宫殿、陵墓、寺庙和园林。

（一）宫殿

宫殿是帝王和王公贵族居住和处理朝政的地方，体现着至大至尊的特点。西汉初年刘邦建未央宫，内建东阙、北阙、前殿、武库、太仓等，宫城周围 14 公里，连刘邦本人都感到过于庞大豪华。但主持这一工程的萧何却说：“天子以四海为家，非壮丽无以助威。”北京故宫是封建时代建筑的代表，位于北京城中心，占地 72 公顷，在南北中轴线上，天安门、端门、午门、太和殿、中和殿、保和殿……节奏起伏，气势磅礴。周围是大小数十个院

① 《易传·系辞》。

② 《礼记·礼运》。

落，房屋9000多间，除了它的实用价值外，突出体现了至大至尊和皇权至上。唐代诗人骆宾王的诗句形象地表达了这一思想："山河千里国，城阙九重门，不睹皇居壮，安知天子尊！"①

（二）陵墓

陵墓是帝王和王公贵族们寿终正寝的地方，也是向人们显示其尊贵和神圣的标志。位于河北遵化的清东陵，被帝王们看做"万年龙虎抱，每夜鬼神朝"的"上吉之壤"。这里关山叠翠，既雄奇宏伟，又灵秀清幽。建筑总面积约48平方公里，外围有250公里之长。在这里埋葬着5个皇帝、15个皇后、136个嫔妃。这些巨大的建筑虽然耗尽了民脂民膏，也记录了帝王们的罪恶，但留下的又是具有很高艺术价值的古代建筑。

（三）寺庙

中国寺庙建筑与祭天祭祖相联系。汉代独尊儒术，儒家提倡"大报反本"、"慎终追远"，忠孝观念深入人心，为表示对祖先的崇敬和对前贤的敬重，人们建造宗庙祠堂，其中贵族和巨富人家修建的祠堂，规模宏大，其作用和影响远远超出本家本族。

位于山东曲阜的孔庙，是在中国连续存在时间最长的一座寺庙建筑群。作为思想家、政治家、教育家和儒家学派创始人的孔子，自汉代以后备受历代统治者的尊崇，并在人民群众中享有很高威望。祭孔曾被列为国家祀典。孔庙经历代修缮扩建成现在的规模，前后九进，南北长达1公里。主殿前有相传孔子设教的杏坛，院内古柏森森，一派庄重深沉的气氛。

另外，寺庙建筑也与佛教、道教的流传与发展有关，宗教不仅以其教义笼络人之感情，同时宗教建筑多择山水最胜之处，有"自古名山僧占多"之说。南北朝时期，佛教信仰风靡全国，南

① 《帝京》。

北各地建造了许多寺庙，南朝国都建康（今南京市）和北朝国都洛阳佛寺林立。据史料记载，仅洛阳一地的佛寺在北魏晚期达到1360所。可见，杜牧诗句“南朝四百八十寺，多少楼台烟雨中”并非夸张。宗教建筑常有峻秀之塔、崇闳幽邃之殿堂，饰以精致之造像，瑰丽之壁画，使人有一种肃穆崇敬之感，与宗教诱人之教义相得益彰。

（四）园林

中国园林可追溯到殷商时代的囿圃，殷墟书契中有“龙囿”、“渔圃”的记载，即说明当时物质生产已超过了渔猎时代而进入了农牧业比较发达的时期。而最高统治者修囿建圃，主要是为了满足享乐的需要，这些囿圃取于自然，占地广阔，种植草木，养殖畜禽。早期的园林大而阔，显示帝王的权力至上威严无比。

魏、晋以后园林兴起，与社会动乱、大一统的天下解体和士人归隐思想有关。由老庄哲学表现出的隐逸意识与当时魏、晋的历史环境相结合，加上天人合一的思想，形成了人们（主要是士人）对自然的审美意识的彻底觉醒，开始强调园林的情趣和意境，反映了人们精神生活的曲折和深邃。

皇家园林突出的仍然是开阔广大的特点，有的在其中建筑寺庙，显示其政治思想内容。如河北承德的离宫和周围寺庙。承德是清朝康乾以后的夏都，每年夏季皇帝们来此避暑，同时处理朝政，接见外宾和使臣。承德的山川风光和寺庙建筑有非常高的艺术价值，并被列为世界文化遗产。

城市中的园林，一般面积较小（如苏州园林、上海豫园），但观赏方便。借用优美的天然风景，又经过人工雕琢，吸取诗歌中名句的意境营造，诗情画意融合于建筑之中。中国园林不像西方园林那样强调整齐对称，那样显示人工之美，而是亭台错落、小桥流水、曲径回廊、峰回路转、别有洞天。以此表现风韵之美、意境之趣。明朝园林学家计成说，它是“自然天成之趣，不烦人事之工”，“虽由人作，宛自天开”①。

概括起来，中国建筑艺术有这样三个主要特征：1. 实用性，一大部分具有艺术价值的建筑，同时具有使用价值，这是建筑艺术与其它艺术不同的一个显著特点；2. 纪念性，它以巨大的体积千百年地存留在人间，是一定历史和社会文化的见证；3. 象征性，建筑能够成为艺术，能够在实用的基础上富有文化内涵和审美价值，还在于建筑能象征人们的某种精神。

二、雕塑

雕塑是一种用制作方法（雕刻和塑造）命名的艺术。它是以各种硬质材料（金属、石料、骨、牙等）和软质材料（黏土、腊等）为媒介，雕塑成可供视觉感受的实体形象，艺术地表现客观世界，给人们以审美享受和教育。

据考古发现，最早的雕塑在三万年前就已存在，是物态化最早的艺术品。

在中国，雕塑没有西方那样独立的地位，几乎都是建筑的一部分，如宫殿、陵墓、寺庙的雕塑，还有就是工艺雕塑，其中有的是实用和观赏相结合，有的则只供观赏。

建筑雕塑是附属于建筑的装饰性或寓义性的雕塑，或直接为建筑物的构成部分，如雕成龙头的水道、屋顶的瓦当或设置于建筑周围的雕塑。

秦、汉时期建筑构件上的雕饰已相当出色，秦砖汉瓦在建筑史上享有盛名，与建筑浑然一体。汉代大兴宫殿苑囿工程，把建筑雕塑当作夸饰权威的手段，如石阙的阙檐上雕刻着勇猛的动物和神话故事的情节，或按方位雕出青龙、白虎、朱雀、玄武（龟

① 《园冶》。

蛇合体之象）四神兽。

古代陵墓雕塑与皇权思想及宗教迷信相结合。中国的厚葬习俗，历史悠久。古代人们关于灵魂不死的信仰，使陵墓雕塑产生了非凡的想像力和创作灵感，从而创作出构思巧妙、技艺高超、气韵生动的作品。帝王将相陵墓门前和神道上的雕塑，包括华表、石人、石兽。西安郊外的汉代将领霍去病的墓冢周围设有10多种动物石雕，如卧牛、卧马、跃马、伏虎、驯象等，其中“马踏匈奴”位于这批动物群雕的中心位置，马的形象高大直立，四蹄之间封锁匈奴武士形象，突出了纪念霍去病抗击匈奴侵略者屡建战功的主题，既有大胆的想像力，又有卓越的创造性，代表了汉代石雕艺术的最高成就。甘肃武威汉墓出土的“马踏飞燕”是一匹驰骋嘶鸣的奔马，三足腾空，另一未稳之足踏在一只飞燕上，传神地表现了这匹马不是用于战争、农耕和交通，而是作为协助死者灵魂升天的神灵之兽被塑造的，其审美价值早已超出为丧葬服务的功能。

南朝陵墓的表饰雕塑，题材多为小型灵兽，头部高昂，且有向后弯曲的角，胸部低伏，臀部高高抬起，长尾触地，给人以神异的力量感。这一时期的雕刻技法，继承了汉代传统石雕的粗线条雕刻法，技巧上又有明显的发展，刀法洗炼，刚中有柔，更能显示陵墓之庄严神圣。

唐代陵墓主要集中于陕西境内，规模更为宏大，石人、石兽皆用巨石雕塑，“昭陵六骏”是以李世民在开创唐帝国的战争中骑过的六匹骏马为原型，由著名画家阎立本描绘设计，雕刻者也是当时的能工巧匠。六马姿态各异，但均雄劲有力。四川乐山大佛相传为唐代建造，历时4个皇帝，该佛高71米，肩宽28米，是我国、也是世界上最大的崖石刻佛像。该佛像位于凌云山前三江汇流处，水流急湍，波涛汹涌，覆舟溺人之事时有发生，造此佛意在保佑过往船只平安无事。

陵墓雕塑还包括冥器（亦称明器），是古代用于陪葬的代替实物的模型，早在新石器时代的墓葬文物中已有陶屋模型，还有屋门下以线刻手法刻画的狗的形象。商、周以前以活人、牲畜及实物陪葬，春秋战国时期又用冥器陪葬，秦、汉时出现冥器雕塑的高峰。秦始皇陵墓的冥器雕塑几乎全是战争题材的，用以显示武功，炫耀权威。1974 年发掘的秦陵兵马俑坑（1 号、2 号、3 号），总面积约 20000 平方米，武士俑有 700 左右，陶马 100 多匹。武士俑形象肖似北方农民，立俑身高1.8 米，立马高1.6 米，各部位表现细致入微，由兵马俑组成的军阵具有浑然一体的气势，局部的真实细腻与整体的统一有机融合，在中国雕塑史上具有划时代意义，被称为“世界第七大奇迹”。

宗庙造像在汉代兴起，多是塑造现实中的人物。如四川省灌县都江堰的秦蜀郡太守李冰石雕像，是后人为颂扬他的治水功业所立，其刻画手法大胆简洁，面部含蓄生动、智慧安详。再如，杭州岳飞墓大殿的岳飞像，是泥彩塑，安详、镇定，是后人为歌颂他抗金的功绩，以及对谋害他的秦桧等人的卑视所建。岳飞墓旁秦桧等人的跪像，是铁铸而成，反映了人们爱憎分明的态度。正如岳飞墓前联语所云：“青山有幸埋忠骨，白铁无辜铸佞臣”、“正邪自古同冰炭，毁誉于今判伪真”。

工艺雕塑，包括金属铸造、陶器塑、泥塑、木雕、漆雕、竹雕、石雕、玉雕、骨雕、根雕、冰雕等。其中有的是实用与玩赏的统一，有的只属于观赏。在我国，早在新石器时代已有陶塑制品，如壶型器物为一动物造型，四脚为器物的四腿，利用动物之口作为壶咀，倾倒浆水，工艺性和实用性巧妙结合，融为一体。另外还有大量的只有观赏价值而无实用价值的工艺雕塑。

总起来看，中国雕塑有如下主要特征：1. 附属性，中国雕塑没有像西方那样的独立地位，常常是作为宫殿、陵墓、寺庙的陪衬物；2．象征性，各种雕塑都要显示人们要表达的一种精神、一种风格，如壮美、优美或其他意义；3．群众性，许多雕塑和建筑一样以巨大形体展现在人们面前，人们不能视而不见，既然见到了，人们就要欣赏和评价，并对人们产生精神价值。

三、书法与篆刻

（一）书法

中国书法是借汉字书写，以不同形态的点画线条来表现审美情感的一种特殊艺术。文字由书写符号到成为艺术，就在于使它有了神采、意韵，能传达人的情感。书法从形式到内容都比雕塑、绘画等艺术要抽象，正因此，它又是更高层次的艺术。

汉字是兼有形象、想像和抽象三者为一体的艺术化文字，超出了信息运载工具的职能，成为艺术创造的对象。中国人的汉字书法，从甲骨文到金文、石鼓文、大篆、小篆、隶书、楷书、行书、草书，每次字体的进展与嬗变都伴随着艺术美感的集约化过程。它集崇高、优美、和谐、自由为一体，来表现人们丰富多彩的情感。中国有“字如其人”的说法，书法艺术有利于综合开发儿童乃至成人的空间感受、运动（时间、速度）、想像和符号抽象的直觉能力，从而有利于全面调动人的感官和大脑两半球的智慧的潜能。

中国古代书法的雏型见于公元前4000多年的仰韶文化的彩陶上，其中有100多种刻划的符号。公元前2500年山东大汶口文化时期的陶器上的刻划符号，已经是结构复杂，造型美观的文字。甲骨文的文字已有很高的艺术性，大小、神变、刀法各不相同，有些形象味很浓，表现得很生动。可见公元前1000年以前的书法已达到相当完美的程度。另外在商代钟鼎文上，字形章法严整优美，司母戊鼎上的“司母戊”三字，紧凑、古朴而宏伟。

春秋战国时期，由于铁器的使用等原因，青铜器及其铭文都趋于衰落，其它材料的书法特别引人注意，如石策、竹简、帛书、石刻等，其中战国早期的《侯马盟书》，书体为大篆，浑厚酣畅，是古代少见的墨迹材料。

秦统一中国后，书同文，盛行小篆，后又造隶书。近年出土的河北定州汉简是相当成熟的篆书形式，亦是研究汉隶发展的重要资料。汉隶碑文在全国多有发现，在中国刻碑史书法上占有重要地位。但是隶书的严整有余，灵活不足，已显示出向楷书转变的迹象，并进而发展到草书。

西汉以后，由于书法本身艺术的不断加强和相应物质条件的成熟，书法作为艺术吸引了更多的文人和官吏。从汉末到魏、晋、南北朝产生了一批书法家，他们在书法艺术上达到的高峰至今不可逾越。如汉末、三国时的张芝、蔡邕、钟繇，两晋时的卫瓘、陆机、卫夫人、王羲之、王献之，南朝的羊欣、王僧虔、肖子云等。其中张芝善草书，精熟神妙，冠绝古今，被誉为“草圣”。钟繇善隶、楷、行三体书，以楷书贡献最大。在他手中写出了法度，基本定型，梁武帝称颂其书法“如云鹤游天，群鸿戏海，行间茂密，实亦难过”。张怀瓘赞其为：“刚柔备焉，点画之间多有异趣。可谓幽深无际，古雅有余。”

王羲之是中国书法史上成就和影响最大的书法家，被誉为“书圣”，其章草可与张芝媲美，后来又创造了一种遒媚流便的新体，其晚年书法艺术达到高峰。梁武帝评其书曰：“字势雄强，如龙跳天门，虎卧凤阁。”唐太宗说：“观其点曳之工，裁成之妙，烟霏露结，状若断而不连，凤翥龙蟠，势如斜而反直。”孙过庭评说是：“不激不厉而风规自远。”总之，王羲之的字气势雄健，变化丰富，风韵潇洒，意趣悠长。

这些书法家的成就，除了个人才能外，总离不开特定的时代以及他们热爱自然、熟悉生活的基础。钟繇曾说："每见万类，皆书象之，""笔迹者界也，流美者人心。"唐代大书法家张旭见公孙大娘舞剑而悟笔法。他们在处理形神关系上总是把神采放在第一位，同时主张神形兼备，这也是文字所以成为艺术的重要原因。王僧虔说："神采为上，形质次之，兼之者可绍于古人。"

隋僧智果的《心成颂》、唐欧阳询的《三十六法》都是讲书法结构理论的，林蕴的《拔镫序》是讲执笔法的，对技法提出了规范性意见。

书法艺术不描绘具体的客体对象，只是借文字的书写以不同形态的点画线条来表现一种美感和作者的不同情趣。书法从形式到内容都比较抽象，但是人们在长期的创作和欣赏过程中已形成了一套完整的欣赏方法，也是书法艺术的特征：1. 通过书法的点画、结构和章法表现其形式美；2. 通过字的形态欣赏其神采美；3. 通过字的形神，欣赏隐藏在背后的书法家个人的精神美和不同时代的情趣美。

（二）篆刻

篆刻是镌刻印章的总称。在中国，玺印是一种凭证，古代官员带在身上，类似身份证。《后汉书·祭祀志》记载："诈伪渐兴，始有印玺，以检奸萌。"《周礼》记载："贷贿用玺节。"可见玺印与贸易有关。

篆刻由凭证成为艺术，和书法由信息工具的文字成为艺术一样，必须使镌刻的文字有意韵、有情趣。"方寸之区，气象万千"，这是对艺术品的篆刻的美誉。

晋末南北朝后，纸张取代简牍，玺印开始用印泥印在纸帛上，印泥先用黑蓝色，后来一般用红色。艺术篆刻形成和发展，并成为文人和艺人掌握的一种艺术。

中国篆刻艺术源渊流长，从春秋战国起从未间断，其形式多彩，风格各异，有官玺、姓名私玺、吉语玺、单字玺等几种。形式有白文印、朱文印。战国玺印字形安排大小参差，错落有致，笔画挺拔秀丽。

到汉代，玺印艺术达到古印高峰，数量也大增，其主调是笔画方整，布局均匀，气势饱满，浑穆端雅。另外，汉代的急就章，由于军务急迫，临时刻就，笔法、布局、刀法都很随意，比一般工稳的铸印更加朴拙自然，流畅开朗，也有一定艺术价值。

从唐代开始，出现了有关文人用印的记载，宋、元时逐渐增多，明、清时达到高潮，如“贞观”、“开元”等年号印。李泌的“端居室”是最早的文人室名印。

到宋代，书画作品上出现文人印已甚多，如欧阳修的“六一居士”、苏东坡的“东坡居士”，特别是米芾，用印自篆自刻，刻工粗放，具有大家风度。

元代赵孟頫也大力提倡篆刻，他的印章是自己篆文，别人奏刀，其玺印圆转妩媚，丰神流动，如春花舞风，轻云出岫。

明、清两代，文彭、何震、苏宣及西泠八家均有较高成就和影响，此外赵之谦、邓石如、吴昌硕等也都是治印高手，其影响延至如今。

总之，书法和篆刻在中国古代既有很高的实用性，又是高雅的艺术形式，它把人们交往的工具和凭证，通过艺术手法变成了真正属于中国国粹的艺术品。这种艺术的突出特征在于其抽象性，它注重表现而不重再现，可以帮助人们陶冶性情，修身养性，寄托情怀，品味人生。欣赏书法和篆刻需要有较高文化层次和专门的修养，它是一种高品位、高层次的艺术。

四、绘画

中国绘画通常称为中国画，是世界上惟一的以国家称谓命名绘画品类的画种，和希腊雕塑并称。中国画运用毛笔、宣纸、水墨等特殊材料，诗书印等辅助表现形式，屏壁册页卷轴等不同装裱式样，突出地表现了中国画的特色。

中国画表现的主要内容是人物、山水、花鸟。唐代张彦远将中国画分为6门：人物、屋宇、山水、鞍马、鬼神、花鸟；北宋《宣和画谱》分为：道释、人物、宫室、番族、龙鱼、山水、兽畜、花鸟、蔬果、墨竹，共10门。简要的分法即人物、山水、花鸟。

人是社会生活的主体，人当然要成为人们用各种形式描绘的对象，绘画也不例外。人物画是直接以人的形象或活动为描绘对象，包括神佛、帝君、宿世人物、仕女，还有风俗画、故事画，通过这些人物的姿态、情绪和行为来表现人的活动，寄托作者的情感和愿望。

周朝时期，人物画已作为重要内容广泛地用于各种建筑与器皿之上。文献中记载孔子观周代明堂绘画，其中画有尧、桀、纣等古代帝王之像，各有其善恶面貌，以作为王朝和统治者兴废的诫鉴。还有周公辅佐成王的历史故事画，初步形成了以笔描绘出外轮廓线而在其中涂以各种色彩的基本画法，呈现出鲜明准确的造型与单纯强烈的色调，成为后来中国画的基本技法，并决定了中国画的面貌。

汉代发明了纸，对中国画的流传普及起了划时代的作用。加之经济发展，尤其是江浙一带文化较发达，且山清水秀，是绘画的好题材，从而促进了中国画的发展。

三国时期东吴著名画家曹不兴，画人物时对衣纹的处理方法，被后人称为“曹衣出水”，后来的吴道子画人物的衣带飘飘欲举，被誉为“吴带当风”。尤其是晋朝顾恺之提出了系统的人物画理论，并创造了特殊的用笔技巧，他特别强调绘画作品的传神，指出“四体妍蚩，本无关于妙处；传神写照，正在阿堵（指眼睛——引者注）中”，其画论要点在于“传神写照”、“迁想妙得”，提出了“以形写神”的创作规律，在中国绘画史上占有极其重要的地位。《洛神赋图》与《女史箴图》为其代表作品。

唐初阎立本，是著名画家、工艺美术家及建筑师，以画帝王肖像著称。《步辇图》、《历代帝王图》是他的传世名作，前者描绘唐太宗接见前来迎接文成公主的吐蕃王朝使者禄东赞的情形，后者刻画了两汉至隋代13位帝王的形象，除保留着肖像画的特征外，着意服饰、举止、面部神情的描绘，表现了各帝王的不同气质、个性及外貌特征。而且帝王与侍从的形体比例不一，有意突出了主要人物。

唐末至五代由于山水画逐渐成熟，不少人物画渐渐将人物安排于山水林木等环境中，使人物成了山水的点缀。到了北宋，画家李公麟发展了白描手法，将其运用到人物画上，达到了很高造诣。南宋画家梁楷，崇尚减笔描及泼墨，为后世写意画开一代新风。到了元代，赵孟頫用勾勒填色的方法创作一些人物画外，整个画坛人物画的踪迹已不多见。

明、清时代的民间绘画中，人物画仍占重要地位，而且取得了一定成就。明朝唐寅、清代扬州八怪中的黄慎、华喦、任伯年都有杰出的人物画问世。当然，山水画在中国画中占有特殊的席位，从魏、晋、南北朝发展起来，到隋、唐之际已成为独立画种，并产生了以矿物质的石青、石绿为主要色彩渲染着色的“青绿山水”和以墨色为主的水墨山水。隋朝展子虔的《游春图》是青绿山水画最早传世佳作，这幅画的技法特点是以细线勾描，没有皴笔，施以清绿，色彩浓郁。从五代至宋代，是山水画兴盛并成为画坛主宰的时代，皴擦点染等技法与各种表现手法相结合，形成了山水画的全盛时期。唐代诗人王维、画家张璪也是泼墨山水画的创始人，其中王维的作品笔迹劲爽，笔意滑润，其作品

《辋川图》山谷郁盘，云水飞动。

唐末至五代之际，出现了四位在山水画发展中作出里程碑式贡献的人物：荆浩、关仝、董源、巨然，史称“荆关董巨”，其中前二人生于江北，后二人生于江南，并由他们开始逐渐形成了南北流派的不同风格。他们有意识地追求笔墨，并注重对自然景物的反复揣摩描绘，高山深谷，古树奇木，气势雄浑，景象森然。

北宋李成、范宽继承了“荆关董巨”的特长，在表现力方面又有新的突破，他们善作林木丘壑，多其深远高旷的全景构图，气势恢宏，博大深远，色精笔妙，雄浑厚重。著名画家张择端的传世佳作《清明上河图》即创作于此时。该作品描绘了北宋首都汴梁（今河南省开封）运输和贸易的兴盛情景、物阜民丰的繁荣景象，画面上安排各种姿态的人物500余人，牲畜50余头，车轿船各20余辆（只、艘），房屋30余栋以及石桥、店铺等，场景之宏大，布局之巧妙，成为绘画史上的典范。

从北宋末年到南宋出了刘松年、李唐、马远、夏圭，合称“刘李马夏”，被誉为“南宋四大家”。如果说北宋画家完成了“致广大”的探索，那么，南宋画家的成就则在于“尽精微”的描绘，对一木一石、山腰水角、树梢坡脚作了细致刻画，达到了“近取其质”的境界，后世称马远为“马一角”、夏圭为“夏半边”。南宋的山水画不但对后世中国画产生了影响，也直接影响以日本等地的民族绘画。

宋、元之际，特别是元代，由于社会动荡和文化变迁，不少画家隐迹山林，潜心书画，以寄情怀，并对传统的绘画观念与艺术手法进行了一次变革。其标志是对于笔墨的普遍讲究与高度重视，对气势韵味的追求以及诗书画印的结合，使山水画升到一个新的文化层次。其中“元四家”黄公望、王蒙、吴镇、倪瓒贡献最为突出。

到了明朝，已出现了以戴进、吴伟为代表的“浙派”和以沈周、文征明、唐寅、仇英为代表的“明四家”。明、清之际，画坛又呈现空前繁荣多彩景象，出现了以恽寿平为代表的“武进派”，以董其昌为代表的“松江派”，还有“金陵八家”、“画中九友”、“四僧八怪”等。

明末以后的山水画体现了一种创新精神，石涛（朱若极）、八大山人（朱耷）均为明室后裔，对大明天下日趋衰落和清兵入侵不满，并通过其作品予以抒发，那种简括凝炼、形象夸张、意境冷寂的手法，寄寓了作者的亡国之痛。

清代画坛上正统派代表王时敏、王翚、王原祁、王鉴，过于摹古和程式化，但那种传统的宽厚仁和、温良敦实的风格之追求和各类技巧与法式的归纳也是功不可没的。

花鸟画，包括飞禽走兽虫鱼博古，在中国画中是出现并成熟得最晚的画科，但后来又是最为丰富宽广的一大画科。它出现于唐代，发展成熟于五代，至宋朝及明、清之后题材相对集中，而风格多变。在河南临汝出土的一件彩陶缸上，用红白黑等色绘出了一幅《鸟鱼虫斧图》，从中看到了古代对花鸟画的描绘。

花鸟作为绘画题材，不像画一座山或一片水那样随意而无常形，而受其形貌和体态的恒定性的限制，这是花鸟画晚于山水画的原因之一。

五代南唐创立宫廷画院，对花鸟画发展起了很大推动作用。黄荃将勾勒染色的各种技法完善地运用在花鸟题材的描绘上，画出的珍禽异卉细腻生动，形成了秾丽细致的华美风格。与黄荃齐名的徐熙，独创了墨彩并用、互不相掩的落墨法，使花鸟画的用笔一开始就与色彩联系起来，他善画江汀野鸟、山间花草、蔬菜茎苗，野趣横生，后人评为“黄家富贵，徐熙野逸”（黄荃之弟和两个儿子均为画家，并继承其风格）。

宋代是花鸟画成熟的时代，许多画家为了进行花鸟画的创作而探索各种技法与创作手段，甚至耗费了毕生精力。其中“写生”画的诞生，强调的是重视其生态，而不是死描死写，创作的作品栩栩如生，灵透活泼。当时身为国君的宋徽宗赵佶，不理朝政，沉溺书画，并亲自掌管翰林国画院，他的提倡和重视对宋代绘画的发展起了一定作用，其《芙蓉锦鸡图》名传于世。

元朝时，花鸟画保持着工笔与写意两种发展途径，前者重视描法与染色，后者重视意境情趣的追求。

元朝以后，花鸟画题材相对集中，松竹梅岁寒三友、梅兰竹菊四君子成为人们重视的题材。郑思肖画菊题“宁肯枝头抱香死，不曾吹落北风中”，王冕画梅题“不要人夸好颜色，只留清气满乾坤”，都寄寓一种不与元朝统治者妥协的气节和人品。这样就使花鸟画寓含了更深层次的文化观念和思想内容。明代以后形成的牡丹富贵、水仙清白、荷花高洁等，显然已经将所画花草人格化了，并影响到民间绘画。

在花鸟画方面，明朝的徐渭（号青藤）反对因袭前人的“鸟学人言”，主张“心为上，手次之，目口末矣”。他的画具有走笔如飞、泼墨淋漓而直抒胸臆的特色，引起了后人心悦诚服的赞叹。后人郑板桥、齐白石都佩服地说，愿做“青藤门下走狗”。另外，徐渭几乎是有画必题，巧妙地将诗书画印结合，成为独有的东方特色。

朱耷之后，乾隆年间寓居扬州的一批极富个性的画家郑板桥、金农、黄慎、李鳝、高翔、罗聘、汪士慎、李方膺被称为“扬州八怪”。他们的绘画体现了反传统的创新精神。同时稍晚还有其他一些画家，也具自己的风格和特色。一直到吴昌硕和齐白石，无论在技巧和情趣方面都有新的赏试，并影响至今。

总起来看，中国画有如下主要特征：1. 不求形似而求神似；2. 用虚拟的手法表现景物；3. 有人格化的思想，既怡情又比德。

五、音乐

音乐是通过有组织的乐音形成的艺术形象表达人们的思想情感、审美感受，反映现实生活的一种艺术。

中国的传统音乐，是中国几十个民族在共同生活共同劳动的漫长历史中形成和发展的。《宋书·乐志》云："孝王（梁孝王）筑睢阳城，造唱声，以小鼓为节，筑者下杵以和之。"可见，古代人们的生产生活与音乐的产生密切相关。

中国古代劳动者多唱徒歌（清唱），王室则是鼓乐齐鸣。音乐分为声乐和器乐两大类，也可按形式、体裁和风格的不同，分为独唱、重唱、合唱；乐曲分为独奏、重奏、合奏；器乐分为吹打、丝竹、民族管弦乐曲和交响乐曲；戏曲、曲艺音乐以及新歌剧、秧歌剧、舞剧等不同类型。

中国传统的乐器和器乐历史久远，种类浩繁。河南省舞阳县贾湖新石器时代遗址出土的能吹七声音阶和演奏乐曲的骨笛距今已有七八千年的历史，另外还有发掘的骨哨、陶埙、陶钟和石磬。陕西省长安客省庄和河南省陕县庙底沟新石器时代遗址出土的陶钟，是青铜钟的祖先。青海省乐都柳湾和山西省襄汾淘寺新石器时代晚期遗址出土的石磬，打制而成，造型古拙，发音清亮，是所知石制体鸣乐器之一。

先秦时期，编钟、编磬、铜鼓、镛、钲、铃、缶、柷、敔、鼗、鼓、琴、瑟、筑、籥、管、篪、龢、竽等乐器，已得到普遍使用。1978 年 6 月，湖北隋县擂鼓墩战国遗址出土的曾侯乙编钟，以其精湛的工艺、宏伟的造型、优良的发音和完善的律制而惊震世界。同一遗址还出土了编磬。云南省楚雄万家坝和祥云大波那还出土了战国的铜鼓，至今发音宏亮。

秦、汉、魏、晋、南北朝时期，乐器又新出现芦笙、笳、角、笛、筚篥、筝、直项琵琶（阮咸）、箜篌等，古吹乐和古琴音乐在此时期甚为兴盛。

隋、唐、宋、元时期新出现的重要乐器有曲项琵琶、奚琴、三弦、唢呐等，小型器乐合奏如细乐、清乐之类亦得到发展。

明、清至近代，包括变体在内的各种乐器，数量已达百种以上。除许多乐器均能独奏之外，弦索乐、丝竹乐、芦笙乐、吹打乐、清锣鼓等器乐合奏形式，亦出现众多种类并在演奏技艺上达到较高水平。我国古典名曲《十面埋伏》、《高山流水》、《春江花月夜》、《阳关三叠》等，至今仍吸引着许多听众。

到了近现代，“八音”归类的分类法，将中国传统乐器划为四大类，即吹奏乐器、拉奏乐器、弹奏乐器和打击乐器，简称吹、打、弹、打。

中国古代音乐理论也是相当发展的，诸子百家，几乎都有关于音乐的理论。“乐以安德”①、“政象乐，乐从和”② 等影响深远。中国最早的音乐专著《乐记》指出：“凡音之起，由人心生也，人心之动，物使之然也。感于物而动，故形于声。声相应，故生变，变成方，谓之音。比音而乐之，及干戚羽旄，谓之乐。”论述了音乐产生于人的感情，人的感情变化则是客观事物影响的观点。人们对生活的热爱、对征战的勇气、对爱情的追求、对人生的思索、对大自然的迷恋，都能通过音乐来表现。音乐的社会功用是不可忽视的。“出，所以征诛也；入，所以揖让也”③，

---

① 《左传》。

② 《国语》。

③ 《荀子·乐论》。

“乐文同，则上下和矣”，“揖让而治天下，礼乐之谓也”①，这些说法从不同侧面强调了音乐所能起的社会作用。

正是音乐的作用是多方面的，人的情感又是丰富多彩的，由不同音调构成的旋律便可以描绘快乐的、悲哀的、温柔的、活泼的、宁静的、冲动的、疑问的、惊叹的、肯定的、动摇的、善良的、凶煞的、热情的、冷酷的等等复杂的思想和感情。

总之，音乐这门艺术有其明显的特征：1. 不诉诸直观，而有一定抽象性；2. 长于抒情，不擅于叙事；3. 表现性强，再现性差。

六、戏曲

戏曲是一门综合艺术，是以“歌舞演故事”的传统戏剧形式。我国的戏曲是各门艺术中形成较晚的一种，直至宋、元才形成比较完整的艺术形式。经过漫长的历史发展和演变，戏曲种类已达 300 多，分属昆曲、高腔、皮簧、梆子等声腔系统。

原始社会的歌和舞是不可分地联系在一起的，最初是一种原始宗教仪式，对鬼神的祭祀，对祖先的崇敬、丰收的喜庆以及后来对男女爱情的倾心唱颂，都以歌舞表演的形式出现。

汉代的角抵戏《东海黄公》记载东海人黄公有法术，能兴云雾制伏蛇虎，黄公佩赤金刀前往降伏，因年老力衰，法术失灵，终为虎蛇所害。此戏表现了人们呼唤新的法术的出现。

唐代的歌舞小戏《踏摇娘》、《代面》、《拨头》、《兰陵王》等，都是以演员妆扮角色，运用歌舞手段，表现简单的戏剧冲突。还有唐代的参军戏，通过戏谑滑稽的表演讽刺朝政和种种社会现象，也有戏剧冲突的成分。

到北宋神宗时，说唱艺人孔三传创造了诸宫调（亦称“挡

① 《礼记·乐记》。

弹词”）的说唱形式，把叙事和抒情的因素结合，用琵琶等乐器伴奏，演述长篇故事。诸宫调的形式是根据故事情节的需要，采用各种宫调的曲子组成。后来出现了董解元著的《西厢记诸宫调》，演唱崔莺莺与张君瑞恋爱的故事，标志着说唱艺术在文学上和音乐上的成熟。它既发挥了叙事的特点，又吸收了其他题材在故事情节和趣味方面的优点，而且是直观的再现，通过演员角色来完成。北宋时，除宫廷、寺庙和临时性的场合演出外，还出现了为演唱而设的瓦舍，这样观众也就有了市民，手工业者和商人。瓦舍勾栏中诸种伎艺互相观摩、竞争，促进了戏曲艺术的第一个完整形态—元杂剧的发展，出现了一批杰出的剧作家。如关汉卿、王实甫等，创作出如《窦娥冤》、《西厢记》之类的优秀作品，并逐渐形成了驾头杂剧（演帝王君臣）、绿林杂剧（演绿林英雄）、闺怨杂剧（演男女爱情）。元杂剧的活动中心在大都、真定（今河北省正定）、汴梁（今河南省开封）、平阳（今山西省临汾）等地。

由于元代文人地位低下，失去了仕进的道路，生活处于低层，对社会上的黑暗现象不满，所以，他们多通过作品进行揭露、鞭笞，表现了对人民群众疾苦的同情，歌颂了人民群众的反抗精神。当然元杂剧中也有些宣传封建礼教、鼓吹出世避俗、神鬼迷信的作品，这是我们需要加以鉴别的。

明朝中叶，出现资本主义萌芽，我国东南地区纺织、制瓷、造纸、制茶、盐业等工商业都有发展，城镇市民阶层壮大，对娱乐的需求也越加强烈，遂出现了南戏系统的海盐、余姚、弋阳、昆山四大声腔，并兴盛一时，四方传播，成为很有影响的明、清传奇。上至宫廷贵族王公府邸，下至民间的草台，演出活动甚多。

戏曲是一门综合性艺术。剧本属于文学，服装、布景与绘画关系密切，伴奏属于音乐。除此外，就是对演员的要求越来越高，角色分工更为细致，生、旦、净、丑，术有专攻。各种角色的脸谱也有区别，其形样多达百种以上。戏曲演员的服饰也有许多讲究，在表演上还有翎子功、扇子功、手绢功、髯口功……形成了一套程式化的技巧。演员演好角色，唱念做打，需多年刻苦磨练。由于是在小舞台上演大千世界，戏曲还要采用虚拟化的手法，百里行程，千军万马，夜行、暗袭、过桥、启门、骑门、坐轿、乘船都用演员动作来表现，有时只用简单的道具，这就更需要演员表演的维妙维肖。

总之，中国戏曲艺术有这样三个主要特征，即 1. 综合性；2. 虚拟性；3. 程式化。

七、舞蹈

舞蹈是经过提炼、组织和艺术加工的，以人体动作为主要表现手段，表达人们的思想情感、反映社会生活的艺术。其基本要素是动作姿态、节奏和表情。舞蹈起源于劳动，与诗歌、音乐结合在一起，是人类历史上产生最早的艺术形式之一。

中国古代舞蹈包括自原始社会至封建社会流传的历代舞蹈，它与武术、杂技等，构成了独特的中国人体文化。

按舞蹈体系可分为：宗教祭祀舞蹈、古典舞蹈、戏曲舞蹈和民族民俗舞蹈四大类。

从已发现的内蒙古阴山崖画、云南沧源崖画以及舞蹈纹饰的彩陶来看，古代舞蹈反映的内容有：一是狩猎、农耕等生产劳动及有关祭祀祈祷活动；二是反映征战以及有关祭祀祈祷活动；三是反映性爱和生殖祈祷活动；四是反映对自然神灵的崇拜。这与中国古代就已形成的“天人感应”、“天人合一”的思想有密切关系。长期以来，舞蹈多是赞扬人们与自然斗争的场面或歌颂现实生活中以及传说中的英雄人物。

周代时中国舞蹈已相当兴盛，当时祭天祭祖、婚丧嫁娶，总离不开音乐和舞蹈，使它们成为姊妹艺术。当时，纪念黄帝的乐舞叫《云门》，表现了对其功勋和德行的颂扬，纪念帝尧的乐舞《大章》，把尧帝奉为天神一般的仁慈和智慧。还有虞舜帝的乐舞《大韶》，被视为尽善尽美的古代乐舞的典范。

春秋时代，两周礼乐制度遭到破坏，各诸侯国的宫廷女乐和民间乐舞发展起来，歌舞是当然的主要表演形式，并为统治者所嗜好。除在宫廷宴饮中表演外，在外交场合也常常作招待宾客的节目。

儒家将乐舞视作为周礼和周制服务的工具和教化手段。忽视其娱乐功能，但在实际上并不能阻挡民俗乐舞的发展，到战国时期民俗舞更为兴盛。孟子看到了这一历史潮流，主张“与民同乐”，并使民俗乐舞成为官民共赏贵庶同乐的艺术。

秦、汉时代，舞剧共兴，“舞剑弄丸”在汉代最为常见。宫廷中乐舞百戏也甚兴盛。舞蹈与武技也同台献艺。表演者手持兵器，舞剑、舞棍、舞刀，舞姿和神态各有风采。当时长袖舞和巾舞也很流行，演出者主要为女性，长袖和巾带扩展了人体的表现能力，细腰婀娜，长袖飘飞，美不胜收。流传至今的红绸舞可追溯到古代的长袖舞。杨柳细腰轻歌曼舞的赵飞燕（汉成帝的皇后）就是汉代著名的舞蹈家，她因善轻功，能作掌上舞，故名飞燕。

汉章帝时的傅毅作《舞赋》，其中讲到：“其始兴也，若俯若仰，若来若往，雍容惆怅，不可为象。其少进也，若翔若行，若竦若倾……”成为古典舞蹈的重要原则。其中也宣传了“行乐之方”，体现了道家“乘物以游心”而达到“独与天地精神往来”的思想，宣扬“启泰真之否隔兮，超遗物而度俗”，成为中国人体文化向哲理化和养生化发展的端倪。

两晋和南北朝时代是中国历史上民族大交融的时代，也是各民族人体文化大交流的时代，正是这种交流融会，为后世少数民族与汉族、南方与北方的乐舞文化的大融合起了决定作用。由于佛教、道教的盛行，也出现了以宗教为载体的宗教乐舞，在云冈、龙门和敦煌等佛教文化宝藏中，留下了天宫乐舞与民俗乐舞相映成趣的倩姿遗影。

隋朝的建立结束了三百年的战乱纷争，实现了和平统一，歌舞升平成为舞蹈表现的主要内容。每年还要调集各地的歌舞百戏和少数民族乐舞到京城长安演出，盛况空前。蒋道衡的《和许给事善心戏场转韵诗》讲到了当时的情况："万方皆集会，百戏尽前来。羌笛陇头吟，胡舞龟兹曲，假面饰金银，盛装摇珠玉。""抑扬百兽舞，盘蹦五禽戏。"

到了唐代，中国古代舞蹈达到了高峰。这个时期，舞蹈成为宫廷和民间节庆和宴饮中自娱的最普遍的方式，成为人们文化修养的一个标志。唐太宗亲自排练声势辉赫的《破阵乐》，唐玄宗的爱妃杨玉环也以善舞《霓裳羽衣》称绝一时。安禄山因善舞《胡旋》受到唐太宗的赏识。诗人李白也提到自己"起舞莲花剑，行歌明月弓"，杜甫的《观公孙大娘弟子舞剑器行》也是千古绝唱。当时民间踏歌行舞活动十分兴盛，"连袂踏歌从此去，风吹香气逐人归"（储光羲诗）。当时民间还流行祭祀巫舞，李约的《观祈雨》诗"桑条无叶土生烟，萧管迎龙水庙前，朱门几处看歌舞，犹恐春阴咽管弦"，描述的正是这种情况。连人烟稀少的边陲地带，歌舞也深入人心。"野老才三户，边村少田邻，婆婆依里社，萧鼓赛四神……女巫纷屡舞，罗袜自生尘"。据记载，到唐代舞蹈名称有 100 多个。

宋朝是在唐末天下大乱、五代纷争的情况下建立的，舞蹈没有唐代兴盛，但保存了宗庙祭祀的雅乐舞蹈。由于宋代舞蹈没有像唐代宫廷那样提倡和培植，从而走向市井文化，在民间仍然得到不同程度的发展。

元承宋制，舞蹈虽无唐代之兴盛，但宫廷宴乐舞和寺庙祭祀的雅乐舞蹈却一直保存着，宫廷乐舞节日在宫中演出。据说宋太宗通晓音律，亲制大小曲数百，其曲亦多有舞。其中《剑器大曲》已带有故事内容的情节，成为戏曲发展的雏型。元代是蒙古族入主中原，其舞蹈带有明显的蒙古族特色和浓郁的宗教色彩。“红帘高卷香风起，十六天魔舞袖天”。

由于戏曲来自有故事情节的舞蹈，所以舞蹈在元、明、清戏曲中的地位是非常重要的。

总之，中国舞蹈艺术的主要特征是：1. 是人体动作的，是通过人体动作为媒介来模仿自然表现生活；2. 舞蹈通过刚柔相济、动静有序的动作来表现美的韵律；3. 与武术、杂技紧密结合，强调特技表演，与戏曲结合，有一定故事情节。

八、民间艺术

在中国古代还有多种在民间形成和发展起来的艺术形式，或由宫廷传出，普及民间，或由民间艺人创造，流传甚广。虽无公认的发明者和创始人，但已享誉遐迩，对人们的精神生活、娱乐活动起了很大作用。

（一）风筝

风筝是我国民间的娱乐工具。最早记载见于《韩非子》，墨子设做木鸟能在天空飞翔数日，公输般“削竹为鹊，成而飞之”。这大约是公元前300年的事。此种木鸟竹鹊，大概是风筝。

汉时，据说，韩信率军10万围攻项羽于垓下，用牛皮做了一只风筝，系人腾空，以笛奏思乡之曲，致使8000楚军人心涣散，从而击败项羽。这样的风筝是用于军事的。

到了唐代，风筝成为娱乐工具，主要为帝王宫廷和富豪家室享用。制造方法、原材料不断改进和提高，上面能挂上发出音响的风笛和丝弦弓，迎风上飞后能发出如弹拨乐器筝的音响，因而得名风筝。

宋朝末年，风筝流传到民间，成为人民普遍喜爱的娱乐工具。风筝从制作到放飞都显出技艺性。风筝骨架为竹子，画皮原料有绸、绢、纸等，上面彩绘出蝴蝶、蜻蜓、鱼、燕……人们在农闲的初春和秋后风和日丽的日子里，把制造的各式各样的风筝放飞到天空。

风筝也算中国国粹，后来逐渐传到朝鲜、日本、东南亚和欧美诸国。1915 年，在巴拿马国际博览会上获奖。现在的潍坊风筝节已成为一种国际娱乐交流盛会。

（二）皮影戏

是一种用灯光照射兽皮或纸板制作的人物等剪影以表演故事的剧目。

皮影的制作是用厚纸雕刻，后来采用驴皮或牛皮刮制再行雕刻，并施以彩绘，其风格类似民间剪纸，但人物的头、身、手、腿等是分别雕制后用线连缀在一起，表演时由人操纵可活动自如。

《墨经·经说》上有“光至景（影）亡”的说法。根据宋人高承《事物纪原》中记载，“影戏之原于汉武帝”，“李夫人之亡，齐人少翁言，能致其魂。上念李夫人甚，乃使致之。少翁夜为云帷，张灯烛，帝坐他帐，自帷中望见之，由是世间有影戏。”距今已有 2000 多年的历史。

现代电影的光影理论也导源于兹，只是利用了现代科技电学的理论和技术。

皮影戏的剧目、唱腔多同地方戏剧相互影响。演出时，需有光源和白色布幕，皮影人物由艺人操纵，演员在幕后演唱，影像映在幕上，并配以音乐。

中国皮影在北宋时已有演出，南宋耐得翁《都城纪胜》记载："凡影戏乃京师人物以素纸雕镞，后用采色装皮为之。"当时民间演出已较多，影具装入一个箱子，几名演唱人员，行动方便，走乡串村演出。据说到了元代，中国皮影传到西亚和欧洲。在国内，皮影戏以河北滦县、乐亭及西北牛皮影最为著名。

（三）刺绣

是具有实用性与艺术性相结合的我国民间工艺。根据中国各地出土的帛画和刺绣等物证实，刺绣在我国至少已有2500年以上的历史。著名品种有：苏州的苏绣、湖南的湘绣、四川的蜀绣、广东的广绣，号称四大名绣。此外还有北京的京绣、温州的瓯绣、上海的顾绣（明嘉靖年间顾汇海之妾缪氏创造）、苗族的苗绣等。它们产地不同，风格各异。

相传古代在吴越一带，有截短头发、身绘花纹以避蛟龙之害的风俗。《左传》记载："仲雍嗣之，断发文身，裸以为饰。"后仲雍的孙女根据纹身的图纹，在衣服上引针穿刺，绣成五彩缤纷的图纹衣服，经仲雍倡导，服饰取代文身。最初刺绣就此诞生。

刺绣的技法有：错针绣、乱针绣、网绣、满地绣、锁丝、纳丝、纳锦、平金、影金、盘金、铺绒、刮绒、戳纱、洒线、挑花等等，丰富多彩，各有特色。

刺绣的用处包括生活服装、歌舞或戏曲服装、枕套、台布、靠垫等生活用品及屏风、壁挂等陈设品。

（四）秧歌

是汉族具有代表性的一种民间舞蹈形式。它起源于农业劳动，劳动间隙时间在田头扭唱，也有"秧号子"、"田歌"之称。主要流行于中国北方和江浙一带，其中陕北秧歌、东北秧歌、河北秧歌、鼓子秧歌，各有不同风格和特点。有的地方将高跷、旱船、竹马灯、花鼓等歌舞形式统称“秧歌”。

在河北定州一带流传苏东坡在这里任知县时，提倡在繁忙劳累的插秧季节，组织秧歌活动，让人们得到娱乐和休息，后来主要是在春节等农闲时节组织。秧歌的参与者都是民间的爱好者，但其中不少人技艺高超。扮成各种人物，手持扇子、手帕、彩绸、手杖（晚间手持荷花灯等照明工具）等道具而舞。在表演形式上，开始和结束为大场，中间插穿小场。大场表演常有变换队形的大型集体舞，小场是两三人表演的带有简单情节的舞蹈或歌舞小戏。

至今秧歌仍是一种受广大群众欢迎和有群众基础的娱乐形式。

（五）年画

年画是民间艺人制作的一种在春节张贴的寓寄喜庆吉祥的图画。

早期的年画是木版绘制，隋、唐时，由于木版印刷术的发明，木版年画开始兴起。现存最早的一幅木版年画是宋刻《隋朝窈窕呈倾国之芳容》（亦称《四美图》），是用墨印在高二尺半、宽一尺多的黄纸上。画面是我国历史上的四位美女：赵飞燕、王昭君、班姬、绿珠。四位美女身态轻盈，衣饰艳丽，雍容华贵，背景的玉阶画栏，牡丹假山，与人物相配得十分协调。

到了明代，印制年画已相当兴盛，著名民间木版年画五大产地——天津杨柳青、苏州桃花坞、山东潍坊、广东佛山、四川绵竹，也大体是在这个时期发展兴旺起来的。天津杨柳青有“家家都会点染，户户全善丹青”之称。明朝万历年间就开设了画铺，清雍正、乾隆至光绪年间最为兴盛。

年画体裁多取材于小说、戏曲、神话故事，还有用美女、胖娃娃等寓寄喜庆吉祥之意，或以典故、成语作为主题。其作品主题突出，容易理解，有浓郁的民间乡土韵味。河北武强、山东东昌府的年画也均有此特点。年画常将民间的吉祥语“连年有余”画成莲花和鱼，把“福禄寿”画为蝙蝠、鹿和寿星老人，还有喜鹊登枝等等，反映了人民群众求吉利求幸福美满的意愿。年画中的门神、灶君图等宣传了迷信、神鬼思想。桃花坞年画始兴于明代，盛行于清代。据说最早的一幅年画是明代的著名画家唐伯虎作的《风流绝畅图》。总体看受传统木版插画影响，构图丰满，色彩鲜艳，形式多样，富于装饰性。有吉祥喜庆的“大庆丰年”、“岁朝图”、“合家欢”等，还有民间故事《白蛇传》等。桃花坞年画很早就传入英国、德国，还远销深受中国传统文化影响的日本、新加坡、泰国等地，并被这些国家的博物馆珍藏。

总之，我国国土辽阔，民族众多，历史悠久。民间艺术也种类繁多，五彩纷呈。概括起来有如下特点：1．大多为民间艺人创作，有的是祖辈相传；2．民间味、乡土味浓重，为民众喜闻乐见；3．反映的内容与人们生活关系密切；4．民间艺术中也有些糟粕，应该改进。

第二节　中国艺术的总体特征和艺术精神

各门艺术既有自己在表现媒介和手法上的优势，也有其不足。陆机说“宣物莫大于言，存形莫善于画”，就是讲的这个道理。但是各门艺术所以称得上是艺术，必然有其内在的共性和质的规定性，有其内在的精神和总体的特征。

下面分析一下中国各门艺术的几个总体特征：

一、中国艺术的独特手法

（一）不求形似求神似

这是中国古代艺术的一个重要观点，对各门艺术的创作都有指导意义。

东晋画家顾恺之最早提出“以形写神”的创作原则。他强调画人物要抓住人物形象的典型特征，表现人物的内在精神，因此必须充分发挥艺术想像，即所谓“迁想妙得”。画人物，眼睛是传神之处。据说他画人物，有时空着眼睛数年不画，人问其故，他说：“四体妍蚩，本无关于妙处；传神写照，正在阿堵中。”有人让他根据“手挥五弦，目送归鸿”的诗句作画，他感叹地说：“手挥五弦易，目送归鸿难。”这种“迁想妙得”、“以形写神”的思想为中国绘画和其它艺术所倡导和追求。南齐书法家王僧虔提出“书之妙道，神彩为道，形质次之，兼之者方可绍于古人”。唐代书法家、书论家张怀瓘把书法艺术分为神、妙、能三品，提出了“风神骨气者居上，妍美功用者居下”①。他还说：“象人之美，张（指张繇——引者注）得其肉、陆（指陆探微——引者注）得其骨，顾（指顾恺之——引者注）得其神。神妙无方，以顾为贵。”②

所谓不求形似的求神似，不是不要形似，形似是基础，没有它不行，只有它不够。生物挂图“毫发耳目，无一不合”，但是没有任何艺术价值。在形似的基础上求得神似，才是艺术与生活审美关系的辩证法，也道出了艺术如何反映现实的基本规律。“画鬼魅易，画犬马难”的说法，正是由于现实生活中没有鬼魅，所以画出来别人无法评论，犬马是人们天天见到的动物，在形神方面画得不好，人们就会评论挑剔。清代邹祇谟论诗词时说道：

① 《张怀瓘议书》。

② 《历代名画记》。

“咏物固不可不似，尤忌刻意太似。取形不如取神，用事不若用意。”① 也是讲的这一道理。

中国古代艺术家们长期遵循着这一规律，甚至成为他们从事创作的秘诀。据说有位叫徐巨的画家，画鱼画得非常像（形似），但是没有神，结果被人评论为是“庖中物耳”，“令馋獠生涎耳”。所以，有人对画鱼虾的画家提出，应该是“喜见天机归画卷，不将新味付庖丁”。进行其他题材的绘画也应是“画到神情飘没处，更无真象有真魂”。

对于诗歌，传统的比兴之说的一个基本特点就是托物喻志，借物寄情。借的是物，传达的是情思、神韵，是物为心役。“感时花溅泪，恨别鸟惊心”（杜甫句），花开鸟鸣本是春天的良辰美景，可是在这国破家亡的时候，眼前的花香鸟语却成了令人感伤的事物。“浮云游子意，落日故人情”（李白句），此时此刻，浮云和落日比喻的是诗人对朋友的惜别之情。诗歌贵在情趣，这种情传达得好，表现得好，和绘画的传神是一个道理。唐代诗人王昌龄对这个道理理解得很深刻，他说：“搜求于象，心入于境，神会于物，因心而得。”②

（二）不求直说求含蓄

艺术作品的艺术性高低，原因之一就在于作者表达思想、传达情感时，不是直来直去，而是要委婉、含蓄，蕴含深意，又往往藏而不露。韩琦在《观胡九龄员外画牛》诗中写道：“采摭诸家百余状，毫端古意多含蓄。”正是强调作者有了大量创作素材后，要用委婉隐约的形式把意思表达出来。

含蓄是中国古代艺术重要的艺术手法之一。“诗无达诂”，优

① 《远志斋词衷》，《词话丛编》。

② 《诗格》。

秀的诗作，语忌直，意忌浅，总要留给读者一些空白和余地，让他们去理解和玩味。唐代诗论家司空图在其《诗品二十四则》中专有“含蓄”一则，指出：“不着一字，尽得风流。语不涉难，已不堪忧。”清代画家恽格在讲到绘画时也曾说：“尝谓天下为人不可使人疑，惟画理当使人疑，又当使人疑而得之。”① 也是讲的这个意思。包括中国园林艺术，含蓄手法也非常突出，一山一石，曲径回廊，都耐人寻味。

艺术作品正是做到了含蓄，才有言外意、弦外音，才能更好地发挥其对读者的感染作用。

（三）自然和法度

这是艺术创作和欣赏中常遇到的问题。艺术来源于自然，来源于生活，在长期的艺术实践中，形成了一些公认的规矩和法则，被人们所遵循。但是又不能把这些法则看成是金科玉律和永远不变的教条。孟子说：“大匠诲人必以规矩，学者亦必以规矩。”② 刘勰也讲到“文场笔苑，有术有门”；“执术驭篇，似善弈之穷数，弃术任心，如博塞之邀遇”。这里不但指出了“规矩”的重要性，而且指出了“弃术任心”的危害，强调了学习法度，在法度的基础革新创造。

儒家思想是比较偏重法度的，强调艺术作品从内容到形式都要按规矩行事；而道家则强调自然，鄙视法度。在长期的艺术实践活动中，艺术家认识到应该是法度与自然相统一，既要遵循一定的法度的规矩，又要从创作实际出发，有所突破，有所创新。

如果把法度看成死规矩，是一成不变的，后人就超不过前人的窠臼；如果完全不要法度，恣意任性，凭点滴经验进行创作，

---

① 《瓯香馆集·画跋》。

② 《孟子·告子》上。

也不会有真正的创新。苏东坡强调作诗作画不能只是重复别人的东西，而应有自己的独特之处。他提出“出新意于法度之中，寄妙理于豪放之外”。这就是既有法度又有创新。

所谓法度也不是“铸形宿模，独守尺寸”的死法，而应是活法，能做到“因宜适变”，“随变适会”，“以意役法”（袁中道语），“变化生心”（叶燮语）。李白主张作诗“清水出芙蓉，天然去雕饰”，不等于李诗无法，而是“从容于法度之中”。法度的运用要有真实感受，要在实践中运用和体悟，同时在实践中发展创新。杜甫咏叹曹霸画马是“腾骧磊落三万匹，皆与此马筋骨同”。指画一匹马要以三万匹马作构思的基础，这种“从容于法度之中”，就是把守法与创新有机地结合了起来。像石涛说的那样“至人无法，非无法也，无法之法，乃为至法”。这是一种高境界的自由，法度、规矩已不是束缚和桎梏，已被人熟练地掌握并运用自如，又有所突破，有所发展，且无焊接、修补的痕迹，既是“从心所欲”，又是“不逾矩”。

清朝张庚曾提出“下学上达”之说，“下学者，山石水木有当然之法。始则求其山石水木之当然，不敢率意妄作，不敢师心立异，循循乎古人规矩之中，不失毫芒。久而久之，得其当然之故矣。又久之，而得其所以然之故矣。得其所以然而化可几焉。至于能化则虽犹是山石水木，而识者视之必曰艺也。进乎道矣，此上达也”。这就是由初步掌握法度到熟练，由知其然到知其所以然的过程，也就是自然天成的过程。清人袁枚说过：“不学古人，法无一可；竟似古人，何处着我。”形象生动地讲了这种辩证关系。

（四）得当的夸饰

艺术以生活为基础，又是生活的升华。艺术不等于照相和复写，它要在真实的基础上进行加工、虚构，所以艺术离不开夸饰。通过夸饰可以把生活中具有本质特征的情感、性格、动作、言谈或行为细节、环境场面等，更加突出地展现在欣赏者面前，以使形象的特征更鲜明、更生动、更典型，因此也就更有艺术感染力。夸饰不仅是浪漫主义的艺术创作常用的手法，即使在现实主义的艺术创作中，也是经常采用的。杜甫的“霜皮溜雨四十围，黛色参天二千尺”，是用数字形容武侯庙中柏树的高大；杜牧的“千里莺啼绿映红，水村山郭酒旗风”，是借莺啼绿树水村山郭形容江南已是无处不春；李白的“飞流直下三千尺，疑是银河落九天”，是描绘庐山香炉峰爆布的高长和壮观。这里显然都有了夸饰。但又创造了一种意境，给人一种追求和向往，虽有夸饰，又让人们感到真实。

戏曲里的夸饰也是为戏曲情节和冲突服务的。如关汉卿名剧《窦娥冤》中，窦娥临死发下三桩誓愿：血溅白练，六月飞雪、三年不雨，用了神话的形式使其死后应验，这样的夸饰突出表现了悲剧性的主题以及窦娥的反抗精神。还有梁祝悲剧，生前不能结为良缘，死后由墓中飞出双蝶，反映了人们对邪恶势力的抵抗和对美好姻缘的向往。这里虽用了神话的一些手法，但这种悲剧有真实性，人们愿意接受。

艺术家如何掌握好夸饰的分寸，这也是艺术家深入生活、掌握艺术本质和技能的表现。刘勰在《文心雕龙·夸饰》篇中说：“自宋至景差，夸饰始盛，相如凭风，诡滥愈甚。”结果是“然饰穷其要，则心声锋起，夸过其理，则名实两乖”，从而得出了“夸而有节，饰而不诬”的正确结论。唐代皎然论诗主张“至险而不僻，至奇而不差，至丽而自然，至苦而无迹，至近而意远，至放而不迂”，也包含掌握好夸饰的分寸和尺度。

二、各异的风格

艺术风格是指艺术创作的整体上所呈现出来的代表性特点，

是由艺术家的主观方面的特点和题材的客观特征相统一所形成的一种特殊的艺术风貌，它可以体现在选择题材、提炼主题、塑造形象以及情节结构和语言运用方面。

风格的形成是一个艺术家创作上成熟的重要标志。就一部作品来说，可以有作品自身的风格；就一个艺术家来说，可以有个人的风格；就一个流派、一个时代、一个民族的艺术来说，又可以有流派风格、时代风格和民族风格。

中国有“文如其人”、西方有“风格就是人”的说法。这里既有先天的才和气，又有后天的陶铄；既有艺术家的世界观，又有艺术家的艺术修养和他艺术地感受生活、表现生活的能力。南齐画家谢赫在《古画品录》中评论了魏晋以来20余位画家，并以“颇为壮气”、“力遒韵雅”、“风趣巧拔”等说法来评说他们的不同风格。刘勰也将艺术作品分为八种情况，即：典雅、远奥、精约、显附、繁缛、壮丽、新奇、轻靡，并提到“各师其心，其异如面”。就是说，艺术家的风格主要是他的思想性格，或者说是他在作品中体现出来的创作个性。如曹氏父子的清峻、通脱；阮籍、嵇康的狂放、高逸；陶潜的和平、自然；孟郊的悲愁、苦涩，都形成了风格。孟郊死后有人诗云：“孟郊死葬北邙山，日月风云暂得闲。”因为日月风云都是他苦吟的对象，今日可以暂得清闲了。

一个人几十年的社会生活和创作实践，其风格有发展形成的过程，也有先后不一致的风格，也有一人多种风格并存，这都是常见的。陶潜有“采菊东篱下，悠然见南山”的和平与自然，也有“刑天舞干戚，猛志固常在”的壮烈和崇高。以沉郁为主要风格的杜甫，既有“欲倾东海洗乾坤”的豪放，也有“悲日照大旗，马鸣风萧萧”的悲壮，更有“细雨鱼儿出，微风燕子斜”的轻灵优美。因此，评论一个艺术家的风格也不要简单化，看到这一面，也要看到另一面，看到过去，也要看到现在。有人以张华写过一些闺情诗，便断定他“风云气短，儿女情长”，这就有失公正，因为他还有励志、激情的作品问世，因此也有人替他打抱不平。

还有些风格是属于民族的和时代的。在我国有些少数民族，在千百年的生活环境中养成了喜爱歌舞艺术的风气，几乎人人会唱歌会跳舞，而且不同民族，歌舞的风格也不同。风格的时代性更为明鲜。唐朝几度盛世，经济发达，社会安定，人民生活相对富足，使得无论是雕塑、绘画还是书法，都以丰腴、圆润为美。但同一时代的艺术家还是各有自己的风格，如杜甫生在唐代，他却主张书法“贵在瘦硬方通神”。宋徽宗赵佶养尊处优，他的书法则是一种“瘦金体”。《淮南子·说林训》云：“佳人不同体，美人不同貌，而皆悦于目。”“西施毛嫱，状貌不可同，世称其美好，钧也。”《红楼梦》作者曹雪芹创作了数百个有血有肉有个性的人物形象，同时，他批评了当时某些小说的“万人一面，千部一腔”。

风格的多种多样都不是凭空产生的，艺术家是个体的人，又生活在一定的国度和时代，而他们必然有个性、有特点，而人们对艺术品的要求也是多种多样的。王羲之的书法是千古绝唱，但是如果所有的书法家都写“王体”，人们也会感到乏味。正是颜、柳、欧、赵、苏、黄、米、蔡各展风采，才蔚为大观。艺术家的作品既有“具备万物，横绝太空”的雄浑，又有“犹之惠风，苒苒在衣”的冲淡；既有“碧桃满树，风日水滨”的纤秾，也有“鸿雁不来，之子远行”的沉著；既有“月出东斗，好风相从”的高古，又有“白云初晴，幽鸟相逐”的典雅……

三、浓厚的思想感情

中国的艺术，表现了中华民族是一个重视思想文化的民族，中国人民丰富而又深邃的思想情感、生活情趣和审美理想，通过各类艺术都有淋漓尽致的表现和抒发。从“诗言志”、“乐安德”、“文明道”，到山川花鸟的“比德”思想，都是一脉相承的，还有中国建筑表现的天人合人、人与自然交融的思想，戏曲的惩恶扬善，为民鼓与呼的思想等，都是深刻而动人的。

孔子在论到诗歌作用时，讲到了兴、观、群、怨。“《诗》，可以兴，可以观，可以群，可以怨；迩之事父，远之事君；多识于鸟兽草木之名”①。实际这里包含了文学艺术对社会生活的作用的揭示。前人将“兴”注为“引譬连类”、“感发志意”，是说诗歌用个别的形象的譬喻来使人们趋向于领会某一普遍性道理的作法，也强调了艺术对个体心理的感染教育作用。“观”是指“观风俗之盛衰”，表现了对风俗之盛衰相连的不同的情感态度，既有感情的赞美，也有不满的嫌弃。孔子既赞扬了诗三百篇的“思无邪”，又指出了“郑声淫”、“乱雅乐”。“群”指“群居相切磋”、“和而不流”。孔子看到了人的社会性，主张以“仁”为基础，“与人同群”，强调了个体之间的互爱、团结，并认为诗乐能起到这种交流融洽人的社会感情的作用。“怨”是指“刺上政也”、“怨而不怒”。孔子认为仁者应该爱人，但并不认为绝对排斥怨恨，对违背仁道的怨，对不良政治的怨和行道中遭到挫折和打击的怨，孔子是给以肯定的，这就使他们对诗乐等艺术作用的认识有了更深的价值。其中“兴”和“怨”侧重于个体心理感触抒发的功能，“观”和“群”侧重由感染陶冶所达到的社会效果。

还有，东汉前期《毛诗序》，明确把“诗言志”同情感的表现统一起来，十分强调艺术对人的思想感情的感染陶冶作用，这一思想深远地影响了后世。《毛诗序》提到诗歌能“正得失、动

① 《论语·阳货》。

天地、感鬼神”，具有“经夫妇、成孝敬、厚人伦、美教化、移风俗”的重要作用。这种作用不是灌输式的道德说教，而是艺术的感染和陶冶。“风而动之，感而化之”，把理智的认识和情感的陶冶交融在一起了。

总之，中国的艺术，不是雕虫小技，不是只役耳目的声色之乐，而体现了一种深厚的思想感情和浓郁的民族精神。屈原的“朝饮木兰之坠露兮，夕餐秋菊之落英”，不是一般地论花赏草，不是闲情逸志，而是将纯净清凉的露滴和芳香沁人的秋菊作为供养自己精神生命的食物。在屈原的《离骚》里，“善鸟香草，以配忠贞；恶禽臭物，以比谗佞；灵修美人，以媲于君；宓妃佚女，以譬贤臣；虬龙鸾凤，以托君子；飘风云霓，以为小人”①。清白而纯贞的思想与那些行为污秽的人，形成了鲜明的对比。

清朝画家郑板桥作画，常画四时不谢之兰，百节长青之竹，万古不移之石，写其精神，传其性情。他在任山东潍县知县时送给巡抚包括一幅竹画，题词“衙门卧听萧萧竹，疑是民间疾苦声，些小吾曹州县吏，一枝一叶总关情。”抒发了封建社会一位想为老百姓做点事的亲民之官的虔诚愿望。他借竹抒情，抒发的是爱国爱民的感情。在郑板桥那里，“一竹一兰一石，有节有香有骨”。

第三节　中国艺术的价值和意义

中国艺术种类多种多样，蕴含的思想博大精深，其重教化、陶冶情操、协调人际关系以及抒发个人情感方面的作用，既符合

① 王逸：《离骚经序》。

艺术的特征，又体现了中华民族的文化传统，也是中国艺术的价值与意义之所在。马克思在《〈政治经济学批判〉导言》中把艺术看做掌握世界的一种重要方式，就是说通过艺术认识和改造世界。中国艺术正是体现了这一点。

一、重教化

这是中国艺术的一个重要特点，以儒家为代表充分发挥了这一思想。

在《尚书·舜典》中记有“帝曰：夔，命汝典乐，教胄子。”这里实际涉及到用音乐和艺术的教化作用，主张通过教育，使人达到“直而温、宽而栗，刚而无虐，简而无傲”。国语云：“若听乐而震，观美而眩，患莫甚焉。”“听和则聪，视正则明。聪则言听，明则德昭，听言昭德，则能思虑纯固。”这里强调了必须创作“听和”、“视正”的艺术品，才能对人们起到好的作用，否则就将“患莫甚焉”。

声乐之乐、艺术的享受都是在安民治国的基础上才去提倡，也就是保证了人民的衣食住行，国家安定。荀子对这一点看得是很清楚的，他说：“故明君者，必将先治其国，然后百乐得其中。”①《乐记》中也提到，“德盛而教尊，五谷时孰，然后赏之以乐。”

孔子认识到艺术对人们是不可缺少的，但他强调艺术所表现的情感应该是一种有节制的、社会性的情感，防止堕入卑下粗俗的情欲发泄。艺术表现和欣赏应该做到“乐而不淫，哀而不伤”。艺术重教化的思想成为一种传统，为各个时代各门艺术及艺术创作者所遵循，尽管人们不否认艺术的消遣娱乐作用，但总是把教化放在第一位，放在主旋律的位置。南齐谢赫在《古画品录》中

① 《荀子·王霸》。

明确提出："图画者，莫不明劝戒，著升沉，千载寂寥，披图可鉴。"唐代画家张彦远说："夫画者，成教化，助人伦，穷神变，测幽微。"而且指出了绘画这门艺术所起的这一作用"与六籍同功，四时并运，发于天然，非由述作"。中国这一传统思想，两千多年延续下来，成为一种主流，艺术为政治服务，即来源于此。此间虽有老庄、道家强调艺术的超脱和独立，强调艺术的非功利性，但并没有战胜这一传统思想，反而从另一个角度丰富和补充了它。

二、移风易俗

艺术可以移风易俗。这是中国艺术一直强调的一个重要观点。艺术对人们起教育作用，是以形象的形式打动人心，使人的从善信念，变成一种主体的内在要求。

《乐记》中说："乐者也……可以善民心，其感人深，其移风易俗。"优美健康的音乐，感动了人，打动了人心，结果是移了恶风和败俗，由净化心灵到净化社会。《乐记》还指出："凡奸声感人，而逆气应之；逆气成象，而淫乐兴焉。"如果是不好的音乐对人起了感染作用，那将起到伤风败俗的作用。而"正声感人，而顺气应之；顺气成象，而和乐兴焉"。如果是好音乐对人起了感染作用，对社会的安定将是有利的。这里已经指出音乐(亦应包括其他艺术作品）是有优劣、高低、雅俗之分的，我们所要移和易的正是奸声逆气。

中国古代历史上，虽然王朝有盛有衰，经济有起有伏，但重视艺术的移风易俗作用则比较一贯。国家拿出钱财来搞文化搞艺术，总是要让它起到良好作用，使欣赏的人受到教育得到陶冶，对国家对社会，就是在树正声、立顺气、移奸声、易逆气的基础上使社会安定，人人讲求道德，人人有健康的精神生活。尽管历代统治者提倡这些思想时，有为自己的统治粉饰的作用，但是展示的思想却是有普遍的积极意义的。

三、协调人际关系

人是以群体的形式生活在社会上，每个社会的政治法律制度都是为了维护其统治的，而且带有强制性，以此达到社会的统一。作为意识形态的艺术，能用感人的形象从另一个角度起到维护社会统一、协调人际关系的作用，也是历代统治者所重视的。

《尚书·舜典》在强调“诗言志”、“歌永言”的同时，指出“声依永，律和声。八音克谐，无相夺伦，神人以和。”提倡与社会与人心相协调之音。孔子从个体与群体、个人与社会统一的观点，去看待和强调艺术现象及其作用。他讲到诗歌的兴、观、群、怨作用，其中也包括人们之间的交流协调关系，而且是通过情感沟通达到的。当然孔子为维护恢复文武周公之道是从一种狭隘的、内向的、封闭的角度去强调、规范这一作用的，力图把审美和艺术局限于宗法伦理道德所划定的狭隘范围之内，使艺术失去了更为广泛的开阔的生活内容，这又是孔子的局限性。

孟子看到了人们的艺术活动、艺术欣赏具有社会性和共享性的特点，与别人共同欣赏艺术和美的事物，能产生共鸣，并促进人的和谐关系。《孟子·梁惠王》记述了孟子与齐宣王的一段对话：

> 曰：“独乐乐，与人乐乐，孰乐？”
> 曰：“不若与人。”
> 曰：“与少乐乐，与众乐乐，孰乐？”
> 曰：“不若与众。”

孟子的“与民同乐”的思想也是对墨子“非乐”的观点以及历史上狭隘的功利观的一种进步，尤其是揭示了艺术活动的一个共享性的特点。艺术的形式与内容，确有反映其阶级利害的一面，但又不尽如此。真正美的东西、好的艺术品反映的是人类共同的心愿和希望。

四、抒发个人情感

艺术世界是一个传达人的情感的世界。生活在社会的人都是具体的个性的人，他们有七情六欲，同样这七情六欲又与个人的生活经历相联系。人的这种感情，既有共性，又有很明显的特殊性即个性。

庄子与惠施在濠梁上有一场著名的争论，惠施是逻辑学上的胜利者，他指问庄子："子非鱼，安知鱼之乐也?"确实问得好，但庄子反驳得也好："子非我，安知我不知鱼之乐?"庄子的反驳，正体现了美学和艺术上的特点，是美学上的胜利者。欣赏艺术往往是各有所好，各有所得，起到的情感的陶冶和抒发也决不会都是一样的。一百个人欣赏《红楼梦》，就会有一百个贾宝玉和林黛玉。山水画表现的花态柳情山容水意，都别是一番情趣，但对个体的欣赏者则往往是"触目横斜千万朵，赏心只有两三枝"。那么多动听的音乐曲子或优雅或激昂，或抒情或会意，但对个体的欣赏者则往往是"万曲不关心，一曲动情多"（鲍照句），所以有"一花一世界，一沙一天国"之说。潘岳在《哀永逝文》中云："匪外物兮或改，固欢哀兮情换。""与君尽日闲临水，贪看飞花忘却愁。"这是观景消愁；"拍手笑沙鸥，一身都是愁"，这是观景引愁，把白色的沙鸥和因愁绪万千而全白的头发联系起来了。这就是艺术欣赏过程中的个体特性。唐朝苏颋《扈从雩杜间》诗云："云山一一看皆美，竹树萧萧画不成。"实际是赞赏山水和竹石各有神态，画家永远画不完。许多画家画中国画时都偏爱竹梅兰菊，但每个画家的风格总不尽相同，欣赏者的体会也各有情味，因此，山水花草鸟虫也就成为画家永远画不完的主题。

参 考 书 目

王积业等:《中国传统文化大观》, 中国大百科全书出版社 1993 年版。

张岱年、方克立主编:《中国文化概论》, 北京师范大学出版社 1994 年版。

李泽厚:《美的历程》, 文物出版社 1981 年版。

徐复观:《中国艺术精神》, 春风文艺出版社 1987 年版。

第十一章　中国古代科学技术

中国古代科学技术，对近代欧洲科学的昌明曾产生过巨大的影响。正像英国著名科学史家李约瑟所说："我们必须记住在早些时候，在中世纪时代，中国在几乎所有的科学技术领域，从制图学到化学炸药都遥遥领先于西方。从我们的文明开始到哥伦布时代，中国的科学技术常常为欧洲人所望尘莫及。"①

由于近代科学诞生在欧洲，现代科学在世界范围内趋向融合，科学实际上已成为国际性的东西，从事现代自然科学研究的人，往往难以从现代科学中透视出中国古代科学技术的光辉。这是由于缺乏对中国科技史的了解所导致的结果。

第一节　中国古代科技的主要门类和成就

中国古代科技门类繁多，成就无数，遍及农学、数学、天文、历法、医药学、地学、物理学、化学、生物学、建筑、纺织、冶金、航海等诸多方面。下面择其精华以概观之。

一、农学

中国农业见于文字记载的，已有3000多年的历史，到春秋

---

① 潘吉星主编：《李约瑟文集》第204页，辽宁科技出版社1986年版。

战国时期由原始农业过渡到传统农业。随着农业生产的发展和农业生产知识的积累，便产生了整理和总结这些知识的农学。在春秋战国的诸子百家中已有了“农家”，同时也出现了专门的农学著作。此处将结合几部最著名的农书概括地介绍中国古代的农学成就。

（一）现存几篇最早的农学论文

我国现存的最古老的农书，是写成于公元前239年的《吕氏春秋》中的《上农》、《任地》、《辨土》、《审时》四篇。其中《上农》篇是讲农业理论和农业政策的，文中阐述了重农思想和奖励农桑的政策，《任地》、《辨土》、《审时》三篇则专门论述具体的农业生产技术和原则，如《任地》篇讲利用土地的原则，《辨土》篇则对因土耕作的道理作了论述，《审时》篇主要论述耕作及时与否对农作物的影响，强调农业生产中农时的重要性。

（二）《氾胜之书》

《氾胜之书》总结了西汉我国北方特别是关中地区的耕作制度，对耕作原理提出了一些基本原则，总括了当时我国进步的农业生产技术。《氾胜之书》总结了当时农业生产理论和技术问题。

它把整个农作物栽培过程，当做一个有机整体加以研究，提出“趣时、和土、务粪、保泽、早锄、早获”这六个不可分割的达到增产丰收的基本环节，并进行了具体的阐述。它还在前人分期施肥、追肥等技术的基础上，总结了施用种肥的方法——“溲种法”。总结了禾、黍、麦、稻、豆、麻、桑等10多种农作物的栽培方法。并且提出了一系列“保泽”方法，这些方法是根据黄河流域气候干燥、雨水较少的自然特点，通过长期生产总结创造出来的。

在欧洲直到10至11世纪，才开始运用施肥技术。《氾胜之书》为我国传统农业在农作物栽培方面奠定了基础。因此，唐代贾公彦在《周礼疏》中说："汉时农书有数家，氾胜之为上。"

（三）《齐民要术》

我国现存最古老、最完整的农书，是北魏贾思勰的《齐民要术》。它所讨论的地区范围，包括现在山西省的东南部，河南省的中南部和北部以及山东省。它所反映的保墒技术比《氾胜之书》更进了一步，形成了耕——耙——耱一整套保墒防旱措施。它十分强调种子之优劣，播种之迟早与农作物的产量、品质及病虫害的防治的密切关系，对种子的选择、收藏及播种前的处理非常重视，并具体记述了水选、溲种、晒种等种子的处理办法，并最早记录了我国的催芽技术。从该书可以看出，当时我国已熟练地掌握了施肥、合理换茬、复种轮作等技术。

《齐民要术》还反映了我国古代丰富的生物学知识。如南方蚕农已发明了人工低温催青制取生种方法养蚕的技术。当时已使用嫁接方法，对马驴杂交所生的骡的生物优势和禽畜去势催肥等有了较深入的认识。

《齐民要术》中记载的农业生产技术和农学知识，体现了我国农业所达到的水平，其中许多项目，比世界上其他先进国家和民族的创造要早几百年甚至1000年。

（四）《陈旉农书》

写成了南宋初（1149年）的《陈旉农书》是我国最早专门总结江南水田耕作的一部小型综合性农书。书中总结了隋、唐、宋时期长江下游地区农业生产技术的经验。分别论述了旱田、晚田、丘陵、平原与低地等采取的不同措施。还论述了水稻的秧田育苗技术。主要内容有：培育壮秧的重要性及达此目的的原则；播种前的耕作和施肥；提出防止由不同原因引起的各种烂秧的办法等。该书十分强调中耕除草技术。强调即使无草也须耕田，目的是使根旁的板实土壤变得松软，有利于稻根的生长。此外，还论述烤田和灌溉可以从容不迫耕得精细及保证耕田质量的作用。

（五）《王祯农书》

成书于1300年的《王祯农书》是一部大型的综合性农书，此书集我国黄河流域旱田和江南水田耕作技术之大成，分《农桑通诀》、《百谷谱》和《农器图谱》三部分，共13万字左右。“总论”部分论述农业生产发展的历史，基本思想是“以农为本”，综合天时、地利、人事各方面的有利因素来发展生产。“百谷谱”谈栽培技术，分项叙述各种大田作物及蔬菜、水果、竹木、药材的种植、保护等栽培技术。“农器图谱”共附图306幅，不仅形象地记述了当时通行的农业机器，甚至把已失传的古代机械也经研究绘出了复原图，展示了我国古代农业生产器具方面的卓越成就。

（六）《农政全书》

我国传统农学最系统、最完备的著作是明代徐光启的《农政全书》。全书共60卷，50多万字。分农本、田制、农事、水利、农器、树艺、蚕桑、种植、牧养、制造、荒政等12门，于1639年出版问世。本书突出的成就有：在垦田水利方面，主张治水与治田相结合。关于棉花栽培技术的论述，已有较高水平。提倡培育良种，并引种了高产的备荒作物甘薯。关于白蜡虫生活习惯和蝗虫的研究，首次详细记述白蜡虫生活习惯和蝗虫生活只，颇为后人推崇。

二、数学

在世界古代数学中，古希腊欧几里德几何学尽人皆知，但对中国古代数学成就，人们却知之甚少。其实，中国古代数学的成就是十分灿烂辉煌的。

（一）记数和十进位制

今人习以为常的十进位制，就是中国的一大发明。至迟在商代我国就已采用了十进位制。从现已发现的商代陶文和甲骨文中，可以看到当时已能够用一、二、三、四、五、六、七、八、九、十、百、千、万等13个数字，记10万以内的任何自然数。十进位制的记数法是古代世界中最先进的记数法，对世界科学起着十分重要的作用，“如果没有这种十进位制，就不可能出现我们现代这个统一化的世界了”①。

（二）计算

在计算数学方面，中国约在商、周时已有了四则运算，到春秋战国时期整数和分数的四则运算已相当完备。其中，出现于春秋时期的正整数乘法口诀“九九歌”，堪称是先进的十进位记数法与简明的中国语言文字相结合的产物。

与此同时，中国人发明了特有的计算工具和方法，即用“算筹”进行计算。“筹”是一些粗细、长短一样的小竹棍，也有用木或骨制成的，后来还有用铁等金属制作的。通过算筹的摆列，进行四则以至开方等运算，整数以后的奇零部分，则用分数表示。筹算在进行计算时的缺点是：在室外拿一大把算筹进行计算很不方便；计算位数越多，所需面积越大，受环境和条件的限制；当计算速度加快时，易出现由算筹摆弄不正而造成的错误。因此，到宋、元时代珠算便代替了筹算。

中国古代数学一向以擅长计算著称于世，并逐步形成了独具特色的数学体系。约成书于1世纪中叶的《九章算术》是此体系的重要标志。该书采用应用题集形式写成，共9章，收集了实际生产和生活中的数学问题246个，并给出答案，是古代计算方法的科学总结。

---

①（英）李约瑟：《中国科技史》第一卷，第3页，科学出版社1975年版。

（三）圆周率

三国曹魏景元四年（263 年），著名数学家刘徽把极限的思想应用于圆周率的计算，他用割圆术，从圆内接正六边形算起，边数逐步加倍，直至算出圆内接正 192 边形的面积，求得圆周率为 3927/1250（相当于 3．1416），成为当时世界上最精确的圆周率数据。南朝的祖冲之继承了刘徽的工作，求出了精确到七位有效数字的圆周率：$3.1415926<\pi<3.1415927$。这一数字的得出，相当于用算筹对九位数字进行各种运算（包括开方）130 次以上。同时，祖冲之还确定了 π 的两个分数形式的近似值：约率 $\pi=22/7$，密率 $\pi=355/113$，“355/113”即后人所称的“祖率”。直到 1000 年后，阿拉伯数学家阿尔·卡西于 1427 年，法国数学家维叶特于 1540～1603 年间，才求出更精确的数据。而密率的求得，欧洲也是直到 16 世纪才达到的。

（四）开方术和方程论

在中国传统数学中，开方术和方程论是具有世界意义的成就。世界上最早出现的方程，见之于《九章算术》。《九章算术》给出了一次方程组解法，展示了古代我国人民用方程这一有力的工具来解决实际问题的宝贵的数学思想。我国古代的方程，相当于现代的线性方程组，解方程叫做“开方术”。

在世界数学史上符号代数学产生之前，要列出线性方程组是十分困难的，然而《九章算术》却巧妙地采用了“分离系数法”，将算术中的各位数字表示出来，其凭借的工具即算筹。此外，它还给出了解联立一次方程组的方法，这种方法同现代的加减消元法基本一致。开方术到了宋代发展成为求高次方程的数值解，创造了增乘开方法，列方程的方法和高次方程的解法——四元术，远远走在了世界前列。

11 世纪中叶，北宋数学家贾宪在《黄帝九章算法细草》里，提出了具有世界意义的“开方作法本源”——指数为正整数的二项式定理的系数表和增乘开方法——求高次幂的正根法。贾宪发明的两数和的任意次方展开后的系数规律，将我国传统的“开方术”推广到开任意高次方，是一项了不起的创造。

13 世纪中叶，秦九韶发明了“正负开方术”，可以求解任何数字方程的正根，将传统的“增乘开方法”发展到了十分完备的地步。在欧洲，创造类似方法的英国人霍纳，比秦九韶要晚 570 多年，比贾宪晚 700 多年。

随着求高次方程正根的增乘开方法的日臻完善，列方程的方法——天元术也逐步发展起来，关于天元术的著作，现存的有李冶的《测园海镜》（1248 年）、《益古演段》（1219 年）和朱世杰的《算学启蒙》（1299 年）、《四元玉鉴》（1303 年）等。而在欧洲，只是在 16 世纪初才开始做到此举。

（五）内插法和垛积术

古代历法的制定，与太阳和月亮的视运动有关，206 年，汉末天文学家刘洪的创制“乾象历”时，根据月球视运动速度随时间而变化的规律，创立了推算定朔定望时刻的公式，这就是一次内插公式。600 年，隋代天文学家刘焯在“皇极历”中提出一个推算日、月、五星视行度数的等间距二次内插公式，这个公式比欧洲最早得到这个公式的牛顿早 1000 多年。

1 世纪，《九章算术》曾提出等差级数的问题，5 世纪，《张邱建算经》给出等差级数的求和公式。高阶等差级数求和问题就是我国古代的垛积术。垛积术的研究开始于北宋沈括，元代朱世杰把它推至十分完备的地步。朱世杰通过招差公式求解高阶等差级数，这同欧洲的格列哥里、牛顿公式完全一致，但比他们早近 400 年。

三、天文学

中国是世界上天文学发达最早的国家之一。我国古代的天文学，既有精细的观测实践，又有深刻的理论研究。可以说，中国古代科学技术曾使欧洲人望洋兴叹，尤其是中国古代的天文学更使其望尘莫及。

（一）天象记录

我国古代天象记录的特点是：记录准确丰富，而且从未间断。关于太阳黑子、彗星、流星雨、新星、超新星的记录，资料相当丰富。

在汉成帝河平元年（公元前 28 年），就有世界公认最早的、正确无误的太阳黑子记录。从汉至明，仅在史籍中，关于太阳黑子的记载就有 100 多次，而欧洲人最早发现太阳黑子是在 1615 年。

世界上最早的一次哈雷彗星记录，是在鲁文公十四年（公元前 613 年），从那时起至今，我国关于哈雷彗星的记录有 30 多次，是世界上关于哈雷彗星的最完整的记录。

关于流星雨的发现和记录，也是我国最早。鲁庄公七年（公元前 687 年）的记录是世界上流星雨的最早记录。

光度突然增至原来的几万、几十万甚至几百万倍的爆发性变星称“新星”，爆发时光度突增至原来的 1000 万倍以上的新星为“超新星”。我国古代将新星和超新星称为“客星”。殷代《甲骨卜辞》中载有“七日己巳夕㞢新大星并火”，“辛未㞢酘新星”，所言的年代约在公元前 14 世纪。而从汉代开始，这种记载始见于典籍。关于超新星的记载最早见于《后汉书·天文志》。在我国史书上有记录的、在 18 世纪以前出现的新星和超新星约 90 个。此外，史书中还有许多关于日食、月食和极光之记载。

（二）天体测量

天体测量是通过研究怎样测定天体的位置和天体到达某个位置的时间来为各种实用的和科学的目的服务的一门学问。我国古代在这方面成绩卓著。

1. 世界上最古老的星表

星表是把测量出的若干恒星的坐标汇编而成的表册。它是天文学上一种很重要的工具，我国古代很早就开始测编星表了。据《晋书·天文志》所载："鲁有梓慎，晋有卜偃，郑有裨灶，宋有子韦，齐有甘德，楚有唐昧，赵有尹皋，魏有石申夫，皆掌著天文，各论图验。"① 其中最著名的是甘德、石申所著的《甘石星经》，该书是《星占》和《天文》二书的合本。相传战国时楚人甘德著有《星占》8卷，魏人石申著有《天文》8卷，世人把此二书合起来，叫做《甘石星经》，亦称《星经》。此书在宋之后失传，但从《史记》、《汉书》和《开元占经》、《汉魏丛书》中，人们还可以了解到《甘石星经》的内容。唐代编的《开元占经》中有《石氏中外官》和《甘氏中外官》，其中有二十八宿距星和其他一些恒星共121颗的位置记载。这是世界上最早的星表。石氏星表比希腊天文学家依巴谷测编的西方最早的星表早200年。石申所用的赤道坐标系，欧洲到1598年才有。

2. 星图的绘制

将分布在天球上的恒星，按照它们的球面视位置投影在平面上的图叫做星图。我国古代很早就将星图作为恒星观测的一种形象予以重视，并绘制出具有世界意义的星图。秦、汉时出现了圆型盖天式的星图；三国时吴太史令陈卓绘制了一张有283组、1464颗星的全天星图；约于初唐绘制的"敦煌星图"，标有1350

① 这些人的活动年代，大约在公元前6世纪到公元前4世纪。

多颗星，是世界上现存星数最多而又最古老的星图；宋代黄裳于1190年所作、由王致远于1247年所建的闻名世界的苏州石刻天文图，上刻1430颗星，也是我国流传至今的最早、最完整的星图之一。星图绘制法的思想在我国古代就画法而言同现代是一致的。

3．子午线长度的确定

子午线长度是天文学、地理学上一项极其重要的数据。世界上通过实际测量而算出子午线长度的工作，始于我国唐代。因编制历法的需要，天文学家僧一行于724年发起了规模宏大的实际测定子午线长度的活动。这次观测活动共去了12个地点。其工作之精细，规模之宏大，是史无前例的。他计算出的“大率三百五十一里八十步而极差一度”，即地球子午线上一度的长的数据，是世界上首次子午线测量，给后人从事天文大地测量提供了科学的思想方法。

（三）测天仪器

不论是天体测量、天象记录或历法制定，都离不开天文仪器。我国古代一直重视制造和改进天文仪器，并且构成了以漏壶、圭表、浑仪、浑象、简仪为主的传统天文仪器系统。这些仪器的设计思想和制造水平曾一度领先于世界。

漏壶又叫漏刻、刻漏，是古代的一种计时仪器。在改进漏壶计时准确度的实践中，我国古人能从温度变化、水位变化对流量的影响等角度考虑问题。在《周礼·夏官》中，已记有设官以管漏壶之事。说明当时在漏壶的理论与技术方面已达到相当的水平。

圭表也叫土圭，是古代用以测定日影、正四时和测度土地的器具。我国在春秋之时就已懂得用圭表来测定回归年的长度。

浑天仪是我国古代观测天体位置的仪器。据史书记载，浑天仪原名玑衡，又名浑仪、浑象。浑仪用以测定天体位置，浑象用以表示天象。① 从《石氏星经》可知，我国在公元前4世纪已经有了浑仪。

简仪是我国古代测量天体坐标的一种仪器，包括赤道经纬仪、地平经纬仪和日晷三种。现代天文台大型光学望远镜的一些装置就是由简仪的结构演化而来的。我国在1276年就制出简仪，在其后300多年里，不论是在设计思想还是制造水平上，都遥领世界之先。而由东汉天文学家张衡所创制的浑象，后经一行、苏颂等人的发展，成为世界上最早的天文钟。

（四）岁实、岁差的确定和应用

我国古代天文学的最主要组成部分是历法。古历法的内容，包括年、月、日的安排，日、月、五星位置及其变化的推算，日、月食预报和节气的调整等。我国古时历法大多属阴阳历，年、月、日都依天象而定。我国古代所确定的岁实，在当时均为世界上最精确的，如《四分历》（85年实施）中的岁实是$365\frac{1}{4}$日，《大明历》（462年实施）中的岁实是365.2428日，《统天历》（1199年施行）和《授时历》（1281年实施）中的岁实是365.2425日，均为当时世界上最准确的数据。

由于太阳、月亮和行星对地球赤道突出部分的吸引，使地球自转轴的方向发生变化，从而产生绕黄道向西作缓慢的移动，约25800年移动一周，这种现象叫做岁差。由于岁差的存在，冬至点也发生移动，在黄道上约71年零8个月差一度。我国晋代天文学家虞喜，于330年发现了岁差，并计算出约50年冬至点西

① 古时将浑仪、浑象总称为浑天仪，到隋唐以后才把浑仪、浑象区别开来。

移一度，至隋、唐，我国使用的岁差值为 75 年差一度。而西方此时仍使用岁差 100 年差一度。

（五）节气与置闰

我国古代使用的阴阳历，以朔望月的长度为一个月的平均值，全年 12 个月，这样就同回归年相差 11 天左右，因此必须置闰。置闰的思想可追至唐尧之前。《尚书·尧典》说："以闰月定四时成岁。"《左传》说："一岁有余十二日，未盈三岁足得一月，则置闰焉。"在古四分历中，以一回归年为 $365\frac{1}{4}$ 日，一朔望月为 $29\frac{499}{940}$ 日，并采用了 19 年 7 闰的方法，比西方早 200 年，在祖冲之创制的大明历中，对闰法作了改进，把 19 年 7 闰改为 391 年 144 闰，如此就更符合天象的实际了。

由于太阳位置的变化，地球上有气候的寒暖，古人在以设置闰月的方法来调整寒暖之时，创立了二十四节气，以便更精确地反映季节的变化。二十四节气的名称，在《逸周书》、《时则》、《礼记·月令》中均有记载，估计在战国时期，二十四节气就已产生，这是中国古人的独创。

四、中医药学

中医药学作为中国古代科学之组成部分，可以说独具特色，至今与西医并驾齐驱，颇有携手相合之妙。

（一）中国传统医学理论概况

我国医药知识起源甚早，有关医药创造的故事很多。《帝王世纪》说："伏羲画八卦，所以六气、六府、五藏、五行、阴阳、四时、水火、升降，得以有象，百病之理，得以类推，乃尝味百药而制九针，以拯夭枉。"这是伏羲治病的传说。《通鉴外纪》说："古者民有疾病，未知药石。炎帝始味草之滋。……尝一日而遇七毒，神而化之，遂作方书，以疗民疾，而医道立矣。"这是炎帝——神农氏治病之传说。从出土的殷墟甲骨文字记载来看，约于公元前13世纪左右，我国就有关于腹内寄生虫病和蛀齿等病症的记述。原始社会里，把医与巫混合一体，西周医巫渐始分离，在《周礼》中，已将巫祝和医师两种官职归属不同系统。此时出现了专职医生，并建立了医事制度。春秋战国时期，出现了医和、扁鹊等名医和《五十二病方》、《足臂十一脉灸经》、《阴阳十一脉灸经》和《导引图》等最早形式的医学著作，诊断手段、治疗方法及对病因之解释，水平也都大为提高。在此基础上，产生了我国现存最早、内容最丰富的传统医学著作《黄帝内经》，为我国传统医学理论体系奠定了基础。秦、汉时期，我国第一部系统的药物学专著《神农本草经》问世，并且产生了确立运用理法方药和辩证施治原则的医学名著《伤寒杂病论》，出现了以精巧的外科手术和先进的麻醉术而闻名于世的汉代神医华佗。晋代名医王叔和著成我国现存最早的脉学专著《脉经》，皇甫谧著成我国现存最早的针灸学专著《针灸甲乙经》。隋、唐时期出现了世界上由国家颁行的最早的一部药典《新修本草》。1247年，由宋慈写成的《洗冤录》一书，是我国历史上第一部系统的法医著作。① 而至迟在16世纪已进行人痘免疫是举世公认的，在西方，这一方法直到1796年才发明。明代李时珍写成的《本草纲目》更是迄今世界上最完备的中医药典。

(二) 中国古代药物学

我国的中药学内容丰富，自成体系，风格独特。

1. 完备扎实的药学理论系统

在《神农本草经》中，就有当时药学基本理论的阐述，如

① 西方最早的法医学著作由意大利人菲德里于1602年写成，比宋慈晚300多年。

"上药一百二十种为君，主养命；中药一百二十种为臣，主养性；下药一百二十种为佐使，主治病。用药须合和君臣佐使。"这里主药与辅药之间的君、臣、佐使理论，阐明了药物配伍的原则。

2. 独树一帜的药物学分类方法

《神农本草经》提出我国药物学的最早分类方法，即把毒性小或无毒的、久服可以轻身益气的补养药物列为上品；把有的有毒、有的无毒可抗疾病、补虚弱的药物列为中品；把具有毒性、可以除寒热邪气专门用于攻治疾病的药物列为下品。陶弘景在《神农本草经集注》中创立了两种更为科学的分类方法：一是把药物分为五石、草木、虫兽、果、菜、米食、有名未用7类；另一种是按药物的性能和治疗功效来分，共80多类。《本草纲目》则在陶弘景分类法的基础上，按水、土、金、石、草、谷、菜、果、木、服器、虫、鳞、介、禽、兽、人16部，分成62类。每药首标正名为纲，附释为目，接着再按集解、释疑、正误、气味、主治、附方等顺序标出，这种分类法是当时世界上最先进的。

3. 成熟的药物加工制造方法

我国古代传统药物加工制造法叫"炮制"或"炮炙"。在张仲景的《伤寒杂病论》中，有研磨法、搅拌法、筛法等。南朝刘宋时期，雷敩对历代药物加工的炮制技术作了总结，编纂了《炮炙论》，这是我国最早的制药学专著。

（三）临床治疗技术

1. 人工呼吸法的最早应用

东汉张仲景在《伤寒杂病论》中，记载了人工呼吸急救法的应用。书中说，遇到自缢时间不长或自缢后心下还有热气者时，应马上对其进行人工呼吸。而国外直到1897年，才用人工呼吸法抢救濒于死亡的患者，比我国至少晚1600年。

2．全身麻醉外科手术

东汉末年的名医华佗，在医学史上最早应用了全身麻醉法实施外科手术。华佗的麻醉术对后世影响很大，此后历经宋、元、明、清诸朝，由全身麻醉逐步发展到局部麻醉。华佗应用全身麻醉施行外科手术，比西方早1600多年。

3．免疫法的先驱

4世纪初，晋代葛洪著有《肘后备急方》一书，书中记载了“疗猘犬咬人方”。就是人被狂犬咬了以后，迅速将咬人之犬杀掉，取其脑髓，敷于被咬之伤口，以防狂犬病。狂犬的脑中含有大量狂犬病毒，这已被后世的科学家证实。这可以说是世界上有文字记载的最早免疫法的应用。

4．人痘接种法的发明

早在16世纪，我国就已发明了预防天花的人痘接种法。人痘接种法的发明，有效地保护了我国人民的健康，而且很快传到世界各地。1688年，俄国医生来北京学习此法，此法又从俄国传至土耳其，随后传入英国和欧洲各地。

5．独具一格的针灸疗法

针灸疗法是祖国医学中的一枝奇葩，在世界上享有盛誉，它是我国古代劳动人民创造的一种独特的医疗方法。早在2000多年前的春秋战国时期，针灸疗法就已相当普及，而且医疗质量也有了很大提高。西晋时，针灸学专著《黄帝针灸甲乙经》问世，促进了后世针灸学的发展。唐代，针灸疗法和其他医学科目一样，被正式列入国家的医学教育课程。

五、四大发明

世界最先了解中国的是古代的四大发明。四大发明对于推进整个世界的文明起了至关重要的作用。

（一）指南针的发明

我国是世界上最早发现磁铁极性的国家。早在战国时期，就利用磁铁极性发明了指南仪器——司南。北宋时人们发明了人工磁化法，并制成指南鱼和指南针。自从司南发现以后，它很快就在航海中被应用。13 世纪初，欧洲人的书上才第一次提到了指南针在航海上的功用，比我国迟了 100 多年。

（二）造纸术的发明

东汉蔡伦最早发明了造纸术。这里说的纸，是指植物纤维纸。在造纸术发明之前，我国曾用龟甲、兽骨、竹简、缣帛等物作书写材料，但甲骨不易多得，竹简笨重，缣帛昂贵。《后汉书·宦者列传》记载：蔡伦“造意用树肤、麻头及敝布、鱼网以为纸。元兴元年（即 105 年），奏上之，帝善其能，自是莫不从用焉”。7 世纪，造纸术经朝鲜传到日本，8 世纪传到阿拉伯，12 世纪传到欧洲，16 世纪传到北美洲。

此处特需指出的是，前些年流行一些说法，认为 1957 年在陕西省西安灞桥一座公元前 2 世纪的西汉早期墓葬中出土的纤维状物，是现存世界上最早的植物纤维纸，并以此推断当时发明了造纸术。但是，近年来经轻工业部造纸研究所多次用现代科学手段进行分析化验，所谓“灞桥纸”只不过是一团废麻絮而非纸。

（三）印刷术的发明

印刷术的发明，对人类文化的传播和发展起了十分重要的作用。

1．雕版印刷术

在 7 世纪初隋、唐之际，我国发明了雕版印刷术。雕版印刷发明后，可使千百部书籍一次印刷出版。唐代，雕版印刷术传到日本，12 世纪传至埃及。欧洲直到 14 世纪才有雕版印刷品。

2．活字印刷术

雕版印刷比手工抄写当然方便，但一版用后，再印其他书又须重新雕版，费力费时。北宋庆历年间（1041～1048 年），平民毕升首创了活字印刷术。其原理同近代的铅字排印方法相同。1456 年在德国出版的《圣经》，是欧洲人用活字印刷的第一部著作，比毕升晚 400 年。

（四）火药的发明

许多史书表明，最早的火药是在 9 世纪后半叶唐末宋初问世的。最早完整地刊载火药的配方和制造工艺的是北宋官修御定的《武经总要》。该书成书于 1044 年。13 世纪，火药传到阿拉伯国家，13 世纪下半叶，欧洲人才从阿拉伯书籍中得到有关火药的知识。

第二节　中国古代科技的总体特征

中国古代科学技术以其独特的魅力吸引着众多国内外学者。英国科学史家李约瑟曾经说过："对我来说，过程是这样的：首先，我爱上了汉语和汉字。某些西方人也有同样的经验。我可以提供一个典型的例子：有个美国人，叫做迈克尔·哈格蒂，原来是装订书籍的。有一次，有人拿些中国书请他装订。他就像《圣经》故事中的圣保罗，在去大马士革途中，改过自新皈依了真谛一样，感到自己如果再不学汉语，看不懂中文，就没法活了。这样，他就投师请教，终于学会了汉语，结果当上了华盛顿美国联邦农业部的首席汉语翻译。我当年的过程和他相仿。我对汉语、汉文、汉字和自古以来传播于中国的思想，产生了感情。它们把我引入了一个我以往一无所知的新天地。”① 现代有很多人不了解中国古代科学技术，沉浸于欧洲近代科学的赞美声中，认为中国古代从未有过科学。这种虚无主义态度可能是由于对“科学”一词含义理解的混乱引起的。如果我们把科学仅限于近代科学，那么西方古代也几乎无科学可言。科学作为一个整体的发展必然要经历各个历史时期，不能认为科学发展的早期就不是科学。

中国古代科学已积淀了诸多产生近代科学的必要因素，但是中国的经济与社会没能提供让它充分发展的土壤。探讨中国古代科学技术的总体特征，有利于我们了解为什么中国古代科学技术曾一度繁荣而又未充分地成长起来。

一、实用功利性

中国首先是一个注重实际的民族，中国历史上的科学形态属实用型而非理论型，注重于实用效果，充满了务实精神。这是中国古代科学技术颇为突出的一个特征。这种特征来源于中国古人对待自然界的态度，这种态度表现在科学技术形态上，就是相当注重能直接应用于生产实践上的知识，而在理论研究方面有所不足。其实，任何科学的最终目的都是为人类生产实践服务的，而且任何科学都来源于生产实践。即科学产生于生产需要，而生产需要又反过来刺激科学的发展。但是，当人们从实践中升华出经验，由经验再提升出理论时，这已不是纯粹的生产实践了。科学一经脱离生产实践而被透滤出理论，它就有了自己的独立性。人类利用经验把握自然，然后再将其上升为理论，继之再着眼于理论自身的系统完备性，如此科学才能长足发展。即当经验发展到一定程度，必须离开具体实用性的束缚去构建理论，用人类的理性去把握自然规律，用理性去解释自然现象。否则，科学理性只

---

① 潘吉星主编：《李约瑟文集》第 6 页，辽宁科技出版社 1986 年版。

能停滞。

中国古代科学技术的发展历程告诉我们，注重科学的应用性实用性，在早期可促进科学的发展，但一味偏重于直接应用而忽视理论的独立系统完备性，到了一定阶段就会束缚科学自身的发展。科学是脑力劳动的产物，因此，科学发展与从事脑力劳动的人——知识分子是紧密相关的。在中国，古代的知识分子被称为士。先秦时就有士、农、工、商之说，《汉书·食货志》说："士、农、工、商四民有业。学以居位曰士。"也即士为四民之首，是以学识取得地位的人。士的主要任务就是协助政务，治理国家。国家事物包括政治、军事、经济、文化、教育等，而科学技术则是国计民生不可缺少的，自然也就导致国家委派一批官吏从事这方面的工作。因此，在中国历史上，凡是与国家事物有关的科学技术，都设有相关的官方机构进行组织管理，并任命官吏主持其事。如此形成了中国科学技术发展史上的一种特殊现象，知名的科学家中，大部分是官吏或做过官的，而且有不少是位居显官的。而这些官僚知识分子之所以从事科学技术工作，其出发点是为治理国家事务，是被动的，而不是出于探索自然界奥秘的自觉目的。由此决定了中国科学技术史上另一特殊现象，即与国家事务关系密切的学科特别发展，而与国家事务关系较远的学科发展缓慢。因此，农学、天文学、算学、地学、医学等学科在中国古代是空前繁荣的。而以上原因就形成了"但言其当然，而不言其所以然"① 的学术倾向。

对于上述原因形成的中国古代科学状况，我们分学科予以阐发。

---

① （清）阮元：《畴人传》卷四十六。

（一）天文历法

中国历代王朝的隆替更变，一向被视为出于天命，所以皇帝亦称为“天子”。中国的社会革命历朝都是基于这种思想。而历法是从天体现象中所求得的法则，就是表现了天意的存在。同天文历法有关的天体现象观测，所以会成为国家最关心的事，从中国古代这种“天命”思想基础上看乃属理所当然。

从司马迁的《史记》之后，各朝各代历史均由国家机构或准机构编纂，这些历史被称为“正史”。讨论历法的“律历志”和“天文志”也时常被列入正史中，这就显示了天文学与政治密切相关。

在天文学中，我国古代的天文台创建久远，实属举世独有。汉武帝元封七年（公元前104年）进行的太初改历，确定了国家天文台组织，并且导入浑天仪之类的新式观测仪器。此后历经两千年之久，这种国家天文台一直存在。欧洲国家天文台的出现是17世纪末叶的事，在这之前都是由关心天文学的统治者和支持者建立天文台。甚至在喜好天文学的阿拉伯世界也如此，一个天文台的存续时间最长不会超过30年，通常是随着一个统治者的死亡而被撤销。

在中国，帝王们认为天象直接关系着皇家的命运，因此，历代王朝都十分重视天文历法，使这一古老的科学经久不衰。《易》说：“天垂象，见吉凶。”所以，历法的准确与否，被看做是一姓王朝是否顺应天意的标志。再者，中国历代王朝皆以农立国，农业是国家的根本，统治者十分重视天文历法，“敬授民时”，也是出于维护封建统治的考虑，因此，中国历史上多次进行过由国家支持进行的大规模重大天文观测活动。

总之，中国古代天文学之发达，主要是出于统治者的重视，而统治者之所以重视天文学，主要由两方面的需要：统治者顺应天意和农业立国。

（二）数学计算

数学，作为一门工具性学科，与国计民生关系极为密切。对地理情况的了解、地图的绘制、土地的丈量、赋税的计算等，都离不开数学。同时，天文历法亦与数学密不可分。《周髀算经》相当一部分内容就是解决天文学中的计算问题。《孙子算经》的剩余定理，唐一行和尚的不等间距二次内插公式，都是在解决天文历法计算中产生的。代表中国古代数学体系的著作《九章算术》，可以说更是为直接解决现实问题而写的。该书共收集实际生产和生活中的计算问题 246 个，并一一给出答案。全书共分为 9 章：

第一章“方田”，主要讲的是田亩面积的计算，包括分数的各种计算方法；

第二章“粟米”，讲各种比例问题，特别是关于各种谷物间按比例相互交换的计算方法；

第三章“衰分”，讲按等级分配物资或摊派税收的比例问题；

第四章“少广”，讲开平方、开立方的计算；

第五章“商功”，讲各种形状几何体体积的计算方法。这与土地丈量的实用目的有关；

第六章“均输”，讲如何按人口、物价高低、路途远近等条件，以计算各地的赋税和分派工役等问题的计算方法；

第七章“盈不足”，用假设的方法处理如下一类问题：“今有人共买物，每人出八钱盈余三钱，每人出七钱不足四钱，问人数物价各几何？”

第八章“方程”，是关于联立一次方程组普遍解法的叙述；

第九章“勾股”，主要是应用勾股定理和直角三角形相似的各种比例关系，测量和计算高深、广、远的问题。

书中对于列出的问题都有答案，并介绍综合同类问题的计算法。如第一章第二问：又有田，广十二步，纵十四步，问为田几何？答曰：一百六十八步。方田术曰：广纵步数相乘得积步，以亩法二百四十步除之，即亩数。而其演算推理过程则略而不谈。

宋、元时期的高次数字方程、天元术、四元术等都充分体现了中国数学的实用观念。这种观念到了明代更为显然，数学理论的研究很少开展，却撰述了不少的算学书籍。撰述时还经过了一定的筛选，"非官曹民事所必需者，虽九章古法，亦所屏弃。撰书者竞以编歌括为算学捷径。其算术合理与否，则概不讨论"①。

中国古代科学技术发展中的实用功利观念，在明代中后期的几部科技名著中，表现得尤为突出。如李时珍的《本草纲目》52卷，分16部，60类，共收载药物1892种，还对药物的名称、产地、形态、药性、功用等作了详细记载，系统地总结了我国明代中期以前的药物学经验，并搜集了我国古代医方10000多条。《农政全书》在指导当时农业生产方面也同样有着重要价值，实用性强，但却缺乏进行理论方面的概括和分析。

概括地说，实用功利性是中国古代科学的主要特征之一，这一特征使中国科学技术密切联系实际，取得了伟大成绩。但是，它们又是零散的，是对自然界各领域中适用面极窄的规律之总结，而没有形成完备的、系统的富有逻辑性的理论体系。其结果是各学科间互相分立而缺乏对统一自然界的总体理性把握。

二、辩证整体性

很多人在总结中国古代科学技术的总体特征时，总是善于拿西方科学技术总体特征来对照，这当然是有一定道理的，一般学者认为，西方科学注重分析，即在研究一个具体事物或事物的属

① 钱宝琮：《中国算学史》第162页。

性时，总是要把它从错综复杂的联系中分离出来，独立地加以考察；中国传统科学则不然，它着重于综合，主要是从整体上把握事物，重视事物的结构、功能和联系，如果不考虑时间的因素，这种对比则是有效的。倘将时间因素考虑进来，那么这种分析是不妥当的。因为西方科学的上述特征在近代才表现突出，而中国科技的上述特征则是整个古代所具有的。这种对比跨越了时间上的界限，又是对不同科学传统的比较，显然不符合比较的原则。西方古代的科学同样具有辩证整体性。我们知道，在古代没有条件对自然界的各个局部进行深入的考察，还没有可能进行分门别类的分析研究，在他们看来，自然界是一个笼统的、模糊的整体，这是人类在认识自然界的历史进程中必然经历的阶段。

中西古代科学特征的区别不在于它们有没有辩证整体性，而在于：中国古代科学一贯地保持了这一特征，而西方则逐渐抛弃了这一特征并过渡到近代以实验为基础的科学分析法。中国在近代则没能完成这一转变。

所谓辩证整体性，就是在考察事物时总是将其作为变化的、运动的、发展的、相互联系的统一整体来把握。例如，中国古代认为天的运动与人类的活动有着密切的关系，将天地人作为一个系统的整体，它们之间相互作用，相互影响。因此，天文学家在观测天象方面是很下功夫的，其结果是中国古代的天文学十分繁荣。中国古代的农学也是如此，十分强调天时、地宜、人事的相互联系，相互影响。

最能体现辩证整体性的是中国古代医学。临床辩证施治是祖国医学的一大传统。中医药学体系以中国古代盛行的阴阳五行学说，来说明人体的生理现象和病理变化，阐明其间相互关系，并将生理、病理、诊断、用药、治疗、预防等有机地结合在一起，形成了一套整体辩证的思维方式，作为医药学的基础。

在医学理论方面，中医药学虽以人体为对象，但是它始终将人体看做是自然界的一部分，而不是孤立地研究人体。实际上，人是从自然界分化出来的，在认识自然、改造自然时，是作为自然界的对立面存在的。而当人研究人体自身时，跟人研究自然中的其他事物一样，仍然将人返回自然整体中，这是符合现代的科学原则的。同西方医学相反，中医学并不将人体孤立于自然之外，而是把人体放在自然界整体运动和动态平衡中来研究，而且亦十分重视人之心理对身体健康的影响。因此，在中医学病理学说中，特别重视疾病与人体自身精神状态、生活习惯以及外部环境，尤其是气候变化对人的影响。在临床治疗中，它反对单纯的头痛医头、脚痛医脚，强调“治病必求于本”的原则，即把握住疾病的原因和本质，针对不同的情况进行辩证施治，即使是同种症状，也可能是不同病因引起的，因此应区别对待。

中医药学中的脉诊是一项独具特色的诊断方法。据《史记》记载，战国时扁鹊已能通过脉诊确定病人病情，然后对症下药，反映了当时已掌握了脉诊之法。脉诊的应用表明，中国古代的医生已掌握了脉象与身体各部分的相关关系，亦即关于心脏、血液与血管的关系，血流速度与人体健康的关系及呼吸和脉搏频率的关系。脉诊说明对人体整体性的认识已达到了相当高的地步。

在外科学方面，与西医只重视局部和体表的医治方法不同，中医坚持了整体的观念，既重视体表疾患的局部表现，更重视患者机体的内在变化。

中医学不仅把人体看做一个整体，而且把人和自然界也看做是一个整体。《黄帝内经》说：“人以天地之气生，四时之法成。”中医学全面深入地探讨了人体五脏、六腑、五官等与自然界五行、五季、五方、五气、五色、五味等之间的对应关系，建立了一整套完整的理论体系，其中关于人体生命活动时间节律的研究，如金元时所形成的系统的时辰针灸说——“子午流注法”、“灵龟八法”和“飞腾八法”，尤令世人叹为观止。正如美国物理学家卡普拉所说：“中国有关身体器官的概念是指一个整体的功能系统，对这个系统必须与其相对应系统的有关部分一道，从总体上加以考虑。”①

中医把人体与环境的平衡和谐看作是健康的基础。预防机体的任何一种失调是中医所要履行的职责。正如《黄帝内经》所说：“夫病已成而后药之……比犹渴而穿井，斗而铸锥，不亦晚乎！”在西方医学中，具有威望的名医是对身体的某个具体部位有详细知识的专家，而中国的中医是哲人，他们懂得所有的人体各部分之间的相互关系，他们以人的整体而非以身体的局部病位为基础来治疗一个病人。

中国科学技术的辩证整体性是可贵的。但事物是极其复杂的，如果不会将每一系统的整体分解为部分而进行分析的研究，那么对整体的研究也是模糊的。虽然西方近代的机械的形而上学方法违背了事物的辩证整体性，但是它是科学发展所不可逾越的阶段，因此中西科学的思维模式需要有机结合，就如同中西医结合一样。

三、经验直观性

中国古代科学的实用功利性，造成了一个必然结果，即中国古代科学的经验直观性。经验直观性是任何古代科学都具有的共同特征，而在中国古代这一特征则贯彻始终，一直保持到近代科学产生之后。

经验直观性在中国古代科学中的具体表现是：只注重经验直

---

① （美）弗里乔夫·卡普拉：《转折点——科学、社会和正在兴起的文化》中译本，四川科技出版社。

观性描述，而缺乏定量分析和逻辑分析；对世界的描述，多限于经验高度，而缺乏对经验的更高抽象；对自然现象的探索是出于可操作之目的，而缺乏解释自然现象之目的动机。因此，中国古代的科学技术系统是零散的、定性的，其操作性很强，但由于缺乏定量的理性分析，只知其然，而不知其所以然，其结果是只注意了改造自然，忽视了认识自然的本质与内在规律。

经验直观性表现在中国数学上，是缺乏古希腊的欧氏几何这样的逻辑体系。如《九章算术》是一部总结日常生活中诸多实际问题的习题集，这些问题都给以正确答案，并给出适当的概括，但缺乏必要的证明式的溯因，因而这一著作的各章之间的关系相当松散。这使得中国古代数学虽然内容十分丰富，但却找不到数学符号系统。

中国传统的整体辩证思维方式，使古代科学家在认识客观事物时，满足于通过直觉得到一个总体印象，而不习惯作周密的详细的分析。道家认为外在自然是一个整体，不可分析，不可证明，只能感觉、体验、内省、领悟。既然道的运动是自然而然的、自发地产生的，人的行动也应该遵守道所运行的方式，因而也应该是出自直觉的智慧，自发地与自然协调统一。中国古代的圣贤显示了与古希腊智者极为不同的知识结构。古希腊的智者力图运用理性的逻辑方法描绘自然世界的真实图景，而中国的圣贤总是用直观的方法表现出主观精神的理想画面。这种思维的直观性体现在中医中则是，只有定性整体的辩证性描述，如将人体脉象分为浮、沉、迟、缓、弱等十几种，而无定量的数据分析，这使中医知识十分难以把握，因此，中医还是“老的”好，因为老的中医凭一生的诊疗经验直观，才能很好的去把握人体这一整体。所以，“只可意会，不可言传”便成了中医的一个十分贴切的描述。只靠传授知识而无终生的经验，是不能成为合格中医的。

众所周知，近代科学是在数学方法和实验方法结合的基础之上产生的，亦即是使用定量分析和实验分析超越定性分析和经验直观的结果。而中国古代科学一贯忽视数学方法和实验方法的结合，换句话说，中国的古代科学是为了解决实际问题而总结的经验，创造的理论，缺乏以实践为基础的纯概念、纯理论体系建构的逻辑冲动。它不是为了创造理论而发展起来的，因而十分缺乏发展的后劲。

四、实用功利性、辩证整体性和经验直观性的相互关系

从哲学高度看，中国古代科学技术的总体特征诸方面之间有着不可分割的关系，而各自又有它们的独立性。实用功利性是中国古人在从事自然研究时的思维定式，这种思维定式表现在他们所建构的科技理论系统上，是一种距离生产生活太近，从而缺乏理论上的升华。这种情况使中国古代各门科学之间没有普适性很强的理论，这一点直接导致了它的经验直观性。而经验直观性使中国古代科学缺乏逻辑分析和实验方法与数学方法的结合，这导致了中国古代科学在描述自然规律时的定性方面十分突出，语词缺乏定量性，充满了模糊性，致使中国古代科学将辩证整体性（缺乏实证分析）贯彻始终。从根本上说，实用功利性是中国古代科学技术的最基本特征，它限制了辩证整体性朝着实证分析然后再回到辩证整体性复归的辩证发展过程，也制约了经验直观性朝着定量分析然后提升到普遍理论的过渡。

近百年来，由于学习西方，中国科技以及思维方式上的这一缺陷已得到弥补。今后，在学习西方的同时，如何发挥传统科技的优长，克服其不足，仍然是摆在人们面前的任务。

第三节　中国古代科学家的优秀品质

科学研究是一种艰苦的创造性劳动。科学技术的每一项重大成就都凝聚着科技工作者的辛勤劳动和聪明才智。我国古代科学家和发明家不仅为祖国和世界做出了杰出贡献，而且古代科学家、发明家那种注重实践、勇于探索、敢于创新的奋斗精神，不避艰险、百折不挠、锲而不舍、献身于科学的坚强意志，不怕嘲讽打击、不畏权势、敢于同传统思想、保守势力作斗争的无畏勇气，好学不倦、刻苦钻研、严肃认真、实事求是的治学态度和工作作风，也值得我们今天一切有志于科学研究的人学习和发扬。

一、贴近群众，服务人民

我国古代科学家，大多急人民之所急，想人民之所想。以民为本，贴近群众，服务人民是他们走上科学之路的出发点。

战国名医扁鹊，原名秦越人，“扁鹊”是传说中黄帝时代的名医。由于他常入民间，为百姓除疾，当时群众为赞扬他的高超的医术和高尚的医德，送给他“扁鹊”称号。东汉末年的名医华佗，儿时即由于看到群众遭受疾病磨难的凄惨景象而发誓做一名除疾救民的医生。他多次谢绝入仕而宁愿背负药箱奔波于人民之中。由于华佗常以人民之苦为己之苦，为减轻和消除病人的剧烈疼痛，仔细研究并发明了世界上最早的麻醉剂——麻沸散。他那刚直不阿、不畏权贵、甘于奉献、救死扶伤的崇高医德，获得人民的称赞。

四川省有一座古代兴修的大型水利工程——都江堰。它位于四川省灌县，岷江过处，每年夏秋洪水季节，西边往往江水泛滥，东边却常常发生旱灾。公元前3世纪李冰到蜀郡任太守，亲眼看到当地严重的灾情，倾听到民众要求治水的强烈呼声，便下决心治理岷江，到任不久，就着手进行大规模的治水工作，留下了不少动人的故事。

东汉末年著名的医学家张仲景虽一世为官，但始终未中断过医学研究，并对中医学做出了卓越贡献，留下了医学名著《伤寒杂病论》。当时“白骨露于野，千里无鸡鸣”的凄惨景象，激发了他学习医术的热情，将毕生精力投入了医学事业。因此，张仲景在群众中威望颇高，有“经方大师”之称。

唐代著名医学家孙思邈也是一位贴近群众、服务人民的光辉典范。他一生不慕名利，坚持在民间为广大群众医伤治病，认真总结和学习民间医药经验，以毕生精力写成了两部医学巨著——《备急千金要方》和《千金翼方》。他发扬我国古代医师的优良传统，认为，一位好的医师治病，必须精神集中，没有贪求财物的杂念，对患者要深表同情和爱护之心，发誓以普救病人的痛苦为志愿。隋文帝征他为国子博士，他以病拒之；唐太宗授以爵位，他固辞不受。他以人命重于千金比喻，说明医者身负的神圣职责，所以用“千金”作为自己所著方书之名称，称为《千金方》。他心怀坦荡，一心为民，献身医道的高尚情操，至今受人称道。

北魏杰出的农业科学家贾思勰，痛斥腐朽的王公贵族对农事不闻不问，“既饱而后轻食，既暖而后轻衣”，结果造成灾害连年发生，不断有人饿死。因此，他以“富农”为己任，注意向群众学习，参考了大量文献资料，广泛收集农谚，到处访问有经验的老农，写成农学巨著《齐民要术》。

当然，中国古代科学家“贴近群众，服务人民”的思想和实践并不止于以上所举。中国古代科学家的这种优秀品质正是他们克服重重困难而在科学上获得巨大成功的精神动源。

二、勇于改革，终生无悔

在中国长达几千年的封建社会，与那些保守堕落、不思改革但顾食禄的肉食者形成了鲜明对照的，是中国古代科学家大都具有的那种勇于改革、献身科学的精神。

南北朝著名数学家祖冲之，不畏权贵，敢于推翻前人的陈旧学说，勇于向顽固势力作斗争，表现出了追求真理、献身改革的精神。在推行新历法的过程中，几经磨难而不屈不挠，同以戴法兴为首的顽固势力据理力争，写出名篇《辨戴法兴难新历》。由于戴法兴是个权势显赫的宠臣，朝中百官惧怕他的权势，多附和逢迎，而支持祖冲之的只有巢尚一人。因此，在祖冲之生前，大明历未能推行，经他儿子祖暅的努力，大明历终于在祖冲之死后50年时被采用。

唐代高僧、天文学家一行①，为编制新历，致力于天文研究和历法改革数十年如一日，献出毕生年华。为制定大衍历，他认真研究了古代历法的结构内容和古人制历的经验，汲取了前人的成果，却又对前人不迷信，不盲从，对沿用几百年之久、无人怀疑的二十八宿等恒星的位置，他重新多次测量，终于在727年完成了制订新历——大衍历的工作，可惜当时一行却与世长辞。

明代科学家徐光启，虽一生为官，但从未忘记科学研究。他在年老多病之境况下，仍然“推算纬度，昧爽细书，迄夜半乃罢”，坚持改革历法。即使在他即将去世之际，仍念念不忘修历之事。他以70岁的高龄常与他人一起守候于观象台。一次，他不慎失足坠于台下，以致“不能动履”，不久献出了生命。

明代平民出身的水利学家陈潢，为治理黄河而实行屯田办法，把水退之后涸出的荒地交给流离失所的农民，并且帮助他们

① 原名张遂，一行是法名。

修建房舍，贷给耕牛、种子和农具，进行屯田耕种，然后把农民交纳的屯粮作为治河经费。但是他们实行屯田后，地方豪强纷纷乘机抢占土地，于是他派人严格清查制止，可豪强勾结贪官污吏捏造罪名，向皇帝告状，对此，他进行了坚决斗争。但康熙竟把陈潢“解京监候”。不久，陈潢含恨饮冤而死。

改革乃历史发展之必然，但自古以来改革都是一条荆棘丛生的险途。中国古代科学家们坚持改革、置生死于不顾的改革精神是值得今人学习的。

三、苦心探索，百折不挠

纵观中国古代科技史，中国古代的科学家们为追求真理，发展科学，在困难面前那种苦心探索、百折不挠的精神是极有教育意义的。

北魏卓越的地理学家郦道元，为写《水经注》，对我国的自然、地理的调查、考察和研究花费了毕生精力。他多次为官，素有“执法清刻”之称，为编《水经注》，足迹遍及祖国 10 个省，共阅读了 437 种书籍。此书对研究我国古代历史和地理具有重要参考价值，现已形成一门专门学问——“郦学”。

出身贫寒的南宋妇女黄道婆，十几岁就被卖为童养媳。后终不堪忍受欺压而出逃。她的一生虽历尽波折磨难，但仍发愤向上，虚心向黎族同胞学习纺织技术，为推动我国的纺织技术做出了卓越贡献。

北宋大科学家沈括，博学多才，成就卓著，在天文、地学、数学、物理、化学、生物、医药及水利、军事、文学、音乐等许多方面都有精湛的研究和独到的见解。他从 24 岁开始踏上仕途，终生不懈追求真理。尽管他在天文学上的一系列改革常遭到守旧势力的攻击，然而由于他的坚决斗争，终于将奉元历修成颁行。沈括在许多领域的科学活动中，事必躬亲，苦心探索，写成了科学巨著《梦溪笔谈》。

明朝卓越的药物学家李时珍，24岁开始行医，对穷苦人总是热心接待，细心治疗，很受人民的爱戴和尊敬。为揭示大自然的秘密，李时珍常常不避风险，知难而上。为了获得广博的药物知识，李时珍作过多次旅行，足迹踏遍大江南北，对我国的药用植物、动物、矿物作了广泛的实际考察。同时，他还访问了许许多多的劳动人民，搜集了丰富的民间治病经验。他整整花了27年的时间，付出了大半生的心血，才完成了我国历史上最伟大的一部药物学巨典——《本草纲目》。

杰出的清代蒙古族数学家明安图，一生致力于三角函数展开式的研究，用30多年时间写成《割圆密律捷法》初稿。他曾两次奉命率领测绘队深入新疆腹地，翻雪山，涉瀚海，克服交通不便等重重困难，用了两年多的时间，用近代科学方法出色地完成天山南北的地理勘测工作，并且以他精湛的数学知识绘制出了比较详尽准确的新疆地图。

四、钟情事业，甘心奉献

科学史上的每一项创举，都凝结着科学家的勤奋与奉献。只贪享乐，不思奉献，是不会有任何科学创造可言的。

南朝有名的炼丹家和医学家陶弘景，年轻时虽家贫亦不忘学习，“读书万余卷”，具有“一事不知，以为深耻”的钻研精神。为整理《神农本草经》，写作《本草经集注》，他曾三番五次辞官隐居，专门从事药物学研究。

元朝天文水利学家郭守敬，毕生从事科学技术事业60多年，不仅在天文学和水利工程方面成绩卓著，而且在地理学、数学和机械工程方面也有重大贡献。郭守敬从小喜读书，学习刻苦。为制订好新历，他仔细研究了自西汉以来的70种历法，继承和发扬了历代进步历法学家的优良传统，坚持在实测的基础上编订新历。他提出了历之本，在于测验，而测验之器，莫先于仪表的主张，并对旧有的仪器逐个作了仔细检查，研制了近20种天文仪器。他还进行了恒星位置的测定工作，对除前人已经定名的诸星以外的一千多颗可见的无名诸星进行了观测，编制成星表，改变了自东汉张衡以来的天文学家忽视这些无名恒星的状况，

元朝农学家王祯，在为官期间，经过十几年写成了我国农学名著《王祯农书》。他在做县尹时，积极提倡农桑，奖励垦耕，还常买树苗和棉子教人民种植。他十分注意观察农业生产的各个环节，特别重视农业生产工具的改革和推广，并且亲自设计、创制了一些先进的农具。由于他长期的潜心研究和勤奋积累，获得了渊博的农业科学知识，写出有名的《王祯农书》。

明朝末年著名的地理学家和出色的旅行家徐霞客，终生不入仕，毅然冲破旧传统的束缚，走出小书斋，勇敢地投入辽阔、富丽的山川原野，游历了我国华北、华南、华东、西南等广大地区，以毕生精力写成了《徐霞客游记》。徐霞客把全部心血倾注于地理研究上，从22岁便肩起行囊，告别母亲，开始了他一生艰苦的旅行探险生涯，50岁还进行“万里遐征”。为探索大自然的奥秘，他“不避风雨，不惮虎狼，不计程期，不求伴侣”，长年累月地奔波于川流峡谷之中，来往于崇山峻岭之间，他“途穷不忧，行误不悔，暝则寝树石之间，饥则啖草木之实”，始终孜孜不倦地进行科学考察工作。由于他“久涉瘴地”，常常冒雨跋涉，受寒受饥，因此，于54岁时抱病回家。在养病期间，他仍然把从旅游中带回的岩石标本摆在病床边，“摩挲相对”，进行观察和研究。这位杰出的地理学家为科学献出了一切。

五、淡于荣利，安于贫贱

科学探索既有理想，又有追求。然而，科学家之追求既不是官达位显，也不是富贵享乐。中国古代科学家，之所以能艰苦探

索，终生不渝，这与他们从传统文化教育中形成的淡于荣利、安于贫贱的人生观有直接关系。

东汉大科学家张衡，一生虚心好学，勤奋努力，是一位学识渊博的学者，地方上曾推举他做孝廉，官府也多次招聘他去做官，他都一一拒绝。在他的文学著作《二京赋》中，无情揭露了当时京师中帝王贵族“取乐今日，遑恤我后，既定且宁，焉知倾陁”的腐朽寄生生活。张衡在科学上的成就曾经遭到不少毁谤。那时，一般追求功名利禄的读书人，大多是“博贯五经、兼明图谶”，不把科学技术放在眼里。他们攻击张衡做浑天仪、著《灵宪》等是不务正业。那些名利之人讥讽他说，你既然能让木鸟飞起来，为什么自己却“垂翅故栖”，不能高飞呢？为此，张衡写了一篇文章《应间》，表示“不患位之不尊，而患德之不崇；不耻禄之不多，而耻知之不博”，宣告“捷径邪至，我不忍以投步；干进苟容，我不忍以胁肩”，决不肯曲意侍奉权贵，以不正当的途径谋取高官厚禄，并且表示要继续研究技艺。

华佗治病，是为民除病，并非是为求升官。当时在他家乡一带做官的陈珪曾经推举他做孝廉，太尉黄琬也多次请他出来做官，都被他拒绝了。因他医术高明，又热心为群众治病，所以在百姓中间声望颇高。曹操召华佗治其头疾，强留华佗做他的侍医，但习惯民间行医的华佗不愿久居官府，便托妻病回乡。曹操多次催其返回，他始终不肯。曹操知实情后大怒，杀害了华佗。华佗不为名利所诱、不为威武所屈的精神，表现了一个医学家的高尚品德。

在我国古代浩如烟海的文化典籍中，有一部负有盛名的科技著作——《天工开物》。它的作者是明代著名科学家宋应星。他在明亡之后便弃官不做，终生再未出仕，明朝科举盛行，一般文人儒生皆热衷于追求仕禄，对生产实际问题一窍不通，宋应星对这种现象十分厌恶。他指出：“纨绔之子，以赭衣视蓑笠；经生之家，以农夫为诟詈。晨炊晚饷，知其味而忘其源者众矣！”在《天工开物·序》的结尾，他写道：“丐大业文人，弃掷案头。此书于功名进取，毫不相关也！”直言奉劝那些追求功名利禄的人，不必看此书。

明代李时珍考取秀才后，对于应考举人不感兴趣，他便弃儒从医，终于写出传颂古今的《本草纲目》。

徐光启一生担任不少官职，但他节衣缩食，生活俭仆，刻苦耐劳。现在我们所能见到他的亲笔函件中，提到他在北京时期曾一度无食粮而借米供食，他在北京逝世时，《明史》的记载说他“盖棺之日，囊无余赀”。

孙思邈再三拒绝统治者要他做官的征召，可见他从不热衷名利，由此他才有《千金方》名著。

一行曾在几天之内就读完一部《太玄经》，他的名气传到了武则天的侄子武三思那里，武三思想和他交往，可他不愿和这个不学无术的政客为伍，于是就逃到河南嵩山，出家做了和尚。

徐霞客虽然出身于地主家庭，家资颇丰，但他毅然冲破习惯势力的桎梏，不应科举，不入仕途，走上了艰苦卓绝、无名无利的科学研究道路。

综上观之，中国古代众多杰出科学家的高尚品质实属我们之楷模。他们之所以能流芳百世，在科学上做出惊人成就，品质高尚是重要原因。马克思说：“在科学上是没有平坦大道可走的，只有那些在崎岖小路的攀登上不畏劳苦的人，才有希望达到光辉的顶点。”① 中国古代许多科学家堪称这样的人。

① 马克思：《资本论》法文版序言。

参考书目

梁宗强、李春荣编著：《中国科技之最》，国际文化出版公司 1991 年版。

自然科学史研究所编：《中国古代科技成就》，中国青年出版社 1978 年版。

郭金彬：《中国传统科学思想史论》，知识出版社 1993 年版。

杜石然等编著：《中国科学技术史稿》，科学出版社 1982 年版。

中国科学院中国自然科学史研究院编：《中国古代科学家》，·科学出版社 1959 年版。

中国科学院自然科学史研究所编：《科学技术发明家小传》，北京人民出版社 1978 年版。

张润生等编：《中国古代科技名人传》，中国青年出版社 1981 年版。

第十二章　中国文化的近代危机与中华民族精神的振兴

第一节　中国古代文化从辉煌到停滞

中国不仅是世界上最大的国家之一，也是世界上历史最为悠久，文明开化最早的国家之一。“在中华民族的开化史上，有素称发达的农业和手工业，有许多伟大的思想家、科学家、政治家、军事家、文学家和艺术家，有丰富的文化典籍”①。举世公认，在人类文化发展史上，中华文明曾彪炳寰宇，震铄古今，辐射亚洲，远播世界，对文明的发展产生过巨大影响。直到16世纪，中国文化依旧走在世界前列，成为世界文化史上的一个高峰。16世纪以后，西方文化以惊人的速度突飞猛进，而此时的中国由于种种原因，渐渐落在世界的后头。

一、中国文化在亚洲的传播与影响

中国文化同世界其他民族的文化一样，都具有流动性，这是任何文化自身都具有的功能特性。从这个意义上说，文化是属于全人类的共同财富，是由众多的文明民族世代积累与不断交换的结晶。一个民族的文化所以能够向外传播和流动，一般取决于两个基本条件：其一是向外流动的文化要素，自身具有较高的品

---

① 《毛泽东选集》第2卷，第585页。

位，其低劣的部分往往停滞在本土而不能流动；其二是接受外来文化的民族和地区，其自身文化需要更新发展，它出自切身需要对外来文化作出有选择性的受容。有受容才能流动，有选择才能吸收，有流动和吸收才能发展，这是文化交流的一般规律。

中国作为古代四大文明古国之一，它那灿烂的文化在很久远的年代，便和邻邦有了友好往来，并且由近及远，辐射向很远的地区。据古文献记载，早在秦、汉以前，中国就和朝鲜、日本、越南、中亚细亚等地发生了商品交换和文化交流。秦、汉以后，又与西亚、欧洲等地发生经济和文化联系。我们有充分的证据说，在整个中古时代，中国文化一直是启动亚洲文明演化发展的文明之源。

朝鲜是中国之近邻，接受中国文化也最早。

"朝鲜"一词最早见于《管子·揆度》。它提到"朝鲜之文皮"。这里的"文皮"指带花纹的虎豹之皮，是古代朝鲜的名贵特产。可知早在管子的时代，中国人就对朝鲜有所了解了。而据《战国策》、《山海经》、《史记》等书记载，中朝之间的物质、文化交流的时间可能要更早些。秦、汉以来，中国的文物制度、学术思想开始传入朝鲜。

在1至7世纪，朝鲜半岛上并存着高句丽、百济、新罗三个较大的王国。唐高宗永隆元年（680年），新罗打败了高句丽和百济，完成了朝鲜半岛的统一。在此之际，新罗派了许多留学生和政府官员来中国学习，他们回国后依照中国的文物制度，实行了全面的社会改革。因此新罗的文物制度深受中国文治教化的影响。此间，儒家重要典籍如《周易》、《尚书》、《论语》、《春秋》、《孝经》、《左传》等也在新罗广为流传，一度被定为"国学"。新罗人在治学修身上深受中国儒家诗礼教化的影响，思想上多循忠孝之道，提倡以"德"治国修身。后经新罗宰相金庚信等人大力提倡，逐步把忠孝信义思想发展为具有朝鲜民族特色的“新罗精神”。

到朝鲜中世的“高丽”王朝时期，其文物制度几乎全部参照中国，此时程朱理学开始在朝鲜传播。李朝时代是朝鲜近世历史中文化昌明之时期，其宗儒之风尤盛。此时程朱理学受到普遍尊敬，出现了计多著述丰富的硕学名儒。其中李滉（字退溪）堪称群贤之秀。他为李朝中宗时弘文馆典翰，博学多识，尤精朱子学。他的《经书订疑》、《启蒙传疑》、《理学通录》、《朱子节要》、《自省录》、《退溪集》等，多是对程朱理学的阐述，对理学在朝鲜的传播，做了大量工作，故有“李朝儒宗”之誉。

总之，在中国文化的影响下，朝鲜半岛的古代文明多是中国文化色彩。无论文物制度、学术思想，还是器用文化、文字风俗，均受中国的强烈影响。包括朝鲜的古代历史，有许多材料要到中国古文献中去寻找。当然，文化的传播向来是双向互补的，中国也从朝鲜学到不少东西，如朝鲜的歌舞，早在南北朝时即传入中土。

日本，是我国一衣带水的东邻，中国文化在那里也早有传播，且影响显著。

中国史书提及日本，当以《汉书·地理志》为最早。其中记载：“乐浪海中有倭人，分为百余国，以岁时来献见云。”此后中国历史对日本“倭人”的记载可谓“史不绝书”。但在日本本土，关于中日交往的史料却极为罕见，直到江户时代，日本史家才注意从中国史书关于倭人的记载中寻找“史”的根据。这说明，中国与日本的文化交往有悠久的历史。一般说来，从东汉到南北朝，中日已有直接邦交联系。到隋、唐，大量日本遣隋使、遣唐使、留学生来华，再加上僧侣、商人、外交官以及留日华侨子弟，都成为中国文化东传的直接媒介。因此，自隋、唐至清末，也就是从日本古奈良时代到德川幕府末期，凡是中国主要的文化学术要素，其中包括文字、历史、文学、艺术、宗教、哲学、工艺、美术等，都或迟或早地传到了日本。

中国文化对日本文化泽及最广、影响最深的有四大要素：

1. 文字。汉字何时传入日本，尚无确考，但日本文字源于中国，却无可怀疑。在目前流行的日本文字中，除保留了大量当用汉字外，其片假名与平假名的字形亦脱胎于汉字的偏旁和草书。日本史书《日本书记》、《续日本记》、《日本后记》、《续日本后记》、《三代实录》、《文德实录》合称“日本六国史”，都是用汉字成书的。

2. 史学。日本的修史事业，到江户时代而大盛。长达 397 卷的《大日本史》，可说是日本史学的代表作。它历经 200 余年，完成于明治三十九年（1906 年）。作为日本最大的史书，在体制和治史精神上完全模仿中国的史书。不仅纪传、志表、编年、纪事本末等体裁承袭中国史学，而且史鉴上的正统观念、君臣名分观念、尊王抑霸观念等，也都深受《春秋》以来儒家鉴戒垂训的史学传统之影响。

3. 佛教。佛教本源于印度，魏、晋至隋、唐，大畅于中土，唐、宋以后一直到近代，佛教重心逐渐由中国移入日本。日本佛教固然有日本文化的特点，但其传入则全仰赖中国，而且是中国化的佛教。这就是说，佛教是作为中国文化的一部分传入日本的。从隋、唐至宋、元、明三朝，中国名僧去日本传法者络绎不绝，中国佛教的各宗派及其典籍，在隋、唐后的五六百年间几乎教传入了日本。从中国去日本的名僧，唐玄宗时有修密教的道明、道荣、修华严宗的道璿，修律宗的鉴真；宋代名僧有修禅宗的道隆、祖元及清代的元隐法师等等。特别值得一提的是鉴真法师，他在日本几十年间，皆以传道讲学为事，对中国文化，特别是中国的佛学、医学、文学、工艺在日本的传播，做出了巨大贡献，深受日本人民和广大佛众的尊敬。佛教文化，特别是禅学对日本人的文化心理有深刻的影响。

4. 儒学。儒学传入日本较佛教略早。相传西晋太康时的王仁经由朝鲜人介绍，向日本皇室进献《论语》，并教授皇太子。这一传说出自日本国史，较为可信。唐、宋、元、明时期儒学大规模移植日本。儒家经典《周易》、《尚书》、《左传》、《礼记》、《孝经》等成为日本士大夫的必读书。宋、明时，程朱理学在日本流布最广。在近代，对日本人文化心理和民族精神影响最深的是阳明心学。① 王学在日本的传播收到了与中国迥然不同的效果。它与佛教禅学及日本固有的神道思想相结合，塑造了具有近代意义的日本民族精神即所谓的“大和魂”。

总之，中国文化曾泽及日本。隋、唐文化的传入使日本出现了“大化革新”；宋明理学，尤其是阳明心学的传入，间接成为明治维新、尊王倒幕的精神动源。

此外，越南、柬埔寨、泰国、马来西亚、缅甸、菲律宾、印尼、文莱、斯里兰卡、新加坡等东南亚国家，在历史上都比较早地与中国建立了友好往来关系。中国文化都不同程度地传播到这些国家和地区。物质文化传播往往成为精神文化传播的先导。中国商人带去的瓷器、铜器、丝织品、乐器、印刷品，无疑给东南亚地区的生产工艺、生活方式、文化礼俗等以莫大的刺激和影响。如越南、柬埔寨、泰国的制度礼俗，马来西亚的桑蚕养殖，菲律宾的饮食文化，文莱人的服饰艺术，都深受中国文化的影响。新加坡是一个独立很晚的国家，当今现代化程度已很高，但其国民的生活习惯、道德礼俗几乎与中国完全一致。至今仍把儒

① 参见魏常海:《日本文化概论》中“日本阳明学派”一节。

家伦理作为他们国民教育的一个重要组成部分，发挥着积极作用。

中国文化在东南亚的传播，是与中国古代航海事业的发展分不开的。魏、晋以降，中国的航海事业日趋发达，自唐、宋至明朝，达到高峰。郑和七次下西洋，① 以东南亚地区为中轴，先后近 30 年之久，历经 30 多个国家，最远到达非洲东海岸、红海和伊斯兰圣地麦加。这不仅打开了中国对外开放的门户，扩大了我国与各国的友好往来和经济文化交流，而且由于海路大通，促使中国东南沿海华人向海外流动，这正是东南亚地区华人最多的原因之一。这些炎黄子孙，身寄异域，魂系中华，不仅对于东南亚地区的经济开发做出了重要贡献，而且他们作为中国文化的载体，对中国文化向这些地区的传播，发挥了同样重要的作用。

二、中国文化在欧洲的传播与影响

美国著名汉学家德克·卜德在《中国物品西传考》一文中曾说："中国对西方世界做出了很多贡献，这些贡献极大地影响了西方文明的发展。从公元前 200 年到公元 1800 年这两千年间，中国给予西方的东西，超过了她从西方所得到的东西。"中国文化西传的结果，甚至"完全改变了我们的生活方式，成了我们整个现代文明的基础"②。用历史的眼光看，卜德所言并非夸大之词，我们也无意假西人之口来美饰中国文化的高明。但史实终竟是史实。文化本来是人类的共同财富，中国文明的古代辉煌，并不妨碍我们正视近代史上的落后。当西方文化在近代崛起之时，我们倒要以西方人的受容精神，学习西方文化中的有益成果，来

① 今加里曼丹至非洲之间的海域，中国古人称为"西洋"。

② 德克·卜德：《中国物品西传考》，载《中国文化研究集刊》第 2 辑，复旦大学出版社。

丰富和发展我们的物质和精神文化，迎头赶上，再造历史的辉煌。

早在汉代以前，中国的器用物质文化便以商品的形式，由中亚、西亚传入欧洲。而中国与西方交通的正式打开，则是西汉张骞出使西域以后。《史记·大宛列传》记载："在大月氏西可数千里……北有奄蔡、黎轩。""黎轩"即"历山"，是亚历山大城的简称，泛指罗马人的所在。以后中国文献中又称罗马为"大秦"。此时罗马帝国继承了希腊的地位，一度发展到中亚，罗马史学家曾记录公元前 27 年，"丝国"曾遣使者朝贺奥古斯都承继帝位。东汉和帝永元九年（97 年）任西域都护的班超，亦曾遣甘英出使大秦，虽经波斯（今伊朗）人阻挠而未能直接与罗马人见面，但中国与罗马的贸易及文化往来一直却未中断。魏、晋、南北朝时期，中国出现割据分裂混乱之局，此时的欧洲，奴隶制度亦趋危机，终导致罗马帝国崩溃。这几百年间中西交往较少。隋、唐、宋、明，中国再度统一，由于经济的繁荣与国力强大，不但陆路交通得到恢复，海上交通也得到发展，中国与欧洲的贸易及文化交流再形频繁。

中国文化在西方的传播，主要包括器用技术、文学艺术、学术思想三个方面。

（一）器用技术在西方的传播

古代中国向西方输出的主要商品是丝绸与瓷器。自汉至唐，中国的丝绸通过中亚、西亚的商人传入欧洲，横贯中亚、接通中西的丝绸之路即因输送了大量丝绸而得名。当时丝绸在欧洲是一种高级奢侈品，丝价几乎与黄金等值。522 年，东罗马派人到中国学习养蚕术，丝绸的生产技术始传入欧洲。中国瓷器作为商品大量向西方输出是在明代。直到 16 世纪，意大利的佛罗伦萨始有人伪造中国瓷器，未获成功。18 世纪，一位德国巧匠才成功地仿造出第一件坚硬的瓷器。

四大发明是中国对人类文明的巨大贡献。造纸术是中国古老的发明，它约在唐朝中期传入西亚和中亚的伊斯兰教国家，再从那里传入欧洲。欧洲第一次造纸记录是在1150年，首先从西班牙传入法国，然后渐次传遍欧洲，从而结束了欧洲落后的羊皮纸的历史。纸在欧洲的出现和大量应用，不仅增强了文化信息存储能力，还加速了它的传递过程，从而缩短了欧洲文化近代化的时间。

印刷术是中国又一项古老发明。早在8世纪时，中国雕版印刷已普遍流行，宋仁宗庆历年间（1041～1048年），毕升又发明活字印刷术，这是人类印刷史上的一次空前的革命。雕版印刷与活字印刷术几乎同时传入欧洲，1454年，德国戈登堡初次以活版印成《圣经》。对于欧洲来说，印刷术的传入与纸的传入具有同等重要的意义，它在文化上加速了欧洲的历史进程，成为促进文艺复兴的两把利剑。

中国的火药大约于13世纪末或14世纪初由阿拉伯人传入欧洲。火药在欧洲很快便被应用于军事，成为城市平民推翻中世纪封建贵族统治的有力武器。

早在战国时期，中国人已经发现了磁石吸铁和指示南北的现象，制成了世界上第一个指南针——司南。直接用于航海则在宋代。大约在1180年左右，这项古老的发明经阿拉伯人传到了欧洲。指南针的发明，是世界航海史上划时代的大事件。15、16世纪时，哥伦布发现美洲新大陆的航行，麦哲伦的全球航行，没有指南针是难以想像的。新航路的开辟，殖民地的建立，导致了世界市场的出现，刺激欧洲率先走上产业革命的道路。

总之，四大发明对世界文化发展史的贡献是世所公认的，可以说中国古代科技起了开启西方近代文明先河的作用。

（二）文学艺术在欧洲的传播

在器用技术传入欧洲的同时，中国的美术、绘画、建筑、园林及诗歌等文学艺术文化也传入了欧洲。

中国的美术、绘画首先是通过带有各种图案的丝绸、锦绣、陶瓷、漆器等日用品、工艺品而传入欧洲的。因此在很长的一段时间内，丝绸、瓷器对当时欧洲人来说，不仅是实用物，而且是具有观赏价值的艺术品。中国美术和绘画对西方艺术的影响至17～18世纪的“罗柯可运动”而日趋明显。文艺复兴以前的西方绘画，一是缺乏景物，一是缺乏奇幻飘逸的神韵。罗柯可运动正是针对上述“机械性”而开始对中国山水画的摹仿。如法国瓦托（1684～1721年）的作品，山色淡雅，风景与人物融为一体，颇具中国画意境雅远的风韵。当时便有人评论说：“凡是对中国宋代的风景画研究有素者，一见瓦托此作必讶其风景之相似。”①

中国艺术对欧洲影响最大的要数中国园林艺术。18世纪初，在欧洲曾掀起一股园林中国化热，荷兰、瑞士、意大利、西班牙、法国相继出现了中国式园林。中国园林之所以引起欧洲人的浓厚兴趣和强烈的好奇心，就在于中国园林艺术体现了中国文化的精神，它寓自然美于人工创造之中，既有变幻多姿的个体结构，又有和谐完美的整体布局，曲径幽深，回廊婉转，湖光塔影，虚实相涵。每一个园林都堪称一幅优美、含蓄的立体风景画。中国园林艺术在欧洲的传播，对欧洲人的建筑艺术和生活情调发生了一定的影响。

此外，欧洲人虽然对中国的古典文学及诗歌没有太深的理解，但出于好奇心，自17世纪初，中国的小说、诗歌、戏剧在欧洲也有一定的传播。如法国启蒙时代的伏尔泰曾将中国剧本

① 转引自韦政通：《中国文化概论》附录第5节，台湾水牛出版社。

《赵氏孤儿》改写成法文搬上法国舞台，借以宣扬中国的道德精神。他认为中国戏剧具有劝善的价值，完全可与希腊戏剧史诗相媲美。

（三）学术思想在欧洲的传播

中国学术思想的西传，首先是靠传教士的努力。初期来华的天主教士如利玛窦、白晋、艾如略等，为了达到在中国传教的目的，都注意研究中国的古代经籍。这种风气推动了译书工作，在16～18 世纪初的 100 多年间，中国的学术著作，尤其是儒家的重要典籍大都被译为拉丁文和法文传入欧洲。与此同时，欧洲出现了疏解和研究儒家经典的学术著作。

然而，与来华传教的天主教士的目的及愿望相反，儒家经典不但没有成为帮助他们把基督教灌输到中国文化之中的诱饵，反而成为诱发欧洲启蒙思想家向教会宣战的思想佐料。18 世纪是欧洲启蒙运动兴起的时代，这一时期欧洲不少重要的思想家，都曾对中国文化与中国哲学发生兴趣。其中受中国文化影响最大的是法国。著名的思想家如伏尔泰、卢梭、孟德斯鸠、狄德罗、霍尔巴赫、爱尔维修、魁奈等，都不同程度地受到中国学术思想的影响，而其中尤以伏尔泰所受的影响为最大。

伏尔泰（1694～1778 年）是法国启蒙运动的核心人物。他无条件地赞美中国文化，尤其崇拜孔子。在他看来，孔子的道德观与古罗马斯多葛派哲学家爱比史泰德的道德一样，严肃、纯正、祥和、充满人道主义精神。在自己的政治历史著作《风俗论》中，伏尔泰以儒家道德理想主义为根据，批判教会的蒙昧主义，盛赞中国文化。他向欧洲社会呼吁：“我们绝不应该站在欧洲人的立场上，来对这个民族的历史加以评头论足，因为我们还处于野蛮时代时，这个民族就已经具有高度的文明了。”①

此外，以狄德罗为首的法国百科全书派也曾借赞美孔子的人本主义道德哲学来反对上帝和宗教，狄德罗在为《科学、艺术、工艺百科全书》撰写的有关中国哲学的词条中，盛称“中国人历史悠久，智力发达，艺术上卓有成就，而且讲道理，善政治、酷爱哲学”，可以同欧洲那些最文明的国家争辉。法国重农主义经济学家魁奈，一生热爱中国文化，认为世界上只有中国是按照自然律为基础而达到的高度道德理性化的国家，他甚至把中国社会的自然秩序、开明的君主政治、儒家的道德理想当做欧洲社会文化的理想目标，故有“欧洲孔子”之称。

中国哲学对于德国近代哲学也有广泛的影响。17 世纪末～18 世纪初，德国哲学是莱布尼兹的时代。他面对当时的欧洲文明中心论起而为中国文化辩护。1697 年，他匿名发表了《新中国》一书，主张沟通中西文化，并挖苦目空一切的德国哲学界“刚刚脱离野蛮状态，就想谴责一种古老的学说”，是“狂妄之极”。1703 年 4 月，莱布尼兹发现古老的《周易》阴阳二爻排列成象法与他 1678 年发现的“二进位”制完全相吻合，这使他十分惊叹中国古老的智慧。

此后，无论康德的道德实践哲学，还是费尔巴哈以人本主义为根基的“爱”的宗教，无不与中国儒家道德人本主义在逻辑上相吻合。只是到了黑格尔那里，中国哲学和中国文化受到了近乎粗野的否定。这表明，欧洲文化经过启蒙运动的洗礼，在精神上完全踏上了近代历程。此时中国文化和学术思想在对西方做出巨大贡献后，渐渐被西方人所遗忘，并受到了严峻挑战。

① 转引自洪汉鼎：“伏尔泰论中国的宗教”，载《中国哲学》第 11 辑，人民出版社。

三、明、清之际文化转型的停滞

16 世纪以前的中国文化，曾远远走在西方的前面，成为世界中古文化史上的一个文明高峰。但是人类文明的发展，一开始就以其差异性、矛盾性展示其戏剧性风采。历史与文化的进步总是包含着各种矛盾的辩证发展过程：先进的未必一切都先进，落后的未必永远在落后；辉煌中积淀着落后的因素，落后中又孕育着崛起的希望。中西方就这样开始了从遥远的古代走向近代的“竞走”。

从 16 世纪中叶到 19 世纪 40 年代，在这极富历史感的沉重的三百年中，东方与西方、中国与欧美之间展开了激烈的“竞走”，由于种种助力和阻力的不同，西方后来居上，中国却由盛而衰。西方在资本主义道路上迅速崛起，中国却在封建文化的泥沼中盘旋不进——崛起与衰落成为这一时期中西历史与中西文明相互交映的极为醒目的图景。

历史在这里沉思：作为人类文明摇篮之一的龙的中国，一个拥有遥远过去并创造过历史辉煌的文明古国，从这时起衰败了，落伍了，挨打了，又从斑斑血痕中站起来，坚定地向前走去。我们激愤，我们感慨，我们思考——这是为什么？

从 16 世纪到 19 世纪，在这沉重的三百年间，中国文化被世界近代化浪潮无情地甩到了后头。反观这沉重而不幸的三百年，我们必须承认，造成中国文化由辉煌而失落的历史命运的原因，依旧是这个文化自身的因素，造成中国文化近代化迟滞的主要原因，必须从中国文化自身中去寻求。

当西方人走出中世纪的寒夜，开始以“浮士德”精神竞奔天下的时候，此时正值中国的晚明，当时（即 16 世纪中叶）的中国和西方一样，开始了由旧制度向新制度、由古代文化向近代文化的某些转变。从经济发展趋势来看，随着商品经济的发展，中国江南地区，特别是东南沿海地区已出现资本主义生产关系的微弱萌芽。表现在思想意识领域，便是反映中小地主、商人和早期市民阶层反封建要求的“异端”思潮的兴起：从泰州学派引起的“圣人”大还俗运动（“满街都是圣人”），到东林党人开创的一堂师“热血洗涤乾坤”自由讲学清议的风气；从“异端之尤”李贽和“妖人”何心隐对封建道统的反叛与抗争，到明末清初顾（炎武）、黄（宗羲）、王（夫之）、方（以智）、傅（山）诸公对上至君权政治，下到正统理学的批判、清算，与当时以批判和暴露黑暗现实为基调的文学思潮相呼应，开始了封建文化内部的自我批判。这种批判既是对传统文化的反思，又是中国文化自身由传统向近代化的合乎规律的转型。与此同时，16 至 17 世纪西方文化开始向世界各地渗透，以利玛窦为首的西方传教士大量东来，把西学传入中国。西学东渐为中外文化交流开创了新纪元，为中国文化走向世界提供了千载难逢的机遇。假如中国文化沿着自我批判的方向发展更新，假如当时统治者能顺时度势，改弦更张，利用政权的力量促进中外贸易和文化交流，中国文化便有可能绕过近代历史的险滩，与西方世界在近代起跑线上展开富有生气的竞走，从而再度走向辉煌。

然而历史并没有这样选择。相反，明末清初中国社会历史的种种原因，造成了中国文化近代转型的迟滞。

1. 由腐败的专制制度和残酷的经济剥削所导致的明末清初大规模的农民战争及接踵而来的满汉民族战争，造成了中原及江南人口的急剧下降、城镇的破坏、江南商品经济和资本主义生产关系萌芽的夭折。这一切抽去了中国社会、文化向近代转型的釜底之薪。

2. 腐败专制的官僚政治。中国官僚政治自秦、汉建立至明、清更加庞大复杂。晚明吏治腐败，为历史上所少有；清初吏治虽有好转，但专横有加。他们推行的抑商、锁国、文化专制政策，阻抑了中国历史文化的更新。

3. 禁海锁国，画牢自封。明太祖朱元璋为防止倭寇与沿海边民交通构乱，多次下令禁海，明令“敢有私下诸番互市者，必置之重法”①。此后海禁成为定制。清朝沿袭明制，对关禁海禁更加严格。《大清会典》明载，近边各国不得越境渔猎；内地人民不得私渡沿边关塞。明、清锁国政策严重阻碍了中外贸易与文化交流，束缚了中国人民向外发展的活力和进取精神，阻抑了文化转型的步伐。

4. 文化专制，扼杀异端。文化专制是封建统治者的一贯政策。至清代康熙、乾隆间达到顶峰。《清朝文字狱案》一书所载的大小数百起文字狱，就说明了这一点，在那文网密布的专制时代，知识分子思想言行稍有越“轨”，轻者杀头，重者株连九族。残酷的文化专制主义，造成了“避席畏闻文字狱，著书皆为稻粮谋”（龚自珍语）的可悲局面，使明、清之际出现的有声有色的封建文化内部的自我批判中途夭折。

总之，明、清两代的锁国政策、文化专制及其推行此种国策的腐败专横的官僚政治，使中国商品经济未能健全发育，使中国封建社会后期的早期启蒙文化未能充分发展。这才是酿成中华民族近代耻辱的真正原因。

第二节　西学冲击下中国文化的嬗变

被动和落后必然挨打。19 世纪中叶，当西方文化在欧洲站

① 《洪武实录》卷二百三十一。

稳了脚跟，把资本主义的魔爪伸向亚洲、伸向中国的时候，中国人在血与火中懵然醒来，惊回首，发现自己落后了一个时代。中国近代的先进分子要急起直追，但世界历史的格局和清朝的腐败，注定了他们只能一次次做出被动而悲怆的回应。

一、国门洞开后近代知识分子危机意识与世界意识的觉醒

1839年6月3日，这是中国人永远无法忘记的日子。在广州虎门海滩上，黑色的鸦片化作滚滚浓烟向天空升腾，蓝色海浪在悲愤地吟唱。钦差大臣林则徐领导的这次虎门销烟的壮举，震惊了中国和世界。1840年2月，英国政府以保护鸦片贸易为由，派遣“东方远征军”进攻中国。灾难而悲壮的中国近代史从这里揭开了序幕。

鸦片战争是东方古老的刀矛与西方近代炮舰的拼杀，是落后的农业帝国与新兴工业王国的较量，是东西方历史长河交汇掀起的惊涛骇浪。这场搏击把纷纭复杂的问题呈现在人们面前：中国禁止毒品输入，却遭痛打；西方贩卖毒品，竟为法律所容；中国人正义的反抗遭到失败，英国人强盗式的袭击却获得胜利。总之，这场战争及其结局是那样不可思议而又理所当然，是那样偶然而又不可抗拒。野蛮与文明在这里交叉，贸易与掠夺在这里混杂，正义与邪恶在这里碰撞。

一些著名的外国汉学家在一部著名的中国晚清史中指出：中国近代史“从根本上说，是一场最广义的文化冲突”，“是扩张的、进行国际贸易和战争的西方同坚持农业经济和官僚政治的中国文明之间的文化对抗”①。把中国近代史说成是两种文化的冲突，并不是完全科学的见解，而文化归约主义也不足以冲淡近代中国上空的硝烟和中华大地上的血雨腥风。然而，从“一场最广

① 《剑桥中国晚清史》上卷，第251、252页，中国社会科学出版社。

义的文化冲突”的角度来阐明自己的近代史，则有助于我们克服作为被侵略、被损害、被凌辱的中国人的民族主义情绪，更加客观冷静地揭示出近代中国被迫走向现代化的深层的历史和文化内蕴：在西方文化冲击下，中国文化结构和文化观念的层层嬗变。

其实，早在20世纪20年代初，当近代中国被迫走向现代化这一雄壮的历史剧告一段落，刚刚落下帷幕之际，著名学者梁启超便站出来，从文化上进行了总结。他在《五十年中国进化概论》（1922年）里指出：“近五十年来，中国人渐渐知道自己的不足了。这点子觉悟，一面算是学问进步的原因，一面也算是学问进步的结果。第一期，先从器物上感觉不足。……于是福建船政学堂、上海制造局等渐次设立起来。……第二期，是从制度上感觉不足。……所以拿‘变法维新’做一面大旗，在社会上开始运动。第三期，便是从文化根本上感觉不足。……革命成功将近十年，所希望的件件都落空，渐渐有点废然思返，觉得社会文化是整套的，要拿旧心理运用新制度，决计不可能，渐渐要求全人格的觉醒。”梁启超在这里清晰地概括了近代中国文化结构与文化观念变革的三步曲，即由器用西化、制度西化到观念西化的曲折进程。回顾这一过程，有助于我们深刻认识中国文化走向现代化的历史必然性。

雅片战争爆发后一年，近代中国第一位呼唤社会和文化改革的思想家、文学家抱恨归天，他便是龚自珍（1792～1841年）。龚自珍生活在中国社会由“治世”、“衰世”而入“乱世”的世运潜移的18世纪末至19世纪前半叶，他有感于世人“尽奄然而无生气”，“天下无巨细一束之于不可破之例”，有见于嘉、道年间吏治的腐败，经济的凋弊和人才的困乏，而渴望变法更制，预言如不变革，“乱亦竟不远矣”，与其增来者以劲改革，孰若自改革。为打破封建政治文化专制造成的“万马齐喑”的僵滞之局，他倡言“尊任”，要大家以天下为己任；重言“尊史”，观天下之变而后知法无不改；寓言“三捕”，斩尽人间妖魅鬼蜮；甚至危言“尊隐”，说一旦山中之民有大音声起，“天地将为之钟鼓，神人将为之波涛”①。囿于时代的局限，龚自珍未能提出真正能使封建衰世起死回生的良策，但在他那充满批判精神的忧患意识里，预示了历史大动荡、文化大变革时代的到来。

另一位便是魏源。魏源（1784～1856 年）和龚自珍并以今文名家，时称“龚魏”。他们都曾相信为政之本在“平人心之积患”。不同的是，魏源得享天年，亲身目睹了鸦片战争后的败局。垂危的现实使他在不着边际且遭“媚虏”之讥的《圣武记》告成的同时，另写下一部堪称尔后洋务运动思想前导的不朽著作《海国图志》。这部著作使他由经世致用的一代今文大师，转变为富国强兵的洋务派先驱，从而成为一位“具有时代界碑特点的文化巨匠”②。在《海国图志》中，魏源最早提出了“师夷之长技以制夷”，学习西方“船坚炮利”之术以自强的固国方策。尽管魏源声言，“所谓皆兵机也，非兵本也；有形之兵也，非无形之兵也”③，但恰恰正是这个有形非本的师夷制夷之术，是当时历史所能接受并有可能实现的近期目标，它暗合了文化结构变革由表及里、由外层结构启动内层结构的一般规律。正是因为这样，魏源的主张对尔后洋务派发生了重大影响，为他们所发展，所实行。

龚自珍对封建衰巨政治文化的尖锐批判，魏源在《海国图

① 参阅《龚自珍全集》中《明良论》、《乙丙之际著议》等篇，上海人民出版社。

② 冯天瑜：《中国文化史断想》第 199 页，华中理工大学出版社。

③ 魏源：《海国图志·序》。

志》中对西方地理、政俗、科技、工艺的研究及“师夷”思想的提出，标志着中国知识分子以民族忧患意识和开放世界意识相表里的近代文化意识的觉醒。与龚、魏大体同时，林则徐、包世臣、黄爵滋、姚莹等一大批世运潜移之际的敏感士子，面对着世界，怀着浓厚的民族忧患意识和救亡图存的社会责任感，投入到近代社会改革、文化改革的大潮中。

二、洋务运动与“中体西用”论的影响

继龚、魏等地主阶级改革派之后，从薛福成、冯桂芬到左宗棠、曾国藩、李鸿章、张之洞等洋务派官僚应运而生。他们迫于雅片战争后日益加深的民族危机和专制清朝的统治危机，大都赞成仿效学习西方先进科学技术，特别是军事技术，强兵固国，消灭“内乱”，抵御外患，再造“中兴”。曾、左、李等洋务大臣筹办“洋务”，推行新政，其主观目的与其说是为了推进中国的现代化，毋宁说是迫于内外压力，“礼失而求诸野”的权变之计，用西方坚船利炮之长技，“卫吾尧舜禹汤文武周孔之道，俾西人不敢蔑中华”①。因为他们相信，东方尚道，西方尚艺。中华立国安邦自有其根本所在，这个根本即千古不变的纲常名教和尊卑有序的等级制度，它是使“中国文物制度，迥异外洋榛狉之俗，所以郅治保邦，固丕基于勿坏者”②。欲使中国转危为安，转弱为强，由乱入治，首要的功夫还在于固国体，正人心。

洋务派在保留中国文化之本（纲常名教）不变的前提下，学习西方先进的近代科技工艺、器用文物，这种文化观念在后起的洋务派官僚张之洞的《劝学篇》中得到了最完善的理论表述，即“旧学为体，新学为用”。张之洞的《劝学篇》可谓洋务派政治文

---

① 薛福成：《筹洋刍议·变法》。

② 李鸿章：《置办外国铁厂机器折》。

化政策的谋略书。全书分内外两篇共24章。“内篇务本，以正人心；外篇务通，以开风气”。所谓“本”，指有关事道人心的封建纲常名教，不可动摇；所谓“通”，指工商、学校、报馆诸事，可以变通举办。这样“中学为内学，西学为外学，中学治身心，西学应世事”。主张在维护封建制度的基本原则下接受西方近代科技工艺及工商、学校、报馆诸新政。张之洞的“中体西用”论，貌似不偏不倚，权衡新旧，体用兼资，其实，在整个洋务派的文化意识中，学习西学之“权”远不如保持中学之“经”更为重要。因为“圣人之所以为圣人，中国之所以为中国，实在于此”①。

“中体西用”，作为一般的提法抽象地看并不为错。因为当一种文化独自向前发展时，它即体即用，不会发生自体他用的问题；而一种文化接受外来文化时，却总是自觉不自觉地以自我为主体，以是否对我有用为标准，去选择外来文化的某种要素的，从而产生自体他用的感觉。虽然一切文化之“用”无不来自一定的“体”，是一定的体之用；但文化传播，却类似异体移植，而不是异地栽培。就是说，接受者的文化总是以自己的全体去接受外来文化要素，从而使挟其体用以俱来的外来者，只现其用，不显其体。但是这一切，须以接受者具有健全的机体，能以承受外来文化的冲击为前提，也以此为限度。否则，不是逾淮为枳，有用的一变而为无用；必是主体本身经历相应的变化，以适应外来之用的要求。

“中体西用”的文化意识，在晚清具有深远的影响。从林则徐、魏源等地主阶级经世派到曾国藩、左宗棠、李鸿章等洋务派，直到某些资产阶级改良派，他们的社会改革和文化变革的思

① 张之洞：《劝学篇·内篇·明纲》。

想，均以此为圭臬。之所以如此，在于这一权衡新旧、会通中西的口号，既反映了中国文化走向世界的时代要求，又兼顾了当时国人普遍具有的民族本位意识的传统观念。一则有助于维持居于中西方化矛盾冲突之中的近代中国人的文化心理平衡，二则成为洋务派等对付封建顽固派，学习西方文化，推进社会改革的挡箭牌。正因为这样，“中体西用”论作为洋务派回应西方文化挑战的经世谋略，对于促进中国文化的近代转型，发生了积极的影响。当然，随着近代中国社会、文化变革的进一步深化发展，“中体西用”论所遵循的“器变而道不变”的经权之策，其保守性和落后性也日益明显地表露出来，成为阻抑历史进步的思想桎梏。

洋务派的文化观念在实践上表现为 19 世纪 60～90 年代的洋务运动，旧称“同光新政”。这场运动的实质是清政府洋务大臣为维护封建统治而进行的与外国资本密切相关的一场发展近代工业的社会改革。咸丰十年（1860 年），第二次鸦片战争结束后，曾国藩、左宗棠、李鸿章等在恭亲王奕䜣的统领下，开始筹办洋务。1861 年成立“总理各国事务衙门”，作为管理洋务运动和外交事务的中央机关。次年，从京师到地方相继成立同文馆、广方言馆等，培养翻译人才。他们本着“自强以炼兵为要，炼兵以制器为先”的指导思想，在沿海城市扩充和发展近代工业，特别是军事工业。先后建立了江南制造局、金陵机器局、福建船政局、天津机器局等，并派遣留学生出国学习近代科技。为维持军工和军费开支，从 70 年代起洋务运动开始以“官督商办”的形式向民用工商业发展。上海轮船招商局、基隆煤矿、开滦矿务局、天津电报局、唐山胥各庄铁路、上海机器织布局、兰州织呢局等企业相继成立。光绪十一年（1885 年），洋务派又成立了海军衙门，开始购置军舰，成立近代海军。后起的洋务派官僚张之洞，又在湖北开办汉阳铁厂、枪械厂、纺织局等。

洋务运动由于自身的局限性，即对国际资本的依赖性和企业管理体制上的封建垄断性，使它不可能真正达到“自强求富”的目的。但是，这次有限的工业化浪潮，对中国封建传统经济结构和文化结构的冲击还是不可否认的。它加速了自然经济向商品经济的转化，触动了近代中国文化结构的表层即器用技术的现代化变革。更应指出的是，30 多年的工业化运动，为近代中国培养了第一批拥有先进技术的产业队伍和管理人才，成为尔后推进中国现代化运动的社会基础。假如此时中国能有一个比较稳定的国际环境和开明的政府，并能在管理体制上做出因势利导的变通，那么，洋务运动或许会以启动中国社会现代化之巨轮的地位而载入史册。然而，历史是一个顽固的老人，它并不允许我们这样假定。19 世纪中叶以后的世界经济政治发展态势，使包括中国在内的一切前现代化国家陷入十分被动的地位，而此时对任何改革都十分敏感的神经脆弱的清政府，显然已无力像日本明治天皇那样扭转这一被动地位了。

历史注定了“中体西用”论的幻灭与洋务运动“富强梦”的破产。

三、从戊戌变法到辛亥革命——近代中国制度文化的变革

1849 年中日甲午战争爆发，这场 19 世纪末震惊世界的大海战，对中国封建官僚体制下开展的以“富国强兵”为目的的洋务运动作出了无情的历史检验。曾、左、李苦心经营 30 多年的工业和北洋舰队，在烟浪翻流的黄海上灰飞烟灭。英勇的北洋水师的惨败，宣告了洋务运动的破产。北洋重臣李鸿章于 1895 年签订了《马关条约》，大清帝国竟然败给了几乎与自己同时起步追赶世界且后来居上的东邻小邦——日本。国耻国忧，朝野震惊。于是近代中国历史进入了变法时期。从文化的角度来说，从戊戌

变法到辛亥革命的政体、国体变革，意味着近代中国文化结构的中层——制度文化被迫走向现代化。

想当年，曾热心自强的洋务人士多认为，自古以来，华族优越于四夷，文物妙绝于邻邦。即使到了东西交通的近世，人无弃材不如夷，地无遗利不如夷，君民不隔不如夷，名实必符不如夷，然而这一切均无伤国体，只要圣皇天子振刷纪纲，这一切都会“一转移间”得到治理。“然则有待于夷者，独船坚炮利一事耳！”① 然而海战之后，国人文化意识发生明显转变，由单一师夷长技转向对政治改良的思考。这一转变在由洋务派刚刚转向早斯改良派的郑观应的文化意识中得到鲜明的体现。在《盛世危言》中他这样反省：“六十年来，万国通商，中外汲汲。然言维新，言守旧，言洋务，言海防，或是古而非今，或逐末而忘本，求其洞见本源、深明大略者，有几人哉？”② 这位目睹过甲午战争失败，又曾远涉重洋，对世界大势及近代西方诸国习尚、政教、风俗、国情有深切感知的有识者，在反省之后，废然知返。他告诫国人，西方治乱之源、富强之本，不尽在船坚炮利，而更在“议院上下同心”及其在此制度下产生的能使人尽其材、地尽其利、物畅其流的现代教育、农业、工商等现代性管理体制。洋务运动之不足就在于见末而不知本，“中国遗其体而求其用，无论竭蹶步赴常而不相及，就令铁舰成行，铁路四达，果足恃乎”！③ 这实在是一个发人深省的悲叹，是近代科技经济与专制腐朽的封建上层建筑剧烈的矛盾冲突在一代知识分子文化意识中的投影。

---

① 冯桂芬：《校邠庐抗议·制洋器议》。

② 郑观应：《盛世危言·自序》。

③ 郑观应：《盛世危言·自序》。

如果说洋务派的改革主张与文化谋略，其失在于“遗其体而求其用”，将文化的体与用打为两截的说，而戊戌至辛亥的社会改革家则从即体即用，体用一源的高度来思考社会文化改革的重心所在。尽管“洞见本源”并非易事，承认国体、政体上的弊端，比起承认船坚炮利之类的凭感官便能判断的物质器用上的“不如夷”来，要困难得多；更何况它还直接间接地触及许多观察者的既得利益。但是，到戊戌变法前后，要求从“体”上变革中国文化的结构，改革不合理的政治体制乃至整个社会管理体制，已成为维新之士的共识。康有为指出：“今天下之言变者，曰铁路、曰矿务，曰学堂，曰商务，非不然也。然若是者，变事而已，非变法也。变一事者，微特偏端不举，即使能举，亦于救国之大体无成。”① 梁启超说得更干脆：“前此之言变者，非真能变也，即吾向者所谓补苴罅漏，弥缝蚁穴；漂摇一至，同归死亡，而于去陈用新，改弦更张之道，未始有合也。”② 在康、梁看来，“变事”不是“变法”，前者是补苴罅漏，后者是改弦更张，在国体、政体等根本大法上必须来一次更革损益。

人们的思想观念、文化意识是与时俱进的。如果说 19 世纪六七十年代，“中体西用”论是作为一种进步的文化谋略出台并被国人接受的话，可是时过境迁，当戊戌变法即将紧锣密鼓开场，深有城府的张之洞为了调和新旧两党之间的矛盾，抛出《劝学篇》系统阐述洋务派“中体西用”的文化纲领时，即刻受到了维新派和进步舆论界的批评。如何启、胡礼垣在《劝学篇》出笼不久，定下《〈劝学篇〉书后》一书，针对张之洞维护封建纲常的思想，逐篇予以驳难，从而较系统地阐述了资产阶级改良派的

① 康有为：《敬谢天恩并统筹全局折》。

② 梁启超：《论变法不知本原之害》。

经济、政治、文化主张。何、胡批判了张对“民权”论的攻击，指出“民权愈盛，其国愈强”，“泰西富强之本”都是实行民权的结果。因此，张之洞为君道臣节而劝学，“不特无益于时，然而大累于世”。对“中体西用”论的批判，严复更为深刻扼要。1902年，他在《与外交报主人论教育书》中，从体用不二的立场出发，揭露了“中体西用”论的内在矛盾。指出：“体用者，即一物而言之也，有牛之体则有负重之用，有马之体则有致远之用，未闻以牛为体以马为用者也。”故中学有中学之体用，西学有西学之体用，分之则并立，合之则两亡。中体而西用的观念，在逻辑上文义违谬，在实践上更是行不通的。

1898年，戊戌变法在以康、梁为核心的维新志士所呼唤的变法声浪中自上而下地展开。然而这场政治改良运动由于缺乏深固的社会基础而仅存103天便悲壮地失败了。这一历史悲剧说明，制度文化的变革是文化结构中最敏感的部分，因为制度变革的实质是对社会现成秩序的否定，它必然要触及一部分统治者的既得利益。没有足够的经济基础和广泛的社会动员及良好的机遇，它往往归于失败。戊戌变法失败了，但制度文化的变革，作为近代中国文化结构嬗变的一个必然环节，则无法绕开。所以在1901～1911年这20世纪的最初十年间，制度文化的变革并未停止进行。从教育制度、军事制度、行政制度、财政制度到立宪政体的准备，清廷在保证君权至上的前提下做了尽可能的改良。有些方面虽然是为了装装门面，而在某些方面（如教育改革）还是取得一定成效的。

1911年，基于清廷政治改革的缓慢及对革命党人迫害所引起的反满情绪的高涨，爆发了辛亥革命。辛亥革命的伟大，不仅在于它推翻了中国历史上最后一个封建专制王朝，结束了帝制，而且在于它在近代史上颁布了第一部资产阶级国家宪法——《临时约法》，它使以后一切复辟帝制的尝试都非法化而成为昙花一现的丑剧。至此，近代中国文化结构艰难地、突发性地实现了制度层面的变革。中国政治由此进入了共和时代。

四、“重新估定一切价值”：现代意识的觉醒

不可否认，辛亥革命是在反封建文化启蒙极不彻底、资产阶级并未十分成熟的社会历史条件下发生的。因此，革命的成功与其说是资产阶级民主主义对封建专制主义的胜利，不如说是汉族及其他少数民族的民族主义对满清贵族的胜利。民国初年国家政治生活迟迟未能真正走上民主化、法制化轨道，本身就说明了辛亥革命反封建的不彻底性及由此造成的国人民主意识的匮乏。民国初年两次帝制复辟及武人恣肆、政客跳梁、复古尊孔逆浪的猖獗，都提醒国人，特别是先进的知识分子应当把向更深层次寻求中国文化现代化的任务提到议事日程。

新文化运动应运而生。戊戌维新和辛亥革命时期，成为文化论争焦点的是中国政治制度问题。那时虽有人偶然论及国民人格和文化心理对现代化改革的影响，但总体来说，当时进步的人们总以为，中国社会的一切弊端，皆根源于封建专制制度。而此时，人们对中国文化现代化的认识进入了一个更深的层次：政治的根本在文化。数千年封建文化传统薰陶积淀而成的消极的国民人格、保守的文化心理、顽固的道德意识乃是专制制度死而不僵的灵魂。这种认识，新文化运动的急先锋陈独秀称为“吾人最后之觉悟”。当这场文化运动刚刚拉开帷幕的时候，他写道：“欧洲输入之文化，与吾华固有之文化，其根本性质极端相反。”“自西洋文明输入吾国，最初促吾人之觉悟者为学术，相形见绌，举国皆知矣；其次为政治，年来政象所证明，已有不克守缺抱残之势。继今以往，国人所怀疑莫决者，当为伦理问题。此而不能觉悟，盖犹在惝恍迷离之境。吾敢断言曰：伦理的觉悟，为吾人最后觉悟之最后觉悟。”①

基于上述“觉悟”，《新青年》的同仁在自己的旗帜上写下一串醒目的大字：“重新估定一切价值！”至此，近代中国文化结构中最顽固、最核心的部分——传统价值体系开始接受新思潮的挑战、批判和洗礼。

代表“五四”文化启蒙真正方向的是激烈抨击传统，高扬科学、民主精神的新文化派。其代表人物是集结在《新青年》周围的那批激进的批判家。如两位中国共产党的早期创始人陈独秀、李大钊，被誉为“新文化运动旗手”的鲁迅和白话文运动的领袖胡适等。他们是活跃在新思潮风口浪尖的最有才华和热诚的弄潮儿，反封建启蒙的急先锋。《新青年》上那些富有批判性的热血文章，像疾风闪电，伴随着从大洋彼岸吹来的欧风美雨，把近代以来的文化启蒙推向了高峰。在它面前，几千年农业文明和宗法伦理造就的文化板结层终于破裂，封建文化的冰川在渐渐消融。科学和民主这两个在欧洲曾造就了一个崭新时代的“幽灵”，此时敲响了中国历史的时钟。它的出现，不管在中国社会各方面激起多么复杂的震荡——痛苦的、欣喜的；剧烈的、平淡的；悲壮的、温和的，然而无论如何称得上是一次历史性进步和中华民族的觉醒。

一切素被尊崇的传统观念受到了理性的批判。原来两千年一贯制的封建秩序和统治并非什么“道之大原”；三纲五常、忠孝节烈的传统规范也不是什么“天经地义”；孔子这个被历代封建统治者不断神化了“至圣先师”，身上的道袍被撕得粉碎，变成了赤裸裸遭受利箭齐射的箭垛。在发表于 1915 年 9 月《青年杂

① 陈独秀：《吾人最后之觉悟》，《独秀文存》第 37、41 页，安徽人民出版社。

志》（次年改为《新青年》）创刊号上的《敬告青年》一文中，陈独秀揭开了新文化运动的序幕。他以“科学与人权并重”及六项人生观昭示天下，号召20世纪的青年创造“自主的而非奴隶的”，“进步的而非保守的”，“进取的而非退隐的”，“世界的而非锁国的”，“实利的而非虚文的”，“科学的而非想像的”壮美的人生。继之，在《新青年》七卷一号上的《新青年宣言》中，陈独秀进一步明确指出新文化运动的方向是打破“天经地义”、“万古如斯”的成见，决计一面抛弃此等观念，一面创造政治上、道德上、经济上的新观念，树立新的时代精神，即“诚实的、进步的、积极的、自由的、平等的、创造的、美的、善的、和平的、相爱互助的、劳动愉快的、全社会幸福的”现代精神。这种精神的实质即科学、民主、爱国相表里的“五四精神”。

在“五四精神”指引下，陈独秀在《孔子之道与现代生活》、《复辟与尊孔》、《〈新青年〉罪案之答辩书》等文章中，对孔门伦理及尊孔复古逆流展开的激烈批判；鲁迅先生在《狂人日记》、《阿Q正传》等文学作品和其他思想杂感中对“国民性”的研究及对“奴隶道德”的批判，把近代以来的文化反省与思想启蒙引入了一个更深的层面，即从传统文化积淀而成的中国人深层文化心理结构和人格结构中探索近代中国悲剧命运的根由，这同时是中国人新文化素质和理想人格重构的起点。与此同时，马克思主义传入中国，李大钊在《物质变动与道德变动》、《由经注上解释中国近代思想变动的原因》、《唯物史观在现代史学上的价值》等文中，最早把唯物史观引入文化研究和思想启蒙，从而诱发了早期新文化运动以个性解放为核心、以自由主义为理想的旧民主主义文化启蒙向以社会主义为理想目标、以工农运动为现实基础的新民主主义文化启蒙的转化，为传统文化走向现代化指明了真正科学的道路。

在反封建文化启蒙中，胡适做出了不可忽略的贡献。这里不是指他把东西文化放在“时间”框架中比较研究的成就，也不是指他的“全盘西化”的主张，而是他率先倡导的用活文字取代死文字、用白话取代文言的白话文运动。对此学术界一直评价不够，多认为是“文学形式”的改良，在文化启蒙上算不得重要。却不知形式与内容相辅相成，“形式上的束缚使精神不能自由发展，使良好内容不能充分表现。若想有一种新内容，新精神，不能不打破那些束缚精神的枷锁、镣铐”①。其实胡适倡导“文学工具的变迁”，目的正在于文化启蒙。正如他在《整理国故与打鬼》一文中所说：“用精密的方法，考出古文化的真相；用明白晓畅的文字报告出来，叫有眼的都可以看见，有脑筋的都可以明白。这是化黑暗为光明，化神奇为臭腐，化玄妙为平常，化神圣为凡庸。这才是‘重新估定一切价值’。”从历史事实上看，白话文学的兴起，促进了思想界、文化界觉醒，扩大了“五四”新潮的社会影响。白话取代文言，在一定程度上也刺激了人们情感与思维方式的变化。

五、近代文化嬗变中扼要的历史教训

总上可知，中西文化的正面接触，至少是从 17 世纪开始的。尔后各自经历了若干变化，彼此间拉大了距离，待 19 世纪疆场重逢时，衰老的中国在充满锐气的近代西方面前未能像日本那样做出积极的主动的整体性回应，它的反应是消极被动的。应当指出，近代中国文化结构由表层（器用技术）到中层（政治制度）再到深层（价值体系）的层层嬗变，即使今天看来也是合乎章法的，合乎两种文化接触时的一般规律的。但是，消极被动性使文

① 胡适：《谈新诗》，《胡适散文》第 2 集第 231 页，中国广播电视出版社。

化结构的变革无法在各层面之间实现合理的衔接。相反，前一层面的变革未能为下一层面的变革打下较为牢固的基础，后一层面的变革都是在前一层面破产后匆匆出台的。这是近代中国追赶世界的现代化运动举步维艰的原因之一。

于是，当新文化运动崛起于神州大地的时候，人们不禁发出一种“而今迈步从头越”的感叹。

新文化运动在中国近现代文化史上的历史地位是不可磨灭的，它以科学、民主精神为武器对封建文化的批判，构成了中国文化由传统走向现代化的必然一环。但是，不可否认，“五四”时期的反传统主义，同样有它的偏执和当时难以避免的历史局限性。

首先，全盘否定传统，只能使民族文化在短时间内发生形式上的“活跃”，而不会造就一种有丰富内容和长久生命力的新文化。不可否认，“五四”时期的新派人物，是把传统文化作为一个整体来认识的。他们不曾将传统文化中的道德实践、政治制度等具体载体与种种文化载体之内所蕴含的一般价值作一区分，不能将文化的阶级性与民族性、具体性与一般性、实用性与学术性作一区分，而是一鼓脑地将传统文化等同于封建糟粕加以全盘否定。这样的批判自然是愤激有余而建设性不足。正因为如此，新文化运动只为后人清扫了封建垃圾，却未在新的场地上建起科学与民主的大厦。

其次，“五四”时期过激的反传统主义，并未能使封建旧文化绝迹，相反，在客观上刺激出一种“逆反”社会心理，在某种程度上助长了封建复古主义的沉滓泛起，也刺激了东方文化派对传统作出不加分析的肯定。20 年代末、30 年代初，胡适已觉察了这一问题，提出“用精密的方法考出古文化的真相”的主张，可惜此时他已被走入实践的马克思主义者远远抛在了后头，再无力左右新文化运动的方向了。但这毕竟是一次深刻的反省。

再次，强烈的政治实用性冲淡了冷静的学术研究。“五四”进步知识分子在反省文化传统时，文化启蒙救国的热情远远胜于理性的思辨和学理的研究。不少事实表明，在学术与政治、理想与现实之间保留某种程度的张力和空隙，是认识客观真理的必要前提。然而，近代以来，中国始终面临着亡国灭种的危险。深刻的忧患意识使包括“五四”知识分子在内的近现代知识分子对文化和学术作出了过多的实用性价值取舍，他们不约而同地走向这样的道路：为了救国，或者极力否定传统，或者竭力为传统辩解。这种实用功利性，严重影响了近现代文化启蒙的深度和学术圆满性。

时至今日中华文化和民族精神亟待复兴之时，我们不必像“五四”人苛求古人那样苛责“五四”前贤，却有责任继承和超越“五四”传统，克服他们的偏执，再造中国文化之现代复兴。

第三节　马克思主义与中华民族精神的振兴

一、中国马克思主义者对中国文化复兴之路的探求

第一次世界大战后，欧洲文化中心论遭到了破产，此时中国文化界对西方文明的看法也发生了变化。“五四”运动前后，辜鸿铭、杜亚泉、梁启超、梁漱溟等东方文化派在这种背景下应运而生。他们对近代以来中国人热烈追求的西方文化提出了疑问：难道文明的发展就是为了用人类创造的文明来毁灭人类自身？在思想界率先宣扬“东方文化救世论”的是曾热心西学的学界名流梁启超。他在1920年出版的《欧游心影录》中，生动地描写了

西方的社会危机和文化危机。但他并不了解西方文化危机的真正根源，轻率地把西方的社会和文化危机归结为科学技术的发展，是“唯物的机械的人生观”造成的人间悲剧。继梁启超之后，另一位当时还很年轻的学者梁漱溟，在《东西文化及其哲学》(1921 年）一书中更加细密地阐述了中西文化的差别，明确提出以“儒学复兴”启动中国文化现代化的新思路。

当东方文化派大喊西方文化破产的时候，李大钊、陈独秀等激进的民主主义者对西方欧美式的资产阶级文明也发生了怀疑。然而他们没有像新传统主义者那样寄希望于“东方文明”或“儒学复兴”，而是把眼光投向了刚刚发生历史性巨变的俄国，“走十月革命的路”成了他们的自觉选择。这些中国马克思主义先驱者一面把唯物史观引入文化研究，使 20 年代的文化论争走上了自觉设计和科学研究的道路；另一方面把反封建文化启蒙运动与工农运动相结合，使新文化运动走上了实践的层面。马克思主义在中国的传播和发展，为中国文化的现代化指明了正确的航向，为中国文化的重建与民族精神的振兴，提供了科学的世界观与方法论。

在中国现代思想史上，第一个自觉地运用唯物史观研究中国近代以来的社会问题与文化问题的是李大钊。在 1919～1920 年间，他写了《物质变动与道德变动》、《由经注上解释中国近代思想变动的原因》等重要文章，针对“五四”运动前后的封建复古主义，从经济基础决定上层建筑这一唯物史观的基本原理出发，批判了以儒家文化为核心的封建文化的落后性，论证了以新道德代替旧道德的必然性与合理性。李大钊指出，道德随着物质条件的变动而变动，物质既不能复旧，道德断无复旧的道理，“三代圣贤经训格言，断断不是万世不变的法则……拿陈死人的经训抗拒活人类之社会的本能，是绝不可能的事”①。李大钊把批判孔子主义与当时社会经济基础的变动联系起来，对打破“孔门伦理”给予经济上的解释，从而阐明了只有改变社会基础，才能从根本上清除封建纲常伦理这一深刻思想。这是我国第一次运用唯物史观对儒学传统的批判。

继李大钊之后，20 年代运用唯物史观研究文化问题并取得较大理论进展的是瞿秋白。他的研究集中体现在 20 年代初所写的一些文章中，其代表作是《东方文化与世界革命》、《现代文明的问题与社会主义》等。瞿秋白根据唯物史观的基本原理，对“文化”范畴的内涵与外延作了界定。他指出：“文化是人类的一切‘所作’。”它包括：“一、生产力的状态；二、根据此状态而成的经济关系；三、就此经济关系而形成的社会政治组织；四、以此经济及社会政治组织而定的社会心理，反映此种社会心理的各种思想系统。”② 瞿秋白认为，中国式的东方文化有三个要素构成，即宗法社会的自然经济、畸型的封建制度之政治形式、殖民地式的国际地位。中国的种种文化现象均可据此三要素得以说明。因此，东方文化派所极力提倡的“东方精神文明”，不过是宗法制度和封建时代之文明而已，它早已落后于世界时代而处于崩溃状态了。当然，瞿秋白站在 20 世纪世界文化发展的高度，也看到了西方文化的病症，指出西方文化危机的实质是资本主义制度的固有矛盾。他坚信：20 世纪“帝国主义沟通了全世界的

① 李大钊：《物质变动与道德变动》，《李大钊文集》下，人民出版社。

② 瞿秋白：《东方文化与世界革命》，《瞿秋白文集》第 15～16 页，人民出版社。

经济脉络，把所谓东方西方两文化融铸为一”①，这就为未来的“全人类的文化”即社会主义文明的诞生创造了条件。在这里，瞿秋白对社会主义文化路向的提示，是近代以来东西文化比较研究上取得的最意味深长的结果。

“五四”运动后，陈独秀、萧楚女、恽代英、李达等早期马克思主义者，也相继用唯物史观研究文化问题。尽管他们对唯物史观运用得还不够娴熟，但科学方法论的确立，使他们的文化研究更富于批判的科学性和建设性。

1927 年大革命失败后，一大批革命文化人如鲁迅、郭沫若、李一氓、阳翰笙、茅盾、夏衍、王学文、冯乃超等，从各地云集上海开展革命文艺活动。成立于 1930 年 3 月的中国左翼作家联盟（简称“左联”）和稍后成立的中国左翼文化总同盟（简称“文总”）在中共中央“文委”（即文化工作委员会）的秘密领导下，配合红军反击国民党军事围剿的主战场，在文化战线上进行着反帝、反封、反对大资产阶级文化专制及其他落后文化思潮的思想文化斗争。这些斗争主要表现在三个方面：1. 针对国民党任意取缔进步文化团体，通缉迫害进步作家的文化独裁，“左联”、“文总”进行过一系列抗议压迫的斗争活动；2. 针对国民党上海党部及特务系统支持的所谓“先锋社”等右翼文人在“民族中心意识”口号下推行的复古主义和文化法西斯主义，鲁迅、茅盾、瞿秋白等集中写文章予以回击。鲁迅说，所谓民族主义文艺不过是“沉沉浮浮的流尸”的堆积，他们“为王先驱”，尽的

① 瞿秋白：《东方文化与世界革命》，《瞿秋白文集》第 19 页，人民出版社。

是宠犬的职分。① 瞿秋白也揭露这种民族主义文学是“屠夫文学”；3. 左翼文化界还对非马克思主义文化思潮进行了批评。如对以“纯正的思想”相标榜的“新月派”的批判，对胡秋原等“自由人”和杜衡“第三种人”超阶级的“艺术至上”的文艺观的批评。这种文化斗争，捍卫了文艺为无产阶级政治服务、为民族革命战争服务、为劳动大众服务的正确方向，它巨大地推动了国统区进步文化运动的发展。

进入40年代，随着抗日救亡和民主改革的深入发展，马克思主义日益深入人心。此时，马克思主义者对东西文化的研究出现了一个新的端倪：由机械套用马克思主义一般原理去研究文化问题，开始转向以马克思主义为指导，联系中国革命的具体实践去寻求中西文化融通的具体道路。中国共产党的杰出领袖毛泽东是这方面的光辉典范。

毛泽东一面领导着民族革命战争，一面关注着中国文化建设问题。在《新民主主义论》等光辉著作中，毛泽东将文化的民族性与时代性相结合，提出了建构“民族的、科学的、大众的”新民主主义文化的总任务，并系统阐述了马克思主义关于中西文化及传统文化与现代化问题的基本观点。他指出，对待祖国的文化遗产，必须批判与继承相结合；对待西方进步文化，必须引进与消化相结合；文化建设必须与社会经济、政治改革相结合。我们“不但要把一个政治上受压迫、经济上受剥削的中国，变为一个政治上自由和经济上繁荣的中国，而且要把一个被旧文化统治因而愚昧落后的中国，变为一个被新文化统治因而文明先进的中国”。这就是新民主主义革命的总任务。

① 鲁迅：《民族主义文学的任务和命运》，《鲁迅选集》第3卷，人民文学出版社。

建构“民族的、科学的、大众的”新民主主义文化纲领的提出并与实践相结合，对中国文化现代化发展和中华民族精神的振兴发生了深远的影响。尔后，中国人民在毛泽东思想指引下，对传统社会政治、经济结构进行了根本改造，从而为中国文化的现代化铺平了道路。40 年代的土地改革、民主改革，使解放区人民的文化生活和文化心理结构发生了巨大变化，社会新风尚、新道德不仅成为中国人民改造旧中国建设新中国的强大精神动力，而且成为新民主主义文化向社会主义文化过渡的良好开端。

1949 年新中国的诞生，中国人民开始逐渐改变长期封建传统和近代半殖民地国际地位造成的落后积习，以崭新的民族精神屹立在世界东方。中国文化也从此进入了新的发展时期。

二、改革开放新时期民族精神的振兴

改革开放的今天，正值中国文化由传统走向现代化，中华民族由经济文化的相对落后走向新的复兴的关键时期。振兴爱国主义和民族精神，已成为两个文明建设中刻不容缓的任务。建国初期，社会主义制度的确立，曾使中国人在长期封建传统，特别是在近代半殖民地国际地位中久受压抑和扭曲的民族精神一度昂扬和振兴，民族自豪感曾成为中国人改变一穷二白面貌的巨大的精神动源。可是 60 年代中期以后，由于“左”的思想路线影响，特别是由于“十年动乱”的文化浩劫，经济和综合国力发展迟缓，中国人的精神面貌和民族形象在世界其他民族特别是发达国家和民族心目中开始下降，中华民族精神也出现一定程度的萎缩和低落。当中国再度打开国门与发达的西方世界接触时，中外经济文化的巨大势差，加之开放之初思想文化的某种误导，致使崇洋媚外、鄙薄固有传统的民族虚无主义和历史虚无主义有所抬头。民族精神的困乏，理想价值的失落，道德信念的危机，行为方式的失范，至今成为影响现代化建设长足发展的巨大的负面因素，成为中国人无法回避的文化困境。这种局面如不加以扭转，它将成为中国经济政治有序发展、中国社会长治久安的精神隐患。因此，克服民族虚无主义，振光中华民族精神已成为改革开放新时期一个不可忽视的问题。

我们认为，在新形势下要振兴民族精神，当从下述两方面着手进行：

（一）克服民族虚无主义，全面地、辩证地反省历史与传统文化

毛泽东早在半个世纪以前就曾经指出："中国长期的封建社会中，创造了灿烂的古代文化，清理古代文化的发展过程，剔除其封建性的糟粕，吸收其民主性的精华，是发展民族新文化，提高民族自信心的必要条件。"① 民族虚无主义在从"五四"时期直到今天的不少知识分子的历史文化意识中都有不同程度的表现。20 年代胡适的"我们百不如人"说，60、70 年代台湾学者柏杨、李敖在《丑陋的中国人》、《独白下的传统》中对历史文化所作的漫画式的诅咒，80 年代电视片《河殇》对中国文化的无情否定，是这方面的典型代表。尽管他们"虚无"程度有急有缓，造成虚无主义的原因也不尽相同，但无条件地、绝对化地否定传统文化的态度和立场是相同的。要克服民族虚无主义，就必须克服导致虚无主义的理论误区，全面地、辩证地反省自己的历史文化传统。

首先，民族虚无主义的误区之一，是缺乏反思传统的全面性、客观性。如果我们毫无成见地考察中国文化史，就必须承认它既有创新适变的一面，又有消极守旧的一面；既有无神论传统，又有"畏天命"、"天志"、"天谴"、"瑞应"的思想；既有反

① 《毛泽东选集》第 2 卷，第 667～668 页。

抗压迫、反抗侵略、宁死不屈、不畏强暴的一面，又有忍辱苟安、逆来顺受的一面；既有自强不息、刚健有为的“阳刚”之德，又有不求进取、逍遥无为的“阴柔”之道；既有雄汉盛唐主动开放、兼容并包的大国风度，又有明清盲目排外、妄自尊大的闭锁意识，如此等等。这种矛盾二重性在现实中往往交织在一起，既为评价历史文化造成了一定困难，又为反省传统提出了全面性的要求。激烈的反传统主义者对待传统文化的“反省”恰恰缺乏这种全面性，把眼光死死盯在传统的消极面上，而对其积极面视而不见。

其次，民族虚无主义的误区之二，是逃避对现实问题的深入研究，把一切不尽如人意的现实存在都归罪于传统文化。比如“五四”至今的反传统主义者都把中国社会近代化迟滞的原因完全归罪于传统文化。事实并非如此！对中国近代化历程的迟滞，封建文化意识固然有不可忽视的阻抑作用，但是，历史文化意识的阻抑决不是造成近代社会迟滞的决定因素，更非惟一原因。否认这一点，就会陷入意识决定历史的“心理归因主义”的荒谬境地。其实，中国近代化迟滞是由一系列现实原因造成的。比如明末封建统治逼迫而起的大规模农民战争和接踵而来的满汉民族战争造成的人口急剧下降，对江南商品经济和资本主义生产关系萌芽的摧折；满人入关后推行的极端落后的经济、政治、文化政策，限制了生产力和科技文化的发展；19世纪中叶后西方殖民主义对中国经济、政治的掠夺与控制等，这才是中西文化拉大差距的真正原因。因此，过激的反传统主义把全盘否定传统文化视为现代化惟一出路的观点是缺乏根据的。

再次，把传统文化与现代化绝对对立起来，作“非此即彼”的思考是导致民族虚无主义的又一误区。自“五四”以来的反传统主义者，他们的文化观均建立在这样一种思维模式之上：要么是传统的，要么是现代的；要走向现代化，就必须抛弃传统，要保留传统，就不能现代化。结果他们毫不犹豫地选择了与传统决裂的道路。不可否认，传统作为历史文化的积淀，不可能与现代化要求完全一致，甚至会发生剧烈的冲突，这就是人们常说的“传统的惰性”。因此在走向现代化的历史进程中，批判传统是不可避免的，在这一点上反传统主义是有进步作用的。但这只是问题的一个方面。同样，传统与现代化之间又有着不可分割的联系，它潜移默化地渗透在人们的思维方式、行为方式、价值体系及审美意识中，这种历史文化遗传是人类文化绵延不断的原因之一。因此，一个民族在文化转型之际，彻底割断传统既是不可能的，也是非常有害的。根深才能叶茂，只有辩证地认识和利用传统文化资源，焕发起民族精神，现代化才有内在的动源与创造力。日本、韩国、新加坡以及中国台湾的“儒化现化代”模式便是很好的例证。

总之，民族精神的振兴是传统文化的继承、发展与更新，而不是“恶性的否定”。

（二）国力振兴是民族精神振兴的重心

振兴民族精神，当然离不开宣传和教育，离不开从理论上批判虚无主义的错误，但是，从最根本的意义上说要靠发展国力。综合国力的提高是一个民族振作精神的物质前提。

振兴国力，可以增强民族自信心，消除民族自卑心理。以中国近代史为例，当时先进的中国人无不具有一腔民族热血，无不具有一颗救国、救民、自强保种的忠心。然而由于国家衰弱不振，迫于西方列强凌厉逼人的军事、经济、文化压力，中国人内心深处均有不同程度的民族自卑心理。此种心理妨碍他们在中西文化冲突中作出合情合理的选择：国粹派狂傲的民族本位意识是自卑心态的曲折表现；洋务派“中体西用”的文化对策也流露了半殖民地国民不敢直面世界之怯懦；甚至“五四”激进的反传统派虽然大胆追求着与西方文化的价值认同，然而由于潜在的民族自卑感，却使他们完全不敢正视自己民族文化的价值。老实地讲，近代中国人不是不想克服民族自卑心理，而是客观条件使他们克服不了这种自卑心理。因此只有振兴了国力，民族自信才有可靠的物质基础。

振兴国力，又可以增强解剖和认识民族文化传统和国民文化心理弱点的勇气，增强民族自我意识和自知之明。一般说来，一个强盛的民族，一个在经济、文化、科技方面均居于世界领先地位的国家的国民，他们的自尊心和荣誉感是充盈的，因而没有过多的顾虑和虚荣去保全自己的“面子”和虚饰自己的传统。相反，越是国力和文化不强盛的民族，越容易掩饰自己的弱点，这已被世界文化史上的不少事例所证实。而一个民族只有有了足够的自知之明和清醒的自我意识，才能认清自己文化在世界文化中的位置，从而自觉树立优良的民族精神和健康的民族性格。

振兴国力对于振兴民族精神的意义还在于，一个民族的强弱盛衰，直接影响到其民族精神、国家形象在其他民族心目中的印象和价值，影响到人们评价和审视的心理定势。因为人们习惯于用崇敬乃至迷信的眼光看待强者的一切，甚至对其缺点加以美化，而对弱者往往怀疑、挑剔、苛求乃至鄙视。比如日本明治维新之前，政治、经济、军事、文化、教育、科技等综合国力十分落后，当时它的“大和魂”、“武士道”并不受人青睐，以“天朝上国”自居的中国更是把它看做小邦夷道，蛮风野俗。然而日本走上工业化道路之后，特别是到了今天，它的文化，它的民族性格，它的民族习俗，均引起了各国的重视，似乎日本民族的一切都带有诱人的魅力。由此可见，一个国家综合国力的提高，对一个民族的民族精神、民族形象的确立是多么重要。

总之，中国文化现代化离不开民族精神的振兴，而振兴民族精神，克服民族虚无主义，首在振兴国力。换言之，只有坚持以经济建设为中心，尽快把中国经济、科技、文化搞上去，才有民族精神健康存在和发展的基础。

三、立足国情，放眼世界：走向21世纪

纵观中国近现代文化史，中国社会发生的每一次剧烈变革，总伴随着对中国传统文化的深刻反省。而每一次文化反省的结果，又促使社会变革在更深广的层面上展开。“五四”至“文革”的60余年间，对传统文化的反省主要是以批判为主。改革开放后的10多年来，由于国内外经济、政治、文化背景的变化，学术界对传统文化有了新的认识。传统文化并不是一堆历史垃圾，传统文化对现代化也决非只有消极作用。完全否定抛弃几千年历史积淀而成的传统文化是不可能的，相反会对现代文化建设产生不良影响。

80年代，中国文化界出、学术界再度展开的关于“传统文化与现代化”、“中国文化与世界”的大讨论，已远远超出了反思文化的范畴，它与日趋深化的经济体制、政治体制、文化体制的改革相互交织在一起，融入当代改革的大潮。在这个大潮中，社会改革的历史进程，既有对中国传统文化的挑战、冲击与考验，又有对自己文化传统的认同、扬弃与继承，更有对世界各民族文化的选择、吸收与兼容。因此，消极地打破传统并不是中国文化现代化的终极目的。文化现代化的目标是建构具有中国民族特色的社会主义新文化。要实现这一根本目标，中国人就必须立足本国，放眼世界，走中西文化综合创新之路。

一个民族的文化发展，离不开整个世界文化的发展。从“全球意识”的角度看，当今世界已进入高科技的信息时代，各地区、各民族的相互联系日益密切，任何一个民族都不可能在闭关自守的境地中关起门来搞现代化。任何一个民族，如果没有世界眼光、“全球意识”，不能从世界整体格局上来审视自己民族文化的发展，即使是发达国家和民族，也有可能离开人类文化发展的轨道，陷入困境，不发达国家和民族就更是如此。

另一方面，世界现代化历史也证明，落后国家和民族要赶上世界，又必须根据自己的国情与历史文化传统，扬长避短，选择本民族的文化现代化道路，在民族文化传统的认同中寻求与世界文化“接轨”的最佳结合点。如果盲目照搬其他国家的经验，只能跟在发达国家背后爬行。合理的态度应该是“立足国情，面向世界”，只有这样，才能走出一条具有民族特色的赶超世界先进文明的现代化之路。中国文化的现代化尤其应当如此。这是因为我们的生产力和综合国力还比较落后，必须借鉴和利用全部人类文明的成果来弥补自己的不足。同时，我们又是一个具有悠久历史文化传统的国家，有丰厚的民族文化资源，如能加以合理利用，它将成为中华民族赶超发达国家的精神动源。

总之，时至今日，世界文化的统一性与民族文化的多样性不再是对立的两极，相反，两者的对立统一，相辅相成，已成为人类未来文化发展的基本色彩。正如每一滴水在太阳下闪耀着各色各样的光辉一样，统一的世界文化也将呈现出五彩缤纷的民族特色。每一个民族都以其在各自的生存条件下所形成的特殊智慧，为世界文化宝库贡献出一份别具特色的文化杰作。但是，多样性是统一世界中的多样性，即现代化文化的多样性，而不是各民族为了保存自己的文化“特色”，把自己像古董一样闭封在玻璃罩中供外人观赏。如果这样，这个民族即使能够在世界上存在，它的创造性也将窒息，而成为“不死的死亡”。相反，只有取人之长，把自己的文化性格提高到当代世界先进水平，才能使自己的民族精神得以复兴。

正是基于上述认识，80年代中期，中国文化书院的同仁提出了“让世界文化走进中国，让中国文化走向世界”的口号。让世界文化走进中国，一要深化文化改革，建立健全的文化接受和消化机制；二要坚持开放，拓宽文化交流的途径，让中外文化广泛接触；三要坚持民族文化的主体性，积极主动地寻求和培养中国文化与世界文化的接合点。只有让世界文化走进中国，才能使中国文化走向世界。

让中国文化走向世界，是每一个炎黄子孙对中国文化发展的历史责任，也是走向21世纪的中华民族对世界文化发展的历史责任。回顾中国文化从辉煌到危机的历史，我们必须反省自戒，勇敢担负起弘扬传统文化、振兴民族精神的重担；面对未来，我们要对祖国文化的发展前景充满信心。随着21世纪亚太地区经济文化在世界的崛起，中国文化必将以崭新的风姿对人类做出新的贡献。自强不息，厚德载物；“周虽旧邦，其命维新”。让我们肩起旧邦新命，走向现代化的明天。

参考书目

张岱年、方克立主编：《中国文化概论》，北京师范大学出版社1994年版。

张立文：《传统学引论——中国文化的多维反思》，中国人民大学出版社1989年版。

庞朴：《文化的民族性与时代性》，中国和平出版社1988年版。

（美）成中英：《中国文化的现代化与世界化》，中国和平出版社1988年版。

罗荣渠：《现代化新论》，北京大学出版社1993年版。

冯天瑜：《中国文化史断想》，华中理工大学出版社1989年版。

后　记

本书是遵循国家教委《关于在高等学校开设中国传统文化课的通知》精神编写的。我们的指导思想是：弘扬中国优秀传统文化，振奋中华民族精神，力求给学生提供一本内容比较丰富具体，又有一定理论分析的读物。提纲先由主编拟订，经集体讨论后，主要由各撰稿人发挥，最后由主编统稿。各章的撰稿人是：商聚德（第一、二章）、段景莲（第三章）、朱晓鹏（第四章）、黄云明（第五章）、卢子震（第六章）、许春华（第七章）、孙洪涛（第八章）、贺志朴（第九章）、刘荣兴（第十章）、李和平（第十一章）、李振纲（第十二章）。

本书在编写过程中得到河北省教委的大力支持，被列入1994年省教委资助的重点科研项目，并得到河北大学党委宣传部、教务处、科研处、河北大学出版社的热情帮助，责任编辑邹卫为本书的筹划和校阅付出了辛勤劳动，特别是著名学者、北京大学教授张岱年先生及河北省副省长刘作田同志给本书题词，在此一并致以谢忱。

本书努力吸收了学术界有关成果，限于篇幅，行文中未能一一注明（参见参考书目）。

由于水平所限，不当乃至错误之处在所难免，敬请读者不吝指教。

编　者

1996．4